제2판

영유아발달

제2판

영유아발달

임지영 · 도금혜 · 류혜원 · 문영경 ·
배기조 · 송혜영 · 이수원

KNOWLEDGE COMMUNITY 공동체

머리말

영유아기를 어떻게 이해하고 접근하느냐에 따라 아이들의 미래는 달라질 수 있으며, 이에 교육과 보육 현장에서 일하는 전문가들에게 영유아발달에 대한 깊이 있는 이해는 매우 중요합니다. 이러한 필요성에 따라, 저자들은 현장 경험과 최신 연구를 바탕으로 『영유아발달』 개정판을 집필하게 되었습니다.

이번 개정판에서는 영유아발달의 다양한 영역을 포괄하면서도 각 분야별로 깊이 있는 내용을 제공하여 독자들이 폭넓은 시각을 가질 수 있도록 노력했습니다. 특히 다음과 같은 점에 중점을 두었습니다.

첫째, 빠르게 변화하는 영유아발달 분야의 최신 연구 결과와 이론들을 충실히 반영하여 독자들이 현재 가장 유효한 정보를 얻을 수 있도록 하였습니다. 둘째, 이론뿐만 아니라 현장에서 실제로 적용할 수 있는 다양한 사례와 실천적 지침을 풍부하게 담았습니다. 마지막으로 주요 용어 정리, 읽을거리, 단원 요약 및 정리 활동, 관련 사진과 삽화를 많이 포함하여, 독자들이 보다 쉽게 이해하고 학습할 수 있도록 구성하였습니다.

이 책은 크게 3부, 12장으로 나누어져 있습니다.

제1부 : 영유아발달의 이해

영유아발달의 개념, 원리, 이론적 배경, 영유아발달 연구 및 연구방법 등을 소개합니다.

제2부 : 영역별 영유아발달

신체 및 운동 발달, 인지발달, 언어발달, 정서발달, 사회성발달 등 주요 발달영역을 다루며, 각 영역별 특성과 발달과정을 상세히 설명합니다.

제3부 : 영유아발달의 맥락과 실천

가족 환경, 또래 관계, 물리적 환경, 발달장애와 지도 등 발달에 영향을 미치는 다양한 맥락과 실제 적용방법을 제시합니다.

이 책이 출간되기까지 그동안 많은 분들의 도움이 있었습니다. 자료수집과 사진 촬영을 도와주신 아동학 연구실의 대학원생들, 꼼꼼한 교정을 맡아주신 편집팀, 출판을 지원해 주신 공동체 출판사 모두에게 깊은 감사를 드립니다.

마지막으로 영유아발달에 헌신적으로 연구하고 실천해 온 모든 교육자와 연구자들께 이 책을 바칩니다.

2025년 1월
저자 일동

차례

Part II 영역별 영유아발달

Part Ⅲ 영유아발달의 맥락과 실천

1 영유아발달의 기초

2 영유아발달 이론

3 영유아발달 연구 및 연구방법

PART

I

영유아발달의 이해

영아기가 급속한 신체 성장, 운동 및 인지 발달 영역에서의 기본적인 능력 획득, 주 양육자와의 애착형성을 바탕으로 하는 사회 · 정서 발달 등을 통해 발달의 근간을 닦는 시기라면, 유아기는 영아기에 획득한 이러한 기본적인 능력들을 확장시키고 정교화하면서 이를 급속도로 발달시키는 시기이다. 즉, 이 시기 동안 유아들의 대근육 및 소근육 운동 기술은 더욱 정교해지고, 언어발달은 가히 폭발적으로 이루어지며, 가족을 넘어선 사회문화적 맥락에 활발히 노출되면서 여러 사회 · 정서 능력들이 형성된다. 게다가 영유아기에 형성된 기술 및 능력, 그리고 특성들은 아동기와 그 이후 시기의 발달에도 장기적으로 영향을 미치기 때문에 영유아발달에 대한 이해는 매우 중요하다. 이에 제1부에서는 영유아발달의 기초, 관련 이론들, 그리고 영유아발달 연구를 중심으로 영유아발달에 대한 이해를 도모하고자 한다.

Chapter

01

영유아발달의 기초

❶ 발달의 개념

❷ 발달의 원리

❸ 발달단계

❹ 발달영역

❺ 발달에 대한 주요 쟁점

Chapter 01

영유아발달의 기초

영유아의 발달을 이해하기 위해서는 전 생애에 걸친 인간발달이라는 총체적인 관점에서 발달의 개념 및 원리에 대해 살펴볼 필요가 있다. 또한 이러한 생애발달적 관점(life span development approach)에 근거하여 발달을 단계별로 그리고 발달영역별로 살펴보는 것은 영유아발달의 주요 특징과 현상들을 체계적으로 이해하는 데 도움이 된다. 더불어 영유아발달에 있어 주요 쟁점으로 논의되어 온 이슈들에 대해 아는 것도 중요한데, 이 장에서는 유전과 환경, 연속성과 비연속성, 초기경험과 후기경험의 중요성, 공통의 발달과정 혹은 다양한 발달과정 등을 살펴봄으로써 영유아발달을 이해하는 기초를 제공하고자 한다.

생애발달적 관점
인간발달은 수정에서 사망에 이르는 전 생애 동안 이루어진다는 관점

1. 발달의 개념

인간의 발달(development)은 난자와 정자가 만나 수정(conception)된 순간부터 사망에 이르기까지 인간의 전 생애에 걸쳐 진행되는 개체와 환경 간의 계속적인 상호작용을 통해서 일어나는 양적인(quantitative), 질적인(qualitative) 변화 모두를 포함한다. 여기에서 양적 변화는 신장·체중·어휘 등에서 나타

발달
인간의 전 생애 동안 각 발달영역에서 일어나는 양적 변화 및 질적 변화

양적 변화
크기, 양, 빈도 등에서의 변화

질적 변화
어떠한 특성의 출현이나 기능, 구조 등에서의 변화

나는 크기나 양의 변화를 의미하고, 질적 변화는 지능이나 의식작용 등에 있어서 나타나는 본질, 구조 또는 조직상의 변화를 의미한다. 또한 이러한 발달은 성장, 성숙, 학습에 의해 나타나는 결과이기도 한데, 이를 좀 더 구체적으로 살펴보면 다음과 같다.

1) 성 장

성장
발달과정에 따른 신체적 특성에 있어서의 양적인 증가

발달이 일어나는 첫 번째 기제는 성장(growth)이다. 성장이란 키나 몸무게가 증가하는 것과 같이 발달과정에 따른 신체적 특성에 있어서의 양적인 변화를 말한다. 예전에는 발달을 신체적 향상과 심리적 진전을 의미하는 것으로만 이해하였기 때문에 성장이라는 용어와 혼용하여 사용하기도 하였다. 그러나 성장은 주로 양적인 면만을 의미하기 때문에 발달과 동의어라기보다는 발달의 한 측면 혹은 기제로 이해하여야 한다.

2) 성 숙

성숙
유전적 계획에 따라 나타나는 변화

성숙(maturation)은 영아기의 급속한 신체성장과 같이 유전적 계획에 따라 나타나는 변화를 말한다. 즉, 경험이나 학습에 의하지 않고 생득적으로 가지고 태어난 유전에 의해 어떤 기능이나 행동상에 변화가 나타나는 것을 의미한다. 예를 들어, 영아기 대소변 가리기는 경험이나 학습 또는 훈련에 의해 그 시기가 어느 정도 빨라질 수는 있으나 영아의 신경학적 성숙과 더불어 괄약근과 같은 관련 근육의 능동적 조절이 가능해지면서 자율적으로 능숙하게 가릴 수 있게 된다.

3) 학 습

학습
경험에 의해 일어나는 변화나 능력의 획득

학습(learning)은 직접 또는 간접 경험의 산물로서 훈련이나 연습에 의해 일어나는 변화나 능력의 획득을 의미한다. 학습은 개인의 노력에 의해서 이루어지기도 하나 나이가 어린 영유아의 경우에는 타인이나 환경에 많은 영향을 받아 이루어진다. 이처럼 학습은 후천적으로 형성되는 것이므로 환경과 밀접한 관계가 있다. 예를 들어, 외국어 습득은 체계적인 교육이나 훈련과정이 필요하며 언어능력을 촉진하는 환경을 제공해 주어야 가능하다.

하지만 영유아의 발달은 앞서 언급한 성장, 성숙, 학습 이 세 가지 중 어느 하나에 의해서만 일어나는 것이 아니고 이 세 과정이 공존하면서 이루어진다. 따라서 발달은 전 생애를 통하여 성장, 성숙, 학습에 의해 이루어지는 변화과정이라 할 수 있다.

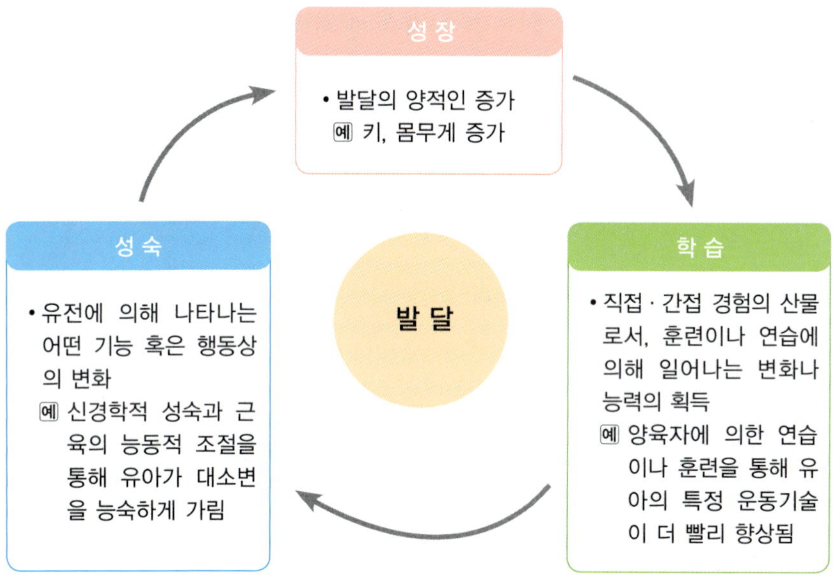

| 그림 1-1 | 발달의 기제

2. 발달의 원리

영유아의 성장과정은 매우 복잡한 것이지만, 영유아발달에는 다음과 같은 몇 가지 일반적인 원칙이 있다(정옥분, 2004).

1) 발달에는 일정한 순서가 있다

발달은 예측 가능한 일련의 원칙에 따른 순서를 가지며, 이 순서는 대개 일정하다. 예를 들어, 영아의 언어발달에도 일정한 순서가 있는데, 영아는 옹알이를 한 다음에야 첫 단어를 말할 수 있으며, 간단한 문장을 사용할 수 있게 된 다음에 복잡한 문장을 사용하게 된다.

2) 발달은 일정한 방향으로 진행된다

영유아의 발달이 진행되는 방향은 다음과 같이 세 가지 원칙이 있다.

(1) 두미(cephalocaudal)발달 원칙

두미발달 원칙
발달이 신체의 상부에서 하부로 진행되는 원칙

발달은 신체의 위에서 아래(top to bottom), 즉 머리에서 다리 방향으로 진행되므로, 머리 부분이 몸통이나 팔, 다리보다 일찍 발달한다. 예를 들어, 영아들은 머리를 들 수 있게 된 후에야 허리까지 몸을 들 수 있고 그 후에 다리에 힘이 생겨 기어 다니게 된다.

(2) 근원(proximodistal)발달 원칙

근원발달 원칙
발달이 신체의 중심에서 말초로 진행되는 원칙

발달은 몸 안쪽에서 바깥쪽(inner to outer)으로 진행된다. 즉, 신체의 중심부가 말초신경보다 먼저 발달한다. 예를 들어, 팔에서 시작하여 손목, 손가락의 순서대로 발달이 이루어진다.

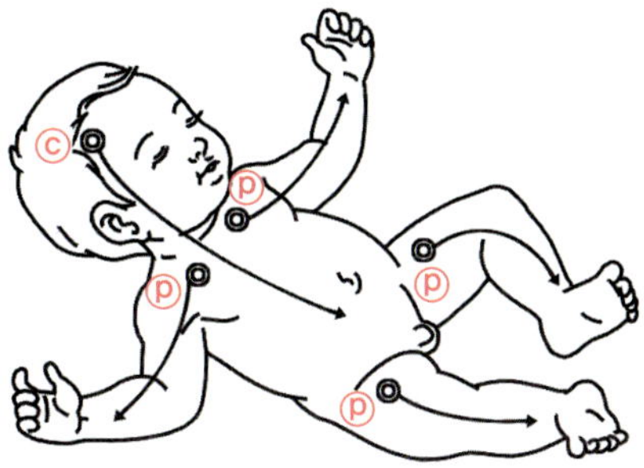

| 그림 1-2 | 발달의 방향

(3) 세분화(general to specific)발달 원칙

발달은 일반적이고 전체적인 것에서 점차 분화되어 특수한 것으로 진행된다. 영아의 초기 행동은 몸 전체를 사용하는 거칠고, 산만하고, 분화되지 않은 형태이지만, 유아기가 되면서 점차 분화되고 정밀한 행동으로 대체된다. 예를 들어, 영아는 바닥에 떨어진 딸랑이를 줍는 데 처음에는 손바닥 전체를 사용하지만 시간이 지나면서 엄지손가락과 집게손가락을 사용하여 집을 수 있게 된다.

세분화발달 원칙
발달이 진행됨에 따라 점차 분화되어 복잡해지는 원칙

3) 발달의 속도는 일정하지 않다

인간의 발달은 전 생애에 걸쳐 계속되지만 각 영역의 발달속도는 각기 다르다. 즉, 특정 시기에 특정 영역이 급격히 발달하거나 또는 천천히 발달하는 등 그 속도가 일정하지 않으며, 이 원리는 영유아기 발달에도 적용된다. 예를 들어, 영아기에는 신장과 체중이 크게 증가하지만 유아기에는 영아기에 비해 신체발달의 속도는 완만하다. 하지만 언어발달에 있어서는 유아기가 영아기나 다른 발달시기에 비해 급성장을 보인다. 태너(Tanner, 1962)는 신체조직의 발달을 임파선 조직, 두뇌, 일반, 생식기관의 네 가지 형으로 분류하고 각각에 따른 발달곡선을 제시하였다(그림 1-3 참고). 그림에서 볼 수 있듯이 두뇌발달 곡선은 초기에 급성장하다가 점차 완만한 발달을 보이지만, 생식기관의 경우에는 2차 성징이 나타나는 사춘기에 급성장하는 패턴을 보여준다.

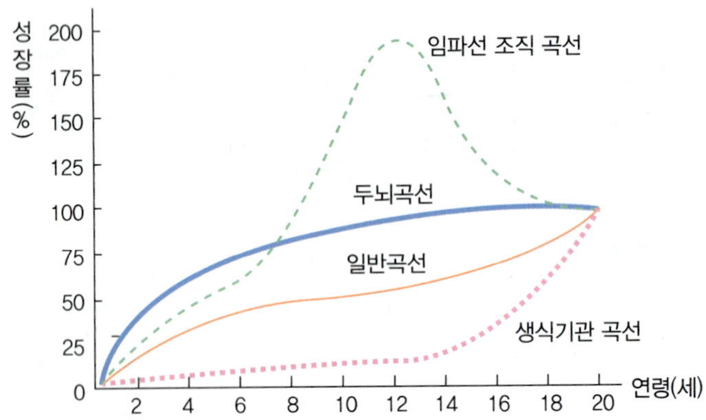

| 그림 1-3 | 성장곡선

4) 발달에는 개인차가 있다

발달은 앞서 말한 것처럼 보편적인 순서에 따라 이루어지고 평균적인 발달규준이 있지만 성별에 따라, 개개인에 따라 그리고 유전과 환경의 차이에 따라 발달속도에는 차이가 있다. 월령과 성별이 같아도 영유아의 신장이나 체중은 물론, 운동기능과 언어능력, 혹은 성격에 있어서 영유아마다 차이가 나타난다. 대개 여아는 남아에 비해 상대적으로 언어발달과 소근육 운동능력에서 우세한 반면, 남아는 대근육 운동능력에서 우세하다. 하지만 높은 수준의 언어능력을 보이는 남아도 있고, 대근육 운동능력이 또래보다 우수한 여아도 있다.

따라서 영유아를 교육하거나 양육하는 성인들은 발달시기상 중요한 이정표적 특징을 숙지하여 발달이 평균보다 심각하게 늦어진 경우에는 조기 개

입을 하여야 하나, 모든 영유아에게 일률적으로 발달기준을 엄격하게 적용해서는 안 된다.

5) 발달은 상호관련성이 있다

생물학적 발달, 인지적 발달, 사회·정서적 발달 등 발달의 각 영역은 서로 영향을 주고받는 역동적 상호작용 관계 속에서 진행되므로 각 영역의 발달은 서로 분리하여 생각할 수 없다. 사회·정서적 발달이 인지적 발달에 영향을 미치거나, 인지적 발달이 사회·정서적 발달에 영향을 미치거나, 생물학적 발달이 인지적 발달에 영향을 미치기도 한다. 예를 들어, 이동능력을 획득한 영아는 새로이 획득한 이동능력을 통해 주변 환경에 대한 그들의 호기심을 충족시킴으로써 인지발달에 긍정적으로 영향을 받는다. 또한 주 양육자와 안정적인 애착관계를 형성한 영아는 정서적으로 안정된 상태에서 주변 환경을 탐색함으로써 인지발달에 긍정적 영향을 받는다. 뿐만 아니라 이 세 영역의 발달이 동시에 서로에게 영향을 주기도 한다. 따라서 발달은 신체, 인지, 언어, 사회성, 정서 등 발달의 각 영역이 각기 분리되어 이루어지는 것이 아니라 서로 밀접하게 연결되어 총체적으로 진행된다.

읽을거리 영유아기 발달이정표

영유아기 발달이정표는 영유아의 발달수준을 연령별로 표준화한 것으로, 또래 영유아들과 발달수준을 비교할 때 사용된다. 부모나 교사는 발달이정표를 통해 영유아의 발달이 늦은지 빠른지에 대한 정보를 얻을 수 있다. 하지만 영유아의 개인차도 고려하여야 한다.

〈태내기의 발달이정표〉

분기	기	주	신장과 체중	주요 변화
제1기	접합자(zygote)	1주		• 단일세포 접합자가 증식하여 배반포 형성
		2주		• 배반포가 자궁내막으로 파고들어 감 • 양막, 융모막, 난황 주머니, 탯줄과 같은 조직이 형성되기 시작
	배아(embryo)	3~4주	6mm	• 원시적 두뇌와 척추 출현 • 심장, 근육, 갈비뼈, 등뼈, 소화기계가 발달하기 시작
		5~8주	2.5cm 4g	• 외부 신체구조(얼굴, 팔, 다리, 발가락, 손가락)와 내부 기관이 형성 • 뉴런이 놀라운 속도로 생성되기 시작 • 촉각이 출현하고 배아는 움직일 수 있음
	태아(fetus)	9~12주	7.6cm 28g	• 크기가 급속히 증가 • 신경계, 기관, 근육이 조직되고 연결되어 새로운 행동능력(차기, 엄지손가락 빨기, 하품 등)이 출현 • 외부 생식기가 잘 형성되어 태아의 성별이 분명해짐
제2기		13~24주	30cm 820g	• 태아는 급속히 성장함 • 태동을 느낌 • 24주까지 두뇌의 뉴런 대부분이 생성 • 눈은 빛에 민감하고, 소리에 반응함
제3기		25~38주	50cm 3,400g	• 이 시기에 출생하면 생존 가능성이 높음 • 폐가 성숙 • 피하 지방층 생성 • 빠른 두뇌발달로 인해 감각 및 행동 능력이 신장됨 • 어머니의 항체가 태아에게 전달 • 출산준비를 위해 태아의 머리가 아래로 향함

출처 : Berk(2023). Infants, Children, and Adolescents.

〈영아기와 유아기의 발달이정표〉

연령	신 체	인 지	언 어	사회·정서
출생~ 6개월	• 신장과 체중이 급격히 증가 • 신생아 반사가 감소 • 수면 패턴이 밤–낮으로 조직화됨 • 변하지 않는 자극에 습관화되고 새로운 자극에서 회복됨 • 머리를 들고, 뒤집고, 물체를 잡음	• 성인의 얼굴 표정에 대해 즉각적 모방과 지연 모방 • 흥미로운 결과를 가져오는 행동을 반복 • 물리적 특성(대상영속성 포함)과 기초 수 지식에 대해 인지함 • 시각적 사건에 대한 재인기억이 증가함	• 쿠잉을 하고 6개월 무렵 옹알이를 함 • 양육자와 공동주의를 형성하기 시작	• 사회적 미소와 웃음이 나타남 • 면대면 의사소통에서 양육자의 감정상태와 조화를 이룸 • 얼굴 표정과 목소리로 양육자의 긍정 정서와 부정 정서를 구분함 • 주 양육자에게 더 많이 웃고, 미소 짓고, 옹알이를 함
7~ 12개월	• 성인의 수면패턴과 유사해짐 • 혼자 앉고, 기고, 걸음 • 손을 뻗어 잡는 데 유연성과 정확성이 증가 • 모양, 색, 질감에 의존해 사물을 구분함 • 감각 간 지각(intermodal perception)이 향상됨	• 의도적 혹은 목표지향적 행동을 함 • 처음 숨긴 장소에서 사물을 찾아냄 • 회상기억 능력이 향상됨 • 이전 문제를 유추하여 간단한 문제 해결	• 옹알이가 확장되어 모국어의 소리와 패턴을 반영함 • 양육자와의 공동주의 기술이 향상됨 • 몇몇 단어의 의미를 이해함 • 의사를 전달하기 위해 몸짓을 사용함 • 1세경 첫 단어를 말함	• 미소와 웃음의 빈도와 표현이 증가 • 분노나 공포의 빈도와 강도가 증가 • 낯가림과 분리불안의 출현 • 양육자를 탐색의 안전기지로 사용 • 친숙한 양육자에게 분명한 애착을 나타냄
13~ 18개월	• 첫해만큼은 아니지만 신장과 체중이 급격히 증가 • 몸이 호리호리해짐 • 걸음걸이의 균형이 잡힘 • 협응능력이 향상되어 작은 물건도 잘 다룸	• 다양한 장소에서 숨겨진 사물을 찾음 • 사람, 장소, 물건, 행동에 대한 회상기억이 향상 • 사물을 범주에 따라 분류 • 그림이 실물을 상징할 수 있음을 인지하기 시작	• 어휘력이 꾸준히 증가 • 13개월경 50단어를 이해 • 18개월경 50단어를 산출	• 친숙한 성인, 형제, 또래와의 놀이에 참여 • 타인의 정서적 반응이 자신과 다를 수 있음을 인지 • 감정이입의 신호가 나타남 • 간단한 지시사항을 따름
19~ 24개월	• 점프하고, 달리고, 기어오름 • 협응력이 더욱 향상되어 작은 사물을 능숙히 다룸	• 표상을 통해 간단한 문제를 해결 • 안 볼 때 이동시켜 숨긴 사물을 찾음 • 일상에서 경험하는 간단한 행동을 사용하여 가상놀이에 참여 • 더 효율적으로 사물을 범주별로 분류함	• 약 200~250단어를 산출함 • 친숙한 단어의 정확한 발음을 인지 • 두 단어를 조합 • 어휘력 성장이 지속적으로 증가	• 감정을 표현하는 어휘를 습득 • 정서조절에 언어를 사용하기 시작 • 자의식적 정서 출현 • 양육자의 부재를 잘 견딤 • 만족지연의 지표인 자기통제 출현 • 성 정형화된 장난감 선호

만 2세	• 걸음마기보다 신장과 체중 증가가 느림 • 뇌, 특히 전두엽에서 시냅스의 성장과 수초화(myelination)가 빠르게 일어남 • 균형감이 향상 • 점프하고, 던지고, 상체를 움직이지 않고 받음 • 간단한 옷은 스스로 입고 벗음 • 숟가락을 잘 사용함	• 자기중심성이 약화되기 시작함 • 사진이나 그림의 상징 기능을 이해함 • 단순한 상황에서는 타인의 관점을 이해할 수 있음 • 재인기억이 발달함 • 내적인 정신적 사건과 외적인 물리적 사건의 차이를 인식함	• 어휘가 빠르게 증가함 • 문장 구조와 사회적 단서로 단어 의미를 추측할 수 있음 • 문법적 규칙을 적용하여 동시에 한 단어 또는 몇 개 단어를 사용할 수 있음 • 문장이 기초 어순을 따르고, 문법적 형태소가 추가됨	• 자아개념과 자아존중감이 발달하기 시작함 • 도구적 공격성이 나타남 • 기본 정서의 원인, 결과, 행동적 표현을 이해함 • 도덕성 발달의 초기 신호가 나타남 • 감정이입이 증가함 • 성 정형화된 신념과 행동이 증가함
만 3~4세	• 낮잠이 더 이상 필요하지 않음 • 달리기, 두 발 또는 한 발로 점프하기, 던지기와 잡기를 더 잘하게 됨 • 뛰어넘기와 한 발 뛰기가 나타남 • 세발자전거를 탈 수 있음 • 혼자 먹을 수 있음 • 가위를 사용하고 사람 그림을 처음으로 그리게 됨	• 변환을 이해하고, 가역적 사고가 가능하며, 친숙한 상황에서는 인과성에 대한 기초적 이해를 보임 • 친숙한 물체들에 대한 위계적 분류가 가능함 • 외양과 실재를 구별함 • 어려운 과제를 수행할 때 행동을 돕기 위해 혼잣말을 사용함 • 주의력이 증가함 • 신념(belief)과 바람(desire)이 행동을 결정함을 이해함 • 작은 수의 물체를 세고 기수(cardinal number)를 이해함	• 점점 더 복잡한 문법 구조를 이해함 • 문법적 규칙을 과잉 확장함 • 문법적 형태소를 규칙에 따라 지속적으로 추가함 • 반어법적 의도(illocutionary intent)를 이해하기 시작함 • 화자와 청자의 연령, 성, 사회적 지위에 따라 말을 조정함 • 불분명한 메시지를 명확히 하기 위해 다른 사람에게 질문함	• 정서적 자기조절 능력이 발달함 • 자의식적 정서를 더 자주 경험함 • 틀린 믿음의 숙달에 따른 마음 이론(mind theory)을 형성함 • 상호작용적 놀이(연합놀이와 협동놀이)가 증가함 • 처음으로 친구관계를 형성함 • 도구적 공격성이 감소하고, 적대적 공격성(언어적, 관계적)이 증가함 • 진실과 거짓을 구별함 • 도덕적 규칙과 관습을 구별함 • 동성의 놀이친구를 선호함
만 5~6세	• 뇌가 성인 크기의 90%가 됨 • 몸이 날씬해지고 다리가 길어져서 성인의 신체와 유사한 비율이 됨 • 첫 영구치가 나옴 • 더욱 부드럽게 뛰어넘고 진정한 뛰어가기가 나타남 • 던지고 잡는 방식이 더 능숙해짐 • 복잡한 그림을 그리고 이름과 간단한 단어를 쓰게 됨	• 외양과 실재를 구별하는 능력이 더 발달함 • 주의와 계획능력이 계속적으로 발달함 • 재인, 회상, 스크립트 기억과 자서전적 기억이 발달함 • 지식이 확장되고 조직화됨 • 틀린 믿음(false belief)에 대한 이해가 발달함	• 6세경 어휘가 약 1만 단어에 이름 • 복잡한 문법적 형태를 사용함 • 글자와 소리가 서로 체계적으로 관련됨을 이해함	• 다른 사람의 정서적 반응을 해석하고 예측하는 능력이 발달함 • 사회적 문제해결 능력이 발달함 • 도덕적 규칙과 행동을 획득함 • 동성의 놀이친구에 대한 선호가 강해짐 • 성 유형화된 신념과 행동이 계속적으로 증가함 • 성 항상성을 이해함

출처 : Berk(2009). Child Development; Berk(2012; 2023). Infants, Children, and Adolescents.

3. 발달단계

발달은 수정되는 순간부터 죽음에 이르기까지 일생 동안 일어나는 변화과정이다. 태내기에서 노년기에 이르는 각 발달단계는 이전 단계의 영향을 받음과 동시에 다음 단계에 영향을 미친다. 인간의 발달적 변화를 보다 쉽게 이해하기 위해서는 단계를 구분하여 접근하는데, 학자들마다 서로 다른 견해가 있지만 대체로 태내기, 영아기, 유아기, 아동기, 청소년기, 성인기, 중년기, 노년기의 8단계로 나눈다. 최근에는 노년기가 평균수명의 연장으로 다른 발달단계보다 상대적으로 길어지면서 노년 전기와 후기로 나누어야 한다는 의견도 있으나, 이 장에서는 노년기로 합쳐서 발달단계를 나누고자 한다.

태내기(prenatal period)는 수정에서부터 출생까지의 기간으로 어머니의 자궁 속에서 태아의 신체조직이 구성되고 신체성장이 가장 급속도로 일어나는 시기이다. 이 과정은 다시 발아기 또는 배종기(germinal period), 배아기(embryonic period), 태아기(fetal period)로 구성된다. 태아는 배 속에 있을 때부터 어머니의 건강, 심리적 상태에 민감하게 반응하므로 임신기간 중 태내환경은 태아의 발달에 매우 중요하다. 특히 태내 첫 3개월 동안은 기본적 신체구조와 기관이 형성되므로 각별히 조심해야 한다.

영아기(infancy)는 출생 후 24개월까지의 기간으로 발달의 여러 영역에서 놀랄 만한 성장이 이루어진다. 그중에서도 출생 후 첫 1개월을 신생아기라고 하는데, 이 시기는 어머니로부터 분리되어 태내환경과 다른 새로운 환경에 적응해야 한다. 영아기 동안 영아는 신체적 성숙을 바탕으로 이동능력과 같은 기본적인 운동능력을 획득하고 인지적 발달을 통해 언어를 습득한다. 또한 주위 사람들과의 상호작용을 통해 애착과 같은 사회·정서적 반응을 보인다.

유아기(early childhood)는 취학 전 시기(preschool age)라고도 불리며, 보통

만 2세부터 6, 7세까지의 기간으로 초등학교 입학 전까지의 시기이다. 유아기는 영아기에 비해 신체적 발달의 속도가 완만해지기는 하지만, 모든 발달 영역에서 꾸준한 성장이 이루어진다. 기본운동 기능이 성숙하고, 상상력은 풍부해지며 많은 어휘를 습득하여 의사소통 능력이 좋아진다. 또한 또래와 놀이를 통해 세상을 탐색하고, 기초적인 사회화를 경험하며, 기본적인 생활 습관을 형성하는 시기이기도 하다.

아동기(middle childhood)는 만 6, 7세부터 12세까지의 초등학교에 다니는 기간으로 학교교육이 시작되는 시기이다. 이 기간은 생활의 중심이 가정에서 학교로 옮겨 가면서 다양한 사회적 관계를 형성하는 시기이다. 이 시기에는 또래 집단의 영향력이 사회화에 있어 중요하지만 아동의 학습과 성장에 가족은 여전히 중요한 역할을 한다.

청소년기(adolescence)는 만 12세에서 22, 23세까지의 사춘기에서 성년기 이전에 해당하는 시기이다. 2차 성징이 나타나면서 성적 변화가 급격하게 나타나며, 지적 능력도 현격히 증가하여 추상적이고 깊이 있는 사고가 가능해진다. 이 시기에는 자아정체감 형성이 중요한 발달과업이며, 또래의 영향력이 더욱 증대된다.

성인기(early adulthood)는 청소년기가 끝나는 시기부터 40세까지를 이르며, 직업선택, 결혼, 자녀 출산 및 부모 역할을 시작하는 시기이다. 성숙한 개인인 동시에 사회인으로서의 역할이 중요해지는 시기이다.

중년기(middle adulthood)는 40세부터 65세까지를 이른다. 중년기는 자녀를 기르고, 직업을 통해 경제적 능력을 확장하는 등 개인 및 사회생활에서 절정에 이르는 시기이나 신체적으로는 갱년기를 경험하고, 심리적으로는 중년기 위기를 경험하게 되면서 새로운 적응이 필요한 시기이다.

노년기(late adulthood)는 65세 이후에 해당하는 인생의 마지막 단계이다. 평균수명 연장으로 그 시기가 매우 길어져 노년 전기와 노년 후기로 구분하기도 한다. 이 시기에는 신체적 노화와 은퇴에 적응하고 변화하는 역할에 융통성 있게 대처해야 하며, 배우자와 친구들의 죽음으로 말미암은 상실을 극복하고, 자신의 죽음을 준비해야 한다.

이러한 발달단계를 구분하는 데 있어 생물학적인 연령은 절대적인 기준이 될 수 없으며, 발달의 개인차나 문화적인 차이 등을 고려하여야 한다.

4. 발달영역

인간발달은 크게 생물학적 발달, 인지적 발달, 사회·정서적 발달 등 세 영역으로 이루어져 서로 간의 복합적인 상호작용 속에서 전 생애에 걸쳐 진행된다(그림 1-4 참조).

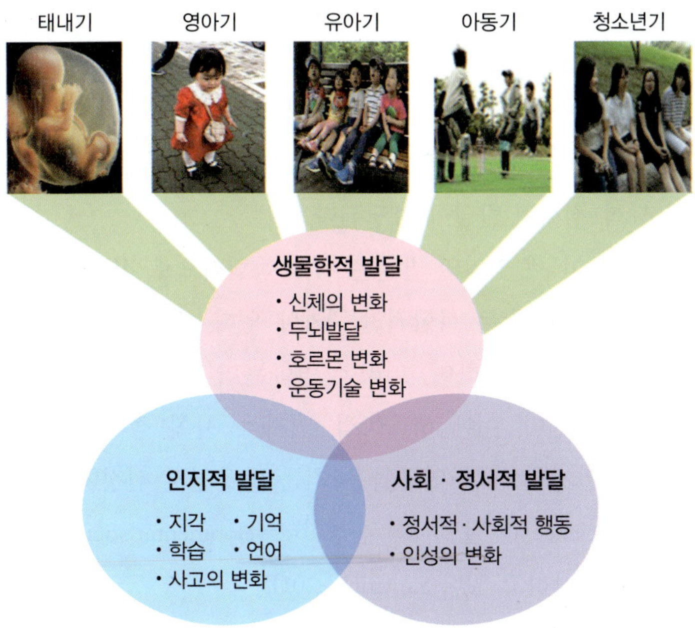

| 그림 1-4 | 발달영역

생물학적 발달
두뇌발달, 호르몬 변화, 대·소근육 운동기술 변화 등 신체적 변화와 관련된 발달영역

생물학적 발달(biological development)은 주로 신체적 변화와 관련되는데, 뇌와 신경계의 발달, 대근육 및 소근육 운동 발달, 감각 기능 발달, 생리적 발달, 신체적 성장 등이 포함된다. 예를 들어, 영아기에 보이는 키, 몸무게, 치아 등의 신체적 성장, 대근육 및 소근육 운동 능력의 증가, 그리고 영아기에 급속히 발달하는 신경성숙 등은 생물학적 발달의 대표적인 예이다. 즉, 생물학적 발달영역은 신체발달과 운동발달을 모두 포함하는 영역이다.

인지적 발달
지각, 학습, 기억, 언어 능력 변화 등 정신적 능력의 변화와 관련된 발달영역

인지적 발달(cognitive development)은 환경을 탐색하고, 지식을 축적하며, 문제를 해결해 나가는 모든 정신과정에서의 발달을 의미한다. 즉, 언어발달, 기억발달, 학습발달, 지능발달 등 정신적 능력에서의 변화와 관련된다. 예를 들어, 영아의 모방행동이 일어나고 언어를 습득하게 되는 것은 영아기 인지적 발달의 전형적인 예이며, 표상능력을 바탕으로 하는 유아기의 언어, 그림, 놀이 등에서의 발달은 전형적인 유아기 인지적 발달의 예이다.

사회·정서적 발달
사회적 행동, 인성의 변화 등 정서 및 사회적 능력에서의 변화와 관련된 발달영역

사회·정서적 발달(socioemotional development)은 대인관계의 발달, 성격의 변화, 정서발달을 포함하며, 특히 가족관계, 또래관계, 교사와의 관계 등을 통한 상호작용과 대중매체, 지역사회, 문화 등 거시적 환경의 영향을 받는다. 예를 들어, 유아기 동안 두드러지는 주도성, 양심의 발달, 정서이해 능력 등이 사회·정서적 발달에 해당된다.

발달인지 신경학
발달하는 유기체에 있어 인지적 과정과 뇌 발달 간의 관계를 연구하는 학문 분야

발달사회 신경학
발달, 사회정서적 과정, 그리고 뇌 발달 간의 연관성을 연구하는 학문 분야

발달과정에서 이 세 영역의 발달은 서로 독립적으로 진행되는 것은 아니며, 상호 영향을 주고받는 복합적인 관계에 있다. 신체나 운동기술의 변화에는 두뇌의 발달이 관여하며, 이러한 변화는 인지발달이나 사회·정서 발달에도 영향을 미친다. 이에 생물학적, 인지적, 사회·정서적 발달 간의 이러한 복합적인 관계에 대한 연구들은 최근 발달인지 신경학(developmental cognitive neuroscience)과 발달사회 신경학(developmental social neuroscience) 두 분야에서 급성장하고 있다(Santrock, 2011).

5. 발달에 대한 주요 쟁점

영유아발달에 대한 몇 가지 쟁점에 있어 학자마다 취하는 입장에는 차이가 있다. 발달의 쟁점에는 여러 가지가 있을 수 있으나 여기서는 유전과 환경, 연속성과 비연속성, 초기경험과 후기경험의 중요성, 공통의 발달과정 혹은 다양한 발달과정에 대해 알아보고자 한다. 이와 같은 발달의 주요 쟁점에 있어 어떤 입장을 취하느냐는 학자들에게 어느 이론과 관점에서 발달을 연구하는가에 영향을 준다. 또한 자녀를 양육하는 부모에게 그리고 아이를 돌보고 교육하는 교사들에게도 양육이나 교육에 있어 기본적인 방향을 설정하는 데 나침반과 같은 역할을 한다.

1) 유전과 환경

인간의 발달에 있어서 유전과 환경(nature vs. nurture)에 대한 문제는 오랫동안 논란의 대상이 되어왔다. 게다가 이 논쟁은 뒤에 소개되는 다른 논쟁과도 깊은 관련이 있다. 이는 인간의 발달이 선천적인 유전에 의한 것인가, 아니면 후천적인 환경에 의한 것인가 또는 발달에 미치는 영향에 있어 유전이 더 중요한가, 환경이 더 중요한가 하는 문제이다. 하지만 성장과 발달에 있어 유전과 환경의 영향을 정확하게 밝히는 것은 쉽지 않다. 그 이유는 거의 모든 상황에서 유전과 환경이 상호작용하면서 영유아의 발달에 영향을 주므로 그 영향을 정확하게 분리시키거나 상대적 영향을 평가하는 것이 실제로는 어렵기 때문이다.

유전론자들에 의하면 인간의 타고난 유전적 기초나 생물학적 기초가 발달을 결정짓는다고 본다. 이들은 발달의 기제를 본성, 성숙, 생득으로 간주하고, 발달의 근원은 태어날 때 물려받은 특질에 의한 것이며, 대부분의 발달은 유전적으로 예정되었기 때문에 이루어진다고 본다. 반면 환경론자

유전론자
인간의 발달은 환경이 아닌 타고난 유전적 요인에 의해 결정된다고 주장함

환경론자
인간의 발달은 유전이 아닌 환경적 영향에 의해 결정된다고 주장함

들은 유전이 아닌 환경적 영향만이 발달의 변화를 설명할 수 있다고 주장한다(Grusec, 2011; Phillips & Lowenstein, 2011). 즉, 이들은 발달의 대부분이 환경으로 이루어지는 경험의 산물로 보고, 학습을 주요 발달의 기제로 본다.

따라서 유전과 환경의 논쟁은 영유아라는 유기체를 자신의 발달에 있어 능동적인 존재로 보는지 혹은 수동적 존재로 간주하는지와도 밀접한 연관이 있다. 즉, 유전을 강조하는 입장에서는 영유아를 자신의 발달에 있어 능동적인 주체로 보는 견해가 강한 반면, 환경을 강조하는 입장에서는 영유아를 자신의 발달에 있어 수동적인 객체로 보는 견해가 지배적이다.

그러나 이제 인간의 발달을 설명하는 데 더 이상 유전론과 환경론 중 어느 한편에 치우쳐 한 가지 요인만을 강조하지는 않는다. 즉, 인간의 행동 특성을 설명하는 데 유전적 요인과 환경적 요인 중 어느 것이 중요한가보다는 두 요인이 어떻게 상호작용하는가에 초점을 맞추고, 이 두 요인이 어떻게 그리고 어느 정도로 결합되어 발달이 일어나는가에 초점을 두고 있다.

2) 연속성과 비연속성

발달의 연속성
발달에 있어서 이전 발달에 이어 연속적이고 점차적인 변화를 보이는 경우

발달에 대한 또 다른 논쟁은 발달이 연속적(continuous)인가 아니면 비연속적(discontinuous)인가라는 두 가지 입장으로 구분된다. 발달의 연속성을 주장하는 관점에서는 발달을 양적으로 증가하거나 더 복잡해지는 등과 같이 점진적이고 점차적으로 변화하는 것으로 보고 발달의 한 단계의 행동이 다음 단계의 발달과 직접적인 연관이 있다고 본다. 즉, 학습과 경험을 통해 행동이나 기능이 습득된다고 보고, 아동이 이러한 기능들을 습득해 가면서 이 기능들을 결합 또는 재결합하여 점차적으로 복잡한 능력을 형성해 간다고 주장한다.

읽을거리 유전 대 환경 – 어릴 적 헤어진 일란성 쌍둥이 자매, 韓–美 거리만큼 달랐다

1974년 서울에서 태어난 일란성 쌍둥이 A씨와 B씨는 두 살 때 생이별을 하였다. 이들의 재회는 2016년 입양인 지원 단체를 통해 B씨가 한국을 방문해 유전자를 등록하면서 시작되어 2020년에 성사되었다. 낸시 시걸 미국 캘리포니아주립대 심리학부 교수와 허윤미 국민대 교양대 교수는 이 쌍둥이의 지능과 성격, 가치관을 분석한 결과 지능지수에서 차이가 났으며, 자라난 문화에 따른 가치관 차이도 뚜렷했다고 보고하였다.

이처럼 어릴 때부터 떨어져 살게 된 일란성 쌍둥이의 사연은 연구자들이 유전적 요인을 통제한 채 환경이 발달에 주는 영향을 파악할 수 있게 한다. 연구팀은 쌍둥이가 만나게 되면 서로 영향을 미쳐 환경 차이의 영향을 분석하기 어려워지기에 이들이 재회하기 전 한국과 미국에서 각각 쌍둥이들의 지능과 성격, 정신 건강, 병력 등을 조사하였다. 일란성 쌍둥이의 IQ 차이가 보통 7점 이상 나지 않는다는 점을 감안한다면, A씨는 B씨보다 지능지수(IQ)가 16점이나 높은 이례적인 결과를 보였다. 이들은 언어능력과 기억력에서는 비슷했지만, 지각속도나 추론 점수처럼 유전의 영향을 상대적으로 덜 받는 영역에서는 차이가 났다. 성향 분석에서도 한국에서 자란 A씨는 집단주의적 가치관이 강했지만, 미국에서 자란 B씨는 개인주의적 가치관이 강했다. 즉, 환경의 영향을 받은 것이다.

최근 쌍둥이 연구는 유전의 영향을 규명하는 것을 넘어 유전자 발현이 환경에 따라 달라지는 것을 연구하는 후성유전학이나 장내 미생물의 차이를 관찰하는 연구로 진화하고 있다. 유전적으로 대머리를 물려받은 쌍둥이라도 한 명은 30대, 다른 한 명은 40대에 머리가 벗겨지는 등 조금씩 차이가 나는 것을 종종 볼 수 있다. 이렇게 발현 시기를 다르게 만드는 환경 차이를 찾으면 유전 질환을 막는 환경을 조성해 치료하는 것도 가능하다. 허 교수는 “쌍둥이는 과학 실험이 불가능한 인간에 대한 과학적 정보를 주는 중요한 역할을 한다”며 “한국은 해외보다 연구 참여가 저조한 편인데 더 많은 참여가 이뤄지기를 바란다”고 말했다.

출처 : 동아일보(2022. 5. 20).

발달의 비연속성
발달에 있어서 이전 발달과는 전혀 다른 양상으로 다음 단계의 발달을 보이는 경우

반면에 발달의 비연속성을 주장하는 입장에서는 발달이 일련의 독립적이며 질적으로 서로 다른 단계를 통해서 진행된다고 본다. 즉, 발달시기에 따라서 변화가 거의 없는 시기와 변화가 급격하게 이루어지는 시기가 있으며 앞 단계의 발달과는 비교적 독립적으로 이후의 발달이 이루어진다고 본다.

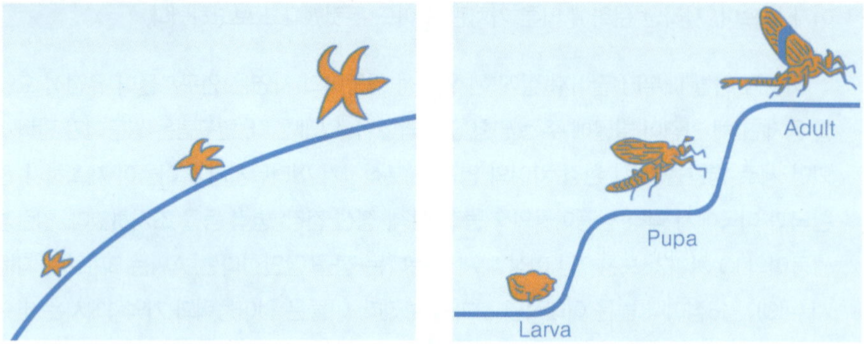

| 그림 1-5 | 발달의 연속성(불가사리)과 비연속성(잠자리)의 예

출처 : Lightfoot et al.(2018). The Development of Children.

예를 들어, 아기들이 기는 과정을 살펴보면, 처음에는 몸을 단순히 뒤집다가 다음에는 손과 무릎을 움직이고, 마침내 기기 시작하게 되는데, 이는 연속적이며 점진적인 변화를 보여주는 것이다. 즉, 이러한 일련의 변화는 연속적이며 점진적인 증진이며, 축적된 변화로 발달의 과정을 보는 것이다. 반면에 피아제(Piaget)나 플라벨(Flavell) 등의 단계 이론가들의 관점에서는 아동이 어떤 단계에 도달하면 완전히 다른 사고방식을 획득하게 되며, 점차 이전의 방식이 새로운 방식으로 대치되므로 발달은 비연속적으로 진행된다고 본다.

최근에는 이 논쟁 역시 극단적으로 한 입장을 취하는 것이 아니라 오랜 기간을 두고 변화의 곡선을 관찰한다면 발달은 이 두 가지 형태를 결합한

모형으로 보일 가능성이 높다고 본다(Santrock, 1998). 즉, 질적인 변화가 갑작스러울 수 있지만, 그러한 갑작스러운 변화는 점진적인 발달이 쌓여 이루어진 것이라고 보는 것이다(그림 1-6 참조).

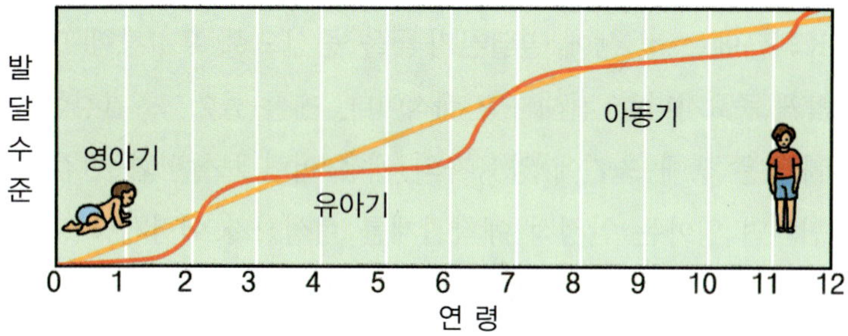

| 그림 1-6 | 발달의 연속성과 비연속성에 관한 균형적 관점
출처 : Lightfoot et al.(2018). The Development of Children.

3) 초기경험과 후기경험의 중요성

오랫동안 많은 연구자들은 발달과정에서 인생 초기의 경험이 절대적으로 중요하며, 전 생애 발달에 결정적인 역할을 한다고 보았다(Cassidy et al., 2011). 초기경험의 중요성을 보여주는 것으로 결정적 시기(critical period)와 민감기(sensitive period)가 있다. 결정적 시기란 발달과정에서 특정 시기에 어떤 기관이나 기능의 발달이 보다 더 급격히 진행됨을 의미하는데, 이 시기에 적절한 발달이 이루어지지 못하거나 부정적인 영향을 받게 되면 치명적인 결손을 가져오게 된다. 연구자들은 발달의 특정 영역에 있어서 결정적 시기가 존재함에는 동의하지만, 어떤 특성의 결정적 시기가 정확하게 언제이고, 얼마나 지속되며, 결정적 시기를 놓치는 경우에 어떠한 영향을 받게 되는지에 대한 예측에 관해서는 논쟁이 계속되고 있다. 한편 인간의 발달을 설명함에 있어서는 결정적 시기보다 민감기의 개념이 더 적절하다고 여

결정적 시기
특정 능력이나 기술을 발달시킬 수 있는 준비가 이루어지는 일정한 시기

민감기
특정한 능력이 나타나는 최적의 기간으로 환경적 영향에 특히 반응적인 시기

겨지고 있다. 민감기는 특정 영역의 발달이 일어나는 최적의 시기를 의미하며, 민감기에 적절한 자극을 경험하게 되면 최적의 발달을 이룰 수 있지만, 적절한 자극의 경험 없이 그 시기를 지난다면 발달은 일어나지만 어려움을 겪게 된다.

그러나 최근에는 전 생애 발달론자들을 중심으로 후기경험 또한 초기경험 못지않게 중요하다는 견해가 지배적이다. 예를 들어, 초기경험을 중요시하는 학자들은 생애 초기에 양육자의 애정 어린 보살핌과 민감한 양육태도가 결핍되면 영아는 안정적 애착관계를 형성하기 어렵게 되고, 이는 이후 여러 영역의 발달에 부정적인 영향을 미친다(Bowlby, 1980; Sroufe et al., 2010)고 본다. 하지만 후기경험의 중요성을 강조하는 학자들은 이후에라도 적절한 애정과 관심이 주어지면 이러한 부정적 영향이 완화될 수 있다고 본다(Antonucci, Birditt, & Ajrouch, 2011).

초기경험과 후기경험 중 어느 쪽이 더 중요한 영향을 미치는가에 대한 논쟁은 유전 대 환경의 논쟁과도 관련이 있다(Berk, 2014). 예컨대 유전보다는 환경을 중시 여기는 학자들은 초기경험의 중요성을 더욱 강조하는 입장을 취한다. 즉, 이들은 초기의 부정적 경험이 일생에 걸쳐 영유아의 발달에 지속적인 영향을 미친다고 보면서 환경의 영향을 유전보다 우위에 둔다. 반면 일부 학자들은 초기의 부정적 경험에 대해 좀 더 낙관적인 견해를 가지고 있다. 이들은 발달에 있어 가소성(plasticity)의 개념을 지지하며(Baltes, Lindenberger, & Staudinger, 2006; Overton, 2010), 인간은 삶을 살아가는 동안 영향력 있는 경험에 의해 계속 변화될 수 있다고 본다.

가소성
환경적 경험에 의해 발달이 촉진되거나 회복될 수 있는 가능성

읽을거리 애착, 그리고 애착의 결과

발달에 있어 초기경험에 대한 강조에서 후기경험이 초기경험을 바탕으로 인간에게 영향을 주고 초기경험의 영향을 계속해서 바꾸어 나간다는 관점으로의 이동은 애착 연구에 의해 설명될 수 있다.

애착은 생후 일 년 동안 영아와 주 양육자 간에 형성되는 정서적 유대를 말한다. 알란 스루프(Alan Sroufe)는 초기 애착과 이후 인지적·정서적·사회적 발달 간의 연관성을 살펴보기 위해 영아기부터 청소년기까지 아동들을 추적하는 종단연구를 실시하였다. 그는 1975년에 "the Minnesota Parent-Child Project"에 참여한 임산부 267명과 그녀들의 자녀들을 대상으로 연구를 시작하였다. 아이들이 생후 일 년이 되는 해에 애착과 다양한 발달평가를 실시하였다. 그리고 이 아이들이 7학년이 될 때까지 일 년에 한 번씩 평가를 계속했다. 그 결과, 그는 자신의 연구 결과를 1990년대 초에 다음과 같이 정리하였다. "영아기에 안정애착을 형성했던 아이들은 불안정 애착을 형성했던 또래보다 이후 자신감이 더 높고, 충동을 잘 억제할 수 있었으며, 친구들 사이에서도 인기가 많았다. 또한 안정애착을 형성했던 아이들은 복잡한 과제를 수행하는 데 있어서도 신체적 협응 능력부터 꾸준하게 과제를 수행하는 지속력까지 모든 면에서 탁월하였다. 게다가 청소년기에도 안정애착을 보였던 아이들이 그들의 감정을 보다 더 잘 표현할 수 있었고, 더 많은 친구들을 사귈 수 있었다." 그는 자신의 연구 결과를 이와 같이 정리하며, 이를 통해 초기 애착은 청소년기 발달에까지 영향을 미친다고 주장하였다.

하지만 2005년, 스루프와 동료들은 동일한 연구 프로젝트에 대해 다소 다른 결과를 보고했다. 동일한 연구대상들에 대한 26년간의 자료를 분석해 본 결과, 주 양육자와 초기에 형성하는 애착 이외의 경험들도 이 아이들이 발달하는 데 중요한 역할을 한다는 것을 알게 되었다. 예를 들어, 성인기의 관계 특성은 애착뿐만 아니라 또래관계와도 관련이 있었다.

이러한 연구결과는 초기 애착이 발달의 기초가 되는 매우 중요한 사건이지만, 우리가 살아가면서 경험하는 많은 다른 사건들도 우리가 변화하고 성장하는 데 영향을 미친다는 것을 시사한다.

출처 : Levine & Munsch(2013). Child Development : An Active Learning Approach.

4) 공통의 발달과정 혹은 다양한 발달과정

발달에 대한 마지막 논쟁은 인간의 발달과정이 공통된 하나의 발달과정으로 설명될 수 있는가 아니면 다양한 발달과정을 인정해야 하는가와 관련된 것이다. 단계 이론가들은 인간이 동일한 공통된 발달과정을 따른다고 본다. 인지발달을 예로 들면, 단계 이론가들은 유아기에는 언어나 가상놀이를 통해 자신의 세계를 표상하고, 아동기에는 좀 더 논리적으로 사고하도록 하며, 청소년기에는 더 체계적이고 추상적인 추론을 하도록 하는 데 영향을 미치는 공통된 유전과 환경 요인들이 있다고 보며 이를 규명하고자 한다(Berk, 2009).

하지만 다른 학자들은 인간이 다양한 맥락(context) 내에서 성장한다는 것도 인정해야 한다고 한다. 즉, 개인적 요인과 환경적 요인의 복잡한 조합이 다양한 발달과정을 야기한다는 것이다. 특히 이들은 인간의 발달을 형성하는 맥락이 여러 층(layer)으로 이루어져 있고 복합적임을 강조한다.

그리고 이런 맥락을 설명하는 데 있어 유기체의 개인적인 측면으로는 유전적인 특징을, 환경적인 측면으로는 근접환경(가정, 보육기관, 유아교육기관, 이웃)과 근접환경을 넘어서는 환경(법, 정책, 사회) 그리고 문화를 포함한다.

이 논쟁 역시 유전과 환경의 논쟁과 밀접한 관련이 있는데, 유전을 강조하는 학자들은 유전적인 특성이 성장과 발달에 있어 공통적인 발달과정을 만들어 낸다고 보는 반면, 환경론자들은 영유아가 경험하는 다른 환경들이 다양한 발달과정을 야기한다고 본다(Santrock, 2011).

5) 균형적 관점

앞서 살펴본 것과 같이 과거에는 발달 논쟁에 대한 학자들의 견해가 양극을 취하는 대립 경향이었으나 최근에는 양자 간에 서로의 관점을 어느 정도 수용하면서 서로의 입장을 보완하는 추세이다. 즉, 개인의 발달에 있어 연속적 및 비연속적 변화가 모두 일어난다고 믿으며 유전과 환경은 아동의 발달에 함께 복합적으로 작용하며, 각 요인은 다른 요인의 잠재력에 영향을 주어 아동의 특성과 능력을 조정한다고 여기는 이론가들이 증가하고 있다.

또한 초기경험과 후기경험의 상대적인 영향이 발달의 한 영역에서부터 개인들 간에도 매우 다양하게 나타난다는 것이 여러 연구에 의해 밝혀졌다. 그리고 학자들은 발달과정에 있어 공통된 발달과정이 있지만 각 개인에게 고유한 발달과정상의 특성들이 있다는 것도 인정한다. 최근의 이런 변화가 교육을 담당하는 현장의 교사 또는 부모들에게 주는 시사점은 발달에 대한 균형된 관점, 다양성을 포함하는 폭넓은 관점을 갖는 것이다.

따라서 이제 대부분의 학자들은 앞서 소개한 논쟁에 있어 어느 한쪽의 극단적인 입장을 취하지는 않지만 그렇다고 해서 이러한 논쟁이 완전히 끝난 것은 아니다. 특히 유전과 환경이 각각 발달에 얼마나 큰 영향을 미치는가에 대한 논쟁은 여전히 뜨겁다(Kagan, 2010; Schaie & Willis, 2012).

읽을거리 결정적 시기

키가 자라는 데 결정적 시기가 있는 것처럼 뇌가 발달하는 데도 결정적 시기가 있다. 3세에서 6세 사이 아이들은 외부로부터 오는 다양한 감각적 자극과 정보들을 쉽고 빠르게 습득하는데, 이를 뇌 발달의 결정적 시기 또는 민감기라고 한다. 이는 6세 정도가 되면 뇌 활동을 담당하는 시냅스(뇌신경회로) 연결이 성인의 두 배 정도에 이르기 때문이다.

● 시각장애인이 각막이식 뒤에도 가족들을 알아보지 못한 까닭

인간의 뇌는 1천조 개의 시냅스들이 치열하게 자리싸움을 하는 시냅스들의 각축장이다. 따라서 결정적 시기를 놓치면, 그 자리를 다른 영역의 시냅스들이 차지하기 때문에 나중에 다시 자신의 자리를 확보하는 것이 쉽지 않다.

시각장애인이자 미국의 스키 국가대표인 마이크 메이는 생후 3년 6개월경 각막이 손상되어 시각을 잃었다. 그는 40세가 넘어 각막이식 수술을 통해 눈 손상을 복구하였으나 그의 뇌는 눈을 통해 받아들이는 정보를 이해하지 못했다. 가족들의 모습을 알아볼 수도 없었고, 자동차를 타고 집으로 가는 동안 순식간에 지나가는 차, 건물, 사람, 눈으로 들어오는 광경들을 이해하려 했지만 불가능했다. 이는 시각정보를 처리해야 하는 후두엽의 공간에 시각을 잃고 살아온 지난 40년 동안 이미 청각정보와 촉각정보를 비롯한 나머지 감각들이 자리를 잡고 있었기 때문이다.

사물의 정보를 그대로 투사하는 카메라와 달리 인간의 뇌는 들어오는 정보를 해석하고 인지하여 선택적으로 지각하는 시냅스가 발달해야 한다. 결정적 시기에 이러한 기회를 잃었기 때문에 수술 이후 그는 빛을 보게 되었으나 여전히 종이에 적힌 단어들을 읽고 사람들의 얼굴을 식별하며, 사물들의 거리를 측정하는 데 어려움이 있게 되었다.

● 시기별로 발달해야 할 뇌의 영역… '골든타임'이 있다

아이들이 태어나 영유아기와 청소년기를 지나면서 성숙한 인간의 삶을 살아내기 위하여 시기별로 발달해야 할 뇌의 영역들이 있다. 적절한 시기를 놓친 후에 다시 회복하려면 쉽지 않고 때때로 불가능하기도 하다. 지금 아이가 스마트기기에 빠져 시간을 보낸다면, 뇌 발달의 결정적 시기에 아이의 뇌에는 단지 자극적이고 감각적 재미에 수동적으로 반응하는 시냅스들이 자리를 선점한다.

시각장애인인 마이크가 각막수술을 통해 의학적으로는 시각을 회복했지만, 여전히 시각적 정보를 이해하는 데 어려움을 겪고 있음을 확인한 바와 같이 아이들이 스마트기기에 빠져 살아가는 동안 감각인지 능력, 언어능력, 운동능력, 주의집중력, 사회적 기술, 고차원적 사고력 등은 결정적 시기를 놓쳐 그들의 자리를 잃게 된다. 그리고 성장한 후에 다시 회복하려고 할 때, 마이크처럼 어려움을 겪게 될 것이다. 따라서 부모는 자녀의 결정적 시기에 따라 여러 영역에서 건강하게 시냅스가 발달되도록 도와주어야 한다.

출처 : 베이비뉴스(2018. 8. 24).

정리 활동 영유아발달 이해에 관련된 용어들을 게임을 통해 익혀보자.

변	화	관	성	장	년	성	인	사	공	유	기	학	대	아
균	차	개	숙	인	인	인	회	회	식	아	능	교	학	동
시	형	인	점	성	간	정	신	생	아	기	환	실	거	두
기	전	적	유	적	서	신	인	산	후	기	경	험	머	미
후	기	전	관	발	양	식	지	기	질	적	론	난	리	발
기	론	야	달	점	육	양	적	변	화	적	자	한	어	달
자	녀	영	정	영	자	상	발	남	근	기	변	변	카	원
보	살	핌	아	기	초	영	달	산	심	근	심	화	가	칙
연	속	성	이	기	초	향	적	근	술	에	민	한	성	격
적	대	적	경	향	학	령	기	원	아	말	감	강	결	심
현	장	험	사	습	동	년	배	발	태	아	기	대	정	한
자	환	자	생	물	학	적	발	달	타	냥	유	교	적	장
아	경	손	세	분	화	발	달	원	칙	자	갱	년	시	사
기	억	만	밀	화	산	달	고	칙	사	기	유	대	기	초
비	연	속	성	구	분	출	나	당	연	합	사	기	질	기

[게임방법]

위의 네모 칸에서 가로, 세로, 대각선 방향으로 영유아발달 관련 단어를 찾아 그 뜻을 익혀보자.
찾아야 할 단어는 다음과 같다.

1. 성장	2. 성숙	3. 유전론자	4. 환경	5. 초기경험
6. 환경론자	7. 두미발달 원칙	8. 근원발달 원칙	9. 세분화 발달 원칙	10. 후기경험
11. 양적 변화	12. 질적 변화	13. 태아기	14. 신생아기	15. 영아기
16. 유아기	17. 학습	18. 생물학적 발달	19. 인지적 발달	20. 사회정서 발달
21. 민감기	22. 결정적 시기	23. 연속성	24. 비연속성	25. 균형적 관점

[정답]

변	화	관	성	장	년	성	인	사	공	유	기	학	대	아
균	차	개	숙	인	인	인	회	회	식	아	능	교	학	동
시	형	인	점	성	간	정	신	생	아	기	환	실	거	두
기	전	적	유	적	서	신	인	산	후	기	경	험	머	미
후	기	전	관	발	양	식	지	기	질	적	론	난	리	발
기	론	야	달	점	육	양	적	변	화	적	자	한	어	달
자	녀	영	정	영	자	상	발	남	근	기	변	변	카	원
보	살	핌	아	기	초	영	달	산	심	근	심	화	가	칙
연	속	성	이	기	초	향	적	근	술	에	민	한	성	격
적	대	적	경	향	학	령	기	원	아	말	감	강	결	심
현	장	험	사	습	동	년	배	발	태	아	기	대	정	한
자	환	자	생	물	학	적	발	달	타	냥	유	교	적	장
아	경	손	세	분	화	발	달	원	칙	자	갱	년	시	사
기	억	만	밀	화	산	달	고	칙	사	기	유	대	기	초
비	연	속	성	구	분	출	나	당	연	합	사	기	질	기

Chapter 02

영유아발달 이론

Chapter 02

영유아발달 이론

영유아를 양육하는 모든 부모들은 자녀가 긍정적인 방향으로 발달하여 궁극적으로 건강하고 행복하게 자랄 수 있기를 기대한다. 하지만 부모들이 실제로 양육과 교육에 임하는 태도와 방식에는 상당한 차이를 보인다. 일찍이 조기교육에 관심을 갖는 부모가 있는 반면, 자녀들이 가지고 있는 내재적인 힘을 믿고 스스로 알에서 깨어나기를 기다리는 부모도 있다. 부모들의 이러한 구별되는 실제의 기저에는 발달에 관한 관점 및 이론에 차이가 있다. 이론은 사물이나 현상의 이치를 논리적으로 일반화한 체계로서, 세상의 넓은 범위의 현상이나 경험을 설명하고, 해석하고, 조직화하도록 돕는다. 또한 기존의 지식에 기초하여 증명 가능한 가설들을 계속 만들어 내어서 변화하는 현상을 설명할 수 있는 새로운 이론을 도출하도록 이끈다. 그러한 측면에서 발달이론은 인간행동의 특징들과 발달 관련 현상들을 해석하고 설명하고 예측하게 해줌으로써 영유아의 성장과 발달을 최적화할 수 있는 방법을 안내해 줄 수 있다.

이에 이 장에서는 발달의 각 영역을 탐구하기에 앞서 영유아발달을 설명하는 데 영향력이 있는 이론들을 소개하고자 한다. 먼저 정신분석이론에서는 인간존재를 타고난 생물학적 본능의 대상으로 본 프로이트와 성격형성에 사회문화적 영향을 강조한 에릭슨을 중심으로 알아볼 것이다. 더불어

발달이론
인간행동의 특징과 발달 관련 현상을 해석하고 설명하고 예측하게 해줌으로써 영유아의 성장과 발달을 최적화할 수 있는 원리들의 체계적인 진술

영유아발달의 인지적인 측면을 강조한 피아제와 비고츠키의 인지발달이론, 발달은 생물학적인 측면보다는 아동이 처한 사회적 환경에 의해 영향을 받는다고 본 학습이론, 행동의 진화론적 근거 및 진화적 반응이 종의 생존과 발달에 기여한다고 본 동물행동학 이론을 다루고, 마지막으로 발달을 변화하는 인간과 환경 간의 상호작용의 산물로 본 생태학적 체계이론을 살펴봄으로써 이론 탐구를 통한 영유아발달 이해의 근간을 다지고자 한다.

1. 정신분석이론

프로이트
(Freud, 1856~1939)

정신분석이론(psychoanalytic theory)은 인간은 생물학적 본능의 존재로 출발해서 일련의 단계로 이동을 하게 되고 각 단계에서 생물학적 추동과 사회적 기대 사이의 갈등에 직면하고 이 갈등을 해결하면서 점차 성숙해진다는 이론이다. 프로이트의 심리성적 이론(psychosexual theory)과 에릭슨의 심리사회 이론(psychosocial theory)을 통해 정신분석이론을 살펴보고자 한다.

1) 프로이트의 심리성적 이론

정신분석학의 창시자 프로이트(Freud)는 1856년 체코슬로바키아에서 태어나서 4살 때 이주한 비엔나에서 생애 대부분을 지내다가 영국으로 망명하여 마지막 해를 보냈다. 프로이트는 인간의 정신활동은 과거의 행동이나 사건에 의해 결정된다고 보는 결정론적 인간관을 제시하여 사람의 성격은 인생의 초기경험에 의해 형성된다고 보았다. 또한 인간행동은 의식적 과정보다 무의식에 의해 그 동기가 유발되며, 본능적인 성적 에너지인 리비도(libido)가 행동과 사고의 동기가 된다고 하였다.

리비도
프로이트의 이론에서 개인의 일반적인 성적 에너지를 뜻하는 용어

(1) 성격의 지형학적 모형

프로이트는 정신의 지형이 의식, 전의식, 무의식으로 이루어진 것으로 보았으며, 이 세 영역 중 특히 무의식을 강조하였다.

의식(consciousness)은 현재 느끼거나 알 수 있는 모든 경험과 감각을 뜻한다. 즉, 현재의 감각, 지각, 경험, 기억 등이 이에 속하며 정신생활의 극히 일부분만이 의식의 범위 안에 있다.

의식
현재 느끼거나 알 수 있는 모든 경험과 감각 및 정신

전의식(preconsciousness)은 의식 속의 자료들이 저장되는 영역으로 현재는 의식되지 않지만 주의를 집중하면 쉽게 의식될 수 있다. 이는 활용 가능한 기억들로 약간의 노력으로 바로 인식할 수 있는 모든 경험이며, 의식과 무의식 사이에서 교량적 역할을 한다.

전의식
활용 가능한 기억들로 노력하면 쉽게 의식할 수 있으나 현재는 억압되어 있는 잠재의식

무의식(nonconsciousness)은 정신내용의 대부분을 형성하며 마음을 구성하는 사고, 감정, 본능, 욕구, 동기, 갈등 등의 자료들이 저장되어 있는 곳이다. 무의식에 저장된 이 자료들이 의식되지 못한 채 인간의 행동을 결정하게 된다. 무의식은 인간 정신기제의 가장 심층적이고 주요한 위치에 있는 것으로 의식적인 자아가 용납할 수 없는 억압된 감정들로 이루어져 있다. 프로이트는 무의식의 증거로 꿈, 망각과 실언, 최면 후의 행동, 자유연상법이나 투사법으로 나온 경험의 자료를 들고 있다.

무의식
사람의 생각과 행동에 영향을 주지만 사람이 의식하지 못하는 감정, 경험, 갈등을 나타내는 용어

(2) 성격의 구조적 모형

프로이트에 의하면 성격의 구조는 원초아, 자아, 초자아로 구성된다.

원초아(id)는 성격의 가장 원초적인 부분으로, 타고난 생물학적인 구성요소이며 전적으로 무의식의 영역에 속해 있다. 원초아에는 인간이 긴장을 느껴 이를 해소하기 위해 무엇인가 행동하게 하는 추동(drives)이 저장되어 있다. 이 부분은 외부세계와 무관하며 어떠한 논리와 법칙이 통하지 않기 때문에 매우 충동적이고 비합리적이며 자기중심적이고 자애적인 특징이 있

원초아
본능에 의해서 움직이는 성격의 타고난 구성요소

다. 원초아는 쾌락을 최대화하고 고통을 최소화시키는 방향으로 움직이는 쾌락원리의 지배를 받는다. 따라서 현실 상황을 고려하지 못하고 즉각적인 만족을 추구하려는 경향을 가진다.

자아
성격의 합리적 구성요소

자아(ego)는 심리적 구성요소이며 의식과 현실수준에 놓여 있다. 자아는 현실의 외부세계와 관계를 가지며 성격을 제어하고 통제하고 다스리는 행정부, 즉 성격의 집행자 구실을 한다. 자아는 적절한 시기까지 긴장의 방출을 지연시켜 궁극적으로 사회가 수용 가능한 형태로 만족을 얻는 현실원리의 지배를 받는다. 따라서 현실적이고 논리적인 사고를 하며 원초아와 초자아를 통제하고 상황을 고려하고 타협할 줄 아는 특성이 있다.

초자아
한 사람의 내면화된 도덕 기준으로 구성되는 성격의 구성요소

초자아(superego)는 사회적인 구성요소이며 일부는 무의식적이고 또 다른 일부는 의식적이다. 가장 마지막에 발달하는 성격의 부분으로 유아가 부모의 사회적 가치와 이상을 동일시함으로써 발달한다. 성격의 도덕적 측면으로 사법부 역할을 하며, 쾌락보다는 완성을 중시하며 현실보다 이상을 중시한다. 즉, 초자아는 본능의 충동을 억제하고 자아가 현실적인 목표 대신에 이상적인 목표를 가지고 완전성을 위해 정진하도록 설득하는 기능을 가지고 있다. 초자아는 외부세계의 대변자로서 사회적 원리를 따르며 양심과 자아 이상이라는 두 가지 하부체계를 갖는다. 양심은 마음의 도덕적 가르침이며 사람들에게 죄의식을 느끼게 하고, 자아 이상은 긍정적 이상향을 뜻하며 긍지를 느끼게 하는 역할을 한다.

(3) 심리성적 발달 단계

프로이트는 성격발달을 심리성적 발달로 간주하고 구강기, 항문기, 남근기, 잠복기, 생식기의 5단계를 거친다고 보았다. 본능적인 성적 에너지인 리비도(libido)가 집중적으로 모인 신체 부위인 성감대는 각 시기마다 이동한다. 즉, 정해진 순서와 규칙에 따라 특정 발달단계가 되면 특정 성감대가

주도권을 잡고 아동의 행동과 성격에 영향을 미친다.

① 구강기

구강기(oral stage)는 생후 1년 혹은 18개월까지이며, 리비도가 구강에 몰리는 시기이다. 구강부에 있는 입술과 혀는 외부환경과 접촉하는 일차적 기관이며 쾌락을 얻는 성감대이다. 이로 인해 영아는 물고 빨고 핥고 씹는 행위를 통해 쾌락을 얻는다. 이 시기에 영아가 모든 사물을 입으로 가져가서 탐색하는 것도 구강에 리비도가 몰려 있기 때문이다. 구강기 동안의 욕구가 충족되지 못하거나 지나치게 되면 구강기 고착(fixation)적 성격이 되는데, 이는 성인이 되어도 껌 씹기, 손톱 물어뜯기, 과음, 과식, 줄담배 피우기, 침 뱉기나 수다, 욕설 등으로 나타난다.

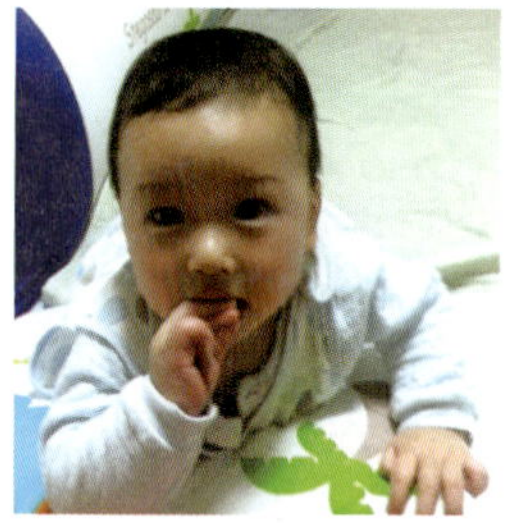
구강기 영아

고착
특정 심리성적 단계의 문제점이나 쾌락에 계속 집착해서 다음 발달단계로 나아가는 것을 방해하는 수단

② 항문기

항문기(anal stage)는 1세 혹은 18개월에서 3세까지이며 이 시기에 리비도가 입에서 항문으로 옮겨 가게 된다. 이 시기는 괄약근이 발달하기 때문에 배변을 보유하고 배설하는 것을 원하는 대로 조절함으로써 쾌감을 얻게 된다. 마음대로 배변하려는 욕구를 가진 영아는 배변훈련을 통해 사회적 관행에 따르기를 바라는 부모의 요구에 직면하게 된다. 부모가 엄격하게 배변훈련을 시키면 영아는 그들의 배설물을 부적절하게 흩어놓는 식으로 분노를 표출하면서 항문기 강박적 성격이 형성되기도 한다. 이 성격의 특징은 결벽증, 수전노, 수집광, 인색함, 고집스러움, 복종적이고 시간을 엄수하는 것 등이다.

③ 남근기

3~6세에 해당되는 남근기(phallic stage)에는 리비도가 성기로 이동한다.

오이디푸스 콤플렉스
3~6세의 남아가 어머니에 대해 근친상간적 욕구를 갖게 되고 아버지에게 질투나 적대적인 경쟁심을 가질 때 경험하는 갈등

엘렉트라 콤플렉스
3~6세 사이의 여아가 음경을 가진 아버지를 부러워하며 자신이 가지고 있지 않은 성기관을 공유하고 싶어서 아버지를 성적 대상으로 삼고 싶어 하는 욕구

동일시
다른 사람, 보통 동성 부모를 흉내 내는 아동의 경향성

유아는 자신의 성기를 자극함으로써 쾌감을 얻게 된다. 이 시기의 남아는 오이디푸스 콤플렉스(Oedipus complex)를 경험하고 여아는 엘렉트라 콤플렉스(Electra complex)를 경험한다. 오이디푸스 이론의 기본 전제는 유아가 이성 부모에게 성적 욕구를 느끼게 되고, 그로 인해 자연스럽게 동성 부모에게 경쟁적인 라이벌 의식을 가지며, 유아는 이런 소망 때문에 동성 부모로부터 보복당할지도 모른다는 공포심을 느낀다는 것이다. 이런 공포에는 동성 부모로부터 가해지는 신체적 위해나 거세와 같은 상상이 수반된다. 결국 남아는 거세불안을 감소시키기 위해 아버지와 동일시하게 되고, 아버지의 행동, 가치관, 역할을 내면화하면서 남성적 성역할을 형성하고 도덕성의 구조, 즉 초자아가 형성된다.

여아는 이 시기에 남근 선망의 심리상태를 보이며, 아버지를 사랑하면서 어머니에 대한 부정적 감정을 갖게 되는 엘렉트라 콤플렉스를 경험한다. 그러나 결국 서서히 어머니와 동일시하려는 행동이 증가하여 엘렉트라 콤플렉스를 해결하고 여성으로서의 성역할을 학습하게 된다.

프로이트에 의하면 남근기에 고착된 남성은 대부분 경솔하고 과장되고 야심적이며 자신의 강함과 남자다움을 드러내려 한다. 남근기에 고착된 여성은 성관계에서 순진하고 결백해 보이지만 난잡하고 유혹적이며 경박한 기질을 나타낸다.

④ 잠복기

잠복기(latency period)는 6, 7세경에서 12, 13세경까지 리비도가 무의식 속으로 잠복되어 비교적 평온한 시기이다. 성적으로는 무활동의 시기, 폭풍 전야의 고요함과 같은 시기로 표현된다. 이 시기의 아동은 부모에 대한 애정을 발달시키고 또래와의 사회적 유대를 강화한다. 학령기에 해당되는 이 시기에 아동은 학교에서 사회적·도덕적 규범을 배우고 학업을 위해 에너지

를 사용한다. 잠복기에 고착되면 성인이 되어도 이성에 대한 정상적인 친밀감을 갖지 못하고 이성과의 성적 관계를 회피하거나 정서적인 감정 없이 단지 공격적인 방식으로 성적 행동을 하게 된다.

⑤ 생식기

생식기(genital stage)는 사춘기와 더불어 시작되어서 호르몬과 생리적 변화로 인해 성적 충동이 크게 강화되고 리비도가 가정이라는 울타리 밖에서 성적 만족을 얻으려 하는 시기이다. 이때 이성 관계, 결혼, 직업으로 관심이 이동되며, 이성에 대한 성적 욕구가 운동이나 자원봉사, 독서 등 다른 활동을 통해 승화되기도 한다. 생식기에 고착되면 쾌락추구에 몰두하여 원초아가 발달하면서 비행에 이르게 되거나 지나친 금욕주의, 지성화(intellectualization)의 경향이 강해진다.

지성화
지식화라고도 하며 감정과 충동을 억제하기 위해서 그것들을 직접 경험하는 대신 그것에 대한 생각을 많이 하거나 이야기를 늘어놓는 방어기제

2) 에릭슨의 심리사회 이론

에릭슨
(Erikson, 1902~1994)

에릭슨(Erikson)은 1902년 독일에서 덴마크인 아버지와 유대인 어머니 사이에서 태어났다. 에릭슨이 태어나기 전 부모는 이혼했고 에릭슨이 3세 때 어머니는 유대계 의사와 재혼했다. 덴마크인의 외모로 유대인 사회에서 성장하면서 에릭슨은 이방인 취급을 받았고 학교에 잘 적응하지 못하고 긴 여행을 하는 방랑기를 가졌다. 이후 안나 프로이트(Anna Freud)의 지도 아래 정신분석훈련을 받았고, 미국으로 이민을 가서 하버드 의과대학 심리학 연구원으로서 임상 및 학술직을 맡았다. 에릭슨의 이러한 인생 배경이 심리사회 이론을 정립하는 데 많은 영향을 미치게 되었다.

에릭슨은 건강한 인격의 발달에 관심을 두고 원초아(id)보다 자아(ego)를 강조하였으며 인격은 평생에 걸쳐 환경과의 지속적인 상호작용을 통해 형성된다고 보았다. 또한 인간은 심리사회적 발달단계마다 생리적 성숙을 하면

서 동시에 심리적인 위기를 수반한다고 가정했다. 이 위기는 생의 전환점이며 개인의 적응과 부적응의 근간이 된다.

(1) 심리사회적 발달단계

에릭슨의 심리사회적 발달의 8단계는 각 발달단계마다 위기 상황에 직면하게 되고 위기를 극복하기 위한 노력의 여부에 따라 성격 형성에 영향을 받으며, 이때 문화적 요인이 중요하게 작용한다.

1단계 : 신뢰감 대 불신감(Trust vs. Mistrust)

1단계는 태어나서 1세까지이며 이 시기의 영아는 자신을 돌봐주는 주 양육자와 사회적 관계를 맺게 되는데, 이는 주로 수유과정 중 어머니와의 동일화를 기초로 발전하게 된다. 따라서 주 양육자가 일관성 있고 안정되게 자신의 생리적 욕구를 적절히 채워주면 주 양육자를 신뢰하게 되며, 적절한 반응이나 돌봄이 주어지지 않고 방임되거나 거칠게 다루어지면 불신감이 형성된다. 이 시기에 형성된 기본적 신뢰감이 인생 전반에 갖게 되는 사회적 관계에도 영향을 미치므로 이 시기가 매우 중요하다.

2단계 : 자율성 대 수치심 및 의심(Autonomy vs. Shame and Doubt)

2단계는 1세에서 3세까지의 시기로 프로이트의 항문기에 해당된다. 이 시기에 영아발달에는 사회적인 기대나 압력과 자신의 의지 사이에서의 조절과 적응력이 발달 특성을 결정짓게 된다. 또한 영아는 괄약근을 경직시키거나 이완시켜 대변을 보유하거나 배출한다. 보행에 필요한 근육발달이 이루어지고, 음식을 스스로 먹으려 하며 언어의 표현에서도 "내가…" 또는 "싫어" 등의 자율적인 표현이 나타난다. 그러나 영아가 미성숙한 상태에서 외부 통제를 너무 빨리 또는 엄하게 받으면 자신의 통제능력이 미약하고 외부 압력을 통제할 수 없다는 무력감으로 인해 수치심과 회의를 갖게 된다.

3단계 : 주도성 대 죄책감(Initiative vs. Guilt)

3단계는 3세에서 6세까지의 시기로 프로이트의 남근기에 해당된다. 이 시기의 유아는 신체 및 정신적 능력이 충분히 발달된 상태로 많은 일을 스스로 하려 한다. 사물에 대한 관심도 높아지고 환경을 적극적으로 탐색하며 놀이를 통해 새로운 시도를 한다. 즉, 유아는 계획을 세우고 목표를 설정하며 이를 달성하려고 노력하는 주도성을 갖게 된다. 그러나 지나친 주도적 활동으로 부모의 강한 제재를 받게 되면 죄책감을 갖게 되므로 사회적으로 유용한 행동을 장려하여 목표의식을 갖게 해야 한다.

4단계 : 근면성 대 열등감(Industry vs. Inferiority)

4단계는 6세부터 12세경까지의 학령기로 프로이트의 잠복기에 해당된다. 이 시기 아동은 지적·사회적으로 빠른 성장을 보이며 학교교육을 통해 인지적 기술과 공동체에 적응하는 훈련을 받게 된다. 인지적 기능과 사회적 기능을 순조롭게 습득하고 부모나 교사의 지지와 격려를 받은 아동은 근면성이 발달하나 가정이나 학교에서 또래들과의 부정적인 경험이 많아지고 과업 실패가 빈번하고 지지를 받지 못하면 무능함을 느끼게 되고 열등감으로 발전된다.

5단계 : 정체감 대 정체감 혼미(Identity vs. Identity Confusion)

5단계는 청소년 시기로 12세에서 20세까지이며 프로이트의 생식기에 해당된다. 이 시기에는 생식기관의 성숙과 2차 성징의 출현이라는 새로운 경험을 겪게 되고, 이런 변화는 스스로에게 성인으로서의 이미지를 형성하며 성역할에 대한 의식을 갖게 해준다. 또한 생리적으로 큰 변화를 경험하는 청소년들이 사회적 역할을 강화하려고 시도하면서 직면하게 되는 과제는 새로운 자아정체감을 확립하는 것이다. 따라서 가정과 학교와 사회에서 자신의 위치와 역할을 발견하게 되며 남성과 여성으로서의 자신을 발견하기 위해 노력하는 청소년이 있는 반면, 성역할과 직업선택에서 안정성을 확립하지 못하여 역할혼란이 생기고 부정적인 정체감을 갖게 되는 상태가 되기도 한다.

6단계 : 친밀감 대 고립감(Intimacy vs. Isolation)

6단계는 초기 성인기로 부모로부터 독립하게 되고 책임감 있는 성숙한 성인으로서 기능하기 시작한다. 개인의 정체감과 더불어 사랑, 친교, 안정된 관계를 맺는 능력이 발달한다. 친밀감은 합리적인 자아정체감이 확립되었을 때 비로소 가능하며 성적인 것 이상의 사회적 친밀감을 포함한다. 이 시기의 심리사회적 위기를 잘 극복한 사람은 친밀감을 형성하여 좋은 인간관계를 맺으며 직장동료나 이성으로부터 사랑을 얻게 되나 잘 극복하지 못하면 형식적인 인간관계로 인해 고립감을 느끼며 외톨이가 되기도 한다.

7단계 : 생산성 대 침체성(Generativity vs. Stagnation)

7단계는 중년기에 해당되며 인간의 완전한 성숙기로 삶의 각 영역에서 생산성을 발휘하는 시기이다. 생산성이란 자녀를 낳고 기르는 것뿐만 아니라 사회적으로 후세대를 양성하거나 사회봉사활동을 포함하며, 직업적 성취, 학문적·예술적 업적 등을 통해 생산성이 획득될 수도 있다. 이 시기에 잘 적응한 성인은 타인을 배려(care)하는 성숙함을 보이나 그렇지 못한 성인은 생산성이 침체되어 자신의 욕구에 치중하여 타인에 대한 관대함이 결여된다.

8단계 : 통합감 대 절망감(Integrity vs. Despair)

8단계는 노년기로서 자신의 삶을 되돌아보거나 검토해 보며 마지막 평가를 하는 숙고의 시간을 보내게 된다. 또한 신체적 노화, 배우자와 친구들의 죽음에 적응해야 하며, 은퇴로 사회적 상실과 심리적 갈등을 겪게 된다. 이런 시기에 지나온 과거의 일들을 인정하고 나름대로의 가치를 수용하면 자아통합감을 느끼게 되고 자아통합에 실패할 경우 후회와 좌절, 분노와 증오로 자신을 바라보면서 절망감에 빠지게 된다. 이 시기에 자아통합을 이룬 사람은 지혜를 갖게 되나 그렇지 못하면 인생에 대한 실패감과 절망감 가운데 괴로워하게 된다.

2. 인지발달이론

정보를 수집하고 조직화해서 최종적으로 적응하기 위해 사용하는 과정이 인지경험의 핵심이다. 아동은 자신의 세계를 조작하고 탐색하면서 지식을 능동적으로 구성한다고 본 피아제(Piaget)와, 인지활동은 사회적 상호작용에 그 기원을 두고 있다고 생각한 비고츠키(Vygotsky)의 이론과, 최근의 새로운 관점으로 주목받아 온 정보처리이론을 중심으로 인지발달이론(cognitive developmental theory)을 살펴볼 것이다.

1) 피아제의 인지발달이론

1896년 스위스 태생인 피아제(Piaget)는 어린 시절부터 과학자로서 두각을 나타냈다. 10세에 하얀 참새를 관찰한 논문을 발표하였고, 15세에 연체동물에 관한 연구로 호평을 받았으며, 21세에 동물학 박사학위를 받았다.

피아제
(Piaget, 1896~1980)

피아제의 주요 관심은 생명에 대한 탐구를 근간으로 하는 생물학과 지식에 대한 탐구를 하는 인식론이었다. 그는 심리학이 사실적 접근을 하는 생물학과 사변적 접근을 하는 인식론을 잇는 교량의 역할을 할 수 있으리라 여겼다.

피아제는 1920년 비네(Binet) 연구소에서 아동용 지능검사 제작에 참여하면서 아동연구를 시작하게 되었다. 지능검사에서 아동의 오답에 나타난 일정한 양상을 발견하고 아동은 연령에 따라 다르게 사고하는 존재임을 알게 되었다. 아동의 사고를 연구하는 데 있어 표준화 방법은 한계가 있음을 인지하고 임상적 면접방법을 고안하였다. 또한 자신의 세 자녀를 부인과 함께 매일 관찰하여 아동의 인지발달 단계를 확립할 정도로 아동연구에서 관찰법을 많이 이용하였다.

(1) 피아제 이론의 기본 원리

피아제는 아동들이 세계를 인식하는 방법과 이해의 질적인 측면에 관심이 많았다. 아동의 삶의 각 단계에서 발달의 질의 중요성을 도식의 변화를 통해서 설명하고 있으며, 기능적 불변요소인 조직화와 적응은 서로 분리된 개념이 아니고, 아동은 자신의 활동을 조직화하는 과정에서 동화와 조절을 통해 이 세계에 적응해 나간다고 보았다.

① 도식

도식
유기체가 자신의 경험의 어떤 측면들을 이해하기 위해 구성하는 조직화된 사고패턴이나 행위패턴

도식(scheme)은 유기체가 자신의 경험의 어떤 측면들을 이해하기 위해서 구성하는 조직화된 사고패턴이나 행위패턴으로 연령의 증가와 함께 여러 단계로 발달한다. 즉, 발달단계마다 나타나는 조직적인 행동양식으로 외현적 행동의 기본 구조를 의미하며 행동의 핵심을 보여준다. 도식은 연령에 따라 감각운동 도식, 상징 도식, 조작 도식으로 발달해 나간다.

감각운동 도식
대상과 경험을 표상하거나 그것에 반응하는 데 사용하는 조직화된 행동패턴

감각운동 도식(sensory-motor scheme)은 최초의 인지구조이며 태어나서 2세까지의 행동 도식이다. 이 시기 아동은 거의 대부분 행동으로 나타나는 감각운동 도식에 의해 표상되며, 빨기반사나 잡기반사 등의 반사에서 출발하여 환경과 상호작용하면서 반사를 수정해 가고, 이 수정된 반사가 감각

운동 도식이다.

상징 도식(symbolic scheme)은 2세부터 나타나서 6세 정도까지 서서히 발달한다. 이 도식은 행동을 하지 않고도 사물이나 사건에 대해 생각할 수 있는 도식이며 경험을 정신적으로 표상할 수 있게 된다. 대표적인 예로 피아제가 관찰한 지연모방(deferred imitation), 탐색, 상징놀이(symbolic play) 등이 있다.

상징 도식
경험의 측면들을 나타내는 데 사용되는 심상과 언어적 부호 같은 내적인 정신적 상징

조작 도식(operative scheme)은 7세 이후 정신적 조작이 가능하면서 나타나는 사고 특징이다. 이때 조작은 인지적 조작을 의미하며, 이는 어떤 논리적인 결론에 도달하기 위해 사람들이 자신의 사고를 대상으로 행하는 내부적인 정신적 활동이다. 이 시기에 보존과제 해결이나 분류화, 서열화 등이 가능한 것도 조작적 도식이 형성되었기 때문이다.

조작 도식
인지적 조작 또는 정신적 두뇌의 움직임을 활용하는 도식

② 조직화

조직화(organization)는 모든 종들이 신체적 또는 심리적 과정들을 일관되게 체계화하려는 경향성이다. 신체적 수준에서의 조직화는 신체구조들이 모두 상호작용하며 효율적인 체계로 협응(coordination)하는 것을 의미한다. 심리적 수준에서 조직화는 개인이 외부세계와 상호작용하면서 심리적 구조들을 일관된 체계로 통합하려는 성향이다. 영아가 대상을 응시하는 것과 붙잡는 행동은 분리된 두 개의 행동구조이나 점차적으로 이 두 개의 구조가 하나의 상위 구조로 조직화되어 대상을 응시하면서 동시에 붙잡을 수 있게 된다. 이러한 조직화는 신체적·심리적 구조들을 상위 구조로 통합하려는 모든 생물의 성향이다.

조직화
가용한 도식들을 응집된 지식체계나 지식체로 결합하고 통합하는 선천적인 경향성

③ 적응

적응
환경의 요구에 맞추는 선천적 경향성

적응(adaptation)은 사람과 환경과의 상호작용을 설명하는 개념으로 동화

동화
아동이 새로운 경험을 그들의 기존 도식 내에 통합하여 해석하는 과정

조절
아동이 새로운 경험을 통합하거나 새로운 경험에 적응하기 위해서 기존 도식을 수정하는 과정

와 조절이라는 상호보완적인 과정에 의해 일어난다. 동화(assimilation)는 개인이 현재 구조들을 사용하여 환경적 요인을 다루는 보완적인 과정, 즉 새로운 사물, 경험, 또는 개념을 기존의 도식들로 받아들이는 과정이다(성현란 외, 2003). 조절(accommodation)은 개인이 환경의 요구에 대한 반응으로 변화하는 성향이다. 즉, 외부 요구에 반응하여 자신의 구조를 수정하는 것이다. 한 예로 유아가 모든 물체는 물에 뜬다는 도식을 가지고 있을 경우 나뭇잎이 뜨거나 장난감이 물에 뜨는 것을 보고 자신의 인지구조에 동화시킬 수 있다. 그러나 돌멩이를 물에 넣어서 가라앉는 모습을 보면 모든 물체는 물에 뜬다는 자신의 도식이 맞지 않다는 것을 알게 되어 인지 갈등이 생기고, 이 갈등을 해결하기 위해 조절의 과정을 거쳐 새로운 도식을 만들게 된다. 이렇듯 아동들이 이 세계에 적응하는 것은 경험을 받아들이는 동화와 경험에 맞추는 조절이라는 체계가 일생에 걸쳐 진행되는 과정이다.

(2) 피아제의 인지발달 단계

인지발달은 일련의 단계들로 진행되며 각 단계는 질적으로 다른 종류의 심리적 구조를 가진다. 연령의 증가에 따라 감각운동기, 전조작기, 구체적 조작기, 형식적 조작기의 네 단계로 발달해 간다.

감각운동기(sensory-motor stage)는 0~2세까지이며 이 시기는 다시 6단계로 세분하여 설명되고 있다. 이 시기에 영아는 시시각각 변하는 환경의 요구에 따라 자신의 행동을 수정하는 것을 학습한다. 이러한 영아의 활동은 지능의 기초가 된다.

전조작기(preoperational stage)는 2~7세까지의 기간이며 한 대상이나 사건을 사용하여 다른 것을 나타낼 수 있는 기호적(semiotic) 기능이 가능해진다. 이 시기는 정신적 상징(mental symbols), 언어(words) 사용, 상징적 놀이(symbolic play) 등이 유아의 인지발달을 설명해 준다. 하지만 이 시기는 자

기중심성이 강하고 사고의 경직성으로 인해 중심화 경향이 나타나며 가역적인 사고를 하지 못하며 보존 개념이 형성되지 않는 특징이 있다.

구체적 조작기(concrete operational stage)는 7~11세까지 학령기의 지식기능이 특징적으로 나타난다. 이 시기는 정신적 조작의 습득이 일어나서 앞서 전조작기에 해결하지 못했던 보존문제, 분류화, 서열화 등을 해결하게 되지만 구체적인 대상에만 조작이 가해지고 추상적이고 과학적인 개념 습득이 일어나지 않는다는 한계를 가진다.

형식적 조작기(formal operational stage)는 인지발달의 최종 단계로 대략 11세에서 12세에 시작되며 조작에 대한 조작이 가능해지는 시기이다. 구체적 사물에 대해서만 논리적·체계적 사고가 가능했던 사고에서 벗어나서 추상적이고 가설적인 범위까지 사고가 확장된다.

요컨대 피아제는 발달심리학사에 풍부하고 많은 연구를 촉발시킨 기념비적인 업적을 남겼다. 피아제의 이론은 공격도 많이 받았으나 다른 이론에도 널리 전파되었고, 그로 인해 경쟁 이론도 생기게 되어 결과적으로 아동발달 연구에 커다란 변혁을 가져오게 되었다.

2) 비고츠키의 사회문화적 인지이론

비고츠키
(Vygotsky, 1896~1934)

비고츠키(Vygotsky)는 러시아 태생 유대인으로 의학과 법학을 공부했으며 공식적인 심리학 교육을 받은 적은 없지만 폭넓은 독서로 당대의 유명한 심리학자들의 이론을 연구하고 번역·집필하는 등 심리학자로서 활발하게 활동하였다(김억환·박은혜 공역, 1998). 비고츠키는 내적 인지발달의 중요성을 인정하면서도 사회문화 및 역사적 맥락에서 보는 인지발달의 관점을 발전시켰다(송명자, 2008; 홍용희 역, 1995). 38세의 짧은 생을 살았지만 무서운 속도로 연구에 매진해서 180편이 넘는 논문과 저서들을 출판한 놀라운 업적을 남겼다.

(1) 인지발달의 사회적 기원

비고츠키는 사회와 문화에서 정신기능이 출발하므로 개인 정신기능을 이해하려면 개인 기능이 파생되어 나온 사회, 문화적 과정부터 탐색해야 한다고 보았다. 이러한 정신과정의 사회적 기원(social origins of mental process)에 대한 설명이 오늘날 우리가 비고츠키를 주목하는 이유이기도 하다.

비고츠키는 정신과정이 사람들 사이에서 발생한다고 가정하고, 사회적 과정의 내면화 혹은 학습을 통하여 파생되는 개인 내적 정신기능(intramental functioning)보다 대인 간 정신기능(intermental functioning)을 우선시하였다. 발생학적으로 발달하는 모든 고등기능의 토대는 사회적 관계 혹은 대인관계라고 하였다(Vygotsky, 1981). 그리고 개인 정신기능의 사회적 기원 관점이 반영된 것이 근접발달영역이므로 교육장면에서 교사의 지도는 실제 발달수준보다 발달 가능한 잠재력을 고려해야 한다고 보았다. 즉, 실제 수준은 개인 내적 정신기능에 해당되고 잠재수준은 대인 간 정신기능에 해당된다. 인지는 자율적인 개인의 마음속에 먼저 존재하고 나중에 표현되는 것이 아니라 두 사람 간의 활동에 먼저 존재하고 나중에 내부로 내재화되는 과정을 거친다(성현란 외, 2003).

비고츠키는 영아들은 주의, 감각, 지각, 기억 등 소수의 기본적인 정신기능을 가지고 태어나는데 이것이 사회와 문화에 의해서 새롭고 더 정교한 고등정신기능으로 변한다고 보았다. 즉, 사회는 기존에 발전된 인지적 도구를 제공하여 인지를 더욱 발달시키는 역할을 하며 가치, 신념, 규칙, 가능성, 불가능성 등을 후대에 물려준다. 이렇듯 비고츠키는 인간의 인지발달을 사회적으로 매개되는 활동이라고 보고 발달에서 사회적·문화적 역할의 중요성을 강조하였다.

(2) 근접발달영역

근접발달영역(zone of proximal development)은 독립적 문제해결 수준인 실제 발달수준과 성인의 지도나 더 유능한 또래와의 협력을 통한 문제해결에 의해서 결정되는 잠재적 발달수준과의 거리이다(Vygotsky, 1978). 실제적 발달수준은 자연적 성숙에 의해 이루어지는 현재의 발달수준이고 잠재적 발달수준은 학습을 통해 새로운 인지발달이 일어날 것으로 기대되는 수준이다.

근접발달영역
학습자가 혼자 숙달하기에는 너무 어렵지만 능숙한 사람의 지도와 격려를 받아 숙달할 수 있는 과제의 범위

근접발달영역 내에서 제공되는 성인이나 유능한 또래의 도움의 실체가 바로 비계(scaffolding)이다. 아동이 과제를 스스로 잘 해결할 수 있게 되면 그 수준의 비계는 더 이상 필요하지 않으므로 제거하게 된다. 도움을 주거나 도움을 철회하는 데 있어 중요한 것은 시기를 잘 맞추는 것이다. 인지발달은 자신이 속한 문화에서 성숙한 구성원과의 상호작용을 통해 이루어진다. 성인이 상호작용 시 사용할 수 있는 도움의 종류는 단서 제공, 암시하기, 실제 모델이 되어주기, 설명하기, 유도질문하기, 토론, 함께 참여하기, 격려, 아동의 주의를 통제하기 등이 있다(성현란 외, 2003). 이때 중요한 것은 성인의 일방적인 가르침이 아니라 아동의 행동이나 수준도 성인의 행동에 영향을 미친다는 점과 근접발달영역 내에서 아동은 사회로부터 도움을 받지만 주도적 역할을 하는 것은 아동 자신이라는 것이다.

비계
발판화라고 하며, 능숙한 사람이 학습 상황에서 학습자의 행동에 부수적인 반응을 해서 학습자의 문제에 대한 이해를 점진적으로 증가시키는 과정

(3) 언어의 발달

비고츠키는 언어가 가장 중요한 심리적 도구이며 우리를 다른 종들과 구별되게 만들어 준다고 보았다. 말은 인간의 사고 발달에 중대한 역할을 하며 단어들은 눈 앞에 없는 사물을 나타내기도 하고 시야 내에 없는 대상을 생각하고 찾는 데에도 사용된다.

비고츠키에 의하면 이러한 내적 대화를 하는 능력은 단계별로 발달한다.

1단계는 2세까지 초기 언어단계로 언어와 사고가 결합되기 전 시기로 비언어적이고 비사고적이며, 이 단계 후반에 이르면 언어가 사물을 지칭하거나 자신의 요구를 표현하는 기능을 한다는 것을 안다.

2단계인 2~3세의 순수 심리단계의 유아는 단어가 상징적인 기능을 가지고 있다는 사실을 알고 다양한 질문과 언어를 통해 자신의 주변에 있는 물체와 형상 등을 이해한다.

3단계는 3~6세의 자기중심적 언어단계로 독백형식으로 말을 하게 되고, 3세경에는 어머니가 한 말과 유사한 말을 자기 자신에게 말하기 시작한다. 장난감을 가지고 놀면서 '내 공이 어디 있을까?', '난 공이 필요해'라고 말할 수 있으며 자기와 가까운 주변에 없는 물건을 찾기 시작할 수 있다. 즉, 자기안내적인 말을 소리 내어 말한다.

내적인 말
자기안내적인 말을 겉으로 표현하지 않고 자신과만 하는 소리 없는 대화

마지막으로 6세 이후 내적 언어 단계에는 자기안내적인 말을 겉으로 표현하지 않고 자신과만 하는 소리 없는 대화인 내적인 말(inner speech)로 바뀐다. 언어가 사고과정에서 중요한 역할을 하며 말이 사고로 내면화되는 단계이다.

혼잣말
사적 언어라고 하며 아동의 사고를 이끌어 주는 자기를 향한 발화

사회적인 말을 내면화하는 과정에서 유아들은 많은 시간을 스스로에게 소리 내어 말하며 보내는 자기중심적인 언어 단계를 거친다. 피아제는 이 시기의 말을 자기중심적인 말(egocentric speech)이라고 부르며 아동이 인지적으로 다른 사람의 관점을 이해하지 못해서 자기중심적인 말을 주로 사용한다고 보았다. 비고츠키는 유아기에 자기중심적인 말을 많이 하는 것을 인정했으나 아동사고의 결함의 반영이라고 본 피아제의 의견과는 달리 자기중심적인 말을 혼잣말(private speech)이라고 부르며 긍정적인 기능을 강조했다. 아동은 문제를 해결하거나 중요한 목표를 달성하고자 할 때 혼잣말을 하는 경향이 있으며 자신의 사고과정과 행동을 이끌어 가기 위해, 즉 자기 조절적 혹은 자기 지시적 목적으로 혼잣말을 한다. 그래서 아동은 쉬

운 과제보다 도움이 필요한 어려운 과제에서 혼잣말을 더 많이 한다(Berk, 1992).

3) 정보처리이론

정보처리이론
정보가 입력되어 조작되고 결과로 바꾸는 컴퓨터와 유사하게 인간의 마음을 연속적으로 발달하고 있는 상징–조작체계로 보는 관점

정보처리(information–processing)이론은 정보가 입력되어 조작되고 결과로 바꾸는 컴퓨터와 유사하게 인간의 마음을 연속적으로 발달하고 있는 상징–조작체계로 보는 관점이다. 즉, 환경으로부터 정보를 도출하고, 그 정보를 해석하고, 그 해석의 기초 위에서 행동을 조직하는 인지적 기능화를 기술하고 설명하는 이론이다. 컴퓨터가 하드웨어와 소프트웨어의 변화를 통해 보다 우수한 정보처리체계로 바뀔 수 있는 것과 같이 아동도 두뇌나 감각체제의 변화나 학습에서 사용하는 인지책략의 변화를 통해 보다 효율적이고 유능한 사고자로 발달되어 간다는 것이다.

(1) 정보처리 과정

정보처리 과정은 정보를 받아들여 내적인 표상을 형성하여 약호화(encoding)하고 정보를 나중에 사용할 수 있는 형태로 저장(storage)하고 필요할 때 저장된 정보를 선택하여 인출(retrieval)하는 단계를 거치는 전반을 의미한다.

먼저, 인간의 감각기관을 통해 외부의 자극이 끊임없이 유입된다. 이때 필요한 자극에 집중하는 의식적 노력이 필요한데 이를 '주의'라고 한다. 주의를 집중해서 인지체계에 투입되는 지각의 단계를 거치게 된다. 지각은 우리의 감각기관으로부터 받아들인 정보나 지식을 의미하며 사물이나 사건을 인식하는 과정을 의미한다.

이렇게 투입된 정보는 감각기억장치에 등록되는데 여기서는 매우 짧은 시간에 잔상으로 남게 된다. 다음 단계는 단기기억으로 주의를 받은 정보는

몇 초 동안 제한되어 저장된다. 단기기억은 모든 의식적이고 지적인 활동이 일어나는 단계로 기억과정의 핵심이라고 할 수 있다. 단기기억에서 작동된 새로운 정보는 실행통제 과정이 작용되어 장기기억으로 전이가 된다. 장기기억은 지식, 사태에 대한 경험과 정보를 처리하여 문제를 해결하기 위해 사용하는 책략 등을 포함하는 방대하고 영속적인 저장고이다.

실행통제 과정은 기억체계 내에서 정보의 흐름을 통제하는 과정으로 주의를 조절하고 책략을 선택하고, 문제해결을 계획하고 조정하는 과정이다. 이러한 실행통제 과정을 통해 우리는 정보를 보다 총체적인 차원에서 융통성 있게 처리한다.

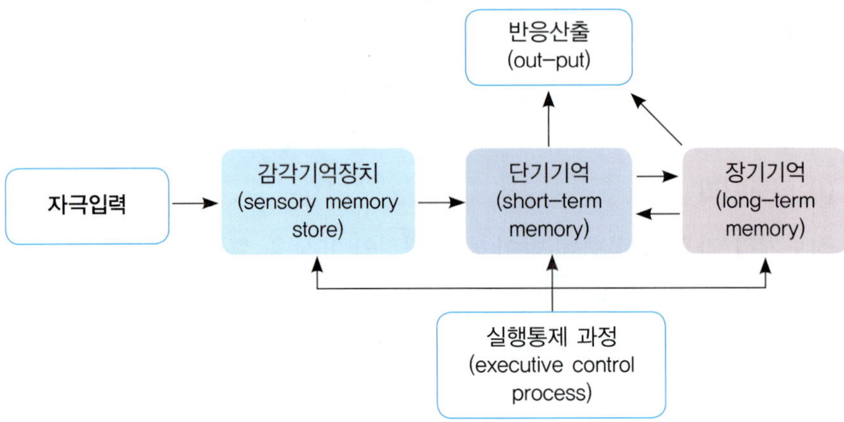

| 그림 2-1 | 정보처리 과정 모형도

출처 : Atkinson & Shiffrin(1968). Human Memory : a Proposed System and its Control Processes.

3. 학습이론

행동주의(behaviorism) 이론은 내적 동기와 욕구, 지각보다 구체적으로 관찰 가능한 행동에 초점을 두고 있다. 이러한 행동주의 이론은 인간의 행동이 학습되거나 학습에 의해 수정될 수 있다고 보기 때문에 학습이론(social learning theory)이라고도 불린다. 학습을 통하여 인간은 지식과 언어를 습득하고 태도와 가치관을 형성하며 다양한 감정을 경험한다.

1) 파블로프의 고전적 조건형성 이론

파블로프(Pavlov)는 1849년 러시아에서 태어난 생리학자로서 1904년 소화생리학을 연구하여 노벨상을 수상하였다. 파블로프는 개의 소화과정을 연구하던 중 고전적 조건반사에 대해 우연히 알게 되었다. 개는 음식을 보거나 냄새를 맡으면 타액을 분비하는 타고난 반사를 보인다. 그러나 일정하게 개에게 음식을 제공하는 상황이 반복되면 개는 음식을 가져오는 발소리를 들었을 때에도 침을 분비하게 되는데 이는 반사가 발소리라는 새로운 중성자극에 대해 조건형성된 것이다.

파블로프의 고전적 조건형성의 이론은 3단계가 연속적으로 이루어지는데, 먼저 조건화 전 단계에서 개는 무조건 자극(unconditioned stimulus)인 음식에 침을 분비하고 중립자극(neutral stimulus)인 종소리에 반응을 보이지 않는다. 이때 개의 타액 분비는 무조건 반응(unconditioned response)이다. 두 번째 조건화 단계에서 음식과 종을 짝지어 여러 차례 반복 제시한다. 조건화 후 단계에서 개는 종만 울려도 타액을 분비하게 된다. 이때 종소리는 조건 자극(conditioned stimulus)이 되고 개의 타액 분비는 조건 반응(conditioned response)이라고 한다. 즉, 파블로프의 실험에서 음식에 의한 침의 분비는 선천적인 것이며, 종소리에 의한 침의 분비는 학습된 것이라고 할 수 있다.

파블로프
(Pavlov, 1849~1936)

무조건 반응
무조건 자극에 의해 도출된 학습되지 않은 반응

조건 자극
초기에는 중립적인 자극이지만 특정 반응을 항상 이끌어 내는 무조건 자극과 짝지어 제시되면 결국 그 반응을 이끌어 내게 되는 자극

조건 반응
원래는 특정 반응을 이끌어 내지 않았던 자극에 대한 학습된 반응

조건형성 전

무조건 자극(UCS) (음식) ——→ 무조건 반응(UCR) (타액)

조건형성 중

조건 자극(CS) (종소리) ——→ 무조건 반응(UCR) (타액)
무조건 자극(UCS) (음식) ——↗

조건형성 후

조건 자극(CS) (종소리) ——→ 조건반응(CR) (타액)

| 그림 2-2 | 고전적 조건형성

2) 왓슨의 고전적 조건형성

왓슨
(Watson, 1878~1958)

왓슨(Watson)은 1878년 미국에서 태어나서 파블로프의 조건화 원리를 아동에게 적용한 행동주의의 대표 학자이다. 왓슨이 생물학적 변인을 무시한 것에 대한 부정적인 평가도 많으나 긍정적인 면은 학습효과를 강조하는 양육의 한 축을 차지함으로써 천성과 양육의 논쟁에서 균형을 맞춘 점이다. 경험과 행동을 중요시했으며 자극과 반응을 조작적으로 정의해야 하고, 관찰은 객관적이고 신뢰할 수 있어야 한다는 왓슨의 기준은 오늘날 연구방법론에서 중요한 지침이 되고 있다.

왓슨에 의하면 행동은 적절한 자극을 선택함으로써 형성될 수 있다. 한 예로, 그는 흰쥐를 무서워하지 않던 11개월 된 영아에게 자극을 조건화하여 흰쥐에 대한 공포반응을 만들어 냈다(Corsini & Marsella, 1983). 왓슨은 이 영아에게 흰쥐를 보여줄 때마다 큰 소리(무조건 자극)를 내서 공포반응(무조건 반응)을 유발하였다. 실험을 반복하자 영아는 흰쥐(조건 자극)만 보고도 공포반응(조건 반응)을 보였다.

자극에 대한 반응이 반복적으로 연관 지어지면 습관이 되고 조건화된 자극–반응(S–R)의 관계를 이룬다. 즉, 학습은 자극과 반응 사이의 밀접한 관계의 기능이며 인간의 모든 행동은 이런 식으로 학습된 것이라고 하였다. 즉, 인간의 행동습득을 통제하는 유일하면서도 실질적인 변인은 학습원리라고 주장했다. 왓슨은 환경의 힘이 발달을 결정한다고 본 극단적인 환경론자였다.

읽을거리 왓슨의 저서 『행동주의(Behaviorism, 1924)』에 나오는 유명한 제안

나에게 12명의 건강한 아기를 주어 모든 조건이 충족된 나의 세계에서 기를 수 있게 해 준다면 나는 그들 중 아무라도 택하여 그의 재능이나 취미, 성향, 능력, 적성 그리고 인종에 관계없이 의사나 법률가, 예술가, 사업가뿐만 아니라 심지어 거지와 도둑에 이르기까지 내가 원하는 어떤 유형의 전문가라도 만들 수 있다고 장담한다(Watson, 1924 : 104).

왓슨의 주장에 대해 여러분은 어떻게 생각합니까?

3) 스키너의 조작적 조건형성 이론

스키너(Skinner)는 1904년 미국에서 태어나 하버드 대학에서 학습에 대한 연구를 하면서 행동주의로 이론적 무장을 하는 시기를 보낸 후 행동주의 학습이론가로서 널리 알려지게 되었다.

스키너
(Skinner, 1904~1990)

스키너는 인간행동의 대부분을 조작적 행동이라고 보았는데, '조작적(operant)'이라는 라틴어 어원은 바라는 결과를 얻기 위해 행해지는 노력을 의미한다. 조작적 행동은 어떤 행동으로 야기되는 결과에 의해서 행동이 통제되는 것이다. 조작적 조건형성의 원리는 특정 행동이 강화를 받게 되면 그 행동이 다시 나타날 확률이 높아지고, 처벌을 받게 되면 그 행동이 재발할 확률이 낮아지는 것이다.

조작적 조건형성에서는 강화와 벌이 중요한 역할을 한다. 강화(reinforcement)란 특정 행동이 다시 발생하도록 하는 과정을 의미하며 이때 그 행동이 다시 발생할 가능성을 증가시키는 자극을 '강화인(reinforcer)'이라 한다. 강화인에는 긍정적 강화인과 부정적 강화인이 있다. 긍정적 혹은 부정적이라는 용어는 좋거나 나쁘다는 가치판단이 아니라 행동의 제시 혹은 철회를 의미한다. 긍정적 강화인은 유쾌함을 증가시키는 것으로 상, 선물, 칭찬 등을 제시할 수 있다. 부정적 강화인은 혐오상태를 제거시킴으로써 그 행동이 다시 나타날 확률을 증가시키는 자극이다. 벌(punishment)은 어떤 행동이 발생할 확률을 감소시키는 것이다. 즉, 벌은 긍정적 강화인의 철회(부정적 벌) 또는 부정적 강화인의 제시(긍정적 벌)로 볼 수 있다.

스키너의 조작적 조건형성의 원리를 이용한 행동수정(behavior modification) 기법은 아동의 문제행동을 바람직한 행동으로 대체하는 데 효과가 있다. 그러나 스키너 이론은 외현적 행동에 초점을 두고 환경만 강조하며 생물학적 영향력을 무시한 단점이 있다.

4) 반두라의 인지적 사회학습이론

반두라
(Bandura, 1925~2021)

관찰학습
다른 사람의 행동을 관찰한 결과로 이루어지는 학습

반두라(Bandura)는 1925년 캐나다의 한 작은 마을에서 태어났다. 그는 관찰 가능한 외현적 행동에 관심이 국한되어 있던 행동주의 이론과는 달리 행동과 환경뿐만 아니라 인지도 인간발달에 중요한 요인이 된다고 보았다.

반두라는 인간은 강화와 처벌 없이도 타인의 행동을 관찰해서 행동, 사고, 감정을 학습할 수 있다고 보았다. 예를 들어, 욕설을 하는 친구가 선생님께 꾸중을 듣는 것을 본 아동은 자신은 그런 행동을 하지 않아야겠다고 생각할 수 있다. 관찰학습에는 주의, 기억, 운동재생, 동기유발의 네 가지 과정이 필요하다.

먼저, 주의 과정(attentional process)은 모델의 행동을 관찰하고 주의 깊게 집중하며 모델을 정확하게 지각하는 과정이다. 이 주의 과정을 통해 노출된 모델에게서 어떤 것을 선택적으로 지각해서 습득할 것인가를 결정하게 된다. 두 번째 기억 과정(retention process)은 관찰을 통해 얻은 정보를 상징적 형태로 기억 속에 담는 것을 말한다. 이때 지각을 이미지나 영상 형태의 심상으로 형성하는 과정과 언어적 부호를 통해 기억하게 된다. 셋째는 운동재생 과정(motor reproduction process)으로 심상 및 언어로 기호화된 표상을 외현적 행동으로 전환하는 단계이다. 이 과정에서 행동 유형을 분석하고 인지적으로 조직화하는 기간이 필요하며 또 행동을 재생하는 과정에서 지속적인 실천과 정보의 피드백에 근거한 수정 및 조정이 필요하다. 마지막으로 필요한 과정이 동기유발 과정(motivational process)이다. 관찰학습에서 강화가 반드시 필요한 것은 아니지만 동기와 강화는 관찰한 것을 행동으로 재현시킬 가능성을 높여준다.

또한 반두라의 중심 주제로 자기효율성(self-efficacy, 자기효능감) 개념이 있다. 이는 바람직한 효과를 산출하는 행동을 성공적으로 수행할 수 있다는 개인의 신념, 즉 개인의 특별한 상황에서 자신의 행동능력에 대한 믿음을 말한다. 자기효율성은 개인의 가치 판단이 아닌 개인의 능력에 대한 판단을 수반한다. 자기효율성 평가는 네 가지 정보원천에 기초하는데, 주어진 과제에 대한 실제 수행에서의 성공, 만일 다른 누군가가 어느 한 과제에 성공하면 나도 할 수 있다는 생각을 하게 하는 대리 경험, 그리고 활력을 북돋우는 언어적 설득, 피로나 긴장 등 생리적 단서에서 비롯된다.

자기효율성
자기효능감이라고 하며 바람직한 효과를 산출하는 행동을 성공적으로 수행할 수 있다는 개인의 신념

반두라는 아동발달이 개인적·행동적·환경적인 요소들 간의 지속적인 상호작용에 의하여 이루어지며 이를 상호결정론(reciprocal determinism)이라고 하였다. 환경(environment)은 사람이 행동하는 상황을 제공하는데 물리적 환경, 가족이나 친구, 사회적 환경 등이 속한다. 사람(person)은 인지적 능력, 신체적 특성, 성격, 신념, 태도 등을 통하여 그 상황을 분석하여 어떤 행동을 선택할 것인지 결정한다. 행동(behavior)은 신체적 반응, 사회적 상호작용,

상호결정론
아동과 그들 환경 간의 움직임의 방향은 양방향이라는 개념. 환경은 아동에게 영향을 주지만 아동의 행동도 환경에 영향을 준다.

언어로 나타나며, 이는 사람의 상황분석과 관련된 정보를 제공하고 그 환경을 수정하게 된다. 즉, 어떤 개인이 자신이 무엇을 할 수 있다는 신념은 어떤 특별한 행동을 수행하는 것에 영향을 주고, 그 행동은 환경에 영향을 준다. 환경은 다시 그 사람의 기대를 변화시키는 역할을 한다. 그러므로 환경, 사람, 행동 세 요소는 서로에게 영향을 주며 상호의존적이다.

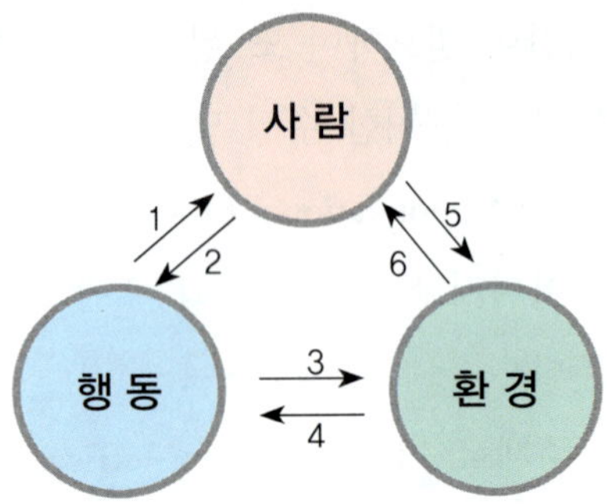

| 그림 2-3 | 반두라의 상호결정론 모델

4. 동물행동학 이론

동물행동학
진화적 근거를 바탕으로 동물과 인간의 행동을 연구하는 학문

동물행동학은 다윈(Darwin)의 이론에 근간을 두고 있으며, 적응 혹은 생존, 행동의 가치와 그것의 진화론적인 역사에 관심이 있다. 다양한 종들의 자연 서식지에서 동물의 생존을 촉진하는 행동 패턴을 관찰하여 각인이론으로 정리한 로렌츠(Lorenz)와 각인행동에 영향을 받아 영유아와 양육자와의 관계를 이해하는 데 적용한 보울비(Bowlby)를 중심으로 동물행동학 이론(ethological theory)을 살펴보겠다.

1) 로렌츠의 각인이론

로렌츠
(Lorenz, 1903~1989)

동물행동학의 아버지라 불리는 로렌츠(Lorenz)는 1903년 오스트리아에서 태어났다. 그는 어려서부터 동물에 관심이 많았는데, 그의 저택에는 자유롭게 노니는 야생동물로 가득했고 그 야생동물들이 로렌츠의 관찰대상이 되었다. 하지만 유명한 의사였던 부친의 바람대로 로렌츠는 의학을 공부했으나 유년시절 가졌던 동물에 대한 관심과 열정을 접을 수가 없어서 다시 동물학을 전공하여 오늘날 동물행동학의 창시자가 되었다. 로렌츠는 동물을 학습이론의 관점에서 자극에 의해 행동을 촉진시키는 수동적인 유기체로 보는 것과는 달리 특정한 생태학적인 범위 내에서 생활하는 능동적인 유기체라고 보았다. 따라서 그의 연구방법도 '유기체는 자연 상황에서 관찰되어야만 한다'는 입장을 취한다.

(1) 본능

동물에 대한 그의 연구는 '본능'에 새로운 과학적 의미를 부여하였다. 본능이란 학습되지 아니한 특별한 종류의 행동을 뜻한다. 본능의 특징으로 먼저, 본능은 특수한 외적 자극에 의해 유발된다는 것이다. 예를 들어, 암탉이 위험에서 병아리를 보호하는 본능은 병아리가 위급할 때 울어대는 소리인 외적 자극에 의해 유발된다. 둘째, 본능은 진화의 산물로서 그 종의 생존 가치를 결정하는 의미를 갖는다. 예를 들어, 어떤 조류는 천적이 나타나면 자기의 무리를 향해서 경계음을 발하는데, 이렇게 함으로써 자신의 존재를 적에게 알리게 되지만 무리는 이렇게 하여 생존하게 된다. 즉, 어떤 행동은 개체를 죽음에 이르게 하는 반면, 그 동물종의 존속을 증진시킨다는 진화론과 관련되어 있다. 셋째, 본능은 종 특유의 생득적 행동이다. 생득적 행동은 그 동물종의 모든 성원에 있어서 동일하며 유전되고 또한 순응적인 행동으로 고정행동 패턴이 그 예이다. 어떤 조류의 구애행동이나 거미의 집짓기 행동, 동물의 자기 영역 지키기 등이 그 예가 된다.

로렌츠의 각인장면

(2) 각인

각인

어떤 종의 어린 개체가 움직이는 대상(대개 어미)을 따라다니고 애착되는 타고난 혹은 본능적 형태의 학습

로렌츠는 각인(imprinting)이 생의 어떤 결정적 시기 동안에 일어난다고 주장한 최초의 학자이다. 그는 1937년 거위의 관찰을 통하여 결정적 시기설에 대한 견해를 폈다. 각인 현상은 생의 초기, 즉 어떤 행동을 결정하는 민감한 결정적 시기에 형성되어 그 이후에는 지울 수 없는 행동이 되는 강력한 작용을 하기 때문에 학습의 과정과는 다르다. 로렌츠의 유명한 관찰연구로 거위의 부화 시 두 무리로 나누어 한 무리는 어미가 품어서 알을 깨도록 하였고, 다른 한 무리의 알은 인큐베이터에서 깨도록 하였다. 어미가 품은 무리의 알에서 깨어난 새끼거위들은 곧장 어미거위를 추종하는 행동을 보였다. 깨어나자마자 로렌츠를 처음 보게 된 인큐베이터에서 부화된 거위는 로렌츠가 어미인 것처럼 추종하였다. 이 거위들은 어미를 무시한 채 로렌츠를 애착대상으로 삼아 그에 대한 각인을 형성한 것이다(Lorenz, 1935). 로렌츠는 특정 새들의 종에서 갓 깨어난 새끼들이 특정의 시기 동안에 특정 형태의 학습이 이루어지는 짧은 시간대를 '결정적 시기'라고 하였다. 즉, 각인은 영유아발달에 폭넓게 적용되어 온 주요 개념인 결정적 시기라는 개념을 이끌어 내게 되었다(Berk, 2000).

결정적 시기

특정 능력, 행동의 발달에 최적한 시기로 환경의 영향에 특히 민감

읽을거리 영화 〈아름다운 비행〉에서 본 각인

이 영화의 주인공인 13세 소녀 에이미는 교통사고로 어머니를 잃고 행글라이더 제작과 비행연습으로 바쁜 아버지를 둔 외로운 아이이다. 어느 날 어머니에 대한 그리움으로 개발업자들에 의해 파괴된 늪지 주변을 배회하던 중 우연히 숲 속에서 여러 개의 기러기알을 발견해서 그 알들을 헛간으로 가져가 부화시킨다. 알에서 깨어난 기러기 새끼들은 에이미의 눈길과 마주치게 되고 그 순간부터 열여섯 마리의 새끼 기러기들은 에이미를 어미로 인식한다. 드넓은 초원에서 새끼 기러기들이 에이미를 졸졸 따라다니는 모습이 인상적이다. 에이미가 새끼 기러기들을 키우고 있다는 사실을 알게 된 지역의 공무원이 에이미로부터 기러기들을 받아서 남쪽으로 보내려 하나, 에이미는 처음에 반대하다가 결국 현실을 받아들이고 기러기를 보낼 계획을 세운다. 에이미가 어미로 각인된 기러기를 남쪽으로 향하게 하려면 에이미가 반드시 필요했다. 에이미가 행글라이더를 타고 하늘로 날아오르고 기러기들도 에이미를 따라 날아올라 에이미의 행글라이더와 나란히 하늘을 나는 감동적인 장면이 만들어진 것이다.

2) 보울비의 애착이론

보울비
(Bowlby, 1907~1990)

보울비(Bowlby)는 1907년 영국에서 태어난 의사이자 심리치료자이다. 정신분석학회에서 정신분석 훈련을 받았으나 아동의 정서적인 문제는 리비도적 충동의 갈등이 만들어 낸 환상에 원인이 있다고 본 정신분석을 수용하지 않고 실제 가족 경험이 정서적 혼란의 주 원인이라고 확신했다. 그의 이런 행보는 정신분석학회의 공격을 받기도 했지만 어머니–아동의 분리에 초점을 맞춘 자신만의 연구를 통해 애착이론이라는 새로운 이론을 정립하게 되었다. 보울비는 발생학에서 사용하는 결정적 시기를 행동발달에 적용하였고 자신의 새로운 개념을 찾는 중에 로렌츠의 각인에 관한 논문에 매료되어 동물행동학의 원리를 습득하고 이를 토대로 영유아–어머니 애착관계를 설명하는 새로운 길을 열었다.

애착
영유아가 주 양육자와 맺는 정서적 유대

애착(attachment)은 아동이 태어나서 자신을 돌보는 주 양육자와 강한 정서적 유대를 맺는 것이다. 보울비에 의하면, 아동의 정신이 건강하려면 아동은 주 양육자와 온정적이고 친근하고 지속적인 관계를 맺어야 한다. 이러한 관계 속에서 주 양육자와 자녀는 둘 다 만족감과 즐거움을 느낀다. 애착행동은 애착이 형성된 후 예측 가능한 행동을 하는 애착대상을 가까이하려는 행동이며 애착의 진화적 기능은 위험으로부터 아기를 보호하는 것이다. 보울비는 애착행동을 하고 싶지만 애착인물이 더 이상 존재하지 않으면 아동이든 성인이든 깊은 슬픔에 빠진다고 하였다. 미소 짓기, 울기, 빨기, 매달리고 쫓아가기 등의 애착반응들은 본능적이며 비교적 독립적으로 발달하다가 6~12개월 사이에 어머니라는 한 사람에게 초점이 맞추어져 점차적으로 여러 애착반응이 통합된다.

보울비는 붉은털원숭이의 어미 박탈 효과를 증명한 할로우와 짐머만(Harlow & Zimmermann, 1958)의 연구를 토대로 분리불안을 발전시켰다. 영유아에게 도망과 애착이라는 두 가지 행동이 동시에 활성화된 상황에서 애착인물에게 접근할 수 없을 때 분리불안이 유발된다. 그리고 어린 시절 가정에서의 반복적인 유기 위협이나 반복적인 거절 등 학대 경험이 극심한 분리불안의 원인이 되며 부모나 형제의 죽음 또는 질병이 아동 자신에게 책임이 있다고 생각할 때에도 심한 분리불안이 유발된다. 보울비는 충분한 사랑을 받은 아동은 부모와의 분리를 매우 싫어하고 저항하지만 나중에는 자립심이 더욱 강해진다고 주장하였다. 이런 보울비의 생각은 이후 에인스워스(Ainsworth)가 양가애착, 회피애착, 안전애착으로 영아-어머니의 애착을 분류하는 근간이 되었다.

에인스워스
(Ainsworth, 1913~1999)

에인스워스는 보울비의 이론을 더 정교화시키고 실험으로 증명한 학자였다. 자연관찰을 주로 하였으며 부수적으로 면접법도 추가하였고, 어머니-

영아의 상호작용 패턴을 연구하여 어머니가 영아의 신호에 민감하고 적절하게 그리고 즉각적으로 반응하는 정도에서 상당한 개인차를 발견하였다. 에인스워스에 의하면 어머니가 아기에게 민감하게 반응해 주어 아기의 욕구를 충족시켜 주면, 아기는 자신에게 발생하는 일을 자신이 통제할 수 있다는 자신감이 발달한다. 특히 처음 3개월 동안 어머니가 아기에게 민감하게 반응해 주면 10~12개월 사이에도 어머니-영아의 상호작용은 조화롭게 이루어졌다. 처음 3개월 동안 나타난 어머니와 아기의 상호작용 패턴은 '낯선 상황(strange situation) 실험'에서 발견된 영아의 행동과도 상관이 있었다(Ainsworth & Witting, 1969). '낯선 상황 실험'은 8개의 에피소드로 이루어진 20분간의 작은 드라마로 영아의 애착을 측정하기 위해 개발한 실험이다.

낯선 상황 실험
영아의 애착의 질을 결정하기 위해 영아에게 노출시키는 여덟 번의 연속적인 분리와 재결합 일화로 구성된 실험

보울비와 에인스워스가 확립한 애착이론은 우리로 하여금 아동의 행동을 보는 관점을 새롭게 바꾸었다. 인생에서 첫 3년이 친밀한 정서적 유대를 형성하는 데 매우 민감한 시기이고 이 기간 동안 맺은 애착이 이후 친밀한 인간관계를 형성하는 데 결정적으로 중요함을 일깨워 주었다.

5. 생태학적 체계이론

브론펜브레너(Bronfenbrenner)는 1917년 러시아의 모스크바에서 출생하여 6세경에 미국으로 이주하였으며, 대학에서 심리학을 전공하여 주로 인간발달을 연구하였다. 브론펜브레너의 생태학적 이론에서는 유전적 요소, 가정의 역동적 환경, 학교의 또래환경, 사회의 문화 및 매체 환경 등과 같이 다양한 요인들이 발달에 관련된다고 본다. 즉, 진공상태에서 발달하는 아동은 없으며 결국 발달이란 아동과 환경의 상호작용의 산물임을 부각시켰다.

브론펜브레너
(Bronfenbrenner,
1917~2005)

브론펜브레너는 생태학적 체계이론(ecological systems theory)을 통해 아동을 둘러싼 여러 환경 층의 영향과 복잡한 관계 체계 속에서 아동이 발달한다고 설명하고 있으며, 이 다섯 가지 환경적 체계를 미시체계, 중간체계, 외체계, 거시체계, 시간체계로 명명하고 있다.

미시체계
사람이 실제로 접하게 되는 가까운 환경

미시체계(microsystem)는 아동과 직접 상호작용하거나 아동이 활동하는 직접적인 환경을 의미한다. 즉, 부모, 친구, 교사 등은 아동과 밀접하게 상호작용함으로써 영향력을 행사한다. 미시체계에서의 아동발달을 이해하기 위해서는 모든 관계가 양방적이고 상호 교류적이어야 한다. 즉, 성인이 주로 아동에게 영향을 미치나 아동 자신의 신체, 성격 및 능력에 따라 성인의 행동이 달라질 수 있다.

중간체계
개인의 가까운 환경 혹은 미시체계들 사이의 상호 연결

중간체계(mesosystem)는 가정, 학교, 이웃, 보육기관과 같은 미시체계들 간의 관계를 말한다. 예를 들어, 부모의 학교생활 참여 및 관심의 정도에 따라서 학생들의 성취수준이 달라질 수 있다. 이 체계는 아동의 최적 발달을 위해서 아동을 둘러싸고 있는 미시체계에서의 아동양육에 대한 지원이라고 볼 수 있다.

외체계
아동이 직접 경험하지 못하지만 그들의 발달에 영향을 주게 되는 사회체계

외체계(exosystem)는 아동을 직접 포함하고 있지는 않으나 아동에게 간접적으로 영향을 미치는 사회적 상황을 의미한다. 부모의 직장, 부모의 건강 및 지역사회의 복지 서비스, 정부기관, 교통통신 시설 등이 포함된다. 외체계에서는 부모의 사회적 관계망인 부모의 친구나 확대가족 성원과 같은 비공식적인 조직도 포함된다. 외체계 활동이 제한되어 있으면 아동발달에 부정적 영향을 미칠 수도 있다(이선경·하승연, 2010 재인용).

거시체계
발달이 일어나는 더 큰 문화나 하위문화 맥락

거시체계(macrosystem)는 문화가 갖는 가치, 신념, 법, 관습 등을 의미한다. 아동이 직접 관여하는 체계는 아니지만 그 체계로 인해 여러 가지 경험이 달라질 수 있다. 어떤 가치관과 관습을 추구하는 사회에서 성장하느냐에 따라 아동의 가치관과 인생관 형성에 영향을 받으므로 거시체계는 궁극

적으로 아주 지속적이고 중요한 역할을 하는 체계라고 할 수 있다.

시간체계(chronosystem)는 시간적으로 한 시점의 사건이나 경험이 아닌 전 생애에 걸쳐 일어나는 변화와 사회역사적 환경을 의미한다. 이 체계는 아동이 성장함에 따라 겪게 되는 외적인 사건이나 내적인 사건으로 구성된다. 가장 단순한 형태의 시간체계는 인생의 전이(transition)에 초점을 둔다. 전이는 입학, 사춘기, 직업생활, 결혼, 은퇴, 이사, 질병, 가족의 죽음 등이 그 예이다. 이러한 전이는 전 생애에 걸쳐 일어나며 아동의 발달적 변화에 영향을 미친다(Bronfenbrenner, 1986).

시간체계
생태학적 체계이론 안에 있으며, 시간의 흐름에 따라 일어나며 발달이 일어나는 방향에 영향을 주는 개인이나 환경의 변화

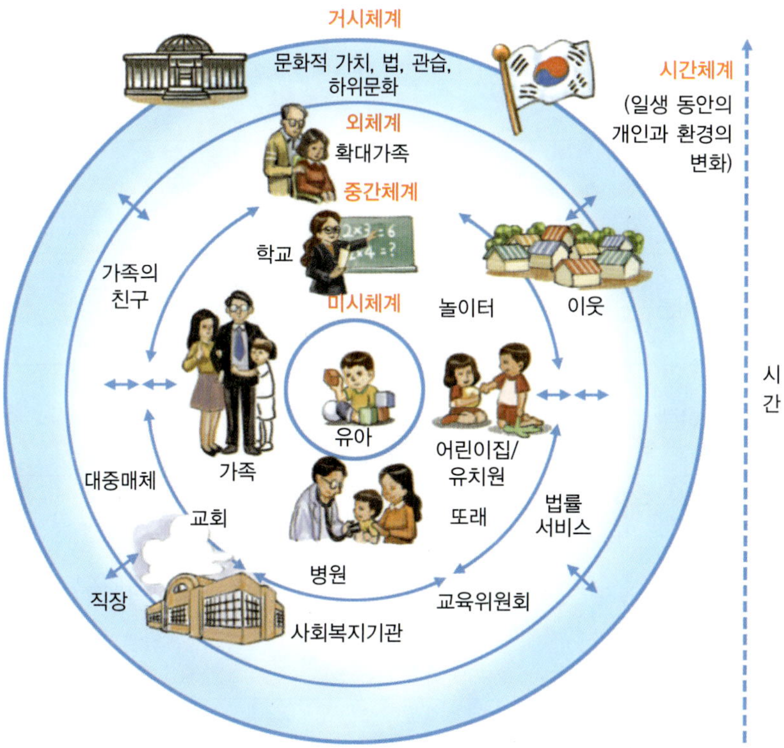

| 그림 2-4 | 브론펜브레너의 생태학적 모델
출처 : 송길연 외(2005). 발달심리학.

정리 활동 주변의 아동을 관찰하여 다음 이론으로 설명되는 사례를 찾아 적어보자.

이 론	관찰 사례
프로이트의 심리성적 이론	
에릭슨의 심리사회 이론	
피아제의 인지발달이론	
비고츠키의 사회문화적 인지이론	
스키너의 조작적 조건형성 이론	
반두라의 인지적 사회학습이론	
로렌츠의 각인이론	
보울비의 애착이론	
생태학적 체계이론	

Chapter

03

영유아발달 연구 및 연구방법

Chapter 03

영유아발달 연구 및 연구방법

영유아기는 발달의 모든 측면에 있어 기초를 형성하는 중요한 시기이다. 따라서 영유아의 사고, 언어, 행동, 정서 등이 어떻게 변화하며 어떠한 과정을 거쳐 발달하는가를 알기 위해서는 발달에 관한 연구가 필요하다. 실제로 그동안 많은 연구자들은 영유아의 발달에 대해 심도 있게 연구해 왔고, 그 결과는 영유아와 관련된 일을 하는 전문가 및 부모들이 효과적으로 영유아의 발달을 지원하는 데 활용되고 있다.

이처럼 영유아의 발달을 온전히 이해하고 영유아의 발달, 교육, 정책 수립 및 복지 등에 기여하기 위해서는 과학적인 연구가 필요하며, 이를 위해 이 장에서는 영유아발달 연구의 목적과 자료수집 방법, 영유아발달 연구설계 및 영유아발달 연구를 위한 접근법, 그리고 영유아발달 연구윤리를 살펴보고자 한다.

1. 영유아발달 연구의 목적

영유아발달 연구의 결과는 영유아 및 영유아 가족과 관련된 정책, 프로그램 개발 및 운영, 그리고 사람들의 가치관에도 영향을 미침으로써 영유아가 경험하는 환경에 직간접적으로 영향을 미치게 된다(Berk, 2013).

이러한 영유아발달 연구에는 크게 다음과 같이 세 가지 목적이 있다. 즉, 영유아의 발달을 기술하고, 설명하며, 연구결과를 영유아들의 더 나은 삶을 위해 적용하는 것이다.

1) 기 술

기술
영유아발달의 내용과 특징을 있는 그대로 열거하거나 기록하여 서술함

영유아발달 연구의 첫 번째 목적은 각기 다른 영유아들을 주의 깊게 관찰하고, 연령이나 성별 등에 따른 발달적 특성을 객관적이고 정확하게 기술(describe)하는 것이다. 예를 들어, 영유아의 신체운동 능력 발달이 어느 정도인지, 어떤 인지능력 발달을 보이는지, 또는 사회정서 발달이 어떻게 이루어지는지를 기술하는 것이다. 이러한 기술을 통해서 연령에 따른 영유아의 평균적 발달수준뿐만 아니라 개인차와 성차 등을 알 수 있게 된다.

2) 설 명

설명
연령에 따른 발달의 변화와 개인차의 원인을 밝힘

영유아발달 연구의 두 번째 목적은 연령에 따른 발달적 변화와 개인차 등을 설명(explain)하는 것이다. 즉, 영유아의 성장과 발달의 주요 기제가 무엇인지를 밝히는 것이다. 예를 들면, 유아는 영아기부터 표현할 수 있었던 기본적인 정서표현을 넘어 자부심, 질투심, 죄책감 등 점점 더 다양하게 분화된 정서를 표현하게 되고 이를 상황에 맞게 조절할 수 있게 되는데, 연구를 통해 이러한 정서발달을 설명하는 다양한 유전적 혹은 환경적 변인들을 찾는다.

한편 동일한 연령이라도 언어발달이 빠르거나 자신의 정서를 잘 조절하는 영유아가 있는 반면, 또래에 비해 다소 늦는 영유아도 있다. 이러한 개인차의 원인은 무엇일까? 개인차를 설명함에 있어서 유전적 요인과 환경적인 요인의 영향력은 어느 정도인가? 그와 같은 변화는 어떻게 일어나는가? 이에 대한 설명도 영유아를 대상으로 한 연구를 통해서만 가능하다.

3) 적 용

영유아발달 연구의 세 번째 목적은 연구결과를 영유아의 삶의 질을 증진시키는 데 적용(apply)하는 것이다. 다시 말하면, 연구로부터 얻은 지식을 활용하여 영유아들이 더 행복하고 나은 삶을 영위하도록 돕는 것이다. 연령에 따른 평균적인 발달과정에 대한 기술 연구와 그 원인을 밝히는 설명 연구를 기초로 영유아 개인의 발달수준을 진단하고 이들의 최적 발달을 촉진하는 환경을 마련하는 데 영유아발달 연구의 목적이 있다.

적용
영유아발달에 관한 연구결과를 영유아의 삶의 질을 증진하는 데 사용함

연구를 통해 영유아의 발달에 지장을 주는 원인을 찾을 수 있다면, 발달과정에서 그 원인을 통제 및 조절할 수 있을 것이다. 또한 발달에 적합한 교수방법을 실행하거나 문제행동을 지도할 때 발달과정에 대한 지식을 적극적으로 활용할 수도 있다. 이러한 세 번째 목적은 정상적 또는 비정상적 발달을 기술하고 그 원인이 어디에 있는가를 밝혀내지 않고서는 달성하기가 어렵다.

따라서 영유아발달에 대한 연구는 영유아를 이해하는 학문적인 목적뿐만 아니라 실용적인 의미에서도 매우 중요하다. 그리고 연구를 통하여 영유아들이 보다 건강하고 행복하게 살 수 있도록 영유아의 복지를 향상시키는 것과 더불어 교육적이고 인도적인 목표를 달성하는 데 기여할 수 있다.

2. 영유아발달 연구의 자료수집 방법

영유아의 발달을 연구하기 위한 자료수집의 방법에는 여러 가지가 있는데, 그중 대표적인 것으로 관찰법, 면접법, 질문지법, 사례연구, 표준화검사법, 생리측정법 등이 있다.

1) 관찰법

관찰법
영유아의 행동을 관찰하고 기록하여 자료를 수집하는 방법

관찰법(observation)은 영유아의 행동을 관찰하고, 관찰된 행동을 객관적인 방법으로 기록하는 것으로서 가장 오래된 연구방법 중 하나이다. 관찰이 과학적이고 효율적이기 위해서는 무엇을 관찰하려는 것인지, 누구를 관찰할 것인지, 언제, 어디서, 어떻게 관찰할 것인지, 그리고 어떤 형태로 기록할 것인지 등을 결정해야 한다. 즉, 체계적으로 관찰이 이루어져야 한다.

관찰 연구의 경우에는 짧은 시간에도 엄청난 양의 데이터가 만들어질 수 있기 때문에 관찰하고자 하는 특정 행동에만 초점을 두는 방식으로 관찰을 체계화하거나 구조화하여야 한다(Levine & Munsch, 2013). 관찰결과를 기록하는 일반적인 방법은 속기나 부호를 이용하는 것이지만 녹음, 녹화, 일방경의 이용 등도 관찰의 효율성을 높인다.

자연관찰
자연스러운 상황에서 영유아의 행동을 관찰하는 방법

실험실 관찰
실험실처럼 구조화된 상황에서 영유아의 행동을 관찰하는 방법

관찰법은 관찰이 실시되는 장소에 따라 자연관찰(natural observation)과 실험실 관찰(laboratory observation)로 나눌 수 있다. 자연관찰법은 자연적인 상황이나 일상 상황에서 영유아의 행동이나 반응을 관찰 조사하는 방법이다. 자연관찰법의 경우 가정, 보육기관, 교육기관 혹은 놀이터 등 자연적인 상황에서 일어나는 일을 기록하게 된다. 자연관찰법의 장점은 응답자의 언어적 기술을 필요로 하지 않기 때문에 영유아에게도 쉽게 적용할 수 있고, 인위적인 실험 상황이 아닌 현실적인 상황에서 영유아의 특성을 측정할 수 있다는 것이다. 하지만 때로는 관찰하고자 하는 행동이 잘 일어나지 않거나 가외변인을 통제해야 할 필요가 있어 실험실에서 관찰이 이루어지기도 한다. 실험실 관찰, 즉 구조화된 관찰의 경우는 보통 표준화된 상황 속에서 아동을 관찰하며, 카메라를 이용하거나 일방경(one-way mirror)을 통해 관찰한다. 그러나 실험실 관찰에는 몇 가지 문제점이 있다. 첫째, 피험자가 자신이 관찰당하고 있다는 사실을 안다는 것이다. 둘째, 실험실 상황이 인위적으

로 조성되었기 때문에 부자연스러운 행동을 유발할 수 있다는 것이다. 셋째, 영유아발달의 어떤 측면들은 실험실 상황에서 연구하기가 불가능하다는 점이다.

| 그림 3-1 | 일방경 실험실

이렇게 관찰한 데이터를 체계화하는 방법 중 많이 사용하는 데이터 표집법이 사건표집(event sample)과 시간표집(time sample)이다(Levine & Munsch, 2013). 사건표집은 관찰기간 동안 연구자가 초점을 두는 특정 행동의 발생과 관련된 정보만 기록하는 표집법이다(Levine & Munsch, 2013). 즉, 관찰자가 미리 정해놓은 행동이 나타날 때까지 기다렸다가 해당 행동이 나타날 때 기록을 한다. 이 방법은 특히 처음, 중간, 끝 부분으로 구성되는 연속성을 가진 사건 내의 행동들을 기술하는 데 효과적이다. 예를 들어, 유아들이 보이는 따돌림 현상을 살펴보아 따돌림 행동의 원인을 파악하고 이후 유아의 반응을 파악하려고 할 때 적합하다.

사건표집
관찰기간 동안 연구자가 초점을 두는 특정 행동의 발생에 대한 정보만 기록하는 표집법

반면에 시간표집(time sample)은 비교적 자주 발생하는 행동을 관찰할 때

시간표집
연구자가 관심을 가지고 있는 특정 행동을 시간 간격에 맞추어 여러 차례 반복하여 관찰하는 표집법

효과적이다. 연구자가 관심을 가지고 있는 행동을 목록화하여 미리 체크리스트를 만들어 둔다. 그리고 짧은 시간 동안(대부분 15분 미만) 영유아들을 관찰하며 미리 선정한 목록의 행동이 일어나는지를 보고, 시간 간격에 맞추어 여러 차례 반복하여 관찰하는 표집법이다. 예를 들어, 주의 산만한 유아를 대상으로 교실에서 유아가 자리에서 얼마나 자주 이탈하는지를 관찰하고자 한다면 이 방법이 적합하다.

|그림 3-2|는 바클리(Barkley, 1991)가 개발한 시간표집 기록지를 레빈과 웨이트(Levine & Waite, 2000)가 아동의 주의집중력 연구에 사용한 것이다. 본 연구에서는 수업시간 10분 혹은 15분 동안 아동이 몇 번이나 수업태만, 움직이기, 소리 내기, 물건 가지고 놀기나 다른 학생들과 놀기, 자리 이탈하기 등의 행동을 보이는지를 1분 간격으로 체크하도록 구성되어 있다.

시간 간격(분)	1	2	3	4	5	6	7	8	9	10	11	12	13	14	15
수업태만															
몸 비틀기															
소리 내기															
물건 가지고/ 누군가와 놀기															
자리 이탈															
시간 간격(분)	**16**	**17**	**18**	**19**	**20**	**21**	**22**	**23**	**24**	**25**	**26**	**27**	**28**	**29**	**30**
수업태만															
몸 비틀기															
소리 내기															
물건 가지고/ 누군가와 놀기															
자리 이탈															

시간 간격(분)	31	32	33	34	35	36	37	38	39	40	
수업태만											/40
몸 비틀기											/40
소리 내기											/40
물건 가지고/ 누군가와 놀기											/40
자리 이탈											/40
									합계		/200

아동 이름 : ____________________

날짜 : ____________________

주#　　1주　　2주　　3주　　4주

의견 :

| 그림 3-2 | 시간표집 기록지

출처 : Levine & Munsch(2013). Child Development : An Active Learning Approach.

더 알아보기 **유아평가기록**

유아평가세부기록

- 이름 :
- 성별 :
- 생년월일 :

영역	
[1학기] 날짜 :	장소 :
놀이상황기록	
평가 및 의견	

■ 영역별 평가

- 개별 유아의 신체운동·건강, 의사소통, 사회관계, 예술경험, 자연탐구, 5개 영역에 대한 발달을 학기별로 기록한 평가
- 5개 영역 중 관찰하고자 하는 영역에 집중하여 개별 유아 관찰 및 관찰한 일화 중 유의미한 내용 기록하기(개별 유아의 유의미한 일화 관찰 시, 바로 기록해 두면 이후 기록지 작성이 편리함)
- 기록한 일화에 대해 평가하며 유아의 발달 및 성장에 대한 의견 기록하며, 학기별로 변화된 점이나 지원할 점 등을 비교 분석하기(학기별로 비슷한 상황을 기록하면 발달에 대해 비교, 분석하기 좋음)

출처 : 서울특별시교육청(2023).

2) 면접법과 질문지법

연구자가 제시한 질문이나 설문에 연구대상자가 응답한 내용에 기초하여 발달 특성을 측정하는 대표적인 방법으로 면접법과 질문지법이 있다. 원래 면접법과 질문지법 모두 연구자에 의해 제시된 질문이나 설문에 대한 자기 보고 양식의 절차를 포함한다. 하지만 정확하게 자신의 의사를 전달하는 것이 어려운 영유아의 경우, 영유아에 관한 정보를 얻기 위한 가장 빠르고 직접적인 방법으로 영유아의 부모나 교사에게 영유아의 특성에 대해 질문하여 답을 구할 수도 있다.

영유아의 행동이나 태도에 관한 것을 알아보기 위해 부모나 교사를 대상으로 면접법(interview)이 이용될 수도 있다. 면접은 주로 일대일로 얼굴을 맞대고 이루어지지만, 가끔은 전화면접도 가능하다. 면접법의 경우에는 간단한 내용을 조사할 경우 영유아를 대상으로 직접 정보를 구하는 연구가 가능하지만, 영유아를 대상으로 면접법을 실시하는 경우에는 영유아의 언어능력이 질문을 정확히 이해할 수 있을 정도가 되는지 미리 확인하여야 하며, 연구자와 영유아 간에 라포(rapport) 형성이 면접 실시 전에 우선되어야 한다.

면접법
연구자가 영유아의 부모에게 직접 질문을 통해 영유아의 행동이나 태도에 대한 자료를 수집하는 방법

질문지법(questionnaire method)은 반응자(영유아 대상 연구의 경우 주로 부모나 교사)가 질문지를 읽고 직접 표시하는 것이다. 질문지법의 장점은 면접법이나 다른 자료수집 방법에 비해 한꺼번에 많은 영유아들을 연구대상으로 포함할 수 있다는 점이다.

질문지법
영유아의 부모가 영유아의 행동이나 태도에 관한 질문지에 응답하도록 하여 자료를 수집하는 방법

하지만 면접법이나 질문지법의 경우, 의도적이든 아니면 기억을 하지 못해서이든 답변을 왜곡할 가능성이 있고, 사회적으로 바람직하다고 생각되는 방향(social desirability)으로 대답을 할 경향성에도 연구자는 유의하여야 한다.

3) 사례연구

사례연구
소수의 영유아의 발달 특성에 대해 광범위한 자료를 수집하고 그것을 깊이 있게 연구하는 방법

관찰연구가 비교적 많은 수의 피험자의 행동을 연구하는 것이라면, 사례연구(case study)는 한 명이나 두 명의 피험자를 심층적으로 연구하는 것이다. 사례연구는 일반적인 사람을 연구하기도 하지만, 대부분의 경우에는 독특한 상황을 경험하거나, 사회적으로 적응하지 못한 사람들을 주의 깊게 연구함으로써 인간의 본질에 대해서 알아보고자 한다.

사례연구의 단점은 매우 제한된 수의 피험자의 경험에 의존하기 때문에 연구결과를 일반화하기 어렵다는 점이다. 또한 사례연구는 연구자가 피험자와 가까이 지내면서 관찰의 객관성이 결여될 위험이 있다.

4) 표준화검사법

표준화검사법
영유아 혹은 그 부모를 대상으로 검사를 실시하여 자료를 수집하며, 다른 영유아들과 비교하여 결과를 해석하는 방법

표준화검사(standardized test)는 연구대상자로 하여금 일련의 질문에 답하게 하는 것인데, 다음과 같은 두 가지 특징이 있다. 첫째, 개인의 점수를 집단 내 다른 영유아의 점수와 비교하여 상대적으로 어떠한가를 알 수 있다. 점수는 상대적인 발달수준을 알려주기 위해 주로 백분율로 나타낸다. 이를테면, 어떤 영아의 언어수준이 덴버 발달선별검사의 언어발달 영역에서 50%에 해당한다면 동일 연령대의 영아들 중 50%가 그 수준의 언어발달을 보인다는 것을 의미한다.

둘째, 표준화검사는 개인차에 관한 정보를 제공해 준다. 표준화검사는 한 개인의 행동이 일관성 있고 안정된 것으로 가정한다. 그러나 표준화검사에 의해 얻은 정보가 언제나 영유아의 행동을 정확히 예측할 수 있는 것은 아니다. 즉, 표준화검사에 의해 측정된 검사결과는 어느 정도의 안정성이 있기는 하지만 측정되는 상황에 따라 차이가 날 수도 있다. 특히 연령이 어린 영유아의 경우 낯선 환경이나 검사자 등에 의해 쉽게 영향을 받을 수 있으므로 이에 유의하여 결과를 평가하고 해석하여야 한다.

5) 생리측정법

영유아의 발달 정도를 측정할 때는 영유아의 언어적·인지적 능력의 제약으로 인해 검사에 어려움이 있는 경우가 많다. 이러한 경우 영유아의 생리적인 반응에 근거한 생리측정법(physiological measurement)을 사용하여 영유아의 발달을 연구하기도 한다. 즉, 영유아의 인지적·사회적·정서적 반응의 생물학적 기초를 밝히기 위해 영유아의 행동과 신경계 간의 관계를 측정하는 방법을 사용하는 것이다.

생리측정법
생리적 반응과정과 지각·인지·정서적 반응 및 행동 간의 관계를 측정하는 방법

상대적으로 최근에 많이 사용되기 시작한 심장박동 측정법, 코르티솔 호르몬 측정법, 두뇌활동 감지법 등도 영유아발달 연구에 큰 기여를 하고 있다. 심장박동은 흥미, 공포, 분노, 슬픔 등 영유아의 심리적 상태에 따라 매우 민감하게 나타난다. 예를 들어, 심장박동수는 영아가 자극물을 그저 바라보고 있는지(심장박동수가 안정적임), 정보를 처리하고 있는지(집중하고 있는 동안 심장박동수가 느려짐), 고통을 경험하는지(심장박동수가 빨라짐) 등을 추론하는 데 사용될 수 있다.

심장박동 측정법
영유아의 심리적 상태에 따른 심장박동을 측정하는 방법

코르티솔(cortisol) 호르몬의 농도는 영유아의 스트레스 수준에 대한 정보를 제공하며, 영유아의 타액에서 얻을 수 있기 때문에 쉽게 사용할 수 있는 방법이다. 영유아가 스트레스를 경험하면 코르티솔 호르몬의 수준 또한 높아지는 것을 이용하여 영유아의 스트레스 수준을 측정할 수 있다. 한편 심각한 애정결핍, 부모의 방임 혹은 학대에 노출되었던 아이들에게서는 코르티솔 정도가 만성적으로 너무 높거나 너무 낮게 나타나는데, 이러한 비정상적인 코르티솔 정도는 스트레스 반응 체계가 망가졌다는 신호가 되기도 하고 부정적인 발달결과와 관련되기도 한다(Berk, 2012; 2023).

코르티솔 호르몬 측정법
영유아의 타액에 포함된 코르티솔 호르몬의 농도를 측정하는 방법

두뇌활동 감지법은 〈표 3-1〉에서 볼 수 있듯이 다양한 방법을 통해 두뇌활동 수준이나 두뇌활동 부위 등 두뇌활동의 변화를 감지함으로써 두뇌활동과 영유아의 특정 행동 간의 관계를 연구하는 방법이다(박성연, 2008).

두뇌활동 감지법
영아의 두뇌활동을 감지할 수 있는 다양한 방법을 통해 두뇌활동과 영아의 행동 간의 관계를 밝히는 방법

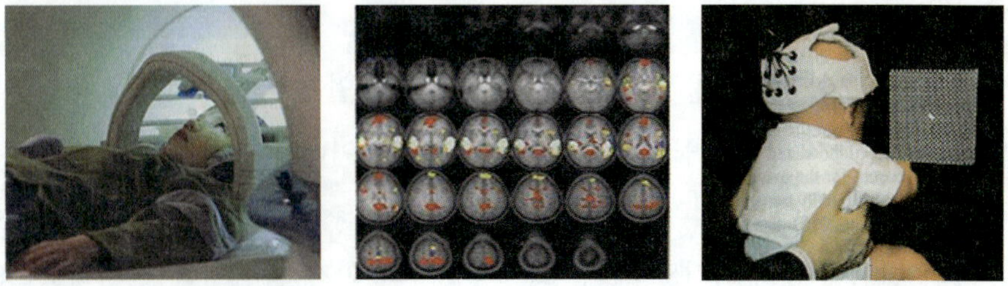

(a) (b) (c)

| 그림 3-3 | 기능적 자기공명 영상법[fMRI : (a), (b)]과 근적외선 분광분석법[NIRS : (c)]

출처 : Berk(2023). Infants, Children, and Adolescents.

〈표 3-1〉 두뇌활동 감지법

방 법	설 명
뇌파검사 (EEG : Electroence-phalogram)	머리싸개에 내장된 전극으로 뇌의 가장 바깥층인 대뇌피질에서의 전기적 활동을 기록한다. 최근에는 최단선측정장치(geodesic sensor net)라는 첨단 장치를 이용하여 더 정확하게 뇌파를 탐지할 수 있다.
사건관련전위(ERPs : Event-Related Potentials)	EEG를 사용하여 특정 자극(그림, 음악, 말과 같은)에 반응하는 뇌파의 빈도와 진폭을 대뇌피질의 다양한 부위에서 기록한다. 자극 유발로 활성화되는 뇌의 전반적인 영역에 대한 확인이 가능하다.
기능적 자기공명 영상 (fMRI : functional Magnetic Resonance Imaging)	사람이 자기장을 발생시키는 터널 모양의 기구 안에 누우면, 스캐너가 자기로 개인이 특정 자극을 처리할 때 뇌의 특정 영역에서의 혈류와 산소 대사의 증가를 탐지한다. 보통 스캐너는 1초에서 4초마다 영상을 기록한다. 이것은 뇌의 바깥층뿐 아니라 뇌 곳곳에서의 활동을 컴퓨터 처리된 동영상으로 만들어 확인할 수 있다. 검사하는 동안 가만히 있어야 하는 어려움이 있기에 5~6세 미만의 아이들에게는 적절하지 않다.
양전자 방사 단층 촬영 (PET : Positron Emission Tomography)	방사능 물질을 주사하거나 흡입한 후, 스캐너가 있는 기구 위에 눕는다. 스캐너는 가늘고 연속적인 X-Rays를 발산하여 사람이 특정 자극을 처리할 때 뇌에서 증가하는 혈류와 산소 대사를 탐지한다. fMRI와 마찬가지로, 결과는 뇌 곳곳에서의 활동을 전산화된 동영상으로 확인할 수 있다. 그러나 5~6세 미만의 아이들에게는 적절하지 않다.
근적외선 분광분석법 (NIRS : Near-Infrared Spectroscopy)	두피에 부착된 가늘고, 신축성 있는 광섬유를 사용해 보이지 않는 적외선 빛을 뇌에 비춘다. 대뇌피질 부위에서의 근적외선 흡수 정도는 개인이 특정 자극을 처리할 때의 혈류와 산소 대사의 변화에 따라 다르다. 결과는 대뇌피질에서 활성화된 부분에 대한 전산화된 동영상으로 나타난다. fMRI나 PET와 달리, NIRS는 검사하는 동안 제한된 범위 내에서 움직일 수 있기 때문에 영유아도 사용하기 좋은 방법이다.

출처 : Berk(2023). Infants, Children, and Adolescents.

읽을거리 아이들 성장·발달엔 '노는 게 제일 좋다'

인간에게 있어 놀이는 늘 함께한다. 그중에서도 특히 유·아동기의 놀이는 그 시기에 가장 중요한 성장과 발달에 큰 영향을 준다. 즉, 자라나는 아이들에게는 충분한 영양공급과 다양한 학습 경험이 필요하듯, 놀이 또한 필요한 요소이다.

● 아이의 뇌는 '놀아야' 자란다

미국소아과학회(American Academy of Pediatrics) 회장 마이클 요그만(Michael Yogman) 하버드 의과대학 조교수는 '놀이의 힘 : 어린 아이들의 발달을 향상시키는 소아과적 역할(2018)'이라는 논문에서 놀이는 뇌 조직 발달과 실행기능 강화에 도움을 주는 행위이자 목표를 추구하고 주위를 산만하게 하는 요소를 무시할 수 있도록 하는 능력에 영향을 미친다고 설명하면서 놀이가 뇌 구조와 기능 발달에 큰 도움이 된다고 강조했다.

이와 더불어 미국 캘리포니아 UC 데이비스(Davis) 신경과학센터의 마티아스 J. 그루버 교수팀은 실험 참가자들에게 어려운 퀴즈를 주고 뇌의 MRI 영상을 촬영하였는데, 그 결과 뇌의 중뇌와 측좌핵 활동이 향상되며, 기억과 학습 능력을 촉진하는 것으로 나타났다. 중뇌와 측좌핵 활동은 놀이 활동에 의해서도 촉진되는 부분이다. 즉, 아이들의 호기심을 자극하는 놀이 활동은 두뇌 활동에 큰 도움을 준다고 볼 수 있다.

● 정서발달에 도움 주는 놀이, 아동치료에도 활용

미국의 세계적 심리학자 자크 판크셉 교수는 자신의 저서 '정서적 신경과학 : 인간과 동물 감정의 기초(Affective Neuroscience : The Foundations of Human and Animal Emotions, 1998)'를 통해 아이들은 놀이를 통해 감각, 지성, 감정, 상상력을 발달시키고, 아이들에게 그들이 사는 세상과 자신에 대한 풍부한 지식과 정보를 제공한다고 밝혔다.

또한 놀이는 아동치료 측면에서도 적극 활용되고 있다. 특히 자폐 아동에게 놀이는 대표적인 치료방법의 하나로 손꼽히는데, 자폐 아동의 뇌 발달뿐만 아니라 사회성 향상, 심리적 불안감 완화에 효과적이기 때문이다. 실제로 아일랜드 왕립외과대학(RCSI) 연구진이 2023년 발표한 연구 결과에 따르면, 아동이 놀이 경험을 할 때 뇌에선 옥시토신(oxytocin) 호르몬 수치가 증가한다. 옥시토신이 뇌에서 분비되면 상대방에게 사랑과 행복감을 느끼게 되기에 놀이 활동은 자폐 아동이 가진 공격성 혹은 소외감을 줄여주고 사회성 형성에 큰 도움을 줄 수 있다.

이와 더불어 놀이는 타인의 행동을 따라 하도록 만드는 신경세포인 '거울 신경세포(mirror neuron)'를 활성화한다. 이 세포가 활성화되면 자폐 아동은 놀이 활동 과정에서 치료사의 행동을 따라 하게 되어 자폐 아동의 행동 교정 및 공감능력 향상 등 치료 효과를 유발할 수 있다. 이에 RCSI 연구진은 놀이는 옥시토신 수치를 높이는 정서적으로 즐겁고 창의적인 경험이자 놀이 치료사와 자폐 아동 사이의 치료적 관계를 촉진해 자폐 아동의 긍정적 행동 변화를 유발하는 데 큰 도움을 준다고 밝혔다.

출처 : 시사위크(2024. 7. 24).

6) 비교문화 연구법

비교문화 연구법
발달에 미치는 문화의 영향을 알아보기 위하여 여러 다른 문화권의 영유아를 대상으로 자료를 수집하여 비교 분석하는 방법

비교문화 연구법(cross-cultural study)은 문화가 영유아의 발달에 미치는 영향을 알아보기 위하여 여러 다른 문화권의 영유아들을 대상으로 자료를 수집하여 비교 분석하는 접근법이다(최경숙, 2006). 비교문화 연구는 한 사회 맥락에서 이루어진 연구 결과를 다른 사회 맥락에서도 적용할 수 있는지 여부를 확인할 수 있게 해준다. 문화 간의 비교는 연구 결과를 과잉 일반화하는 것을 막아주고, 모든 문화권의 인간에게서 나타나는 보편적인 발달과정인지 아닌지를 결정할 수 있게 한다. 그리고 인간의 보편적 유사성이 아닌 문화에 따른 차이를 찾고자 할 때에도 수행된다. 이러한 비교문화 연구를 통해 문화적 맥락에 따른 영유아발달의 차이도 밝힐 수 있다. 〈표 3-2〉에서는 지금까지 소개한 일반적인 자료수집 방법의 기술, 강점, 그리고 제한점을 정리해 놓았다.

〈표 3-2〉 일반적인 자료수집 방법의 강점과 제한점

방 법	기 술	강 점	제한점
체계적 관찰			
자연관찰	자연스러운 상황에서 행동관찰	참여자의 일상적인 행동을 반영함	참여자를 관찰하는 조건을 통제할 수 없음. 관찰자의 영향과 편향성에 의해 관찰의 정확성이 감소함
구조화된 관찰	모든 참여자에게 조건이 동일한 실험실에서 행동관찰	관심의 대상인 행동이 나타나도록 동일한 기회가 부여됨. 일상적인 생활에서 보기 힘든 행동에 대한 연구가 가능함	일상생활에서 나타나는 참여자의 일반적인 행동의 관찰이 어려움. 관찰자의 영향과 편향성에 의해 관찰의 정확성이 감소함
자기보고			
임상적 면접	참여자의 생각에 대한 온전한 설명을 얻을 수 있는 융통성 있는 면접과정	참여자의 사고방식을 알 수 있음. 짧은 시간에 광범위하고 깊이 있는 정보를 얻을 수 있음	정확한 보고가 아닐 수도 있음. 융통성 있는 절차로 인해 개인 간의 반응을 비교하기 어려움
구조화된 면접, 질문지 및 검사	각 참여자에게 동일한 방식으로 동일한 질문에 답하도록 하는 자기보고식 도구	참여자의 반응 비교와 효율적인 정보수집이 가능. 연구자는 참여자가 개방형 면접에서 생각하지 못하는 상세한 대안적 응답을 제시할 수 있음	임상적 면접과 같은 깊이 있는 정보를 얻지 못할 수 있음. 부정확한 보고일 수 있음
사례연구	면접, 관찰, 검사점수 및 신경생물학적 평가에 의해 얻어진 개인의 심리학적 기능에 대한 종합적인 이해	발달에 영향을 미치는 많은 요인들에 대한 풍부하고 기술적인 통찰력을 제공함	연구자의 이론적 선호에 의해 결과 해석이 편향될 가능성이 있음. 연구결과는 참여자 이외의 다른 사람에게 적용할 수 없음
생리측정법	신경계와 행동 간의 관계를 측정하는 방법	특정 능력에서의 개인차와 발달에 기여하는 중추신경계의 구조를 밝힘. 스스로에 대해 명확하게 보고할 수 없는 영유아의 지각, 사고 및 정서를 추론하는 데 도움	자율신경계 또는 뇌 활동의 의미를 분명히 밝힐 수 없음. 연구자가 관심 있어 하는 것 외에 많은 요인들이 생리학적 반응에 영향을 줄 수 있음
비교문화 연구	문화 또는 독특한 사회집단의 참여관찰, 연구자는 광범위한 현장 기록에 의해 문화의 고유한 가치와 사회적 과정을 파악함	한 번의 방문 관찰, 면담, 설문으로부터 얻어질 수 있는 것보다 더 완전하고 정확한 설명을 제공함	연구자의 가치관이나 선호하는 이론에 의해 오류를 범할 수 있음. 연구결과를 참여자 이외의 다른 개인이나 상황에 적용할 수 없음

출처 : Berk(2013). Child Development; Berk(2023). Infants, Children, and Adolescents.

더 알아보기 영유아발달검사

신생아 행동평가척도(NBAS : Neonatal Behavioral Assessment Scale)

브라젤톤(T. B. Brazelton, 1973)이 개발한 신생아 행동평가척도(NBAS)는 신생아의 반사와 변화 상태, 신체적·사회적 자극에 대한 반응 등을 평가하기 위해 널리 사용되고 있는 평가도구이며, 이 검사를 통해 신생아 행동의 개인차를 설명할 수 있다. 검사영역은 구체적으로 습관화(habituation), 사회적-상호작용(social interaction), 운동능력(motor system), 상태조직 능력(state organization), 상태조절 능력(state regulation), 자율신경계 안정성(autonomic system) 그리고 반사(reflex) 등 일곱 가지로 구성되어 있다.

덴버 발달선별검사(DDST : Denver Developmental Screening Test)

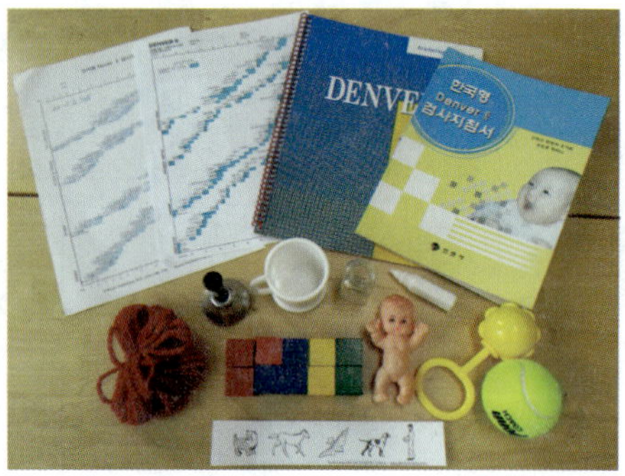

덴버 발달선별검사는 어린 아동의 잠재적인 발달문제나 그 위험성을 선별하기 위해 프랑켄버그와 도즈(Frankenburg & Dodds, 1967)가 개발하였으며, 이후 검사의 민감도를 높이고 문제점을 보완하여 1981년에는 DDST-R, 1990에는 DenverⅡ가 출시되었다. DenverⅡ는 출생 시부터 6세 사이의 건강한 아동을 대상으로 개인-사회성, 미세운동-적응, 언어, 전체운동 등 네 영역을 측정할 수 있으며, 신희선·한경자·오가실·오진주·하미나(2002)에 의해 표준화된 한국형 DenverⅡ는 모두 110항목으로 이루어져 있다.

베일리 영아발달검사(BSID : Bayley Scale of Infant Development)

베일리(N. Bayley, 1969)는 캘리포니아 인지척도 및 동작척도를 기초로 하여 2~30개월 영유아를 대상으로 하는 베일리 영아발달검사(BSID)를 개발하였다. 그 후 BSID는 수정보완 과정을 거쳐 생후 1개월부터 42개월까지 영유아의 발달 기능을 측정하는 BSID Ⅲ로 개정

되었으며(Bayley, 2006), 국내에서는 방희정·남민·이순행(2019)에 의해 표준화되어 사용되고 있다(K-BSID-III). BSID III는 다섯 가지 하위척도인 인지척도, 언어척도, 운동척도, 사회-정서척도, 적응행동척도로 구성되어 있어서 인지발달지수, 언어발달지수, 운동발달지수, 사회-정서발달지수, 적응행동발달지수로 점수가 제시되며, 영아의 대근육 운동, 소근육 운동, 사회/정서적 능력, 언어능력, 인지/적응 능력 등을 평가하는 데 유용하다.

DAYC(Developmental Assessment of Young Children)

DAYC는 생후부터 5년 11개월 사이의 영유아를 대상으로 다섯 가지 발달영역을 결손과 장애를 평가하기 위해 사용하는 종합검사이다. 이 검사는 인지력, 의사소통, 사회-정서 발달, 신체발달, 적응행동의 다섯 가지 하위영역으로 구성되어 있으며, 하위검사당 10~20분 정도가 소요된다. 관찰 및 부모의 인터뷰, 직접평가를 통해 다섯 영역의 개별적 검사가 이루어지고, 표준점수, 백분위 순위 및 각 하위검사에 대한 연령 규준 점수의 정보를 제공한다.

취학 전 아동의 수용언어 및 표현언어 발달척도(PRES : Preschool Receptive-Expressive Language Scale)

PRES는 2세에서 6세 영유아의 수용언어 및 표현언어 능력을 평가하는 검사도구이다. 검사결과를 통하여 정상적인 언어발달과 지체 여부를 판별할 수 있으며 아동의 수용언어 및 표현언어 발달 간의 차이를 분석할 수 있다. 검사 내용은 언어의 의미론, 구문론, 화용론 측면을 모두 포함하고 있으며, 이를 통해 언어의 수용-표현 측면뿐만 아니라 구체적인 언어 영역들에 대한 평가도 가능하다. 일반 아동뿐만 아니라 단순언어장애, 지적장애, 자폐, 뇌성마비, 청각장애, 구개파열 등으로 언어발달 지체나 장애를 나타낼 가능성이 있는 아동들의 언어능력을 평가하는 데 활용할 수 있다.

유아행동평가척도(CBCL 1.5–5 : Child Behavior Checklist for Ages 1.5–5)

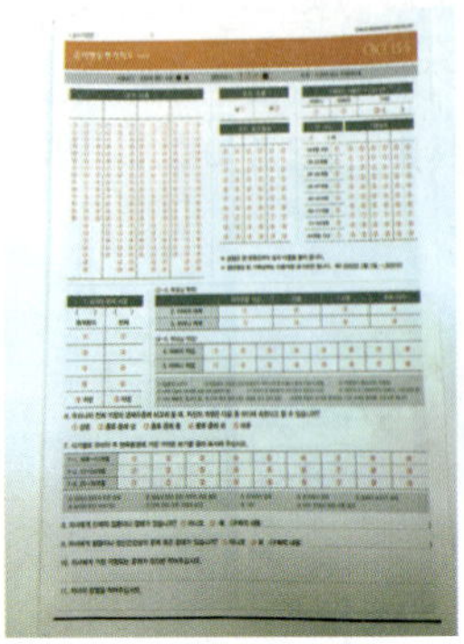

CBCL 1.5–5는 만 18개월에서 5세 영유아의 정서 및 행동 문제에 대한 평가와 언어발달 측면을 평가하는 표준화된 도구이다. 이 검사는 증후군 척도(내재화, 외현화, 수면문제, 기타 문제)와 DSM 진단척도(DSM 정서문제, DSM 불안문제, DSM 전반적 발달문제, DSM ADHD, DSM 반항행동문제)를 포함한 '문제행동척도'와 어휘력 및 문장길이 측정을 통한 '언어발달검사'로 구성되어 있다. 임상장면이나 교육기관 등 영유아 개인의 평가자료가 필요한 다양한 상황에서 활용이 가능하며, 문제의 정도가 임상범위인지 혹은 정상범위인지를 판별하는 진단자료로 사용할 수 있다.

K–CDI 아동발달검사(2nd ed.)

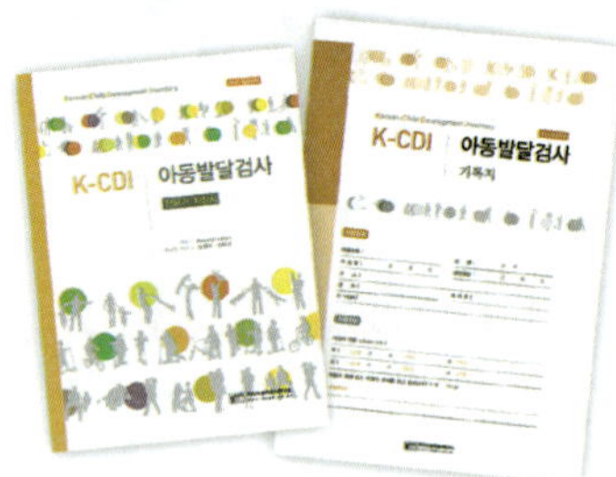

K–CDI는 아이어튼(Ireton, 1992)이 개발하고 김정미·신희선(2006)이 국내에서 표준화한 아동발달검사이다. 부모보고를 통하여 15개월에서 만 6세 사이 아동의 발달상의 문제를 조기에 선별하는 데 목적이 있으며, 아동의 발달 정도를 파악하고, 정상범위에 속하는 여부를 사정함으로써, 보육 및 유아교육기관에서 각 아동의 발달에 적합한 개별적 교육 지침을 세우는 준거로 활용할 수 있다. 이 검사는 아동의 사회성, 자조 행동, 대근육 운동, 소근육 운동, 표현 언어, 언어 이해, 그리고 글자와 숫자 영역에 관한 270문항과 현재 나타나는 아동의 증상과 문제에 관한 30문항을 포함해 총 300문항으로 이루어져 있다.

종합인지기능검사(CAS : Cognitive Assessment System)

CAS는 신경심리학에 기초를 둔 검사로 만 5세에서 12세까지 개인의 인지기능을 광범위하게 측정하여 지능을 종합적으로 검사하는 도구이다. 계획(Planning), 주의집중(Attention), 동시처리능력(Simultaneous), 순차처리능력(Successive) : PASS의 네 가지로 구성된다. 영재아동을 판별하고 성취수준을 예측하며, 학습의 강약점을 진단하고 IQ를 측정하는 데 유용하다.

스트룹 아동 색상-단어검사(Color and Word Test Children's Version)

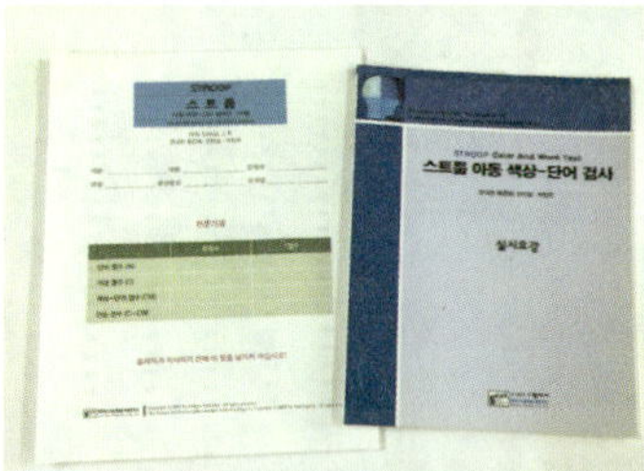

스트룹 검사는 인간의 고등인지기능인 전두엽 실행기능을 평가하는 신경심리학적 검사로 단어의 색과 글자가 일치하지 않는 조건에서 자동화된 반응을 억제하고 글자의 색상을 말해야 한다. 주의력결핍 과잉행동장애(ADHD), 틱장애, 학습장애 아동의 전두엽 실행기능 결함에 대해 설명해 주고 다른 뇌손상 아동들의 전두엽 기능장애의 정도를 알려주는 등 신경심리학적 결함의 정도를 평가하는 데 유용하게 사용될 수 있다.

아동 색선로검사(CCTT : Chlidren's Color Trails Test)

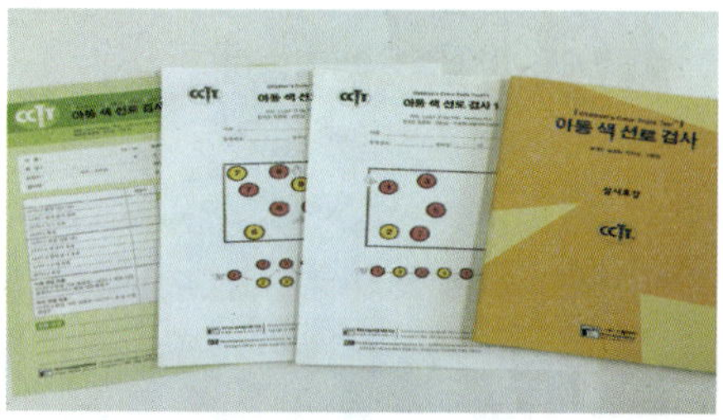

CCTT는 지각 추적 능력, 정신운동 속도, 순차적 처리 능력 및 분할 시각 주의력과 지속적 시각 주의력을 측정하는 전두엽 관련 검사이다. 5세에서 15세까지의 아동에게 실시할 수 있다. 숫자가 적힌 원을 순서대로 연결해야 하는 CCTT-1과 숫자가 적힌 원을 순서대로 연결하되 원 안의 색(분홍색과 노란색)을 번갈아 가며 연결해야 하는 CCTT-2 하위검사로 구성되어 있다. 글자를 읽지 못하는 어린 연령대의 유아와 언어 및 특정 읽기 장애 아동들에게도 실시가 가능하다.

아동용 Rey-Kim 기억검사

아동용 Rey-Kim 기억검사는 만 7세에서 15세 아동의 기억기능을 평가하는 대표적인 검사로 언어기억검사인 AVLT (Auditory Verbal Learning Test)와 시각기억검사인 CFT (Complex Figure Test)로 구성되어 있다. 시행과 채점 과정이 간편하면서도 기억기능의 다양한 측면들을 반영한다. 전체 요약점수인 MQ(Memory Quotient, 기억지수)는 아동의 기억기능을 전반적으로 평가하는 데 유용하며 IQ와 비교한 상대적 평가도 가능하다. 그 밖에 기억장애가 등록, 유지, 인출 중 어느 단계의 문제인가를 반영하는 점수들도 산출된다.

한국 웩슬러 유아지능검사(K-WPPSI : Korean Wechsler Preschool and Primary Scale of Intelligence)

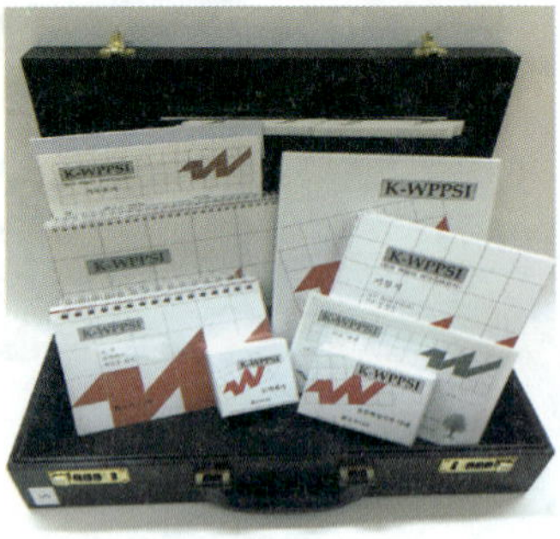

K-WPPSI는 WPPSI-R(Wechsler, 1989)을 국내에서 표준화한 검사로 만 3~7세 3개월 유아의 지능을 측정하기 위해 개발되었다. 이 검사는 여섯 가지 동작성 검사(모양 맞추기, 도형, 토막짜기, 미로, 빠진 곳 찾기, 동물 짝짓기)와 여섯 가지 언어성 검사(상식, 이해, 산수, 어휘, 공통성, 문장)의 12개 소검사로 구성되어 있다. 유아의 교육과 치료 및 연구를 위해 사용되며, 특히 특수교육이 필요한 영재 유아나 지체 유아를 진단하는 데 유용하다. 현재는 미국판 WPPSI-Ⅳ를 표준화한 K-WPPSI-Ⅳ가 사용되고 있다. K-WPPSI-Ⅳ는 연령이 확장되어 만 2세 6개월부터 7세 7개월까지 적용이 가능하다.

한국 웩슬러 아동지능검사(K-WISC : Korean-Wechsler Intelligence Scale for Children)

K-WISC는 만 6세 0개월에서 16세 11개월 된 아동까지 지능을 임상적으로 평가할 수 있는 개인용 지능검사로 WISC-Ⅳ(Wechsler, 2003)가 한국 실정에 맞게 K-WISC-V로 표준화되었다. 이 검사는 언어이해, 시공간, 유동추론, 작업기억, 처리속도라는 5요인 구조이며, 16개의 소검사로 구성되어 있다. 전반적인 지적 능력(전체검사 IQ)을 나타내는 합성점수와 특정 인지영역에서의 지적 기능을 나타내는 처리점수를 제공한다. 아동의 일반적인 지적 능력을 평가하고 특수교육 요구 아동의 판별 및 진단이 가능하다.

3. 연구설계

영유아의 발달 특성을 측정하는 방법이 정해지면 연구에 적절한 연구설계와 그 측정방법을 연결시켜야 한다(최경숙, 2006). 연구설계는 연구자가 자료를 수집하고, 분석하고, 해석하기 위한 구체적인 방법이다. 영유아의 행동을 연구하는 데 사용되는 연구설계에는 기본적으로 세 가지가 있는데, 기술연구설계, 상관연구설계, 그리고 실험연구설계가 그것이다.

1) 기술연구설계

기술연구설계
연구대상의 현재 상태를 묘사하기 위한 연구설계

앞에서 언급한 바와 같이 영유아발달 연구의 첫 번째 목적은 영유아의 사고와 감정, 그리고 행동 들을 기술하는 것이다. 그리고 이런 영유아의 현재 발달상태를 묘사하기 위해 고안된 연구를 기술연구라 하며, 이 연구는 어떤 시점, 어떤 상황에서의 사고나 감정, 그리고 행동에 대한 대강의 윤곽(snapshot)을 제공해 준다.

기술연구의 한 유형은 조사연구이다. 유치원에 다니는 3세 유아의 언어능력을 조사하여 기술하는 것은 조사연구의 한 예이다. 기술연구의 또 다른 유형은 자연관찰로서 일상생활을 관찰하는 것이다. 예를 들면, 연구자가 영유아들이 놀이터에서 노는 것을 관찰하여 그들의 주요 놀이 유형이나 상호작용 특성을 기술하는 것이다.

기술연구의 장점은 복잡한 일상사를 간단하게 묘사함으로써 현재 일어나고 있는 복잡한 발달 상황을 이해하는 데 도움이 된다는 것이다. 단, 기술연구는 현재의 상황에 대한 이해에는 도움이 되지만 아주 제한된 상황에 대한 이해일 뿐이고 그 원인까지 파악하기는 어렵다.

2) 상관연구설계

상관연구설계
변인들 간의 관계를 알아보기 위한 연구설계

상관연구는 둘 또는 그 이상의 변수 간의 관계를 알아보는 연구이다. 즉, 변인들 간의 관계들 중에서도 특히 어떤 인위적인 변화나 간섭 없이 자연적으로 이미 있던 변인과 영유아의 특정 행동 또는 발달 특성 간에 관계가 있는지를 알기 위하여 사용한다. 예를 들면, 부모의 양육행동과 영아의 언어발달 간의 관계를 살펴본 한 연구에서 부모의 양육행동이 민감하고 반응적일수록 영아의 언어발달 능력이 증가하는 것으로 나타났다면, 이 결과는 부모의 양육행동과 언어발달 능력이 상관이 있음을 말해준다. 그러나 이 연구에서 이 두 변수 간의 인과관계는 알 수 없다. 즉, 부모의 민감성이 반드시 영아의 언어능력의 원인이 된다고 볼 수는 없다. 오히려 영아의 훌륭한 의사소통 능력은 부모와의 의사소통을 촉진하여 좀 더 민감하게 반응하도록 만들 수도 있다.

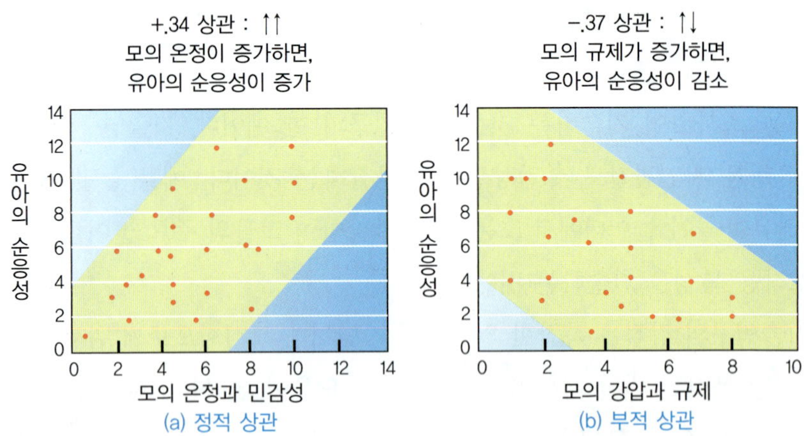

| 그림 3-4 | 정적 상관과 부적 상관

출처 : Berk(2013). Child Development.

|그림 3-4|는 어머니의 양육행동과 영유아의 순응성 간의 관계를 본 연구의 결과를 산포도(scatter plot)로 표시하고, 연구에서 나온 상관계수(correlation coefficient)를 제시한 것이다. 이 연구에서 연구자는 어머니가 온정적이고 민감하게 양육했을 때 장난감을 치우라는 어머니의 지시에 영유아가 얼마나 자발적으로 따르는지를 분석한 결과 정적으로 상관이 있음을 보고하였다(a). 반면에 어머니가 강압적이고 규제를 많이 사용하는 경우, 어머니의 이러한 양육행동은 영유아의 순응성과 부적 상관이 있었다(b).

여기에서 산포도상의 각 점은 어머니의 양육행동과 영유아의 순응성에 대한 각 연구대상자들의 점수를 나타낸 것이다. 두 상황 모두 완벽한 상관을 나타내는 직선의 형태로부터는 다소 벗어나므로 상관의 강도는 보통 정도임을 알 수 있다. 하지만 정적 상관을 보이는 (a)의 경우는 어머니의 온정적이며 민감한 양육행동이 증가할수록 영유아의 순응성도 함께 증가하는 경향을 보인 반면, 부적 상관의 경우에는 어머니의 강압적 혹은 제약적인 양육행동이 증가할수록 영유아의 순응성이 감소하는 경향을 보인다. 이처럼 만약 점들의 분포가 증가하거나 감소하는 경향을 보이지 않는다면, 상관계수는 0에 가까울 것이다. 즉, 두 변수 간의 관계가 거의 없거나 전혀 없음을 의미한다.

이처럼 상관연구에서는 두 변수 간 관계의 정도를 밝히기 위해 통계적 분석에 기초한 상관계수를 사용한다. 상관계수의 범위는 −1에서 1까지이다. 양수는 정적 상관을 의미하며 음수는 부적 상관을 의미한다. 그리고 부호에 관계없이 상관계수가 높을수록 두 변수 간의 관계가 강하다고 할 수 있다. 따라서 0은 두 변인 간에 아무런 관계가 없다는 것을 의미하고, −1 혹은 1은 두 변인 간에 관계가 완전히 일치된다는 것을 의미한다.

상관연구의 장점은 현재 우리가 가지고 있는 정보로써 미래의 상태를 어느 정도 예측할 수 있다는 점이다. 예를 들면, 고등학교의 성적, 수능점수,

IQ 점수 등으로 대학에서의 성공 여부를 어느 정도 예측할 수 있는 것이다. 하지만 상관연구의 단점은 변수들 간의 원인과 결과 관계를 파악할 수는 없다는 점이다.

3) 실험연구설계

실험연구설계
변수들의 인과관계를 설명하기 위한 연구설계

상관연구가 단지 두 변수 간의 관계를 말해주는 것이라면, 실험연구에서는 두 변수 간의 인과관계를 정확하게 파악하게 해준다. 실험연구에서는 독립변수를 조작하고 종속변수에 영향을 미칠 수 있는 가외변인을 모두 통제한다. 이때 독립변수는 원인이 되고 종속변수는 결과가 된다.

|그림 3-5|는 레이언스(Leyens et al., 1975)가 실시한 실제 실험연구를 정리한 것이다. 이 연구에서 연구자는 공격적인 내용이 포함된 영상물을 시청하는 것이 아동을 공격적으로 만드는지에 대해 연구하기 위해 연구대상인 아동을 실험실로 오게 하여 서로 다른 실험적 처치를 받게 한 후 각 경험에 따른 아동의 반응을 기록하고 분석하였다.

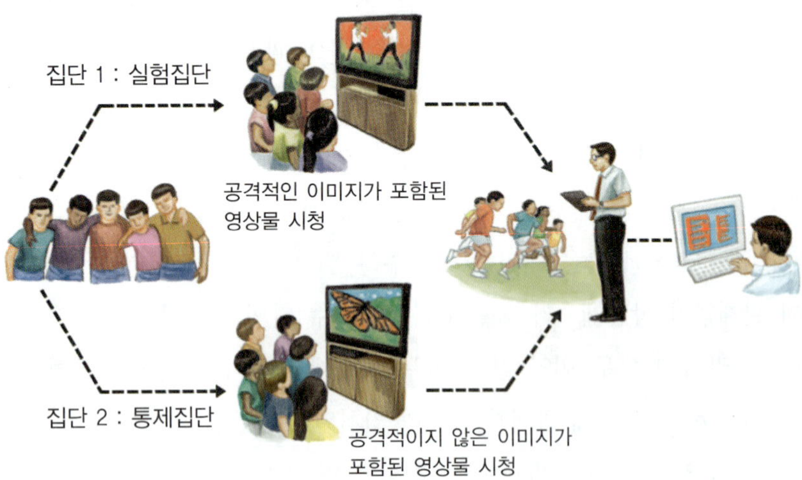

|그림 3-5| 실험연구의 예

출처 : Feldman(2018). Development Across the Life Span.

이때 연구대상인 아동들이 받게 되는 실험적 처치가 독립변인이 된다. 이 연구의 경우 독립변인 또는 실험적 처치는 아동들이 보게 되는 영상물의 유형이 될 수 있다. 즉, 한 집단의 아동들에게는 공격적인 내용이 포함된 영상물을 시청하게 하고, 다른 집단의 아동들에게는 공격적인 내용이 포함되지 않은 영상물을 시청하게 한다. 여기서 영상물 시청에 따른 아동의 반응, 즉 아동이 나타내는 행동의 결과가 종속변인이 된다. 이 실험에서는 영상물이 아동의 공격성에 미치는 영향을 살펴보고자 하기 때문에 종속변인으로 시청한 영상물의 종류에 따라 두 집단의 아동들이 얼마나 공격적으로 변하는가를 측정하면 된다.

이 실험에서 공격적인 내용이 포함된 영상물을 시청한 아동들이 그렇지 않은 영상물을 시청한 아동들보다 공격성이 높아졌다면 공격적인 영상물 시청이 아동의 공격적인 행동을 증가시키는 원인이 된다고 결론 내릴 수 있다.

이와 같이 실험연구설계는 엄격하게 통제된 상황과 절차로 실험실에서 이루어지기 때문에 인위적이며 자연상황과는 다를 수 있다. 또 영유아들이 실험실에서는 자연상황에서와는 다른 행동을 나타낼 가능성이 있다는 점도 비판의 대상이 된다. 따라서 실험연구설계는 발달 특성의 원인을 밝힐 수 있는 방법이지만 자연 상황 내에서도 같은 변화가 실제로 일어나는지에 대해서는 의문을 갖게 한다.

4. 영유아발달 연구의 접근법

영유아발달 연구에서는 영유아의 연령과 그 밖의 다른 변인들과의 관계를 알아보는 것이 중요하다. 이때 연구자에게는 몇 가지 대안이 있다. 첫째,

각기 다른 연령의 영유아를 연구해서 이들을 비교하거나, 둘째, 영유아를 일정 기간에 걸쳐 계속 연구하거나, 셋째, 이 두 가지 방법을 병행하는 것이다. 즉, 횡단적 접근법, 종단적 접근법, 순차적 접근법이 그것이다.

1) 횡단적 접근법

횡단적 접근법
한 시점에서 각기 다른 연령집단을 대상으로 조사하여 비교하는 연구방법

횡단적 접근법(cross-sectional design)은 각기 다른 연령의 사람들을 동시에 비교하는 연구이다(그림 3-6 참조). 예를 들어, 각기 다른 연령집단(예 1세, 5세, 10세, 15세)을 대상으로 IQ, 기억, 또래관계, 부모와의 애착관계 등을 서로 비교할 수 있다.

이 접근법의 주된 장점은 비교적 짧은 시간 내에 자료를 수집할 수 있다는 점과 피험자가 나이가 들기를 기다릴 필요가 없다는 점이다. 이 접근법은 시간 절약이라는 장점에도 불구하고 몇 가지 단점이 있다. 첫째, 시간경과에 따른 개인의 발달 양상을 알 수 없고, 어떤 발달 특성의 안정성에 대한 정보를 얻을 수가 없다. 둘째, 횡단적 접근법에서는 성장과 발달에 있어서 증가나 감소가 명확하게 드러나지 않는다. 셋째, 횡단적 접근법에서의 연령 차이는 연령 그 자체의 영향이라기보다는 동시대 출생집단(cohort) 효과 때문일 수 있다. 예를 들어, 2000년을 기준으로 볼 때, 5세 아동이 출생한 연도는 1995년이며, 15세 아동이 출생한 연도는 1985년이다. 1985년에 태어나서 자란 시대적 배경과 1995년에 태어나서 자란 시대적 배경이 아동의 또래관계에 미친 영향 면에서 같다고 보기는 어려울 것이다. 따라서 횡단적 접근법에 의한 연령 차이는 연령이 증가해서 나타난 결과(발달적 변화)라기보다는 연령집단의 공통적 경험(동시대 출생집단 효과)이 그 원인이 될 수도 있다.

동시대 출생집단 효과
광범위한 연령층의 사람들을 대상으로 조사할 경우 연령에 따른 차이라기보다는 태어난 시기나 경험의 차이로 나타나는 효과

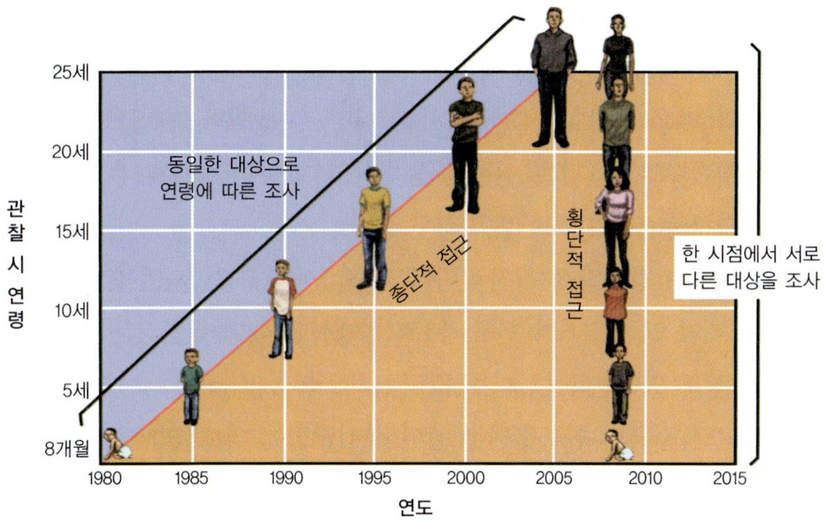

| 그림 3-6 | 횡단적·종단적 접근법

출처 : Lightfoot et al.(2018). The Development of Children.

2) 종단적 접근법

종단적 접근법(longitudinal design)에서는 오랜 기간(보통 수년 또는 수십 년)에 걸쳐 같은 피험자를 연구한다(그림 3-6 참조). 모든 피험자들은 동일한 시기에 출생했고(동시대 출생집단), 동일한 사회문화적 환경 내에서 성장했으므로, 종단적 접근법은 발달연구에서 규명하려고 하는 연령변화에 대한 정보를 제공해 준다. 따라서 횡단적 접근법에서는 알 수 없는, 성장에 따른 발달적 변화까지 알 수 있다는 점이 종단적 접근법의 장점이다.

종단적 접근법
동일한 집단을 대상으로 오랜 기간 동안 조사하는 연구 방법

종단적 접근법의 단점은 다음과 같다. 오랜 기간에 걸쳐 연구되기 때문에 첫째, 비용이 많이 들고, 둘째, 시간소모가 많으며, 셋째, 장기간 연구로 인해 중도에 탈락하는 피험자가 있을 수 있다는 점이다. 따라서 남아 있는 피험자만 가지고 나온 결과를 일반화하는 데 약간의 문제가 있다.

연습효과
반복된 측정으로 연구대상이 검사 상황에 익숙해지거나 검사 내용을 기억하여 결과에 영향을 주는 것

넷째, 반복되는 검사로 인한 연습효과가 있다. 피험자들은 두 번 이상의

검사를 받기 때문에, 다음번 검사에서 점수가 높게 나오는 것은 검사상황에 보다 익숙해지거나, 이전 검사에서 비슷한 문제를 어떻게 풀었는지를 기억하는 것과 같은 연습효과를 반영하는 것일 수도 있다. 그러므로 지능이 증가한 것처럼 보이는 것은 진정한 능력상의 향상이라기보다는 수행상의 향상을 반영하는 것인지 모른다.

게다가 때로는 장기간에 걸친 연구로 인해 연구가 종료되었을 때 연구대상에 대한 초기 연구 결과가 연구 종료시점에는 시대에 뒤처지는 연구 결과가 될 가능성도 있다.

그러나 어떤 종류의 연구문제는 종단적 접근법에 의해서만 해결될 수 있다. 예를 들어, 인생 초기의 경험, 즉 불안정 애착이 영유아의 성격발달에 어떤 영향을 미치는가를 알기 위해서는 종단적 접근법을 사용해야만 알 수 있다.

3) 순차적 접근법

순차적 접근법
횡단적 접근법과 종단적 접근법의 문제점을 극복하기 위해 두 방법을 절충·보완한 연구 방법

순차적 접근법(sequential design) 혹은 계열적 설계법은 횡단적 접근법과 종단적 접근법을 절충 보완한 접근법으로서 연령 효과와 동시대 출생집단의 효과 및 측정시기의 효과를 분리해 낼 수 있다. 여기서 연령 효과는 단순히 연령이 증가함으로써 나타나는 효과이고, 동시대 출생집단 효과는 같은 시대에 태어나서 같은 역사적 환경에서 성장함으로써 나타나는 효과이며, 측정시기의 효과는 자료가 수집될 당시 상황의 효과를 의미한다.

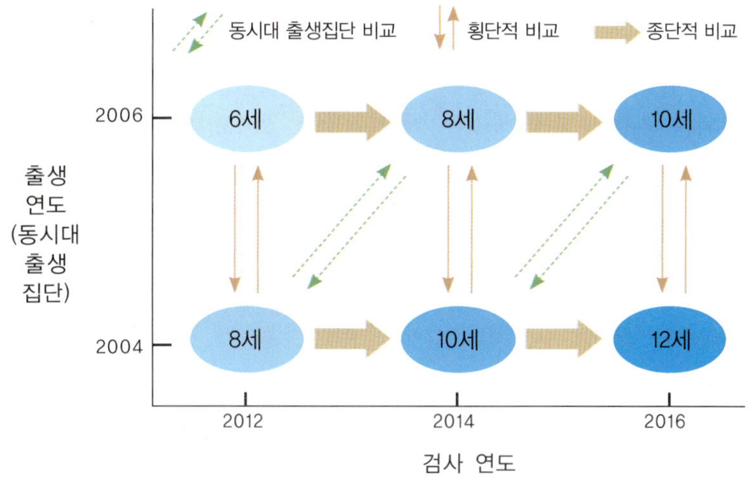

| 그림 3-7 | 순차적 접근법

출처 : Shaffer & Kipp(2013). Developmental Psychology : Childhood and Adolescence.

이 접근법은 몇 개의 동시대 출생집단을 몇 차례에 걸쳐 측정하는 연구방법이다. 어떤 면에서 순차적 접근법은 몇 개의 종단적 접근법을 합쳐놓은 것과 같은 것이라 할 수 있다.

예를 들어, 연령이 증가함에 따라 지적 기능에 변화가 있는지 알아보기로 하자. | 그림 3-7 | 에서 보는 바와 같이 어느 연구에서 2004년과 2006년에 태어난 8세와 6세 아동을 대상으로 이루어진 두 집단을 4년 동안 추적하여 관찰하였다. 순차적 접근법을 사용함으로써 6세에서 12세까지의 변화를 측정할 수 있게 된다. 또한 연구자는 서로 다른 시기에 태어난 동일 연령의 아동을 비교함으로써 동시대 출생집단 효과(cohort effect)가 나타나는지 확인할 수도 있다.

4) 미시발생적 접근법

미시발생적 접근법
발달 변화가 나타나는 한정된 시간 동안 집중적으로 관찰하는 방법

앞서 설명했던 연구설계로는 영유아의 변화를 기술할 수는 있지만 변화가 진행되는 과정을 파악하기는 어렵다(Berk, 2013). 이에 종단적 접근법을 수정한 미시발생적 접근법(microgenetic design)을 사용하여 영유아가 보이는 변화과정들을 더 자세하게 관찰할 수 있다. 미시발생적 접근법에서는 새로운 과제를 제시하고 몇 시간이나 혹은 며칠 등 상대적으로 짧은 기간 동안 영유아의 발달상의 변화과정에 초점을 맞추어 연구한다(Lawrence & Valsiner, 2003; Flynn & Siegler, 2007). 특히 이 접근법은 인지발달을 연구하는 데 매우 유용하다. 예를 들어, 영유아가 이제 막 새로운 기억 전략이나 혹은 계산 기술(예를 들어, 6+2를 계산하기 위해 1에서 시작하여 8까지 모두 세는 대신에 6부터 계산하는 것)을 획득하거나 중요한 발달적인 변화를 보이려고 할 때 사용할 수 있다. 따라서 이 방법은 아동들이 읽기, 수학, 과학에서 지식을 습득하는 데 사용하는 전략에 대한 연구나 혹은 이에 대한 교육적 중재 연구에서 많이 활용된다(Siegler, 2002; 2006).

이러한 장점에도 불구하고 미시발생적 접근법을 활용하기에는 몇 가지 어려움이 있다. 먼저, 연구자는 변화의 순간을 포착하고 그 과정을 파악하기 위해 기록된 정보를 장시간 분석해야 하고, 각 연구대상자의 세세한 행동을 여러 차례 분석해야 한다. 또한 영유아가 변화하기까지 요구되는 시간을 예측하기가 어렵다. 마지막으로 종단연구와 마찬가지로 연습효과가 연구결과를 왜곡할 수 있다(Berk, 2013).

〈표 3-3〉은 이상 네 가지 접근법의 절차와 장단점을 요약한 것이다.

〈표 3-3〉 영유아발달 연구를 위한 접근법의 특징

설계	절 차	장 점	단 점
횡단적 접근법	• 각기 다른 연령의 연구대상을 동시에 조사	• 연령에 따른 차이를 설명 • 발달의 경향을 알 수 있음 • 시간과 노력, 비용이 적게 들어서 경제적임 • 중도탈락, 연습효과와 같은 문제에 영향을 받지 않음	• 연령에 따른 차이가 동시대 출생집단 효과로 인해 왜곡될 수 있음 • 오직 한 시점에서 관찰하고 그치므로 개인의 발달 변화 경향에 대한 정보를 알 수 없음
종단적 접근법	• 동일 연령의 연구대상을 오랜 기간에 걸쳐 반복적으로 조사	• (시간에 따른) 개인의 발달 변화 경향을 알 수 있음 • 이전의 경험과 이후의 행동 결과 간의 관계를 밝힐 수 있음 • 시간의 흐름에 따른 발달의 보편적 특성과 개인적 차이를 알 수 있음	• 비교적 시간과 비용이 많이 듦 • 연구대상의 탈락 현상으로 인해 표본의 대표성이 떨어질 수 있음 •연령과 관련된 변화는 편향된 표집, 선택적 소멸, 연습효과(훈련효과), 동시대 출생집단 효과 등으로 인해 왜곡될 수 있음 • 해당 분야의 이론과 연구방법의 변화로 인해 시대에 뒤떨어진 연구가 될 수 있음
순차적 접근법	• 횡단적 접근법과 종단적 접근법의 결합된 형태 : 각기 다른 연령의 사람들을 간격을 두고 계속해서 반복적으로 관찰	• 종단적·횡단적 비교가 가능함 • 동시대 출생집단 효과와 발달 변화 경향을 구별할 수 있음 • 한 동시대 출생집단이 경험한 발달 변화와 다른 동시대 출생집단이 경험한 발달 변화가 유사한지 확인할 수 있음 • 종단적 접근법에 비해 시간과 비용이 적게 듦	• 횡단적 접근법에 비해 시간과 비용이 많이 듦 • 가장 효율적인 방법이지만, 동시대 출생집단 효과 외에 발달적 변화를 일반화할 수 있는지에 대한 의문의 여지가 있음

미시 발생적 접근법	• 발달 변화가 나타나는 한정된 (비교적 짧은) 시간 동안 집중적으로 관찰	• 발달에 있어 특정 변화가 나타나는 시기에 집중적으로 관찰함으로써 이러한 변화가 어떻게, 그리고 왜 나타나는지 밝힐 수 있음	• 특정 변화를 야기하기 위해 주어지는 경험들은 다소 비전형적일 수 있으며, 오랜 기간 동안 유지되지 않는 변화를 야기할 수도 있음 • 연구대상자의 순간적인 행동에 대한 집중적인 관찰을 요구함 • 연구대상자가 변화하는 데 걸리는 시간을 예측하기가 어려움 • 연습효과(훈련효과)가 발달 경향을 왜곡할 수 있음

출처 : Berk(2023). Infants, Children, and Adolescents; Shaffer & Kipp(2013). Developmental Psychology : Childhood and Adolescence.

5. 영유아발달 연구의 윤리

영유아를 대상으로 하는 연구들에 있어 연구자들은 언제나 윤리적인 문제에서 자유로울 수 없다. 영유아는 성인보다 지식과 경험이 제한되어 있어 쉽게 좌절하거나 상처받기 쉬우며, 그 결과 정상적 발달이 저해될 수 있으므로 영유아의 건강이나 안녕 혹은 존엄성을 손상시키는 연구는 수행되면 안 된다. 연구결과가 아무리 사회적으로 큰 공헌을 할지라도 연구과정에서 연구대상자에게 어떤 불이익을 초래했다면 그 연구는 정당한 것으로 평가받을 수 없다. 그러므로 연구자는 연구대상이 되는 모든 사람의 복지와 권리를 반드시 지켜야 할 것이다(김연진 외, 2014).

발달의 모든 연구는 그 진행에 앞서서 윤리적 규준에 관한 세밀한 검토가 이루어져야 한다. 더구나 발달적으로 미성숙한 영유아의 경우 연구에 참여한다는 것이 어떤 의미인지 스스로 평가하는 것은 불가능하다. 이런 이유로 미국심리학회(American Psychological Association)와 아동발달연구학회(Society for Research in Child Development)를 비롯한 발달심리학의 주요 기관들은 연구의 윤리적 검토를 위한 지침을 제정하였는데, 반드시 지켜야 하는 기본적인 원칙들을 요약하면 다음과 같다(Berk, 2014).

첫째, 해를 받지 않을 권리(freedom from harm)이다. 연구자들은 연구참가자들을 신체적·심리적 위해로부터 보호해야 한다. 연구자들은 영유아에게 신체적·심리적으로 해로울 수 있는 절차를 사용해서는 안 되며, 연구대상이 받을 스트레스 가능성을 최소화해야 한다. 또한 연구자들은 연구에서 발생할 수 있는 모든 부정적인 결과들을 예상해야 하며, 그것을 최대한 방지할 수 있도록 모든 노력을 해야 할 의무가 있다. 즉, 연구자들의 흥미나 권리보다 연구대상이 되는 영유아의 복지와 안전이 우선되어야 한다.

둘째, 참가자로부터 사전에 연구 참여에 대한 승인(informed consent)을 얻어야 한다. 연구자는 연구가 시작되기 전에 연구참가자에게 연구의 내용과 예상되는 결과, 참가자의 역할에 관한 충분한 설명을 하고 연구참가자들로부터 자발적인 연구 참여 승낙서를 반드시 받아야 한다. 더욱이 연구참가자가 나이가 어린 영유아인 경우에는 부모나 보호자의 동의서도 필요하며, 어떠한 불이익도 없이 언제든지 연구 참가 동의를 철회할 수 있음도 고지해야 한다.

셋째, 연구자들이 연구참가자들의 자연스러운 반응을 조사하기 위하여 의도적으로 그들에게 잘못된 가정을 갖게 하거나 실험의 목적을 위장하기 위한 속임수의 사용이 불가피할 때가 있다. 미국심리학회의 윤리지침에서도 이런 경우의 속임수 사용을 허락하고 있다. 그러나 속임수의 사용이 불가피한 경우라도 이러한 속임연구는 연구참가자의 연구 참여에 관한 자기결정권리를 무시하고 그들의 사생활을 침해할 수도 있으므로 이에 대한 비판과 반대는 거세다. 그럼에도 불구하고 이러한 상황이 불가피한 경우 연구자는 연구참가자들에게 반드시 속임의 필요성을 설명하고, 이로부터 야기된 해악을 방지하기 위한 절차를 설명해야 한다.

넷째, 참가자의 개인적인 정보에 대한 비밀이 보장(privacy)되어야 한다. 연구목적과 관련된 정보라도 사전에 허락된 정보 이외에는 수집해서는 안 된다. 연구자들은 연구과정에서 연구대상에 대해 입수한 모든 정보의 기밀을 유지(confidentiality)해야 한다. 연구대상의 실명이나 연구대상을 식별할 수 있는 어떠한 정보도 노출하지 말아야 한다. 대부분의 연구에서는 집단의 평균 정보나 여러 연구대상들을 통해 누적된 점수 정도를 발표한다. 개인 자료의 경우라면 반드시 익명(anonymity)으로 처리해야 한다. 또한 연구결과는 연구목적 이외의 다른 목적으로 사용해서는 안 되고, 비디오 촬영 시에도 미리 허락을 받아야 하며, 촬영한 테이프는 유출되지 않도록 주의해야 한다. 그러나 가끔 연구참가자의 행복이 위협받거나 학대를 당하고 있음을 알게 될 때 혹은 자살의 가능성을 보일 때에는 해당 영유아를 보호하는 담당자에게 고지하여야 한다(Cole, Cole, & Lightfoot, 2013).

읽을거리 19년 만에 만난 세쌍둥이…. 그 뒤에 숨겨진 위험했던 연구

다큐멘터리 〈어느 일란성 세쌍둥이의 재회〉는 세쌍둥이의 재미있고 감격스러운 재회에서 출발해, 그들의 사연 뒤에 숨겨진 이야기를 소개한다. 주인공들은 19년 전 세쌍둥이(바비, 에디, 데이비드)로 태어났으나 생후 6개월 만에 〈루이스 와이즈〉 입양기관을 통해 저마다 다른 가정에 각각 입양되어 자랐다. 사실 이들은 자신도 모르게 진행된 심리학 실험의 연구 대상이었는데, 일란성 쌍둥이를 분리 입양하는 실험 조건이 포함된 연구였다.

이들 세쌍둥이 외에도 서로의 존재를 모른 채 다른 가정에 입양되어 한동안 자라다가 해후한 쌍둥이 사례들이 더 발견되면서(역시 〈루이스 와이즈〉를 통한 입양) 이 수상한 공통점을 조사하던 로렌스 라이트 기자는 논문 한 편에 주목하게 된다. 그 논문에 따르면, 일란성 쌍둥이들의 분리 입양은 인간 정신질환의 유전성 관련 생체실험 연구를 위해 신중히 설계된 실험 조건의 일부라는 것이었다. 일란성 쌍둥이는 동일한 유전자를 지녔기에 이들에게 서로 다른 양육을 제공하면, 유전 병력의 강약 여부를 알아낼 수 있다.

사실 세쌍둥이 연구는 예일대학 아동발달센터의 피터 뉴바우어 박사가 주관하는 심리학 연구 프로젝트 중 하나였고(1960~1980), 세쌍둥이가 재회한 시점에 해당 연구 프로젝트는 긴급히 종결됐다. 연구 프로젝트는 그렇게 종결됐지만(1980년), 연구 결과는 30년이 넘도록 미발표 상태다(2018년). 왜 그랬을까? 연구방법의 비인간성 때문이었을 것이다. 연구 윤리 규정에 비추어 볼 때 뉴바우어 박사의 연구 프로젝트는 연구 대상(일란성 쌍둥이 아기들)이 이유도 모른 채 평생 겪을 고통에 대한 아무런 대책도 없이, 연구자의 이익만을 중심으로 하여 설계된 연구였다.

출처 : 오마이뉴스(2021. 7. 16).

정리 활동 영유아발달 연구에서 배운 주요 내용을 기억하며 다음의 낱말 퍼즐을 풀어보자.

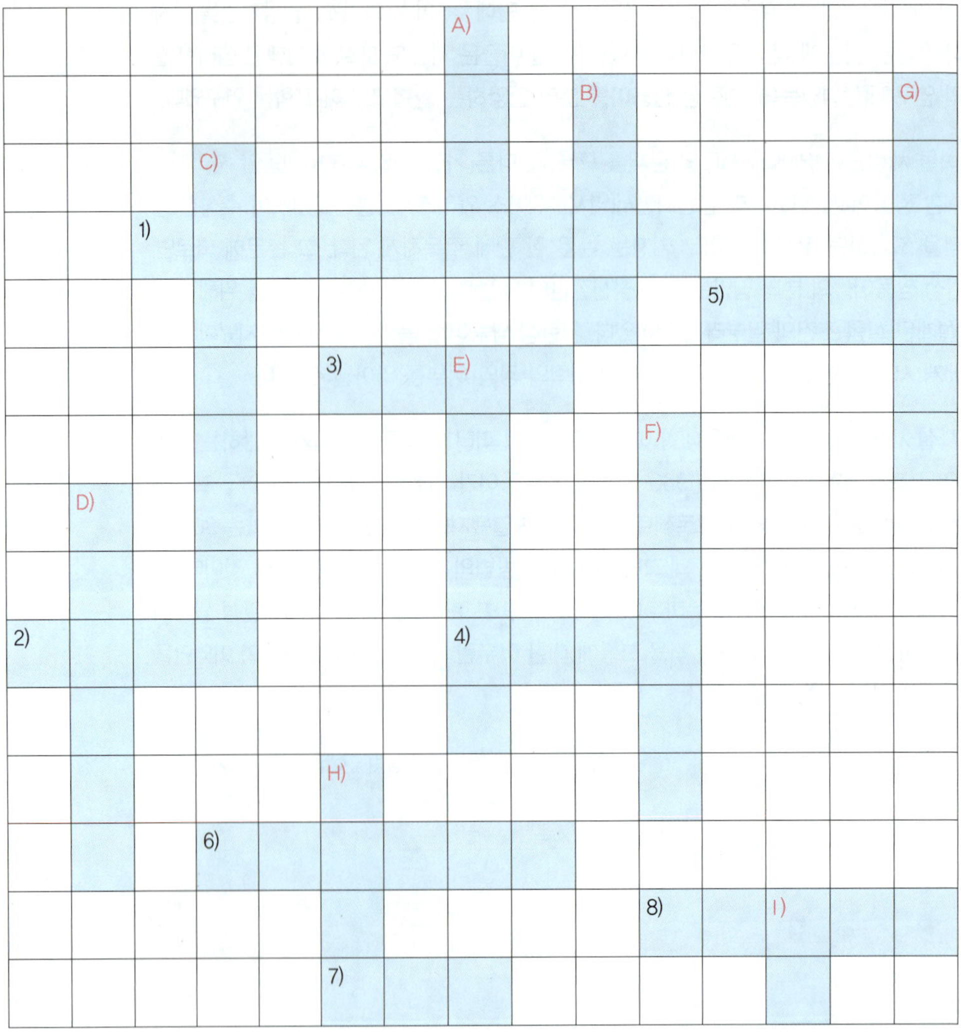

〈가로〉

1) 광범위한 연령층의 사람들을 대상으로 조사할 경우 연령에 따른 차이라기보다는 태어난 시기나 경험의 차이일 수 있음
2) 영유아의 부모가 영유아의 행동이나 태도에 관한 질문지에 응답하도록 하여 자료를 수집하는 방법
3) 연구자가 관심을 가지고 있는 특정 행동을 시간 간격에 맞추어 여러 차례 반복하여 관찰하는 표집법
4) 소수의 영유아의 발달 특성에 대해 광범위한 자료를 수집하고 그것을 깊이 있게 연구하는 방법
5) 연구대상의 현재 상태를 묘사하기 위한 연구
6) 횡단적 접근법과 종단적 접근법의 문제점을 극복하기 위해 두 방법을 절충 보완한 연구방법
7) 영유아의 행동을 관찰하고 기록하여 자료를 수집하는 방법
8) 참여자의 사고에 대한 완전한 설명을 얻을 수 있는 융통성 있는 면접과정

〈세로〉

A) 관찰기간 동안 연구자가 초점을 두는 특정 행동의 발생에 대한 정보만 기록하는 표집법
B) 반복된 측정으로 연구대상이 검사 상황에 익숙해지거나 검사 내용을 기억하여 결과에 영향을 주는 것
C) 발달 변화가 나타나는 한정된 시간 동안 집중적으로 관찰하는 방법
D) 발달에 미치는 문화의 영향을 알아보기 위하여 여러 다른 문화 내의 영유아들을 대상으로 자료를 수집하여 비교 분석하는 방법
E) 영유아 혹은 그 부모를 대상으로 검사를 실시하여 자료를 수집하며, 다른 영유아들과 비교하여 결과를 해석할 수 있는 방법
F) 변인들 간의 관계를 알아보기 위한 연구
G) 변수들의 인과관계를 설명하기 위한 연구
H) 두 변인이 동시적으로 증가적인 관계를 가지는 것. 한 변인의 값이 커질 때 다른 변인의 값도 따라서 커지면 이 관계는 +의 정적인 상관계수를 가짐
I) 영유아발달에 관한 연구결과를 영유아의 최적의 발달을 위해 사용함

[정답]

							사							
							건		연					실
			미				표		습					험
		동	시	대	출	생	집	단	효	과				연
			발						과		기	술	연	구
			생		시	간	표	집						설
			적				준			상				계
	비		접				화			관				
	교		근				검			연				
질	문	지	법				사	례	연	구				
	화						법			설				
	연				정					계				
	구		순	차	적	접	근	법						
					상					임	상	적	면	접
					관	찰	법					용		

PART

II

영역별 영유아발달

영유아기에는 신체운동, 인지, 언어, 사회성, 정서 등 각 영역의 발달이 상호 영향을 미치며 일어난다. 태내기와 신생아기는 인간의 전 생애에 걸쳐 영향을 미치는 근원이 형성되는 중요한 시기이다. 영아기는 신장과 체중 등의 신체발달과 뇌 발달이 폭발적으로 일어나는 시기이기도 하다. 또한 외부와 상호작용을 하며 영유아가 자신을 표현하고 소통할 수 있는 언어가 급속도로 발달한다. 이러한 과정 속에서 정서와 사회성 발달이 일어나며 함께 영향을 주고받으며 영유아의 환경 적응을 돕는다. 정서발달은 다양한 정서 표현뿐 아니라 정서 조절의 의미가 함께 포함된다. 특히 유아기에는 가족 밖 또래와의 교류 기회가 증가하며 사회성발달이 더 촉진되는 시기이다.

이에 제2부에서는 태내 및 신생아 발달, 신체 및 운동 발달, 인지발달, 언어발달, 정서발달, 사회성발달의 특징과 영향요인에 대해 알아봄으로써 영유아에 대한 폭넓은 이해를 돕고 건강한 발달을 지원하는 방안을 모색하고자 한다.

Chapter

04

태내 및 신생아 발달

❶ 태내발달

❷ 출 산

❸ 신생아발달

❹ 신생아 돌보기

Chapter 04

태내 및 신생아 발달

이 장에서는 인간발달에서 가장 중요한 태내기, 출산, 신생아기에 이르는 발달 특징과 그 중요성에 대해 살펴보고자 한다. 또한 건강한 생명의 탄생을 위해 무엇을 준비해야 하는지에 대해 알아보고 신생아발달에 대한 지식을 바탕으로 신생아발달을 돕고 지원할 수 있도록 방법을 모색해 보고자 한다.

1. 태내발달

태내기는 수정의 순간에서 출생에 이르는 280일(40주)의 시기를 말한다. 이 시기에는 정자와 난자의 결합으로 형성된 세포가 생명체로 형성되는 놀라운 과정을 거치게 된다. 태내기는 전 생애 발달의 기초가 되는 매우 중요한 시기이다.

태내기
수정에서 출산에 이르기까지의 시기. 태내기는 발아기, 배아기, 태아기로 나누어짐

1) 생명의 시작

(1) 난자

난자는 크기가 0.12~0.2mm 정도인 구형의 세포로서 여성의 난소 내에

난자
난소에서 배출되는 여성 생식세포

배란
난소에서 성숙한 난자가 배출되는 현상

있는 난포에서 생성이 된다. 여성은 이미 5백만 개의 원시난자를 가지고 태어나는데 이는 점차 감소하여 사춘기가 되면 약 300개 정도의 난자가 남게 된다. 매달 배란 시 성숙난포가 터지면서 그 속에서 하나의 난자가 배출된다. 고농도의 에스트로겐이 난관의 움직임을 증가시키고 난관 내 섬모가 난자를 자궁강 쪽으로 옮겨간다. 배란 후 난자의 생존기간은 12~24시간 정도이다. 대부분의 경우 하나의 성숙난포만이 한 달에 한 번씩 배란되지만 양쪽 난소에서 여러 개의 성숙난포가 생성되어, 하나 이상의 난자가 배란될 수 있다. 이 경우 다태임신이 일어날 수 있다. 난자는 22개의 상염색체와 1개의 X 성염색체를 지니고 있다.

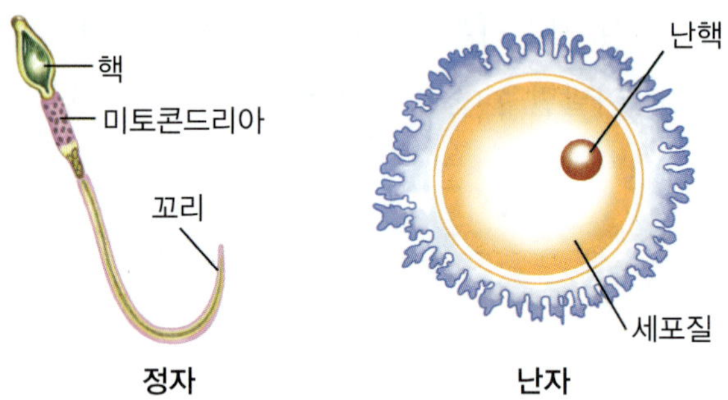

| 그림 4-1 | 정자와 난자

정자
고환에서 생산되는 남성 생식세포

(2) 정자

정자는 태아에게 전달되는 남성의 유전물질이 들어 있고 고환의 세정관 벽에 있는 정자발생상피에서 생성되어 성숙정자가 될 때까지 2개월이 걸린다. 시기적으로는 평균 13세에서 노년기까지 계속되며 뇌하수체 전엽 호르몬에 의해 성선이 자극됨으로써 발생된다.

성숙정자는 머리, 목, 몸체, 꼬리로 구성되어 있고 전체 길이는 50~70μm

정도, 머리 너비는 3~6μm 정도로서 난자보다 상당히 작다.

정자는 X 성염색체 1개와 22개의 상염색체를 가진 정자와 Y 성염색체 1개와 22개의 상염색체를 가진 정자로 나누어진다. 태아의 성별은 난자와 결합되는 정자의 종류에 따라 달라진다. 태아 성별 수정 비율은 이론적으로는 동일하게 보고 있다. 그러나 출생 시 성비는 전 세계적으로 105:100(여아 100명당 남아 105명)으로 남아가 여아보다 약간 높은 것으로 나타난다. 우리나라 출생 성비 역시 105.1 정도로 나타난다(통계청, 2023). 이는 생물학적으로 Y 염색체를 가진 정자는 X 염색체를 가진 정자보다 크기와 무게가 작아 더 빠르게 난자에 도달할 수 있다는 가설(Shettles, L. B., 1960)과 진화론적으로 남성의 사망률이 여성보다 높기 때문에 출생 시 남아의 비율이 더 높다는 가설(Clutton-Brock, T. H., & Iason, G. R., 1986) 등으로 설명할 수 있다.

사정 시 평균적으로 정액의 양은 2~5ml, 정자의 밀도는 약 1,500만에서 2억 마리/ml이며 1초에 3~4mm의 속도로 움직인다. 정액의 양과 정자의 밀도는 개인마다 다를 수 있으며, 정상 정자의 비율과 활동성 역시 환경, 건강 상태, 나이에 따라 변동될 수 있다. 정자는 알칼리성 환경과 체온보다 낮은 34~36℃의 환경에서 오래 생존할 수 있다. 정자는 자궁 내에서 평균 3일 동안 생존할 수 있지만, 자궁 내 환경과 정자의 건강 등에 따라 최대 5일까지 생존할 수 있다.

(3) 수정

수정은 난자와 정자의 결합과정으로 약 24시간 정도가 걸리며 정자가 난자 내로 들어가게 되면 그 후 난자의 핵과 정자의 핵이 만나게 되는데 이 과정에서 형성된 단일세포가 수정란이다.

정자가 난자에 닿아 세포막에 밀착하면, 이 접촉점에서 난자의 세포질이 밀려나면서 정자를 빨아들인다. 이 접촉 부분에서는 다른 정자가 난자에

수정
난자와 정자가 만나 결합하는 과정

수정란
정자의 핵과 난자의 핵이 만나 수정이 된 상태의 난자

들어오지 못하도록 자체 방어 현상이 일어난다. 난자 속에 들어온 정자는 핵을 포함하는 머리를 제외하고 몸체와 꼬리 부위는 사라지게 된다.

난자와 정자는 각각 23개의 염색체를 가지고 있다가 46개 염색체를 배합하게 된다. 이 중 22쌍의 상염색체는 전 영역에서 일어나는 발달 특징의 기초가 되는 유전적 정보를 가지고 있으며 23번째 1쌍의 성염색체는 성별을 결정한다.

2) 태아의 발달

(1) 태아발달 단계 및 특징

임신기간은 10개월, 40주, 280일이다. 수정은 최종 월경일 첫날 2주 후경에 일어나기 때문에 태아 수정 후 임신기간은 266일 또는 38주가 된다. 이 기간을 태내기라 부르며 태내기 동안 일어나는 주요 태아 성숙은 다음의 3단계로 나눌 수 있다.

착상
수정란이 모체로부터 영양과 산소를 공급받을 수 있도록 자궁내벽에 자리 잡은 상태

발아기
태내발달 1단계
수정~2주(착상)까지의 기간

배아기
태내발달 2단계
수정 2~8주까지의 기간
외배엽, 중배엽, 내배엽의 세 층으로 분리

① 발아기

수정일로부터 수정란이 자궁벽에 착상하는 2주까지로서 이 시기에는 세포분열, 배포 형성, 배아막의 초기 형성, 최초 배엽 형성이 이루어진다. 단일세포였던 수정란은 급격히 분열을 시작하여 2일 후에는 4개의 세포, 3일 후 32개, 1주일이 지나면 약 100~150개의 세포로 분열을 한다. 세포분열과 동시에 수정란은 자궁벽을 떠다니다가 안정적으로 착상하게 된다.

② 배아기

수정란이 착상에 성공하는 수정 2주부터 약 6주간, 수정 후 약 8주까지의 시기로 이 시기 배아의 길이는 약 3cm이다. 착상 직후부터 배아는 빠른 세포분열을 하며 모든 기관과 중요한 외형을 형성하는 시기이므로 바이러

스, 약물, 방사선, 감염 등 환경요인에 의해 심한 기형을 초래할 수 있는 시기이다.

배아기 초에는 외배엽, 중배엽, 내배엽의 세 가지 세포층으로 나뉜다. 외배엽은 신경계와 피부, 중배엽은 근육, 뼈대, 순환계, 그 밖의 다른 내부기관, 내배엽은 소화계, 허파, 요로, 분비기관으로 발달한다. 배아기 후반에는 급속한 성장이 이루어져서 4주에는 심장이 뛰기 시작하며 뇌와 신경조직이 분화되고, 입이나 소화기관, 간 등이 형성된다. 8주 말에 내부기관과 함께 입, 눈, 귀, 팔, 다리, 손발 등의 외부적 구조가 사람의 형태를 띠게 된다. 그리고 태아를 안전하게 보호해 줄 태반, 탯줄, 양막도 발달한다.

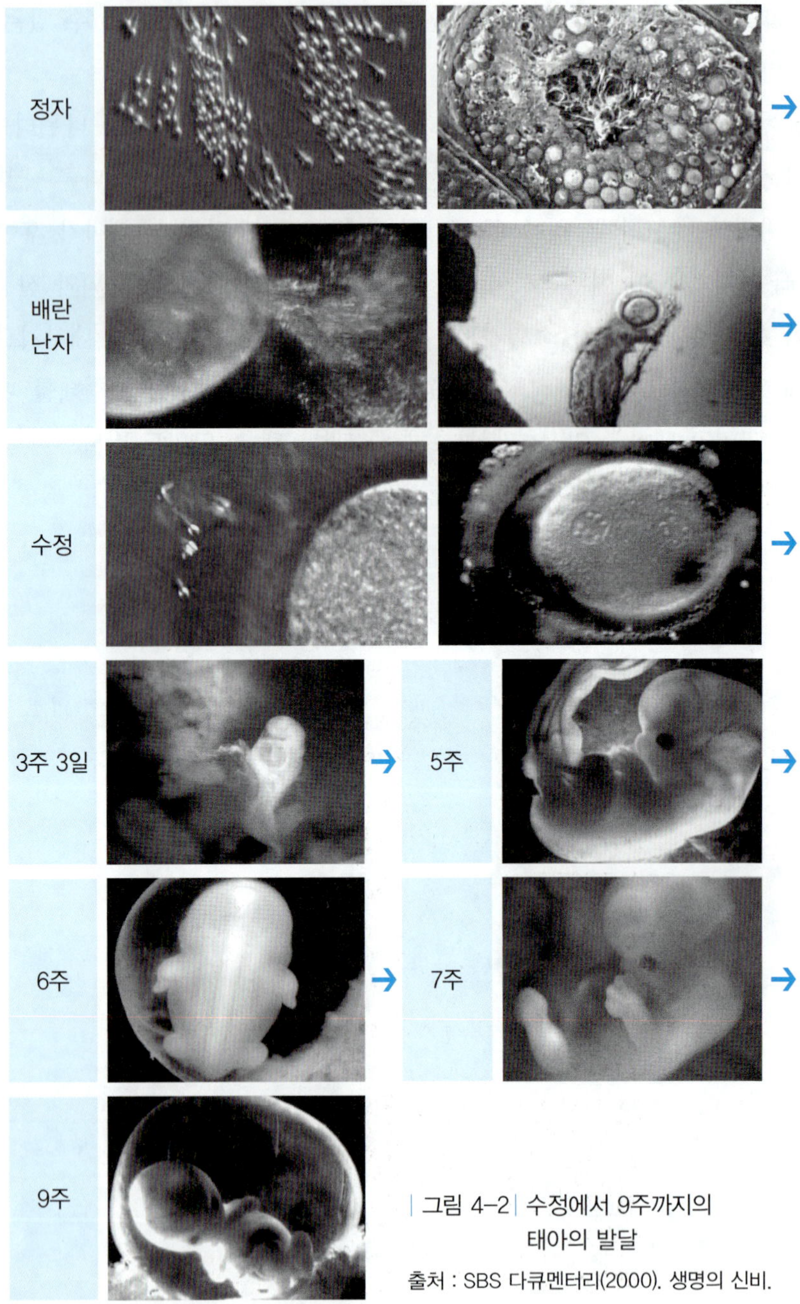

| 그림 4-2 | 수정에서 9주까지의 태아의 발달

출처 : SBS 다큐멘터리(2000). 생명의 신비.

③ 태아기

태아기
태내발달 3단계
수정 9주~출생까지의 기간

수정 9주부터 출생까지의 시기를 태아기라 한다. 태아기는 배아기에 기본적으로 형성된 구조와 기능이 급격히 발달하기 시작한다. 태아기에는 중추신경계의 기형을 제외하고는 다른 기형을 초래하지 않는다.

임신 8주 말기가 되면 정상적인 배아는 사람의 특징을 알아볼 수 있게 되며, 이때부터 태아라 부른다. 배아기가 끝나고 태아기가 시작되는 시기는 수정 후 8주 혹은 마지막 월경 시작일로부터 10주이다. 이때 태아의 길이는 4cm이고 태아기 발달은 배아기에 형성된 기관의 성숙과 성숙을 의미한다.

3개월에는 인체의 형태가 형성되고 성별 구분이 가능해지며 소화기관이 발달하고 움직임이 나타난다. 4개월에는 태아의 크기가 커지고 뇌가 급속도로 성장하며 모체는 태동을 느낄 수 있다. 5개월에 태아는 땀샘, 피부, 머리카락, 손가락, 발가락, 손톱 및 발톱이 형성된다. 이 시기에 태반이 완성되기 때문에 그 이전에는 유산에 주의해야 한다. 태동은 더욱 활발해진다. 6개월에는 기본적인 조직이 모두 형성되기에 이 시기에 출산하면 생존이 가능하다. 7개월에서 출생 전까지 태아는 피하지방을 축적하고 체중이 증가하며 9개월이 지난 후에는 머리가 아래 방향을 향하며 출생을 준비하게 된다.

태아 생존력은 태아가 자궁 밖에서 독립적으로 생존할 수 있는 능력을 말한다. 과거에는 태아체중 1,000g 이상, 최소 임신기간 28주 이상의 기준을 적용하였으나 2000년대 초반부터 WHO(세계보건기구)에서는 태아 생존력을 체중 500g 이상, 최소 임신 기간 22주 이상이라고 보고 있다. 의학기술의 발달에 따라 최소 임신 기간과 체중 이하의 초이른둥이 출산 사례가 지속적으로 보고되고 있고 이에 따라 관련 기준에 대한 문제 제기와 논의가 지속되고 있다(읽을거리 참고).

읽을거리 400g 초미숙아 쌍둥이 형제… "생존 가능성 20% 뚫는 기적 일어나"

임신 22주 3일 만에 태어난 쌍둥이 형제 수술 등 숱한 위기 넘기고 '첫째' 퇴원해
둘째도 곧 퇴원 예정 … 현재 몸무게 4kg

국내에서 가장 작게 태어난 초미숙아 쌍둥이 형제 중 한 명이 무사히 퇴원했다. 23일 세종충남대병원에 따르면 지난 3월 4일 쌍둥이를 임신 중이던 A씨가 양수가 터진 상태로 병원으로 이송됐다. A씨는 이송 이틀 만에 쌍둥이 형제를 출산했다. 임신 22주 3일째 되는 날이었다.

아기들의 몸무게는 각각 400g으로, 만삭아의 10분의 1 수준인 초극소 저체중 이른둥이였다. 국제 질병 분류상 생존 주산기(周産期)는 임신 22주부터로 정의되는데, 실제 생존 가능성은 체중 500g 이상일 때부터 의미 있게 나타난다. 24주 미만 미숙아의 생존 가능성은 20% 전후로 알려져 있다.

출산 직후부터 쌍둥이 형제는 매일 고비였다. 산모 옆에서 기관삽관 등의 소생술을 받았고 인공호흡기로 간신히 호흡을 유지했다. 첫째 아이는 괴사성 장염에 따른 장천공으로 1kg 미만의 체중에서 위험한 수술을 견뎌야 했다. 또 둘째 아이는 생후 이틀 만에 기흉이 발생해 작은 가슴에 흉관을 삽입하는 시술을 받았다.

이후에도 숱한 위기가 따라왔으나 의료진의 헌신적인 노력과 부모의 간절한 바람으로 쌍둥이 형제는 차츰 회복됐다. 지난 6월엔 병원에서 의료진과 함께 100일 잔치도 했다.

출처 : 한국경제(2024. 8. 23).

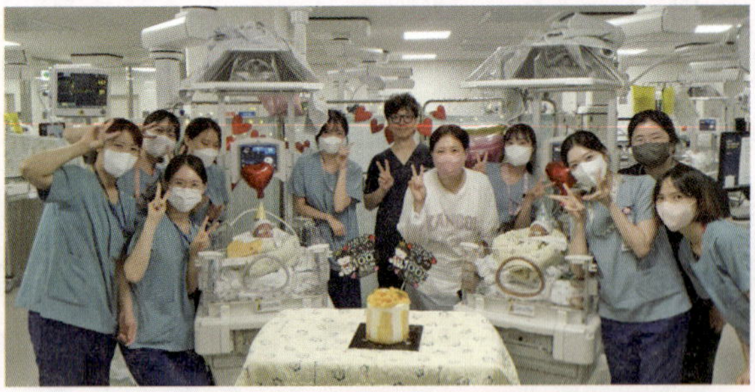

초미숙아로 태어난 쌍둥이 형제들의 100일 잔치
사진 출처 : 세종충남대학교병원.

토론하기

생명의 시작은 언제부터일까? 어떤 사람은 수정의 순간부터 생명이 시작된다고 보지만 일부 사람들은 출생 후 생존력이 있는 시기부터 생명이 시작된다고 본다. 초미숙아가 태어나서 건강하게 생존하였다는 기사와 생존력을 기준으로 하는 낙태법 등을 조사해 보고 자신의 생각을 정리하여 발표해 보자.

〈표 4-1〉 태내기의 주수별 발달 특징

주 수	발달 특징
3주	• 외배엽의 세포분열이 내배엽 세포분열보다 활발히 진행 • 중배엽이 새로 형성 • 배아의 모양이 활처럼 구부러짐 • 배아를 형성하는 세 가지 배엽이 인체 각 장기 형성의 기초가 됨
4주	• 배아 크기 1cm • 눈, 코, 귀의 원기 • 사지 발생 • 심장 형성 및 박동 시작
5주	• 소화기관, 신경계 분화 • 중뇌, 소뇌, 연수의 세 가지 구조로 뇌 발달 • 눈의 각막, 수정체 형성
6~7주	• 귀 형성 • 기본 골격 형성 • 손, 발, 팔, 다리 형성
7~8주	• 순환계 기능 • 생식기 발달 시작
9~12주	• 태아의 머리가 전체의 1/2을 차지함 • 12주경 두둔 길이 6~7cm, 체중 45g • 눈꺼풀은 닫혀 있음 • 상지는 정상 비율로 발달, 하지는 발달이 덜 되어 있음 • 12주경이면 성별을 구별할 수 있음

13~16주	• 태아체중 110g • 솜털, 손톱이 나타남 • 신장에서 소변 분비 • 양수를 마시기 시작 • 태반의 완성
17~23주	• 태아체중 300g • 하지도 충분히 발달 • 양수로부터 피부를 보호하기 위한 태지가 나타남 • 모체가 태동을 느낌 • 두피에 모발이 나타남
24~27주	• 태아체중 650g • 붉고 주름진 피부 발달 • 눈을 뜨고 눈썹, 속눈썹이 형성 • 출산 시 생존력이 있음
28~31주	• 피하지방 축적 • 28주에 두둔 길이 25cm, 체중 1,100g • 피부는 붉고 태지로 뒤덮임 • 미성숙 폐를 갖고 태어나면 호흡장애 증후 나타남
32~36주	• 32주에 두둔 길이 28cm, 체중 1,800g • 36주에 두둔 길이 32cm, 체중 2,600g • 솜털이 몸에서 사라지고, 머리에만 남아 있음 • 손톱이 자람 • 생존력이 높음
37~40주	• 40주에 두둔 길이 36cm, 체중 3,400g • 얼굴과 신체에 피하지방의 침착으로 몸체가 포동포동함 • 손끝과 발끝을 넘어서까지 손톱과 발톱이 자람 • 고환이 음낭으로 하강 • 두개골은 충분히 자라 몸의 어느 부분보다 큼

3) 태내환경에 영향을 미치는 환경적 요인

대부분의 태아는 건강한 상태로 출생하지만 일부 태아는 결함요소를 가지고 태어나기도 한다. 결함의 원인에는 유전적 요인과 환경적 요인이 있는데 환경적 요인의 경우 임산부의 정신적·환경적 요인이 직접적 영향을 미친다고 보고 있으나 최근에는 부의 환경 또한 결함을 초래할 수 있다고 본다. 특히 환경적 요인의 경우 많은 부분을 통제할 수 있으므로 더욱 관심을 기울여야 한다.

(1) 연령

바람직한 임신연령은 18~35세이며, 그 이전 또는 그 이후 연령은 장애를 가진 태아를 출산할 가능성이 높은 것으로 보고 있다. 특히 임산부의 연령이 35세가 넘고 초산인 경우 의학적으로 노산으로 본다. 이 경우에 임산부의 기능이 쇠퇴하여 태아를 위한 최적의 환경을 제공할 수 없어 사산율 및 신생아 사망률이 증가하고, 특히 다운증후군의 발생빈도가 증가하는 것으로 본다. 임산부의 초산 연령이 29세 이하일 경우 다운증후군 발생 확률은 1,000명당 1명, 30~34세 700명당 1명, 35~39세 220명당 1명, 40~44세 65명당 1명, 45~49세 25명당 1명으로 가능성이 급격히 증가한다(Shaffer, 1990). 우리나라에서 17세부터 46세까지 총 36,436명의 산모를 대상으로 35세 이상과 미만 산모의 다운증후군 발생 고위험군 비율을 비교한 연구에서도 35세 이상 산모가 훨씬 높은 고위험군을 나타냈다(오택민 외, 2021). 임산부 연령뿐 아니라, 아버지의 연령이 높은 경우에도 다운증후군 등의 장애를 가진 태아 출산 가능성이 높은 것으로 보고 있다(김영옥 외, 2010). 다운증후군 21번 염색체 이상은 대부분 어머니 염색체의 이상으로 발생하지만, 일부 아버지 염색체로 인해 발생하는 경우도 있기 때문이다.

다운증후군
21번 염색체 이상으로 발생하는 질환으로 특징적인 얼굴 모습과 신체구조, 여러 가지 의학적 문제와 인지 장애를 동반

(2) 영양상태

임신은 생리적 기능이며 질병이 아니기 때문에 대부분의 임산부는 초기 입덧과 구토 등의 문제에도 불구하고 좋은 건강을 유지한다.

체중 증가 특징을 살펴보면, 임신 전 정상체중인 여성의 임신 전 기간 동안의 체중 증가는 11.5~16kg 정도가 바람직하다. 임신1기(14주까지)에는 1~2kg 증가하거나 감소하고 임신2기(28주까지)에는 4.5~5kg 증가하며 임신 3기(29주~42주)에는 4.5~5kg 증가한다.

임신 전 비만인 여성은 체중 증가가 적은 것이 바람직하지만, 임신 동안 금식이나 무리한 다이어트 등으로 오히려 체중이 감소되는 경우에는 케톤증(ketosic) 같은 태아를 위협하는 합병증이 발생할 수 있으므로 유의해야 한다. 임신 중 부적합한 체중 증가를 보인 여성에서 출생한 신생아의 경우 높은 사망률이 보고되고 있으므로 적절한 체중 증가에 주의를 기울여야 한다(여성건강간호학연구회, 2020).

특히 임신 중의 불충분한 영양섭취는 태아와 신생아의 두뇌발달에도 부정적인 영향을 미친다. 임신 말기에 인간의 두뇌는 가장 많은 발달을 하는데 이때 영양섭취의 정도는 뇌세포 형성과 관련이 있다.

〈표 4-2〉 임신 중 체중 증가

임신 전 BMI(kg/㎡) 기준	총 체중증가(kg)	임신 2,3기 주당 체중증가(kg) (평균범위)
저체중 < 18.5	12.5~18	0.45(0.45~0.59)
정상 18.5~24.9	11.5~16	0.45(0.36~0.45)
과체중 25~29.9	7~11.5	0.27(0.23~0.32)
비만 ≥ 30	5~9	0.23(0.18~0.27)

출처 : Institute of Medicine(2009).

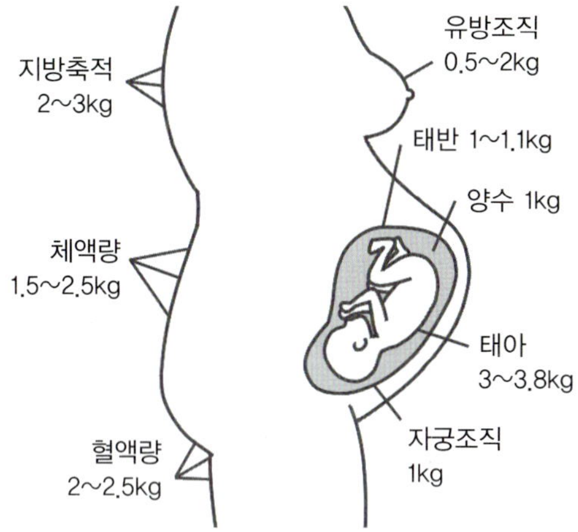

| 그림 4-3 | 임산부의 체중 증가의 구성요소

출처 : 여성건강간호교과연구회(2012). 여성간호간호학 I/II.

〈표 4-3〉 한국인 임산부의 영양권장량

영양소 (단위)		비임부 권장량	임산부 권장량			수유부 권장량
		(19~29세)	1기	2기	3기	수유부
열량(kcal)		2,000	+0	+340	+450	+340
단백질(g)		55	+0	+15	+30	+25
무기질	칼슘(mg)	700	+0			+0
	마그네슘(mg)	280	+40			+0
	철(mg)	14	+10			+0
	아연(mg)	8	+2.5			+5
	요오드(μg)	150	+90			+190
지용성 비타민	A(μg)	650	+70			+490
	D(μg)	10	+0			+0
	E(μg)	12	+0			+3
수용성 비타민	C(mg)	100	+10			+40
	엽산(μg)	400	+220			+150
	B12(mg)	2.4	+0.2			+0.4

출처 : 한국영양학회(2020). 한국인 영양소 섭취기준.

임신 중 영양상태와 신생아 출생 시 체중은 밀접한 관련이 있다. 임산부의 영양이 부족하면 혈액량이 저하되고 이는 부적절한 심박출량으로 인한 태반혈류 감소로 이어진다. 이에 따른 태반 크기 저하는 태반을 통한 영양 전달을 부족하게 하고 이는 태아성장을 지연시키는 결과로 이어진다. 출생 시 저체중은 뇌성마비의 원인요소이며 저체중아 집단은 정상집단에 비해 질병, 시력·청력 장애, 행동장애, 학습문제를 더 많이 경험한다.

임신 중에는 모체와 태아의 조직 합성, 대사를 위한 추가 열량이 필요하다. 이는 비임신 시보다 약 340~450kcal가 더 필요하며, 태아와 태반조직의 발달, 기초 신진대사량 증가와 활동을 위해 소비된다.

임산부의 과도한 체중 증가는 임산부가 날씬한 몸매를 유지하기 위해 다이어트를 하는 것만큼이나 산모와 태아에게 또 다른 위험을 가져온다. 비만 임산부는 고혈압, 당뇨 등이 초래될 수 있으며 이는 임신결과에도 악영향을 미친다. 임신기간 동안 영양섭취에서 주의해야 할 점은 단순한 열량섭취의 증가보다 태아의 건강한 성장·발달을 위해 필요한 영양소의 고른 섭취이다. 각 영양소가 태아의 성장과 발달에 미치는 영향은 다음과 같다.

〈표 4-4〉 영양소의 역할과 음식 공급원

<table>
<tr><th colspan="2">영양소(단위)</th><th>임신과 관련된 영양소의 역할</th><th>음식 공급원</th></tr>
<tr><td colspan="2">열량(kcal)</td><td>태아와 태반조직 성장, 모유생성, 임산부의 기초신진대사(BMR) 증가와 활동</td><td>탄수화물, 지방, 단백질</td></tr>
<tr><td colspan="2">단백질(g)</td><td>태아발달, 모체조직 증가(유선과 자궁의 조직, 양수), 모체 혈류량 증가, 수유 시 유단백질 분비</td><td>우유, 유제품, 달걀, 콩류, 견과류, 곡류</td></tr>
<tr><td>무기질</td><td>칼슘(mg)</td><td>태아의 뼈와 치아형성 및 조직 성장, 임산부의 뼈와 치아</td><td>우유, 유제품, 뼈째 먹는 생선, 진녹색 잎채소</td></tr>
</table>

	마그네슘(mg)	뼈의 구성, 세포산화, 단백질과 지질대사, DNA와 RNA에 필요한 효소의 활동	견과류 및 씨앗류, 콩류, 전곡물, 다크 초콜릿
	철(mg)	임산부 헤모글로빈 생성, 태아의 간에 철분 저장	간, 고기류, 전곡류, 콩류, 진녹색 잎채소
	아연(mg)	DNA와 RNA 합성과 단백질 대사, 효소 구성 성분, 부족 시 태아 중추신경계 기형과 관련	해산물, 고기류, 전곡류
	요오드(μg)	임산부의 신진대사 증가 관련	해조류, 해산물, 우유, 유제품
지용성 비타민	A(μg)	눈, 피부의 상피세포와 소화기, 비뇨생식기, 점막세포의 기능 유지, 정상 연골 세포의 발달	진녹색 잎채소, 진황색 채소, 과일, 적고추, 간
	D(μg)	칼슘과 인 흡수에 관여, 무기질 침착 증가	해산물, 유제품, 달걀노른자
	E(μg)	항산화, 적혈구 파괴 예방	식물성 기름, 견과류와 씨앗류, 녹색잎 채소, 지방이 풍부한 어류
수용성 비타민	C(mg)	조직형성, 철분 흡수 촉진, 골격과 치아 및 콜라겐 형성	과일류, 채소류
	엽산(μg)	임산부의 적혈구 생성, DNA와 RNA 합성에 필수, 신경관 기형 예방	녹색 잎채소, 콩류, 과일류
	B12(mg)	핵산과 단백질 생성, 적혈구 형성과 신경계 기능 중요 역할	고기류, 생선류, 해산물, 우유, 유제품, 달걀

출처 : 여성건강간호교과연구회(2020). 여성건강간호학II.

(3) 약물

약물남용이 태아에게 미치는 영향은 매우 위협적이다. 임산부에게 무해한 약물이 태아에게 유해한 약물로 전환될 수 있는데, 그 이유는 태아의 대사작용에 대한 실험이 부족하기 때문이다. 약물이 태아에게 발육결함을 유발시킬 수 있는 가장 위험한 시기는 수정부터 임신 초기이다. 임신 후 12

주 태반의 구조가 완성되는데, 태반은 반투과성 장벽으로서 제한적으로 태아에게 영향을 미치는 물질의 통과를 막는다. 일반적으로 1,000g/mol 이상의 분자량을 지닌 분자는 태반막을 통과하지 못하지만, 분자량이 적은 물질은 태반을 통과하여 태아에게 영향을 준다.

우리나라에서는 식품의약품안전처 한국의약품안전관리원에서 의약품 적정사용(Drug Utilization Review, 이하 DUR) 제도를 통해 임산부에게 투여 시 주의해야 하는 의약품 정보를 알리고, 정해진 기준에 따라 약물 사용이 적절하게 이루어지는지 점검하고 평가하고 있다. DUR에서 제시하는 임산부 금기 의약품은 1등급과 2등급으로 구분한다. 1등급은 사람에서 태아에 대한 위해성이 명확하고, 약물사용의 위험성이 치료상의 유익성을 상회하는 경우로 원칙적으로 사용금지하는 성분을 말하고, 2등급은 사람에서 태아에 대한 위해성이 나타날 수 있으며, 약물사용의 위험성이 치료상의 유익성을 상회하는 경우로 원칙적으로 사용금지이다. 다만, 치료상의 유익성이 약물사용의 잠재적 위험성을 상회하거나 명확한 임상적 사유가 있어 사용하는 경우에는 예외로 하는 성분을 말한다. 예를 들면, 의사 처방전 없이 약국에서 구매할 수 있는 약품 중에서 소화제 성분의 하나인 돔페리돈(Domperidone)은 1등급, 해열 진통 소염제 성분의 하나인 나프록센(Naproxen)과 기침감기약 성분의 하나인 에페드린(Ephedrine)은 2등급으로 분류된다. 따라서 임산부의 자가치료는 금지되며 약물복용 시 반드시 전문가의 도움을 받아야 한다.

(4) 흡연

임신 중 흡연은 태반순환을 감소시켜 태아의 자궁 내 성장지연, 조산, 저체중아 출산, 사산, 영아돌연사 증후군, 선천성 기형, 신생아 사망률 증가에 영향이 있는 것으로 알려져 있다. 하루 한 갑 이상의 흡연을 하면

2,500g 이하의 영아분만의 가능성이 130% 증가한다. 하루 한 갑 이하에서도 위험이 53% 정도 증가할 수 있다. 또한 산모에게는 조산, 전치태반, 태반조기박리, 자연유산, 자궁 외 임신, 조기파막, 융모양막염과 같은 합병증의 위험이 높아진다.

담배는 4,000가지 이상의 중독성 물질을 포함하고 있으며, 일산화탄소가 헤모글로빈의 산소운반 능력을 감소시킨다. 또한 니코틴은 혈관수축을 일으키고 자궁의 조직관류를 감소시키는 아드레날린 자극을 증진시킨다. 또한 뼈에서 칼슘이 유리되어 필수 비타민과 무기질의 활동을 방해하며, 비타민 B12의 장내합성이 감소되고, 비타민 C의 소모를 증가시킨다.

임산부의 간접흡연(담배연기를 간접적 또는 수동적으로 흡입함으로써 담배를 피우는 것과 같은 효과를 나타내는 것) 또한 태아의 저체중, 조산의 위험을 높이는 것으로 알려져 있다(이보은 외, 2003). 뿐만 아니라, 사산의 위험과 선천적 기형 발생 위험이 증가한다는 연구결과도 제시되고 있다(Jo Leonardi-Bee, 2011). 따라서 임산부와 태아 건강을 위해 금연 환경의 필요성이 매우 중요하다.

(5) 알코올

알코올이 모체에 미치는 영향은 알코올 중독이나 탄수화물, 지방, 단백질 대사를 방해하여 영양장애를 초래하며 자연유산, 태반의 기능부전으로 인한 저체중, 태반조기박리, 전치태반 등이 발생할 수 있다. 태아에게는 저체중아 출산, 기형유발, 태아알코올증후군 등을 초래할 수 있다. 임신기간 동안 임부의 지나친 음주습관으로 인해 신생아에게 성장부진, 발달지연, 정신발달지연, 소뇌증, 미세운동 기능부전, 좁은 미간 등을 지닌 특징적인 얼굴형태 등이 나타나는 일련의 증상을 일컬어 태아알코올증후군(FAS : Fetal Alcohol Syndrome)이라 부른다.

〈표 4-5〉 태아알코올증후군

<table>
<tr><th colspan="2">알코올 영향 요인</th><th>주요 특징</th><th>기타 특징</th></tr>
<tr><td>아세트알데히드의 독성</td><td>산모 체내의 알코올은 태반의 효소와 작용하여 아세트알데히드라는 독소상태로 들어가고 이는 기형을 유발함</td><td rowspan="4">• 소뇌증 : 뇌의 부피가 또래보다 작음
• 정신지체 : 뇌 발달 미숙으로 인해 판단력과 사고력이 떨어져 학습장애 증상
• 저체중 : 알코올로 인한 신진대사 이상과 태반혈관 수축으로 인한 영양의 불충분한 공급
• 좁은 눈매와 미간 : 눈 좁으며 눈과 눈 사이의 간격 역시 좁음</td><td rowspan="4">• 코가 낮고 짧음
• 얼굴이 납작함
• 턱이 작고 덜 형성됨
• 인중이 희미함
• 윗입술이 가는 데 비해 비교적 두꺼운 아랫입술
• 특이한 귓불모양
• 소아 심장병
• 약한 근력
• 자폐스펙트럼장애(ASD) : 아직 원인이 분명하지 않은 자폐스펙트럼장애와 교집합적인 특성도 많이 보고되고 있음</td></tr>
<tr><td>산소량 결핍</td><td>산모의 신진대사에 악영향을 초래해 태내의 산소량을 떨어뜨려 태아에게 충분한 산소를 공급하지 못함</td></tr>
<tr><td>프로스타글란딘</td><td>태아 성장·발육에 악영향</td></tr>
<tr><td>태반기능부전</td><td>태반 혈관수축으로 태반을 통한 영양공급 저해</td></tr>
</table>

(6) 카페인

카페인은 커피, 차, 초콜릿 등에 포함되어 있으며 태반을 통과하여 성장하고 있는 태아에게 영향을 줄 수 있다. 카페인이 인체에서 배설되는 시간은 다양한데 임신 말기의 임산부는 10~20시간 정도 걸리는 것으로 보고있다. 카페인 섭취가 태아에게 장기적인 발달이상을 초래한다는 보고는 없다. 그러나 하루에 600~1,000mg(카페인 함유 음료 6~10잔)의 카페인 섭취는 흥분, 무력감, 불면, 심계항진을 일으킬 수 있으며 하루 300mg 이상의 카페인 섭취는 태아의 자궁 내 성장지연, 저체중, 반사운동 장애와 관련이 있다는 보고도 있다. 식약처는 카페인의 지나친 섭취로 인해 수면장애, 불안감 등 부작용을 일으킬 수 있어서 카페인 최대 일일섭취권고량을 성인의 경우 400mg 이하, 임산부는 300mg 이하, 어린이·청소년은 체중 1kg당 2.5mg 이하로 설정하여 관리하고 있다. 임신 중 카페인 섭취가 태아에게 미치는 영향에 대한 의견은 다양한 편이지만, 명확한 결론이 내려지지 않는 이상 섭취에 주의하여 태아 건강에 가장 긍정적 환경을 마련해 주는 것이 좋다.

〈표 4-6〉 식품별 카페인 함량

<table>
<tr><th colspan="2">식품유형</th><th>검출 범위
(mg/L 또는
mg/kg)</th><th>평균 함량
(mg/L 또는
mg/kg)</th><th colspan="2">식품유형</th><th>검출 범위
(mg/L 또는
mg/kg)</th><th>평균 함량
(mg/L 또는
mg/kg)</th></tr>
<tr><td colspan="2">과자</td><td>2.55~528.5</td><td>75.2</td><td rowspan="4">커피
(n=323)</td><td>볶은커피</td><td>171.8~797.9</td><td>522.8</td></tr>
<tr><td colspan="2">캔디류</td><td>4.16~1,170.4</td><td>420.7</td><td>인스턴트
커피</td><td>19.3~524.2</td><td>293.5</td></tr>
<tr><td colspan="2">빵류</td><td>2.55~133.1</td><td>35.7</td><td>조제커피
(커피믹스)</td><td>308.2~1,386.5</td><td>571.9</td></tr>
<tr><td colspan="2">아이스크림류</td><td>1.67~406.0</td><td>82.4</td><td>액상커피
(전문점
커피)</td><td>5.9~801.9
(5.9~642.2)</td><td>352.9
(329.8)</td></tr>
<tr><td colspan="2">코코아가공품류</td><td>33.7~1,006.4</td><td>360.9</td><td colspan="2">탄산음료</td><td>35.9~455.7</td><td>187.5</td></tr>
<tr><td colspan="2">초콜릿류</td><td>ND~854.0</td><td>173.9</td><td colspan="2">기타음료(혼합음료)</td><td>ND~994.7</td><td>128.4</td></tr>
<tr><td colspan="2">당류가공품</td><td>ND~981.1</td><td>137.8</td><td colspan="2">우유류(축산물)</td><td>6.1~261.3</td><td>48.5</td></tr>
<tr><td rowspan="3">다류
(n=84)</td><td>침출차</td><td>23.6~335.9</td><td>143.6</td><td colspan="2">기타가공품</td><td>4.6~1,302.5</td><td>180.0</td></tr>
<tr><td>액상차</td><td>28.7~224.5</td><td>105.8</td><td colspan="2">땅콩 또는
견과류가공품류</td><td>12.2~414.7</td><td>116.8</td></tr>
<tr><td>고형차</td><td>11.1~394.4</td><td>115.0</td><td colspan="2">시리얼류</td><td>17.2~67.6</td><td>49.6</td></tr>
</table>

출처 : 식품의약품안전처.

(7) 임산부의 정신건강

임산부는 일반적으로 건강한 임신과정을 경험하는 과정에서도 급속한 기분 변화와 불안정한 감정을 경험한다. 주변 사람들의 행동과 말에 민감한 반응을 나타내며 초조해하거나 분노의 폭발, 그리고 기분 좋음을 혼란스럽게 경험한다. 이러한 임산부의 변화는 생리적으로는 호르몬의 변화에 의한 것으로 보고, 심리학적으로는 임신과 출산에서 오는 스트레스, 출산과 관련된 경제적 문제, 임신 후 겪게 되는 신체적 변화 등에서 기인하는 것으로 보고 있다.

임산부의 스트레스가 높을수록 태아에 대한 애착이 감소한다는 연구결과가 있어 임산부의 정신건강이 태아와의 유대관계 형성에도 영향을 미친다는 것을 알 수 있다(강수경 외, 2012). 또한 스트레스 호르몬인 코르티솔이 태반을 통해 태아에게 전달되어 신경발달에 영향을 줄 수 있다. 특히 코르티솔은 편도체와 같이 감정조절에 중요한 뇌 영역에 영향을 미치는 것으로 보고 있다(Boardman, J. et al., 2020).

이에 임산부 정신건강의 중요성을 인식하고 가족과 주변 지인들이 따뜻한 지지를 제공하는 것이 필요하다. 충분한 사회적 지지가 있으면 임신 중 스트레스가 미치는 부정적 영향이 감소한다(조아라, 2017).

우리나라에서는 전통적으로 태교를 강조하며 임산부의 몸가짐, 마음가짐이 태아에게 영향을 미친다고 생각해 왔는데 과학적 근거가 부족한 부분도 있지만, 그 기본 정신은 태내기의 중요성을 강조하는 것이다. 우리나라 태교 개념과 유사하게 후천유전학(태아프로그래밍)에서는 임신 중 어머니의 환경적, 영양적 상태가 태아의 장기적 건강과 발달에 미치는 영향을 설명한다. 이 개념은 특히 태아가 어머니의 자궁에서 경험하는 스트레스, 영양 결핍, 질병 등이 태아의 신체발달과 생리적 기능에 영구적으로 영향을 미칠 수 있음을 강조한다. 예를 들어, 임신 중 영양 부족은 태아의 대사 프로그램을 변경시켜 성인이 되었을 때 비만, 당뇨병, 심혈관 질환의 위험을 증가시킬 수 있다고 본다(김민형, 2017).

읽을거리

태아프로그래밍

많은 사람들은 인간의 건강은 부모로부터 받은 '유전자' 그리고 '태어난 이후의 환경'이 결정한다고 믿지만, 태내기의 9개월 경험 역시 두 가지 이상으로 중요한 요인이라고 강조하는 것이 태아프로그래밍의 개념이다. 태아프로그래밍은 자궁 속에서 태아기에 일어난 일이 태어난 후의 삶에도 이어진다는 것을 의미한다.

태아프로그래밍의 대표적인 연구로 테사 로즈붐(Tessa Roseboom) 박사의 암스테르담 실험은 1944~1945년 암스테르담 기근(네덜란드 기근) 동안 임신 중 어머니가 겪은 영양 부족이 자녀의 건강에 미친 영향을 연구한 것이다.

실험에 의하면 70년 전 제2차 세계대전이 끝으로 가던 1943년 가을, 독일 나치는 네덜란드로 들어가는 모든 식량을 금하는 전략을 펼쳤다. 당시 네덜란드에서는 죽음의 문턱까지 갈 정도로 사람들은 배고픈 겨울을 보내고 약 만 명의 사람들이 굶주려 죽게 되었다고 전해진다. 당시 임신한 여성들 배 속에 있던 사람들이 중년이 되어 다시 주목을 받게 된다. 그 이유는 실제 전쟁 직후 태어났던 사람들이 중년이 되어 비만, 당뇨, 심장질환에 많이 걸리는 것으로 드러났기 때문이다. 로즈붐 박사는 암스테르담의 병원에서 전쟁 이후의 출생기록을 우연히 찾아냈고, 현재 비만, 당뇨, 심장질환을 앓고 있는 사람들이 당시 매우 저체중으로 태어났다고 기록되어 있었다. 실제로 800명의 사람들을 조사한 결과에서도 유의미한 결과가 나왔다. 임산부가 충분히 음식을 먹지 않았을 때 태아에게 미치는 영향이 있다는 것이다. 태아는 태반을 통해 들어오는 음식에 민감하게 반응한다. 그런데 배 속에서 굶주린 태아는 굶주림을 몸으로 기억하여 영양분을 지방세포에 과다하게 축적하려고 하게 된다.

이와 같이 태아프로그래밍의 개념은 유전과 환경의 영향을 둘 다 강조하면서 특히 태내기의 중요성을 더욱 강조해 주는 개념이다.

출처 : EBS 다큐멘터리(2014). 퍼펙트 베이비.

2. 출 산

출산
자궁 내 태아와 태반을 포함한 그 부속물이 만출력에 의해 산도를 통과하여 모체 밖으로 배출되는 현상. 개구기-출산기-후산기-회복기의 단계를 거침

출산은 생명이 탄생하는 신비롭고 경이로운 순간이다. 그러나 일부의 경우에는 산모와 태아 모두의 생명을 위협하는 경험이 될 수도 있다. 최근에는 출산과정에서 산모와 태아 모두의 안정과 인권을 존중하고자 하는 노력이 주목받고 있다.

출산예정일은 수정된 날로부터 266일째 되는 날, 또는 마지막 월경 시작일로부터 280일 되는 날로 계산을 하며 간단한 계산을 위해서는 마지막 월경 시작일의 월에 +9 또는 −3을 하고 일에 +7을 한다.

출산의 순간은 자연적인 경우 태아의 머리가 아래로 향하며 골반으로 내려와 분만을 준비하면서 시작된다. 그리고 모체는 자궁수축에 따른 진통 또는 이슬로 출산의 시작을 알 수 있다.

1) 출산의 단계

(1) 개구기

개구기는 규칙적인 진통이 시작되면서 자궁경부가 100%(평균 8~10cm)로 열리게 되는 시기까지를 말한다. 전체 출산과정 중 가장 긴 시간을 차지한다. 초산부의 경우 평균 12~14시간, 경산부의 경우에는 평균 6~7시간 정도가 걸리는 것으로 보지만 개인차가 크다. 진통은 초반부 짧고 간격이 길다가 점차적으로 진통시간은 길고 간격이 짧아진다. 그리고 자궁이 열리면서 난막이 터지고 양수가 나온다. 또한 자궁입구의 난막이 떨어지고 많은 양의 점액이 배출된다.

(2) 출산기

출산기는 자궁경부가 완전히 열린 상태에서 태아가 산도를 통과해서 나오는 시기이다. 자궁수축 기간이 짧아져 진통이 쉬지 않고 이어져서 일어나

게 된다. 자궁이 수축될 때마다 복부에 압력이 가해지면 태아는 스스로 산도를 통과할 수 있다. 시간은 초산부의 경우 1~2시간, 경산부의 경우는 개인차가 있지만 초산부의 절반 정도 되는 시간이 걸린다.

대부분의 경우 태아의 머리가 먼저 산도를 통과해서 나오게 되고 출산기가 끝나게 된다. 하지만 태반과 탯줄로 모체와 연결되어 있는 상태이다.

(3) 후산기

후산기는 출산의 마지막 단계로 태반과 탯줄이 모체 밖으로 나오는 시기이다. 일반적으로 5~15분 정도의 시간이 요구된다. 이 시기에는 출산 후 자연적으로 일어나는 태반박리현상과 태반만출현상으로 태반과 탯줄이 밖으로 나오게 된다.

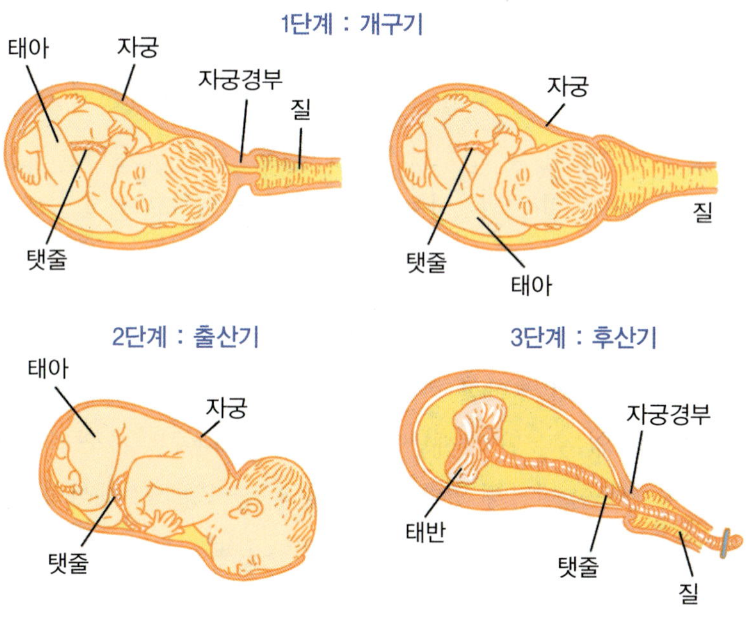

| 그림 4-4 | 출산의 단계

(4) 회복기

태반이 만출된 후 1~4시간까지를 말하며, 산모의 생리적 재적응이 시작되는 시기이다. 산모는 출산 시 많은 양의 혈액이 손실되기 때문에 혈압이 저하되고 맥박 수가 상승되며 빈맥이 나타날 수 있다. 이 시기는 산모와 신생아, 그리고 가족 간에 심리적으로 매우 중요한 시기이기에 출산 후 빠르게 접촉을 유도함으로써 상호작용을 촉진하는 것이 필요하다.

2) 다양한 출산방법

최근에는 산모와 태아의 출생 시 고통을 줄여주고 인권을 존중해 주자는 움직임으로 인해 다양한 출산방법이 소개되고 있다. 이러한 관심은 프랑스의 산부인과 의사 르봐이예(Leboyer)의 『폭력없는 탄생』이라는 저서를 통해 알려지기 시작했다. 그는 출산과정이 임산부뿐 아니라 태아에게도 매우 충격적인 경험이기에 충격을 줄여주기 위해 태내환경과 흡사한 분만실 환경을 조성하고 출생 후 바로 탯줄을 자르지 않고 아기를 산모 배 위에 올려두어 안정감을 주고 따뜻한 물 속에서 부드럽게 마사지하며 목욕을 시켜주어야 한다고 주장하였다. 그러나 일부 전문가들은 그가 주장하는 분만실 환경은 출산과정에서 일부 발생하는 위험요소를 발견하고 적절한 조치를 취하기에 부적절하다고 주장한다.

(1) 르봐이예분만

르봐이예는 현재의 분만실 환경은 태아에게 매우 고통스럽다는 사실을 주장하며 '폭력 없는 분만'의 개념을 제시하였다. 태아는 자궁 내에서도 시각, 청각, 미각 등이 발달해 있다는 연구 결과를 바탕으로 태아의 입장에서 일반적으로 경험하는 출산환경이 폭력적이라고 보고, 고통을 최소화하는 방법을 고안했다. 출산 중 소음을 최소화하고 분만실의 조명을 낮추고 출산 후 탯줄을 바로 자르지 않고 엄마 배 위에서 안정감을 얻고 모유를 먹을 수 있도록 하는 것이다. 이를 통해 태아에게 최대한 안정된 환경을 제공하고자 한다.

(2) 라마즈분만

라마즈 분만법은 진통 및 출산의 고통을 감소시키고 출산이 긍정적인 경험이 되도록 하는 것을 목표로 한다. 고통에 대한 감수성을 낮추는 정신예방훈련으로 자궁수축이 시작되면 호흡법, 이완법, 연상법을 사용하여 통증에 대한 감각을 완화시키고자 한다. 성공적인 라마즈분만의 진행을 위해서는 출산 전부터 반복적인 훈련이 필요하다.

(3) 수중분만

따뜻한 물속에서 분만함으로써 산모에게는 신체근육을 이완시켜 통증을 경감시키고, 태아에게는 태내 양수와 유사한 환경을 조성해 줌으로써 안정감을 주는 방법이다. 수중분만은 임산부의 이완, 통증 감소, 출산 시간 단축, 태아와의 유대감 증진 등의 장점이 있지만, 태아 및 모성감염의 위험성에 대한 우려와 태아전자감시기 부착의 어려움 등의 단점이 존재하기 때문에 전문의와의 상의가 필수적이다.

(4) 소프롤로지식 분만

소프롤로지식 분만법은 동양적 사고에 기초한 소프로리미널 상태(Sophroliminal state, 의식과 무의식 사이의 이완상태)의 영상훈련법과 복식호흡법을 사용하며 좌산, 반좌산의 자세를 취하는 분만법이다. 영상훈련을 통해 의식을 가라앉혀 출산 시 상황을 훈련하고 체조로 의식을 명상 상태로 안정시켜 근육을 이완시킨다. 복식호흡을 기본으로 한 소프롤로지식 호흡법으로 분만 시 태아에게 산소를 충분히 공급하고 자궁의 활동을 촉진한다. 이를 통해 분만 시 스트레스를 줄이고 긴장을 완화하며 긍정적인 출산 경험을 할 수 있도록 돕는다.

3) 조산과 과숙 분만

(1) 조산

조산
임신 37주 이전에 분만하는 경우

조산이란 임신 20~37주 사이에 진통이 있는 것을 말하며 분만대상자 10명 중 1명에게 발생한다. 조산은 신생아 사망률의 75% 정도를 차지한다. 조산의 위험요인은 임산부의 연령이 20세 이하, 40세 이상인 경우, 흡연, 코카인, 심리적 스트레스, 피로, 장시간의 근무, 모체의 신체적 질환으로 당뇨, 고혈압, 무증상 세균뇨 등의 감염, 산과적 이상으로 양수과다증, 다태임신과 같은 자궁의 과다신장, 자궁기형, 자궁수술력, 조산력, 마지막으로 태아가 기형이 있을 때 등이다.

조산아의 특성은 체중이 2,500g 이하이고 머리는 크고 키가 작으며 피하지방이 부족하여 피부가 쭈글쭈글하고, 정상아보다 더 붉은빛을 띤다. 주름이 많고 탈수되어 있으며 태지와 솜털이 많다. 울음소리나 사지의 움직임이 약하고 힘이 없으며, 각종 반사나 굴곡운동이 거의 없고 체온조절이 잘 되지 않는다. 호흡곤란이 나타나고 소화흡수 능력이 낮아 자주 토하고 설사를 한다. 간기능부전으로 황달이 잘 나타나고 출혈과 감염률이 높다. 저항력이 약하여 사망률도 높다. 특히 생후 4일까지는 호흡기 문제, 생후 1주일까지는 황달, 생후 20일까지는 감염 문제에 유의해야 한다(여성건강간호교과연구회, 2020).

(2) 과숙 분만

만삭 분만
임신 37주에서 42주 사이에 분만하는 경우

과숙 분만
임신 42주 이후 분만하는 경우

42주 이상 출산이 지연되는 경우에 태어나는 신생아를 과숙아(만숙아)라고 한다. 임신기간이 연장되면 거대아가 될 위험이 있고 분만 시 어려움이 커진다. 임신 후 42주 이후가 되면 태반의 기능이 충분하지 못하게 되어 태아는 산소, 수분, 영양 부족 등을 겪게 된다. 42주에 분만된 과숙아에 비해 43주에 태어난 신생아는 2배, 44주 3배, 46주 4배로 사망률이 높아진다. 과숙임신의 원인은 알려지지 않았으며 초임부, 비만이나 당뇨병이 있는 경우, 이전에 과숙임신을 경험했던 경우 많이 발생할 수 있다.

과숙아는 수분 부족으로 피부가 건조하고 갈라져 가죽과 같으며 태지도 적다. 체중 감소로 체중이 적게 나가며 손톱이 자라 있다. 분만 시 태변 착색을 보이고 양수량도 정상보다 적다. 분만 시 태변흡인으로 호흡이 어렵고 저혈당과 체온조절의 어려움을 보이기도 한다. 과숙아로 태어난 신생아의 경우 적어도 4~5세까지는 지속적으로 발달능력의 추후검사가 필요한데, 이는 자궁 내 영양과 산소 부족의 영향이 추후에 발견될 수도 있기 때문이다.

3. 신생아발달

신생아기는 출생 후 약 2주~1개월 동안의 시기를 말한다. 세계보건기구(WHO)에서는 생후 약 4주까지를 신생아기로 규정하고 있다. 우리나라 소아청소년 성장도표(질병관리청, 2017)에 의하면 신생아 출생 시 평균 신장은 남아 49.9cm, 여아 49.1cm이고, 평균 체중은 남아 3.3kg, 여아 3.2kg이다. 머리둘레는 남아 34.5cm, 여아 33.9cm이다.

1) 신생아의 생리적 적응

태아는 태내에서 빠져나와 환경과 접하면서 독립된 존재로 첫 호흡을 시작한다. 신생아는 호흡, 체온조절, 영양섭취, 배설 등의 생리적 적응을 시작한다. 새로운 환경에 적응해야 하는 신생아는 2주 이내에 체중의 5~10%가 감소하는 '생리적 체중 감소' 현상이 나타난다. 신생아는 출생 후 첫 3~4일 동안 출생체중의 3~5%(최대 10~15%), 미숙아는 생후 5~6일 동안 출생체중의 5~15%(최대 15~20%)가 감소한다. 체중은 감소되었다가 7~10일 이내, 미숙아의 경우 10~21일 이내 출생체중을 회복한다. 이는 새로운 외부환경에 적응하기 어렵기 때문이지만, 태내에서 흡수한 수분이 빠져나가는 것도 원인 중의 하나이다. 신생아는 태어나서 1~2일간은 긴 수면상태에 빠지는데, 일반적으로 출산과정의 스트레스를 회복하는 시간으로 보고 있다.

생리적 체중 감소
출생 직후부터 2주 사이 발생하는 체중 감소 현상

〈표 4-7〉 신생아의 생리적 특성

호 흡	• 출생 직후 첫 울음은 최초의 호흡을 시작했다는 것을 의미한다. • 안정된 상태에서 신생아 호흡은 분당 40~60회로 성인보다 두 배 정도 빠르며 복식호흡을 한다. • 정상호흡 중간에 5~15초간 무호흡이 나타나기도 하는데 이는 정상적으로 나타나는 주기적 양상이다. • 깊은 수면의 경우 호흡이 비교적 규칙적이고 얕은 수면 동안은 무호흡이 자주 나타난다. • 울거나 신체적 움직임이 활발한 경우에는 호흡이 매우 불규칙적이다.
심박동수	• 신생아 심박동수의 정상범위는 1분에 120~180회로 신생아가 깨어있는 상태에서는 120~160회, 잠자고 있는 상태에서는 70~80회를 유지한다.
체 온	• 성인보다 높은 37~37.5℃ 정도이다. 체온조절 능력이 부족하기 때문에 몸을 따뜻하게 유지해 주어야 한다. 신생아는 성인에 비해 열을 쉽게 소실하기 때문에 몸통의 체온은 37.7℃, 실내온도는 21.1℃를 유지시켜야 한다.
배 설	• 어머니의 젖은 출산 후 1~2일 후부터 분비되기 시작한다. 최초로 분비되는 초유는 고단백질, 질병에 대한 항체가 함유된 것으로 알려져 있다. 신생아는 출생 직후부터 빨기와 삼키기가 가능하기 때문에 자연스럽게 젖을 빨 수 있다. • 출생 후, 1~10시간 정도 지난 후 자궁 속에서 삼킨 양수, 점액 등이 포함된 까맣고 찐득한 태변을 배설한다. 암녹색을 띠는 4일째 정도부터 없어지고 녹색이나 황색을 띠는 약간 묽고 점액성의 이행변이 2주까지 나타난다. • 출생 후 24시간 이내에 소변이 배출되고 첫날 소변량은 15ml, 생후 10일 정도 지나면 100~300ml 정도로 증가한다. 그리고 하루에 소변은 10~20회, 대변은 4~7회 정도 배출한다. • 출생 후 4~5일 동안 발생하는 생리적 체중 감소는 계속되는 소변·대변 배출, 제한된 섭취, 높은 대사율, 불감성 수분소실 등으로 인한 것이다. 생후 5일 이후에는 체중이 안정된다.
수 면	• 신생아는 하루 18~20시간의 수면을 취한다. 수면시간 중 2~4시간마다 한 번씩 짧은 각성시간을 가지게 된다. • 깊은 수면 : 규칙적인 호흡, 안구의 움직임 없음, 수유를 시도하지 않음, 가끔 나타나는 몸의 씰룩거림, 갑자기 큰 소리로 울다가 다시 잠듦, 자극에 깨지 않음

- 얕은 수면 : 불규칙적인 호흡, 빠른 안구의 움직임, 수유를 불규칙적으로 함, 활동이 저하되어 있음, 불규칙적인 사지 움직임, 외부자극에 대해 놀라는 행동반응
- 졸음상태 : 멍하거나 졸린 표정, 사지를 천천히 규칙적으로 움직임, 때때로 조금씩 놀라는 반응, 감각자극에 대해 지연된 반응
- 조용한 각성상태 : 눈을 크게 뜨고 환한 얼굴 표정, 사람의 얼굴이나 물체 혹은 소리를 따라가거나 고정시킬 수 있음, 신체의 움직임이 거의 없음, 외적 자극에 대해 다소 지연된 반응을 나타냄, 규칙적 호흡
- 활발한 각성상태 : 눈을 크게 뜨고 있음, 신체의 움직임이 매우 활발, 특히 외적 자극에 대해 신체의 움직임은 더욱 활발해짐, 불규칙적인 호흡, 배고픔, 피로, 소음, 과다자극에 민감함
- 우는 상태 : 격렬한 움직임, 피부색의 변화, 눈을 꼭 감고 얼굴을 찡그림, 불쾌한 자극에 대해 격렬하게 반응

얕은 수면

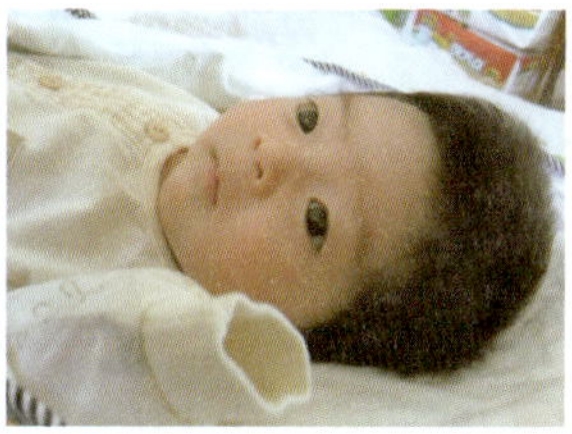
조용한 각성상태

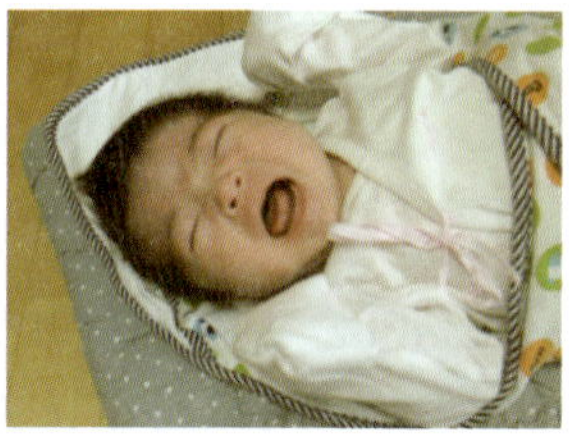
우는 상태

2) 신생아의 건강평가

(1) 아프가 척도

신생아의 건강상태를 측정하는 아프가 척도(Apgar Scale)는 생후 1분 그리고 5분 후에 검사하여 아기의 상태를 사정할 수 있다. 측정요소는 심작박동, 호흡, 근육상태, 피부색, 반사능력으로 각 상태에 따라 0, 1, 2점으로 측정한다. 총점 7점 이상은 정상, 5~7점이면 호흡을 위한 도움 필요, 4점 이하는 즉각적 조치가 필요한 위험상태를 의미한다.

〈표 4-8〉 아프가척도

징 후	0점	1점	2점
Appearance 피부색	청색 또는 창백	입술, 손, 발 등 말초부분 청색	붉음
Pulse 심박수	0	100 이하	100 이상
Grimase 자극에 대한 반응성	자극에 무반응	자극에 찡그리거나 약한 울음	자극에 울음
Activity 활동성, 근긴장도	근긴장도가 낮고 축 늘어짐	근긴장도가 다소 약하지만 완전히 늘어진 상태는 아님	근긴장도가 높음
Respiration 호흡	무호흡	느리고 불규칙한 호흡	강하고 규칙적임 힘찬 울음

출처 : 한예슬(2022).

3) 신생아 반사능력

반사행동
자극에 대한 무의식적이고 자동적인 반응

신생아는 대뇌피질이 미성숙한 상태이기 때문에 나타나는 행동의 대부분은 의식적인 동작이 아니라 무의식적이고 자동적인 반사행동이다. 신생아기의 반사행동은 크게 생존과 직결된 생존반사와 생존과는 관계없는 원시반사가 있다. 생존반사는 주로 수유행동과 관련되어 있으며 신생아가 정상적으로 젖을 먹기 위해서는 젖찾기반사(근원반사), 빨기반사, 삼키기반사가 필요하다. 그 밖에 기침반사, 재채기반사, 하품반사, 위축반사, 동공반사, 눈깜박거림반사 등이 생존반사에 해당된다. 원시반사에는 모로반사, 바빈스키 반사, 걷기반사 등이 있으며 이는 모두 중요한 행동의 기초가 된다. 반사행동은 뇌에 의해 통제되기에 반사운동의 정상적 관찰 유무는 신생아의 신경계통 결함을 관찰할 수 있는 정보가 된다.

〈표 4-9〉 신생아 반사행동

반사	내용
빨기반사 (sucking reflex)	•입에 닿는 것을 무엇이든 빨려고 함 •5~6개월경부터 사라지기 시작, 9~12개월경 완전히 소실 •출생 직후부터 섭식을 가능하게 해줌 •이후 자발적 빨기행동으로 대체
근원반사 (rooting reflex)	•입 부근을 자극하면 자극하는 방향으로 고개를 돌림 •3~4개월경 감소 •모유수유 시 젖꼭지를 찾는 행동을 도움 •이후 자발적 찾기행동으로 대체
파악반사 (grasping reflex)	• 손에 닿는 것을 강한 힘으로 쥐는 반응 •첫 1개월 동안 증가하고 점차 감소하다가 3~4개월경에 감소 •이후 자발적 잡기행동으로 대체
걸음마 반사 (walking reflex)	•아기의 겨드랑이를 잡고 몸을 세우면 걸어가는 모양으로 다리를 번갈아 움직임 •1~3개월경에 소실 •이후 자발적으로 보행으로 대체
모로반사 (Moro reflex)	•아기를 안고 있다가 갑자기 밑으로 내리면 팔과 다리를 활 모양으로 휘는 행동 •반응이 없거나 비대칭적 움직임은 비정상 •3~4개월 이후 감소, 5개월경에 소실
바빈스키 반사 (Babinski reflex)	• 발바닥에 자극을 주면 발가락을 부채처럼 펼침 •생후 1년 이후 소실 •무반응의 경우 척추 하부조직에 결함이 있는지의 여부 판단

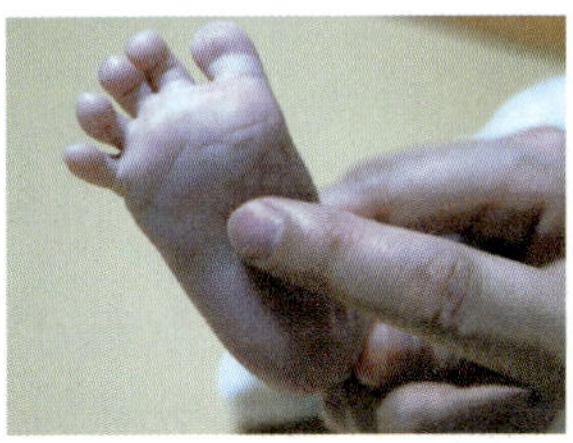
바빈스키 반사

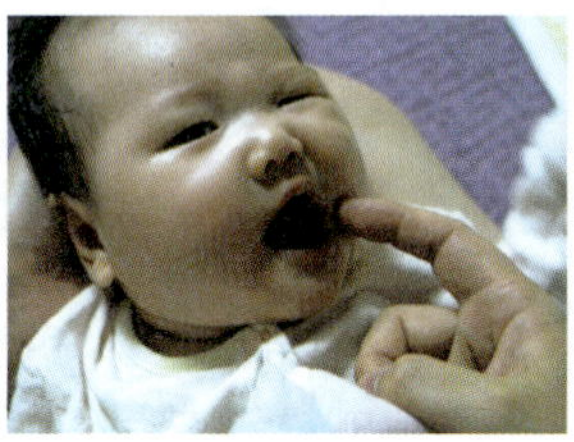
근원반사

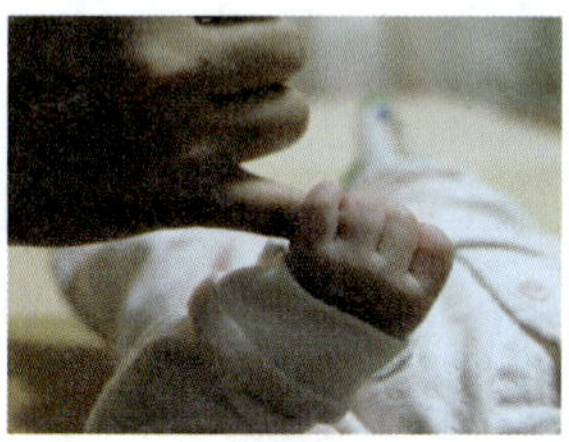
파악반사

4) 신생아 감각발달

(1) 청각

태아는 자궁 안에서부터 소리를 들을 수 있고 익숙한 어머니나 가족의 목소리를 듣고 반응한다. 신생아는 고막에서 양수가 제거되면 성인과 비슷한 수준의 청각을 가진다. 그리고 자궁 내에서부터 듣던 익숙한 소리를 구분할 수 있기 때문에 애착형성에 시각보다 더 중요한 역할을 할 수 있다. 심장박동, 메트로놈, 자장가 등의 낮은 소리는 신생아의 움직임과 울음을 감소시킨다. 특히 천천히 높은 소리로 말하는 엄마의 말투(Infant-directed speech, IDS)를 좋아한다(Kitamur et al., 2002).

(2) 시각

신생아의 시각은 다른 감각에 비해 비교적 덜 발달된 상태로 알려져 있다. 인간이 환경을 탐색하는 데 시각이 매우 중요한 역할을 함에도 불구하고, 시각조절에 필요한 뇌신경이 충분히 성숙하지 않아 시력은 좋지 못한 상태이다. 출생 직후 사시 경향이 있으나 점차 협응작용이 잘 이루어지며 출생 후 7~8주가 되면 협응과 집중이 완전해진다. 생후 2개월이 지나면, 삼원색을 구별할 수 있고 생후 3개월 무렵에는 푸른 계열보다는 빨간색이나 노란색을 더 선호하는 것으로 보고 있다(Adams, 1989). 유명한 프란츠(Frantz, 1961)의 실험 장치에 의해 형태지각에 대한 능력을 측정한 결과, 흑백보다는 컬러를, 직선보다는 곡선을 더 선호하는 것으로 나타났다. 출생 초기에는 단순한 도형을 선호하지만 점차 복잡한 도형을 선호하는 것으로 나타났다. 또한 다른 사물에 비해 인간의 얼굴을 선호하며, 사람의 얼굴 가운데서도 흑백의 대조를 이루는 눈을 가장 선호한다. 최근 진행된 MIT 연구(Kosakowski. H. et al., 2023)에서도 영아가 가지는 시각적 자극에 대한 선호도를 조사한 결과, 얼굴에 대한 반응은 신생아 시절부터 강력하게 나타나는 것으로 분석되었다.

(3) 후각

신생아의 후각능력은 다른 동물에 비하면 기능이 덜 발달한 편이다. 그러나 실험에 의하면, 신생아는 어머니의 젖냄새와 다른 사람의 젖냄새를 구분하여 고개를 돌리는 반응을 보였다. 썩은 달걀 냄새나 강한 화학약품 등의 냄새를 맡게 하면 얼굴을 찌푸리는 반응을 보이고 달콤한 향을 맡게 하면 얼굴 표정이 이완된다.

(4) 미각

미각 역시 태내에서 어느 정도는 기능하는 것으로 보고 있고 출생 직후부터 완전하게 발달되어 있다. 출생 직후부터 여러 가지 맛을 구별할 수 있는데 쓴맛, 짠맛보다는 단맛이 나는 액체를 더 오래 빨고, 물과 포도당을 구별하여 더 선호하는 특성을 나타낸다.

(5) 촉각

촉각은 피부 접촉, 온도 감각, 통각 등을 말한다. 촉각 역시 출생 전 태내에서 발달되어 있다. 신생아는 등을 부드럽게 두드리거나 배를 문지르면 안정되지만, 콕 찌르는 고통스러운 자극에는 불쾌감을 나타낸다. 특히 접촉, 주위 온도, 압력에 대한 감각이 잘 발달되어 있다. 접촉은 발달에 필수적인 요소이며 성인과 신생아 간의 주요 의사소통 수단으로 부드러운 접촉은 신생아를 달래는 방법이 된다.

청 각
- 소리에 반응
- 소리 나는 쪽으로 고개 돌림
- 높고 느린 엄마 말투를 좋아함

시 각
- 시력이 낮음
- 다른 물체보다 얼굴을 더 선호함

미 각
- 여러 가지 맛을 구별
- 단맛을 선호함

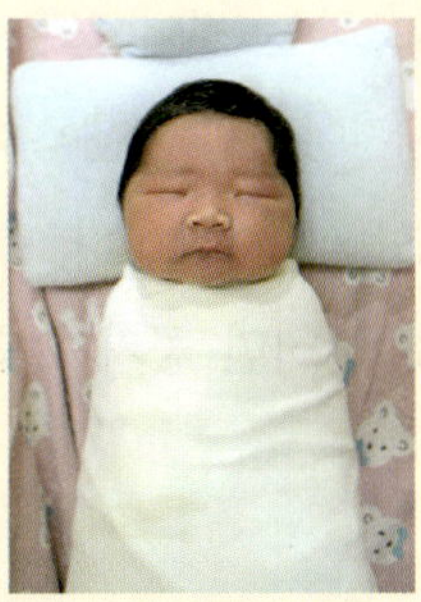

신생아

후 각
- 엄마 젖냄새와 다른 사람의 젖 냄새 구분
- 나쁜 냄새에 얼굴을 찌푸리고 좋은 냄새에 표정이 이완됨

촉 각
- 태어난 직후부터 통증에 민감
- 부드러운 손길을 좋아함

| 그림 4-5 | 신생아 감각의 특징

4. 신생아 돌보기

신생아가 건강하게 성장하기 위해서는 양육자의 적절한 보살핌이 필요하다. 양육자는 체온관리, 영양공급, 아기 안기, 목욕, 탯줄관리, 기저귀 관리 등에 대한 지식이 필요하다. 또한 적절한 상호작용을 위해 신생아의 반응에 대한 민감성이 필요하며 특히 안전관리에 주의를 기울여야 한다.

1) 체온조절과 체온측정

신생아의 적정체온을 유지하기 위해서는 실내온도 24~26℃, 습도는 50~60%를 유지해 준다. 몸과 머리의 물기는 항상 완전하게 제거하고 창문을 닫아주며 차가운 물체가 몸에 직접 닿지 않도록 주의한다. 아기의 옷을 벗기는 일은 되도록 최소화하고, 저체중아의 경우는 머리에 모자를 씌워 보온한다.

체온측정을 위해서는 액와, 항문, 피부, 고막 등을 이용한다. 체온측정 후 변화가 있을 경우에는 전문의에게 문의해야 하며(p. 162 [체크하기] '다음과 같은 상황에서는 즉시 전문가의 도움을!' 참고), 전문가의 처방 없이 해열제를 투여해서는 절대 안 된다.

2) 영양공급

모유수유는 분만 직후 시도하는 것이 모유수유의 성공률과 수유 지속기간을 높이는 데 밀접하게 관련이 있다. 인공수유는 일반적으로 출산 후 아기가 깨어나 배고픔을 호소할 때 시작한다. 수유 후에는 반드시 트림을 시키고, 아기를 오른쪽 옆으로 눕히면 공기가 쉽게 배출되고, 흡인도 예방되며 소화가 용이하다.

〈표 4-10〉 신생아 수분요구량

연 령	수분요구량(24시간, ml)
1일	30
2일	60
3일	90
4일	120
5일	150

출처 : Huband & Trigg(2000). Practices in children's nursing.

3) 아기 안기

대부분의 양육자들은 아기를 처음으로 안을 때 매우 당황한다. 아기를 안아줄 때는 비스듬히 안기, 바로 세워 안기, 옆구리에 안기의 방법이 있다. 비스듬히 안기는 수유 시 주로 이용되고 아기와 눈 맞춤을 하며 친밀감을 형성하는 데 도움이 된다. 바로 세워 안기 역시 아기와 친밀감 형성에 도움이 되고 수유 후 트림을 시키는 데 적절하다. 옆구리에 안기는 양육자의 한 손을 자유롭게 유지시켜 주기 때문에 머리 감기기 등을 할 때 적합하다.

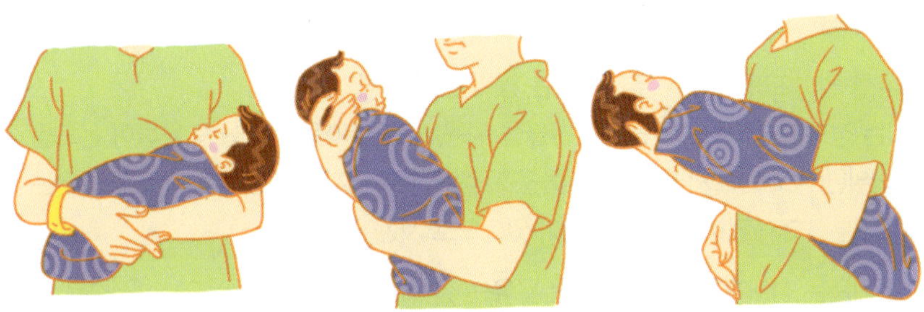

1. 비스듬히 안기 2. 바로 세워 안기 3. 옆구리 안기

| 그림 4-6 | 아기 안기 자세

더 알아보기 안전한 인공수유를 위한 준비와 절차

1 필요한 물품을 준비한다.
(소독기, 젖병, 물 끓일 주전자, 계량스푼과 분유통, 세척용 젖병솔, 젖병용 세제)

2 젖병은 젖병솔과 전용세제를 이용하여 깨끗이 세척한다.
(6개월까지는 반드시 소독 필요)

3 젖병의 젖꼭지 역시 깨끗이 세척한다.
(구멍에 물을 통과시키면서 세척, 소금은 실리콘을 손상시키기 때문에 사용 금지, 조금이라도 늘어나거나 갈라진 젖꼭지는 사용 금지)

4 소독기구를 이용하여 소독한다.
(스팀소독기, 냄비와 가스레인지, 전자레인지 등으로 열소독하는 것을 권장, 소독약품과 찬물을 이용할 경우는 제조회사의 설명에 따라 실시)

5 손을 깨끗이 씻은 후, 깨끗한 찬물을 준비하여 물을 끓인다.

6 30분 정도 물을 식힌 후, 평평한 면 위에 빈 젖병을 놓고 물을 붓는다.
(물의 온도는 50℃ 정도가 적당하며, 70℃ 이상의 뜨거운 물은 사용 금지)

7 분유를 넣는다.
(유통기한 확인, 개봉분유는 뚜껑을 잘 닫아 직사광선을 피하여 서늘하고 습기가 없는 곳에 보관하고 1개월 이내 모두 사용해야 함)

8 젖병에 젖꼭지를 끼우고, 뚜껑은 닫은 후 부드럽게 흔든다.

9 손목 안쪽에 우유를 떨어뜨려 보아 우유가 나오는 양과 온도를 체크한다.
(방울방울 떨어지는 정도의 양, 온도가 높으면 찬물을 이용, 낮으면 따뜻한 물을 이용하여 온도를 조절, 온도 조절을 위한 물도 반드시 끓여 식힌 물을 사용, 전자레인지를 이용하여 분유를 데우는 것은 열이 균일하게 분산되지 않아 화상의 위험이 있으므로 사용 금지).

10 분유 온도에 대한 기준은 정해져 있지 않으나, 찬 우유는 설사를 유발하거나 체온이 낮은 경우 이를 악화시킬 수 있으므로 상온이나 체온 정도로 조제하는 것이 안전하다.

11 수유 후 남은 우유는 모두 버린다.
(남은 우유를 다시 데워서 먹이는 경우 세균이 급격히 증가)

4) 신생아 목욕

신생아 목욕을 위해서는 미리 물품을 준비하고 아기의 체온손실을 대비하여 방 안을 24~26℃로 유지하고, 목욕물의 온도는 여름에는 38℃ 겨울에는 40℃가 적당하다. 목욕물의 양은 아기의 가슴까지 잠길 정도로 준비한 후 전체 목욕 시간은 5~10분을 넘지 않도록 한다. 목욕 중에는 신생아를 절대 혼자 두지 않는다.

목욕을 시키기 위해서 옆구리 안기 자세를 취한 후, 깨끗한 수건에 물을 묻혀 안쪽에서 바깥쪽으로 눈을 닦아주고 수건의 깨끗한 면으로 반대쪽 눈도 닦는다. 수건에 감싼 상태에서 아기의 몸체를 모두 물에 담그고, 아기의 목 뒤와 겨드랑이 부분을 한 손으로 단단히 잡고 다른 한 손으로 목, 겨드랑이, 가슴, 배, 등, 생식기의 순서로 닦아준다. 목욕 중 사지가 차가워지고 심박수와 호흡수가 증가하면 저체온증이므로 목욕을 즉시 중단하고 보온을 한다.

소량의 비누를 사용하고 완전히 제거한 후 마른 수건으로 몸 전체를 빨리 감싸준다. 수건으로 몸을 비비지 말고 두드리듯 닦아서 말린다. 목욕 후 아기가 원하면 수유를 실시한다.

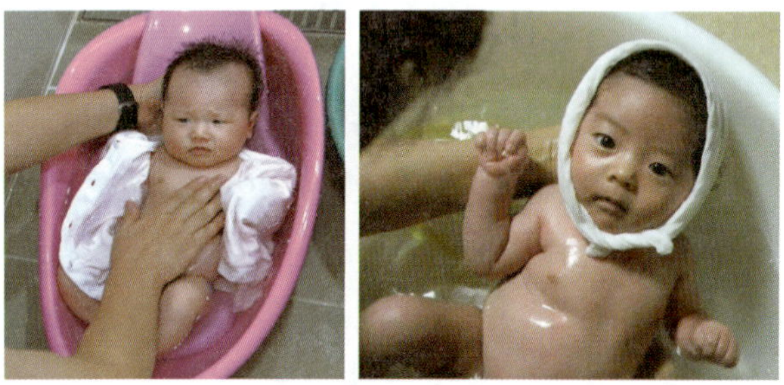

| 그림 4-7 | 신생아 목욕

5) 탯줄관리

탯줄은 생후 7~14일 후 완전히 건조되어 떨어지는데 그 이전까지는 감염의 통로가 될 수 있기 때문에 깨끗한 소독과 건조상태의 유지가 필요하다. 목욕 후 70% 농도의 알코올 솜으로 닦고 건조시킨다. 소독 시 신생아가 울 수도 있으나 탯줄에는 신경이 분포되어 있지 않아 통증에 의한 것은 아니다. 기저귀를 채울 때는 탯줄에 닿지 않도록 주의한다. 기저귀를 탯줄 아래로 채워 공기 중에 노출되어 건조가 용이하도록 한다. 만약 탯줄 주위가 붉게 충혈되거나 부풀거나, 분비물, 부종, 악취 등의 감염증상이 나타나면 전문의의 진찰이 필요하다.

6) 대변과 소변

3~4일부터 대변의 양이 많아지고 점차 정상적인 노란색 변으로 이행된다. 모유수유의 경우 묽고 노란색의 대변을 하루 3~4회 보고, 인공수유의 경우 황색의 굳은 변을 하루 1~2회 정도 본다. 당을 많이 섭취한 경우에는 녹황색의 묽은 변을 보기도 한다. 점액이 섞인 녹색 변이 장기간 계속될 때는 전문의의 상담이 필요하다. 소변은 6~10회가 정상이며 6회 미만이거나 소변 양이 적은 경우, 변비가 심한 경우에는 수분보충이 필요하다.

7) 옷과 기저귀

신생아의 옷과 기저귀는 가볍고 부드러운 면을 사용한다. 피부에 자극을 주지 않고 땀 흡수가 잘 되며 삶을 수 있는 것이 좋다. 입히기 쉽고 활동에 지장을 주지 않고 필요시마다 수시로 갈아입힐 수 있도록 준비한다.

신생아는 안정감과 체온유지를 위해 항상 강보를 활용한다. 기저귀는 남아의 경우 전면을 여아의 경우 후면을 두껍게 해준다.

8) 울음의 구별

신생아는 울음소리를 통해 주변 환경과 상호작용을 한다. 배고플 때, 기저귀가 젖어 불편할 때, 통증이 있을 때, 잠이 올 때 등 상황에 따라 아기 울음소리는 차이가 나며 양육자의 민감한 관심이 필요하다.

9) 상호작용을 위한 비언어적 신호

신생아는 주변 환경과 상호작용하기 위한 비언어적 메시지를 사용한다. 양육자는 이러한 신호를 민감하게 관찰하여 신생아의 욕구를 즉각적으로 충족시켜 주기 위해 노력해야 한다. 이는 신체적 욕구 충족의 의미뿐 아니라, 향후 심리적 안정과 건강한 성격 형성을 위해서도 매우 중요한 역할을 한다. 예를 들면, 수유 시 배고픔과 포만감을 알리는 비언어적 신호를 살펴보면 다음과 같다.

배고픔을 알리는 신호	포만감을 알리는 신호
• 주먹을 꽉 쥐고, 팔 다리가 긴강된 상태로 굴곡되어 있다. • 울고, 보채고, 손을 입으로 가져가거나 손을 빤다. • 입가에 손가락을 대면 얼굴을 그쪽으로 돌리거나 입을 벌려 빨려고 한다. • 안아주면 양육자 방향으로 몸을 돌린다. • 젖을 먹이면 젖 빠는 소리와 삼키는 소리가 크게 들린다.	• 팔과 다리가 이완되어 펴진다. • 젖 빠는 소리가 낮아진다. • 몸을 뒤로 젖히거나 젖꼭지를 밀어낸다. • 울거나 칭얼거린다. • 잠든다. • 내뱉거나 구토한다.

출처 : 김미예 외(2020). 신생아건강간호.

10) 안전사고 예방

신생아 안전사고 예방을 위해서 주의할 부분은 다음과 같다. 먼저, 재울 때는 단단한 요를 사용하고, 너무 푹신한 베개나 이불은 사용하지 않는다. 성인과 한 침대에서 자지 않고, 신생아 사이즈에 적절한 이불을 사용한다.

엎드려 재우지 않고 잘 때는 턱받이를 제거한다. 평소에도 노리개 젖꼭지 등을 매달아 아기 목에 걸어주지 않는다. 아기와 차량 이용 시에는 항상 카시트를 사용하고, 아기를 안고 앞좌석에 앉지 않는다. 주차된 차 안에 아기를 혼자 남겨두지 않고, 아기가 탄 유모차를 주차된 차 등과 같이 위험한 장소에 방치하지 않는다. 일상 생활 중에는 아기를 식탁 위와 같은 높은 곳에 올려놓지 않고, 아기 주변에서 뜨거운 차를 마시거나 흡연하지 않는다.

다음과 같은 상황에서는 즉시 전문가의 도움을!

- 1회 이상 분출구토를 하거나, 6시간 이상 잦은 구토를 계속할 때
- 연속하여 2회 이상 수유를 거부할 때
- 기면 혹은 아기를 깨우기 어렵거나 불안정할 때
- 청색증이 있을 때
- 15초 이상 숨을 쉬지 않을 때
- 호흡곤란 증상이 있을 때 : 호흡수 60회/분 이상, 청색증 동반, 흉부견축(흉곽이 비정상적으로 움푹 들어가는 현상), 심한 기침, 천명(호흡 시 쌕쌕거리거나 휘파람 소리처럼 들리는 비정상적인 소리)
- 갑자기 침을 많이 흘릴 때
- 울음이 달래지지 않거나 지속적으로 울 때
- 제대, 포경수술 부위 혹은 다른 신체 개구부에서 출혈이나 분비물이 있을 때(가성월경은 제외)
- 초록색 물과 같은 설사를 연속 2회 할 때
- 탈수증상이 있을 때 : 생후 4일 이후에 배뇨 횟수가 하루 6~8회 이하, 혹은 8시간 동안 배뇨 없음, 울 때 눈물이 나오지 않음, 구강건조, 대천문 함몰
- 눈에 농성 분비물이 있을 때
- 평소에 대천문이 팽창될 때
- 경부 강직이 있을 때
- 자주색 반점이 발생할 때

출처 : 김미예 외(2020). 신생아건강간호.

Chapter

05

영유아 신체 및 운동 발달

❶ 신체발달

❷ 생리기능 발달

❸ 운동기능 발달

❹ 신체운동 발달에 영향을 미치는 요인

❺ 뇌 발달과 경험

Chapter 05

영유아 신체 및 운동 발달

출생 후 2주에서 24개월까지의 영아기에는 신체발달과 운동기능 발달이 급속도로 이루어지기 때문에 '제1의 성장 급등기'라고 부른다. 자신을 통제하지 못하는 신생아에서 걸어서 자신을 둘러싼 주변 세계를 탐색하고 미숙하지만 언어를 사용하는 존재로 발달하는 놀라운 변화가 영아기 동안 일어나기 때문이다. 유아기는 2세에서 취학 전까지의 기간을 말한다. 이 시기는 영아기의 급격한 성장에 비해 점차 성장속도가 느려지지만 대·소근육 발달은 빠르게 이루어지며 섬세해진다. 그리고 뇌 발달 역시 중요한 시기이다. 이 장에서는 영유아기의 신체발달, 운동기능 발달, 뇌 발달 그리고 신체운동 발달에 영향을 미치는 요인에 대해 살펴보고자 한다.

1. 신체발달

영유아기 신체발달은 운동발달뿐만 아니라 인지·언어·정서·사회성 발달에 영향을 미치는 기본적 영역이다. 신체발달에서는 신장과 체중, 신체비율과 머리둘레, 골격, 치아 등의 발달 특징과 영향을 미치는 요인에 대해 제시하였다.

1) 신장과 체중

우리나라 신생아의 출생 시 평균 체중은 여아 3.2kg, 남아 3.3kg, 평균 신장은 여아 49.1cm, 남아 49.9cm 정도이다. 출생 후 1년이 지나면 평균 체중은 여아 8.7kg, 남아 9.4kg, 평균 신장은 여아 72.8cm, 남아 74.5cm 정도가 된다. 이를 비율로 살펴보면, 생후 1년간 체중은 약 3배, 신장은 1.5배 정도 증가한 것이다. 생후 2년이 되면 평균 체중은 여아 11.3kg, 남아 12.0kg이고, 평균 신장은 여아 85.5cm, 남아 86.9cm로 출생 시에 비해 체중은 4배, 신장은 성인의 1/2 정도가 된다. 3세가 되면 평균 체중은 여아 12.7kg, 남아 13.3kg, 평균 신장은 여아 90.7cm, 남아 91.9cm가 된다. 5세가 되면 평균 체중은 여아 17.3kg, 남아 17.9kg이고, 평균 신장은 여아 105.1cm, 남아 106.3cm가 된다. 이는 출생 시에 비해 신장은 약 2배 이상, 체중은 6배 정도가 증가함을 의미한다.

〈표 5-1〉 우리나라 영유아의 발육 표준치

여 아			연 령	남 아		
신장(cm)	체중(kg)	두위(cm)	0개월	신장(cm)	체중(kg)	두위(cm)
49.1	3.2	33.9	1개월	49.9	3.3	34.5
53.7	4.2	36.5	2개월	54.7	4.5	37.3
57.1	5.1	38.3	3개월	58.4	5.6	39.1
59.8	5.8	39.5	4개월	61.4	6.4	40.5
62.1	6.4	40.6	5개월	63.9	7.0	41.6
64.0	6.9	41.5	6개월	65.9	7.5	42.6
65.7	7.3	42.2	7개월	67.6	7.9	43.3
67.3	7.6	42.8	8개월	69.2	8.3	44.0
68.7	7.9	43.4	9개월	70.6	8.6	44.5
70.1	8.2	43.8	10개월	72.0	8.9	45.0

71.5	8.5	44.2	11개월	73.3	9.2	45.4
72.8	8.7	44.6	12개월	74.5	9.4	45.8
74.0	8.9	44.9	13개월	75.7	9.6	46.1
75.2	9.2	45.2	14개월	76.9	9.9	46.3
76.4	9.4	45.4	15개월	78.0	10.1	46.6
77.5	9.6	45.7	16개월	79.1	10.3	46.8
78.6	9.8	45.9	17개월	80.2	10.5	47.0
79.7	10.0	46.1	18개월	81.2	10.7	47.2
80.7	10.2	46.2	19개월	82.3	10.9	47.4
81.7	10.4	46.4	20개월	83.2	11.1	47.5
82.7	10.6	46.6	21개월	84.2	11.3	47.7
83.7	10.9	46.7	22개월	85.1	11.5	47.8
84.6	11.1	46.9	23개월	86.0	11.8	48.0
85.5	11.3	47.0	2세	86.9	12.0	48.1
85.7	11.5	47.2	2세 6개월	87.1	12.2	48.3
90.7	12.7	47.9	3세	91.9	13.3	48.9
95.4	14.2	48.8	3세 6개월	96.5	14.7	49.8
98.6	15.2	49.3	4세	99.8	15.8	50.2
101.9	16.3	49.6	4세 6개월	103.1	16.8	50.5
105.1	17.3	49.9	5세	106.3	17.9	50.8
108.4	18.4	50.2	5세 6개월	109.6	19.0	51.1
111.6	19.5	50.6	6세	112.8	20.1	51.4
114.7	20.7	50.9	6세 6개월	115.9	21.3	51.7
117.8	22.0	–	7세	119.0	22.7	–
120.8	23.4	–		122.1	24.2	–

출처 : 질병관리본부·대한소아청소년과학회(2017). 소아 청소년 표준 성장 도표.

2) 신체비율과 머리둘레

인간발달의 원리에서도 살펴볼 수 있듯이 발달은 머리에서 다리 쪽으로 일어나고 팔다리는 몸통보다 느리게 성장한다. 이것은 신체 각 부분의 성장속도가 다르다는 것을 말한다. 모든 생명체는 출생 전과 출생 직후 생존을 위해 중요한 부분이 가장 급속한 성장을 보인다. 이러한 원리에 의해 인간이 태어날 때 머리 크기는 성인의 70%이고, 전체 몸 길이의 25%를 차지한다. 비율로 살펴보면, 출생 시 머리 크기는 몸 전체 길이와 비교했을 때 1 : 4, 영아기 말에는 1 : 5, 성인이 되면 1 : 6에서 1 : 8 정도의 신체비율이 형성된다. 평균 머리둘레는 출생 후 2년이 되면 여아 47cm, 남아 48.1cm가 된다. 특히 유아기에는 하체가 길어지고 가늘어져서 머리가 크고 통통한 영아기의 모습에서 벗어나 길고 홀쭉한 모습으로 변화하게 된다. 출생 직후 여아의 경우 평균 신장이 49.1cm, 평균 머리둘레 33.9cm에서 5세가 되면 평균 신장 105.1cm, 평균 머리둘레 49.9cm로 나타나 신체비율에서 큰 변화가 있음을 알 수 있다.

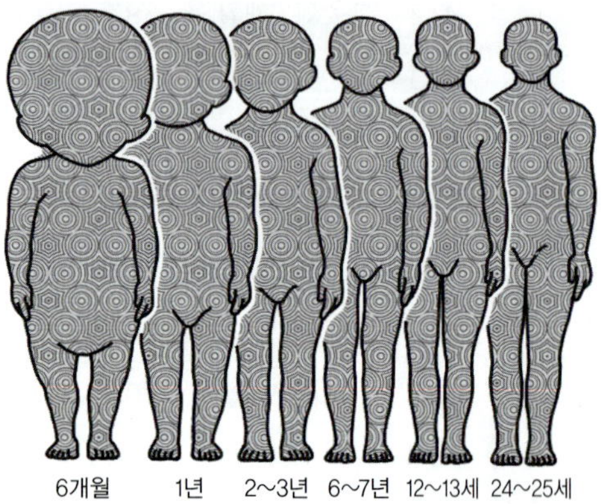

| 그림 5-1 | 신체비율의 변화

3) 골 격

영아의 골격은 성인에 비해 그 수도 적고 매우 유연한 상태이다. | 그림

5–2|를 살펴보면, 2세 영아의 경우 두 개의 손목뼈가 나타나 있고, 5세에는 4개, 10세에는 완성되지 않은 8개, 15세에는 완전한 모양의 8개 손목뼈를 갖추게 된다. 영아기에는 뼈의 수가 늘어날 뿐 아니라 유연한 상태의 뼈가 단단해지는 경화현상(ossification, 골화현상)이 일어난다. 영아기에서 유아기를 거치면서 연골로 되어 있던 팔다리의 뼈는 점차 한가운데 부분이 단단해지며 양쪽 끝으로 점차 퍼져나가게 된다(그림 5–3 참고). 팔다리뼈의 양쪽 끝 연골 부위에서도 경화현상이 나타나면서 가운데 연골 부분만 남게 되고 이 부분이 성장판(growth plate)이 된다. 사춘기가 되면 성장판 부분도 모두 뼈로 바뀌게 되면서 뼈의 길이 성장이 종료된다(Berk, 2007).

경화현상
연골이 변화하여 골조직을 이루는 변화

성장판
팔다리뼈 양쪽 끝 뼈와 뼈 사이에 연골판이 끼어 있는 형태의 길이 성장이 일어나는 부분

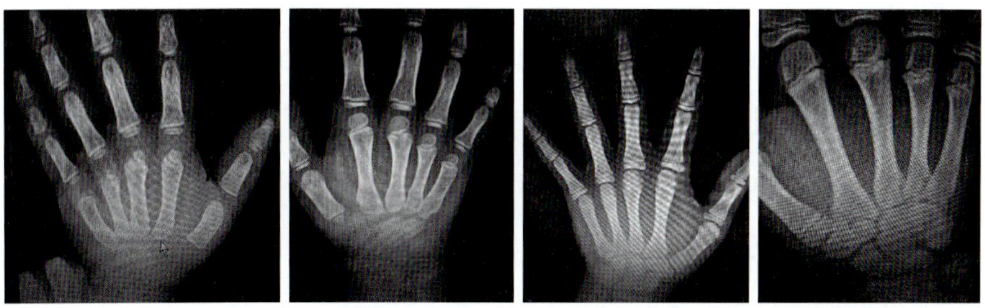

2세 5세 10세 15세

| 그림 5–2 | 연령별 손목뼈 차이

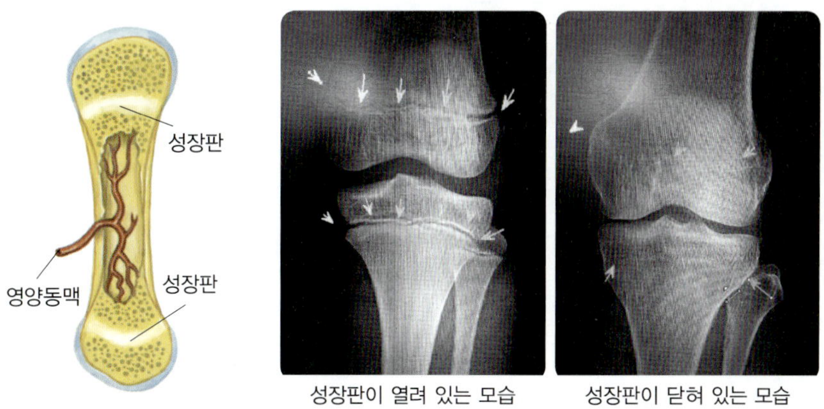

| 그림 5–3 | 성장판

4) 치 아

유치
젖니 또는 탈락치아라고도 하며, 생후 6개월경 생겨 어린 시절 사용하는 이

영구치
성치 또는 간니라고도 하며, 유치가 빠진 다음에 이를 대신하여 나는 이

치아에는 유치(deciduous tooth, 젖니)와 영구치(permanent tooth, 성치, 간니)가 있다. 유치의 수는 모두 20개이고 영구치의 수는 모두 32개이다. 유치는 평균적으로 6개월에 처음 나기 시작해서 24~30개월경에 20개의 유치가 모두 나게 된다. 유치가 나는 순서는 아래 앞니 두 개를 시작으로 위 앞니 두 개, 위아래 양쪽 앞니 두개, 위아래 첫 번째 어금니 두 개, 위아래 송곳니 두 개, 위아래 두 번째 어금니 두 개의 순이다. 그러나 치아가 나는 시기는 개인차가 크다. 일부는 출생 시 치아가 이미 나와 있는 경우도 있고, 또 다른 일부는 생후 1년까지 치아가 나지 않는 경우도 있다. 치아가 올라오는 순서도 개인차가 크다. 평균적인 시기가 지나도 치아가 나지 않으면 치과 검진을 받아볼 필요가 있다. 자라는 동안 유치에 문제가 없더라도 규칙적인 치과 검진을 받는 것은 치아우식증(충치)의 조기발견과 예방에 도움이 된다.

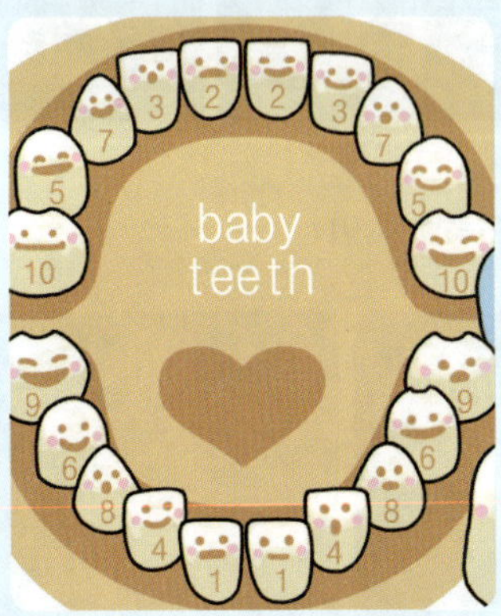

1, 2, 3, 4(앞니) : 생후 6~8개월
5, 6(첫째 어금니) : 생후 12~16개월
7, 8(송곳니) : 생후 16~20개월
9, 10(둘째 어금니) : 생후 20~30개월

| 그림 5-4 | 평균적인 유치가 나는 시기와 순서

유치가 나는 순서와 시기에 개인차가 큰 것처럼 영구치가 올라오는 순서와 시기 역시 개인차가 크다(그림 5-5 참고). 〈표 5-2〉에서처럼 최초로 나는

영구치는 위아래 첫 번째 큰 어금니, 다음으로 아래 앞니 유치가 빠지면서 영구치가 나게 된다. 4세경부터 18세경까지 나는 영구치는 유치가 빠진 자리에 나는 20개와 더 안쪽에서 나는 12개, 총 32개가 나게 된다. 평생 사용하는 치아이기 때문에 건강한 치아를 유지할 수 있는 양치 습관을 기르는 것이 매우 중요하다.

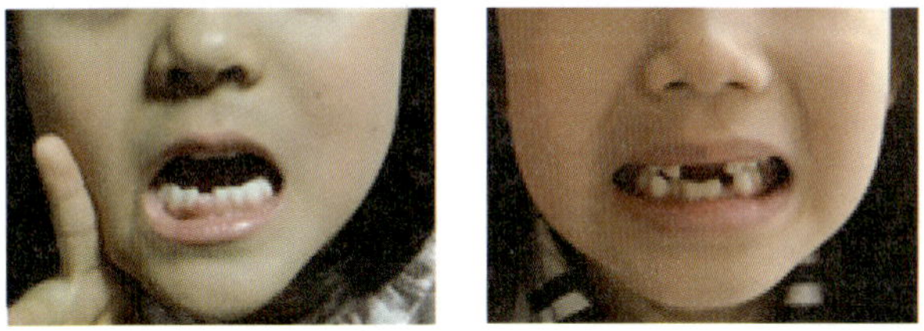

| 그림 5-5 | 5세 유아의 영구치 발달 개인차

〈표 5-2〉 영구치 나는 순서

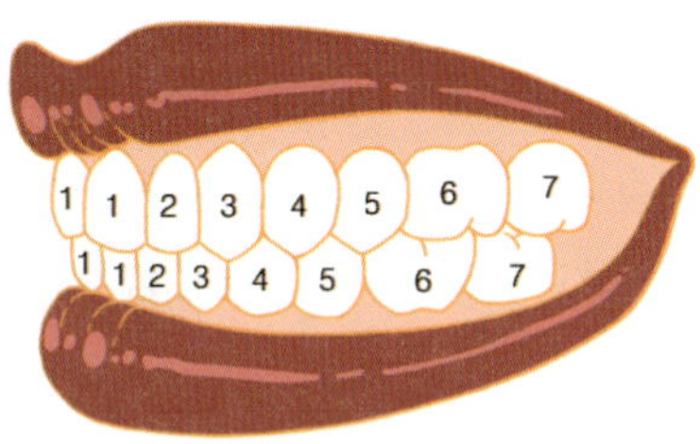

윗 니		아랫니	
1. 앞니	5~6세	1. 앞니	4~5세
2. 작은 앞니	6~7세	2. 작은 앞니	5~6세
3. 송곳니	9~10세	3. 송곳니	7~8세
4. 첫 번째 작은 어금니	8~9세	4. 첫 번째 작은 어금니	8~10세
5. 두 번째 작은 어금니	8~12세	5. 두 번째 작은 어금니	9~10세
6. 첫 번째 큰 어금니	4~5세	6. 첫 번째 큰 어금니	4~5세
7. 두 번째 큰 어금니	10~11세	7. 두 번째 큰 어금니	9~11세
사랑니	15~18세	사랑니	15~18세

더 알아보기 올바른 치아관리 방법

생후 6개월부터 아이의 이를 닦아준다

생후 6개월이 되면 이가 나기 시작하는데, 이 시기부터 이를 닦아주기 시작하여야 한다. 생후 24개월까지 어린이 스스로 이를 닦을 능력이 없으므로 처음에는 부모가 거즈를 이용하여 이뿐 아니라, 잇몸 그리고 입안 구석구석을 닦아주어야 한다. 자주 닦아줄수록 좋으며, 적어도 하루 한 번은 꼭 닦아주어야 한다. 처음에는 끓인 물이나 생수를 적신 거즈를 이용하다가 시간이 지나면 손가락에 끼우는 형태, 또는 작고 부드러운 칫솔을 사용한다.

생후 12개월이 지나면 우유병을 물고 자는 습관을 중단시킨다

자는 동안 입안에 남아 있는 우유성분이나 이유식은 어린이 치아를 썩게 하는 주범이다. 우유병을 물고 자지 못하도록 하되, 여의치 않을 때는 우유병에 우유 대신 보리차를 넣어 먹이도록 한다. 이러한 습관이 쉽게 고쳐지지 않더라도 잠이 드는 즉시 우유병을 입에서 빼고 거즈를 이용하여 입안을 닦아주도록 한다.

달콤한 간식 섭취를 줄여야 한다

아이의 손이 닿는 곳에 설탕이 든 과자, 요구르트, 음료수를 방치하는 것은 치아우식증을 발생시키는 지름길이다. 늘 입안에 설탕이나 과자를 물고 있지 않도록 식습관 형성에 주의를 기울여야 한다.

12개월이 지나면 치과에서 정기적인 구강검진을 받게 한다

유치는 생후 6개월부터 나기 시작하고, 치아우식증이 가장 많이 발생하는 시기는 3세 이전이다. 흔히 아이가 치통을 호소하는 경우에 치과에 방문하게 되는데 이때는 이미 치아가 상당히 손상된 후로서, 진료기간도 길어진다. 부모가 관찰하여 큰 이상이 발견되지 않더라도 정기적인 구강검진은 치아에 발생한 문제의 조기발견과 예방을 위해 매우 필요하다.

수시로 입안을 관찰한다

일상생활 속에서 부모가 수시로 입안을 살펴보아야 한다. 치아우식증 발생의 조짐이 보이면 즉각 치과에 방문해야 한다. 어차피 교체될 치아라고 생각하여 방치하는 것은 아이에게 통증을 유발하고 치료를 어렵게 할 뿐 아니라, 향후 영구치의 건강에도 직접적으로 영향을 미친다.

규칙적으로 이를 닦는 습관을 기른다

생후 24개월이 지나면 아이로 하여금 칫솔을 손에 쥐게 하여 이 닦기와 친숙해지도록 한다. 치아 우식증을 예방하려면 이 닦기가 매우 중요한데, 가능한 한 부모와 아이가 함께 이를 닦음으로써 자연스럽게 습관화될 수 있도록 해주어야 한다. 부모의 이 닦는 모습을 보면서 같이 이를 닦으면서 즐겁게 습관을 형성해야 한다. 부모가 양치하는 모습을 보여주면서 아이도 같이 닦아 양치 요령을 익히게 하고 부모가 마무리해 준다.

올바른 칫솔 사용법을 익히게 한다

스스로 칫솔질을 하도록 해야 한다. 올바른 칫솔 사용방법으로 식사 후와 잠자기 전에 칫솔질하는 습관을 키워준다. 양치질을 많이 힘들어하고 싫어하는 경우가 있다. 양치질을 편안히 받아들여 좋은 생활습관을 갖추는 것이 더욱 중요하므로, 순서나 방법에 얽매이지 말고 여유를 갖고 부드럽게 접근한다. 제시된 방법과 순서는 다르더라도 규칙을 가지고 일정한 순서에 따라 양치질을 시키는 것은 올바른 구강관리 습관을 형성하는 데 도움이 된다.

[이 닦는 순서와 방법]

① **왼쪽 위 어금니 → 왼쪽 아래 어금니 → 오른쪽 아래 어금니 → 오른쪽 위 어금니**
입을 크게 벌리게 해 어금니 양치질을 시작한다. 치아 윗면과 칫솔모가 직각이 되게 한 뒤 안쪽에서 바깥쪽으로 닦는다. 어금니 앞면과 뒷면은 칫솔을 세워 위아래로 쓸어내리듯 닦는다.

② **위 앞니 표면 → 위 앞니 안쪽 → 아래 앞니 표면 → 아래 앞니 안쪽**
앞니는 엄마의 검지로 아이의 윗입술을 올려 앞니 표면이 잘 보이게끔 한 뒤 양치질한다. 치아를 위아래로 쓸어내리듯 닦아주는데, 앞니 안쪽은 칫솔을 세워 크게 원을 그리듯 나선형 모양으로 안쪽에서 바깥쪽으로 훑으며 닦는다.

③ **혀를 2~3회 닦아주며 마무리한다.**

출처 : 대한치과의사협회.

2. 생리기능 발달

생후 4주까지의 신생아기에는 유아동기와는 다른 생리적 특징이 나타나고 이에 따른 세심한 보살핌이 필요하다. 수면, 수유와 이유, 배설에서 나타나는 생리기능의 특징과 변화는 다음과 같다.

1) 수 면

신생아의 평균 수면 시간은 16~20시간 정도이다. 3~4시간 자고 깨어났다가 다시 자는 것을 밤낮의 구분 없이 반복한다. 6개월이 되면 밤에는 자고 낮에는 깨어 있는 시간이 길어지는 수면패턴을 나타낸다. 영아의 수면은 성인의 수면과 비교했을 때 양과 질에서도 차이가 있다.

REM 수면
각성상태의 뇌활동과 유사하며, 급속안구운동을 수반하는 것이 특징. 근육과 팔다리의 움직임, 불규칙한 호흡과 심박수를 보임

NREM 수면
신체의 움직임이 거의 없으며, 호흡과 심박수가 느리고 규칙적임

영아는 성인에 비해 REM(Rapid Eye Movement) 수면이 차지하는 비율이 크다. 신생아기에 REM 수면의 비율은 전체 수면의 약 50%를 차지하는데 성인이 되면 약 20%가 된다. NREM(Non-Rapid Eye Movement) 수면 동안 영아의 특징은 완전히 잠에 빠져들고 근육과 팔다리의 움직임이 거의 없으며, 눈꺼풀은 완전히 닫히고 눈동자는 고정되어 있다. 그리고 규칙적인 심박수(평균 1분당 36회)가 나타난다. REM 수면 동안에는 근육과 팔다리의 움직임이 증가하고 얼굴을 찡그리거나 웃는 표정이 나타나며 눈동자의 움직임이 빨라지고 불규칙적인 심박수(평균 1분당 48회)를 보인다.

〈표 5-3〉 연령에 따른 REM 수면 비율

연 령	비 율	연 령	비 율
영아기(신생아) 0~23개월	25~50%	성인기 19~49세	19~22%
아동기 2~13세	19~25%	노인기 50~90세	20~23%
청년기 14~18세	20%		

출처 : Mussen, Conger, & Kagan(1990). Child Development.

읽을거리 영아돌연사증후군(SIDS : Sudden Infant Death Syndrome)

정의

영아돌연사증후군은 흔히 12개월 이하의 영아가 잠든 이후 사망한 상태로 발견이 되며 그 사망의 원인을 찾을 수 없는 경우를 말한다. 영아돌연사증후군은 부검, 사망 당시의 상황이나 병력검토 등 사후검사에서도 사망을 초래한 원인을 찾을 수 없는 0~12개월 사이의 영아의 사망인 경우만을 제한하여 정의하며, 사후검사에서 사망원인을 찾아낸 경우에는 제외한다. 예를 들어, 부검을 통해 사망의 원인으로 추정되는 감염 등의 증거를 찾아낸 경우나 사망 당시의 상황을 조사하여 질식 등의 사인을 밝혀낸 경우에는 영아돌연사증후군이라고 부르지 않는다.

발생빈도와 특징

영아돌연사증후군은 1~5개월 사이의 연령에서 가장 많이 발생하고, 95%가 생후 6개월 전에 발생한다. 또한 가을과 겨울철에 더 많이 발생하는 것으로 알려져 있고, 6 : 4의 비율로 남아에게서 많이 발생한다.

1996년에 출생한 영아를 대상으로 한 연구에 의하면, 우리나라에서의 발생률은 출생 1,000명당 0.31명(남아 0.33명, 여아 0.29명)으로 추정되고 있다. 미국에서는 영아돌연사증후군이 전체 영아 사망의 약 8%를 차지하여 영아 사망원인 중 세 번째의 주요한 원인으로 알려져 있다. 미국에서의 발생률은 1992년 이전에는 1,000명당 1.3~1.4명의 발생률을 보였으며, 미국소아과학회에서 아기를 눕혀 재우자는 전 국가적인 캠페인을 시행한 이후 2002년에는 1,000명당 0.57명으로 급격히 감소하였다. 일본 후생성의 보고에 의하면, 일본의 발생률은 1998년 1,000명당 0.44명으로 우리나라의 경우보다 많다. 이와 같이 우리나라에서 영아돌연사증후군의 발생빈도가 외국에 비하여 낮은 것은 아기를 눕혀 재우는 전통적인 육아방법에 의한 것으로 보고 있으나, 한편으로는 영아돌연사증후군에 대한 인식이 부족하여 보고가 제대로 이루어지지 않았기 때문으로도 보고 있다.

위험요인

영아돌연사증후군은 그 원인을 알 수가 없지만, 역학연구에서 밝혀진 영아돌연사증후군의 위험요인을 정리하면 다음과 같다. 미국에서는 지난 10여 년간 이와 같은 위험요인에 대한 홍보와 교육을 통해 영아돌연사증후군의 발생률을 50% 이상 감소시켰다. 위험요인에 대해 잘 알아두고 적절한 예방책을 마련하는 것이 영아돌연사증후군을 줄일 수 있는 방법이다.

① 임신과 관련된 위험요인 : 출생순위가 늦은 경우, 임신 간격이 짧은 경우, 산전 진찰을 제대로 받지 않은 경우, 태아의 발육이 좋지 않거나 미숙아로 태어난 경우, 출생 후 발육이 좋지 않은 경

우에 발생 확률이 높은 것으로 나타났다.

② 흡연 : 산모가 흡연을 할 경우에는 영아돌연사증후군의 발생이 3~5배나 증가하는 것으로 나타났다. 이러한 위험은 산모의 흡연량이 많을수록 증가하고, 출생 후 영아가 가족의 흡연에 노출될 경우에도 발생할 위험이 매우 높아지는 것으로 보고 있다.

③ 수면습관 및 수면환경 : 영아를 엎드린 자세로 재우거나 모로 눕히는 경우, 바로 눕혀 재우는 경우보다 영아돌연사증후군의 발생이 높아지는 것으로 보고 있다. 푹신한 침대와 과도하게 부드러운 침구를 사용하는 것 또한 영아돌연사증후군의 발생률을 높이는 것으로 알려져 있다. 이는 아기가 수면 중 엎은 자세가 되었을 때 뒤집기가 용이하지 않은 상황에서 질식의 위험이 높아지기 때문이다. 방 안의 온도를 너무 덥게 유지하는 것은 역학적 근거가 부족하기는 하나 영아돌연사증후군의 발생을 높인다는 연구들이 있어 적절한 환경온도를 유지하는 것 또한 중요하다.

④ 유전적인 요인 : 현재까지 알려진 바로는 세포의 흥분성과 관련된 이온통로(ion channel, 세포막에 존재하면서 세포의 안과 밖으로 이온을 통과시키는 막단백질)와 연관된 유전자들이나, 자율신경계(autonomic nervous system, 주로 내장기관을 무의식적으로 제어하는 역할을 맡고 있는 신경계)의 발달에 관여하는 유전자들, 그리고 특정 신경전달물질(뇌를 비롯하여 체내의 신경세포에서 방출되어 인접해 있는 신경세포 등에 정보를 전달하는 일련의 물질)과 연관된 유전자 중의 일부가 관계가 있는 것으로 추정하고 있지만 앞서 열거한 수면자세, 감염, 흡연 등 다른 환경요인과 복합적으로 작용하는 것으로 해석하고 있다.

출처 : Gross(2010). Infancy development from birth to age 3.

〈영아돌연사증후군 예방을 위한 권장사항〉

- 똑바로 눕혀 재우세요.
- 가급적 아기 침대 위에 아무것도 놓아 두지 마세요.
- 아기를 너무 덥게 하지 마세요.
- 아기는 부모 방에서 같이 재우세요.
- 아기 침대나 침구가 따로 있어야 합니다.
- 모유 수유가 좋습니다.
- 베이비 모니터는 권장하지 않습니다.
- 노리개 젖꼭지를 사용해도 좋습니다.
- 임신 중에는 흡연이나 음주를 하면 안 됩니다.
- 예방접종과 영아돌연사증후군은 아무런 관련성이 없습니다.

2) 수유와 이유

영아는 깨어 있는 시간 동안 젖을 먹게 된다. 영아는 수직형태의 위를 가지고 있어서 많은 양을 먹지 못하고 3~4시간 간격으로 하루 6~10회 정도 먹게 된다. 시간이 지나면서 젖을 먹는 간격은 점차 길어지게 된다.

수유는 모유와 인공유가 있으며, 모유가 인공유에 비해 소화 흡수율이 더 뛰어나다. 영양학적 측면에서 모유가 인공유보다 더 적합하다는 것은 널리 알려진 사실이지만 더 중요한 것은 모유를 먹일 때 영아가 들을 수 있는 엄마의 심장소리와 피부접촉이다. 이는 영아에게 심리적 안정감을 가져다 준다. 따라서 인공유 수유 시에도 영아를 품에 안고 스킨십을 하는 애정 있는 태도를 취하면 영아에게 충분히 긍정적 영향을 줄 수 있다.

수유
신생아와 영유아에게 모유 또는 인공영양의 형태로 필요한 영양을 주고 건강을 유지해 정상적인 성장을 도모하는 것

아기가 생후 2주 내에 출생 시의 몸무게를 회복하지 못하거나, 생후 4개월 전에 체중 증가가 1개월에 460~681g(15~22g/일) 이하일 때에는 소아과 의사의 진찰과 상담이 필요하다. 특히 모유수유 상담을 제대로 받지 못한 초임부의 신생아에게서 생후 1주 이내에 생명을 위협하는 탈수 증상이 발생할 수 있어 주의를 기울여야 한다.

생후 5~7개월이 되면 수유만으로 영아의 발달에 필요한 영양을 충분히 공급해 줄 수 없게 된다. 이에 이유식을 시작하게 되는데 이유식의 시작 시기는 영아마다 조금씩 다르지만 4개월 이후에 시작하는 것이 좋다. 이유식은 영아의 발육상태와 받아들이는 정도에 따라 조금씩 시도해야 하며 이유식의 양은 조금씩 늘리고 수유의 양은 조금씩 줄이는 방식으로 서서히 진행해야 한다. 초기 이유식의 경험은 성인기의 식습관에도 밀접한 영향을 미치기 때문에 영양소가 골고루 함유된 이유식을 규칙적으로 섭취할 수 있도록 계획해야 한다.

이유식
영유아에게 먹이는 젖 이외의 반고형 음식

더 알아보기 퀴즈로 알아보는 이유식

아래 제시된 문장을 읽고 ○, ×로 표시해 보시오.

1. 이유식은 빨리 시작할수록 영양공급이 잘 되어 좋다. ( )
2. 이유식은 아이가 좋아하는 과즙부터 시작한다. ( )
3. 시판 이유식이 영양소를 골고루 함유하고 있어서 좋다. ( )
4. 이유식은 꼭 숟가락으로 먹인다. ( )
5. 이유식을 시작할 때는 한 번에 한 가지 음식으로 시도하는 것이 좋다. ( )
6. 이유식은 수시로 상황에 따라 주는 것이 좋다. ( )
7. 과일 중에도 알레르기를 유발하는 성분을 포함하는 경우가 있어서 주의해야 한다. ( )

출처 : 대한소아과학회.

- 이유식은 최소한 4개월 이후에 시작하는 것이 좋다. 너무 이른 시기에 시작하는 이유식은 각종 알레르기를 유발할 수도 있다. 인체와 다른 종류의 단백질이 우리 몸에 그대로 들어오면 알레르기를 유발할 수 있다. 우리가 먹은 음식은 장에서 소화작용을 거쳐 단백질을 알레르기를 적게 유발하고 흡수가 잘되는 아미노산으로 분해해서 흡수하기 때문에 알레르기가 생기는 것을 막는다. 하지만 4개월 이전의 영아는 장에서의 소화작용이 미숙하여 단백질을 아미노산으로 분해하기 힘들고 분해되지 않는 단백질은 미숙한 장의 소화기관을 통해서 그대로 흡수되는 경우가 생겨 알레르기를 더 일으킬 수도 있다.
- 이유식은 미음, 야채, 과즙의 순으로 시작하는 것이 좋다. 과즙을 먼저 시작하는 경우에는 단맛에 익숙해진 영아가 단맛이 나지 않는 음식을 거부할 수도 있기 때문이다.
- 시판 이유식보다는 각종 첨가제가 들어 있지 않은 직접 만든 이유식이 좋지만, 시판 이유식을 사용하여야 하는 경우에는 여러 음식이 섞인 것보다는 한 가지 재료로 만들어진 것으로 시작하는 것이 영아의 편식예방에 도움이 된다. 영아기부터 자극받은 미각에 대해서는 지속적으로 거부감이 적기 때문이다.
- 이유식은 고형 음식물을 섭취하는 연습이기에 꼭 숟가락을 사용하는 습관을 길러야 한다.
- 젖병에 여러 음식을 혼합하여 마시게 하는 형태는 건강한 식습관 형성에 도움이 되지 않는다.
- 이유식은 영양공급의 이유뿐 아니라 생활습관 형성에도 중요한 역할을 하기 때문에 식사와 같이 정해진 시간에 규칙적으로 하는 습관을 기르도록 노력해야 한다.
- 돌이 지나서 먹이기를 권장하는 음식들에는 생우유, 계란 흰자, 조개 종류, 물고기, 오렌지나 감귤, 초콜릿, 피넛버터, 딸기, 토마토, 밀가루, 옥수수, 꿀 등이 있다.

정답 ×, ×, ×, ○, ○, ×, ○

3) 배 설

배변훈련의 시기는 영아가 혼자서 일어서고, 앉고, 걸으며 자신을 통제할 수 있으며 배변훈련에 흥미를 느낄 때이다. 영아가 대변과 소변을 통제하기 위해서는 대소변을 통제하는 근육이나 신경이 발달해야 하고 이를 뇌에서 통제할 수 있어야 하는데 이것은 18개월이 지나야 가능해진다.

배변훈련은 단시간에 계획한 대로 이루어지는 것이 아니라 영아가 이에 대한 충분히 준비가 되었을 때 가능하다. 대소변을 보기 전에 신체의 신호를 느끼고 이를 잘 통제하고 조절하여야 한다. 이 과정을 통해 서서히 배변조절을 할 수 있게 된다(곽노의 외, 1999; Miller, 2005). 배변훈련에서 중요한 점은 영아가 얼마나 빨리 통제가 가능한가 하는 부분이 아니라, 배변훈련의 과정에서 어떠한 경험을 했는가 하는 점이다. 배변훈련 과정의 경험을 통해 생리적 기능으로서의 배설습관을 형성하게 되고, 이를 성취하기 위해 정서적 불안을 겪기도 하지만 결국에는 발달과업을 성취하게 되고 정서적 성취감을 느끼게 된다는 데 큰 의의가 있다(이문준, 1985; 노희연, 2008). 배변훈련은 인간의 생애에 있어 최초로 경험하는 과제이다. 첫 번째 과제수행에서 강압적이고 부정적 경험을 한 영아와 긍정적 지지를 받고 배변훈련을 수행한 영아의 심리적 상태는 성인이 된 후에도 성격이나 심리적 건강에 다른 영향을 미칠 수밖에 없을 것이다. 그러나 많은 양육자는 배변훈련 과정에서 칭찬을 하거나 설명을 하기도 하고 야단을 치거나 벌을 주는 등 비일관적인 반응을 나타내는 경우가 많다(이문준, 1985; 노희연, 2008).

영아가 대소변 가리기를 시작할 수 있는 시기는 보통 18~30개월이다. 그 이전에 준비가 안 된 영아에게 강압적으로 훈련을 시키면 영아는 이에 대한 스트레스를 받을 수 있다. 대소변 훈련을 시작하기에 가장 좋은 때는 영아가 준비될 때까지 기다리는 것이다. 대부분의 영아는 준비가 되면 대소변을 가리기 때문이다. 개인차에 따라 30개월이 지나서야 배변을 가리기 시작하기도 한다. 특히 예민성이 높은 경우에는 심리적으로 부담을 갖게 되면 더 가리지 못하게 되기 때문에 영아가 스스로 '쉬' 또는 '응가'를 하겠다고 의사를 표현할 때까지 기다리는 것도 좋다. 대소변을 누고 싶다는 것을 인식하고, 대소변을 참고, 화장실에 가서 바지를 내리고 변기에 엉덩이를 맞춰서 앉으려면 기본적인 대·소근육이 발달해야 한다. 또한 방광의 괄약근이 발달해서 소변 간격이 2시간 정도는 벌어져야 하는데, 기저귀 젖는 시간의 간격이 2시간 이상 되면 방광에 소변을 모아둘 수 있다는 것을 의미한다.

말을 잘하지는 못해도 혼자 "쉬하고 싶다"는 의사를 전달할 수 있어야 하고, 혼자 해보려는 자율성이 발달하는 것도 필요하다. 실제로 스스로 의사를 표현해서 배변훈련을 시작하게 되면 빨리 완성될 수 있다. 영아가 변기에 배변을 처음 했을 때 눈으로 확인시켜 주고 "잘했다"고 칭찬을 해주는

더 알아보기 | 성공적인 배변훈련을 위한 고려사항

첫째, 배변훈련은 '정해진 시기가 없다'는 것을 인식하기

18개월이 넘으면서 시작해도 늦지 않다. 육아를 너무 복잡하게 수학적 공식처럼, 어떤 룰을 가지고 하려고 하면 쉽게 지치게 된다. 그러므로 어떤 특정 공식에 의존하기보다는 아이의 발달단계를 보면서 진행을 해나가는 것이 가장 바람직하다.

둘째, 배변훈련을 즐거운 상황으로 인식시키기

동화, 인형, 노래 등을 활용해서 즐겁게 배변훈련 과정을 경험시키는 것이 좋다.

셋째, 또래, 형제가 실제로 배변하는 모습을 보여주면서 가르치기

넷째, 기저귀를 벗길 때는 팬티 입히기

간혹 배변훈련 시기에 팬티를 입히지 않고 지내도록 하는 경우가 있는데, 이는 청결문제와 성교육상으로도 바람직하지 못하다.

다섯째, 배변훈련 시기 고려하기

동생이 태어났을 때, 이사 등으로 환경이 갑자기 바뀌었을 때, 주 양육자가 바뀌었을 때, 질병을 앓았을 때 등 특별한 경우에는 배변훈련을 늦추는 것이 심리적 건강에 더 긍정적일 수 있다.

것이 중요하다. 또한 양육자가 서두르지 않고 인내심을 가지는 것이 바람직하다. 배변훈련 시 흔히 하는 실수는 영아가 변기에서의 배변에 성공하지 못했을 때 야단을 쳐서 배변에 대해 부정적 인식을 심어주는 것이다. 그리고 변기에 오래 앉혀두는 것, 자는 아이를 밤중에 깨워서 배변을 시키는 것, 다른 아이와 비교하는 것은 심리적으로 부정적 영향을 끼칠 수 있는 행동이다.

3. 운동기능 발달

운동기능의 발달은 영유아가 새로운 세계를 탐색해 나가기 위해 중요한 역할을 한다. 운동기능의 발달을 위해서는 신체발달과 함께 뇌의 성장이 바탕이 되어야 하고 일반적인 발달의 원칙을 따르지만, 역시 개인차가 크다. 운동기능은 대근육 운동(gross-motor skill)과 소근육 운동(fine-motor skill)으로 나누어진다. 이러한 운동기능의 발달은 신체발달의 문제만이 아니라 뇌의 발달에 의해 통제되는 것이기에 늦어지는 경우에는 관심을 가지고 지켜볼 필요가 있다. 이에 영유아에게 자신의 운동기능을 연습하고 새로운 운동기능에 도전할 수 있는 다양한 기회가 제공되는 것이 필요하다.

1) 대근육 운동 발달

영아의 대근육 운동 발달은 목 가누기-뒤집기-기기-서기-걷기의 순으로 이루어진다. 발달의 순서는 일정하지만 발달 시기와 속도는 개인차가 크다. 구체적으로 살펴보면 생후 1개월경 턱을 들 수 있고, 2개월경 가슴을 들 수 있다. 4~5개월경에 뒤집기를 하고, 6~7개월경에 혼자 앉을 수 있다. 8~9개월경에는 가구를 잡고 서 있고, 양손과 무릎으로 길 수 있다. 10~11

개월경에는 가구를 잡고 이동할 수 있다. 12~13개월경이 되면 혼자 설 수 있고, 12~15개월경이 되면 혼자 걸을 수 있다. 유아는 영아에 비해 신체발달과 신체비율의 변화로 무게 중심이 아래쪽으로 내려감에 따라 신체 균형이 발달하고 다양한 운동능력이 발달하게 된다.

뒤집기

잡고 서기

혼자 서기

잡아주면 걷기

유아기에는 걷기, 달리기, 점프하기, 던지기, 공 튀기기, 계단 오르내리기, 자전거 타기 등의 기술이 발달한다. 그리고 여러 가지 스포츠와 관련된 전문적인 운동기술은 유아기 후반부터 습득이 가능해진다.

대근육 운동 발달은 생애 초기에 급속도로 이루어지게 되며, 이러한 운동기능은 세상을 탐색하고 확장하는 역할을 하고 신체, 인지, 정서 발달에 매우 중요하다. 대근육 운동 발달은 중추신경계나 말초신경계, 혹은 근골격계의 정상적인 발달에 문제가 있을 때 나타나는 운동 장애와 직접적인 관련이 있다(보건복지부·질병관리본부, 2017).

보건복지부와 질병관리청에서 영유아 건강검진 사업의 일환으로 한국 영유아의 특성에 맞게 개발한 K-DST(Korean Developmental Screening Test for Infants & Children, 한국영유아발달선별검사)에서 제시한 월령별 대근육 운동 발달은 〈표 5-4〉와 같다.

〈표 5-4〉 K-DST 연령별 대근육 운동 발달 지표

- 각 질문 항목을 '잘 할 수 있다' 3점, '할 수 있는 편이다' 2점, '하지 못하는 편이다' 1점, '전혀 할 수 없다' 0점으로 체크
- K-DST에서는 심화 평가 권고 범위, 추적 검사 요망 범위, 또래수준 범위, 빠른 수준 범위의 점수를 제시하나, 본 표에서는 개월별 '또래수준 범위' 점수만 개월 표기 아래 괄호 내 표기
- 개월별로 최초 제시된 행동 지표는 진하게 표기

월령	행동 지표
4~5개월 (또래수준 범위 : 15~21점)	**1. 등을 대고 누운 자세에서 반쯤 뒤집는다.** **2. 엎드려 놓으면 고개를 잠깐 들었다 내린다.** **3. 누운 자세에서 두 팔을 잡고 일으켜 앉힐 때 목이 뒤로 처지지 않고 따라 올라온다.** **4. 엎드린 자세에서 가슴을 들고 양팔로 버틴다.** **5. 엎드린 자세에서 뒤집는다.** **6. 등을 대고 누운 자세에서 엎드린 자세로 뒤집는다(팔이 몸통에 깔려 있지 않아야 한다).** **7. 누워 있을 때 자기 발을 잡고 논다.** **8. 앉혀주면 양손을 짚고 30초 이상 혼자 버티고 앉아 있다.**
6~7개월 (또래수준 범위 : 15~21점)	1. 엎드린 자세에서 뒤집는다. 2. 등을 대고 누운 자세에서 엎드린 자세로 뒤집는다(팔이 몸통에 깔려 있지 않아야 한다). 3. 누워 있을 때 자기 발을 잡고 논다. 4. 앉혀주면 양손을 짚고 30초 이상 혼자 버티고 앉아 있다. **5. 배를 바닥에 대고 앞으로 긴다(배밀이). (이미 네발기기를 잘 하면 '잘 할 수 있다'로 표기하세요.)** **6. 앉혀주면 손을 짚지 않고 안전하게 앉아 있는다.**

	7. 누워 있다가 혼자 앉는다. **8. 양손과 무릎으로 긴다(네발기기).**
8~9개월 (또래수준 범위 : 14~22점)	1. 배를 바닥에 대고 앞으로 긴다(배밀이). (이미 네발기기를 잘 하면 '잘 할 수 있다'로 표기하세요.) 2. 앉혀주면 손을 짚지 않고 안전하게 앉아 있는다. 3. 누워 있다가 혼자 앉는다. 4. 양손과 무릎으로 긴다(네발기기). **5. 가구를 붙잡고 일어선다.** **6. 가구를 붙잡은 상태에서 넘어지지 않고 자세를 낮춘다.** **7. 가구를 양손으로 붙잡고 옆으로 걷는다.** **8. 가구나 벽에서 손을 떼고 5초 이상 혼자 서 있다.**
10~11개월 (또래수준 범위 : 18~22점)	1. 누워 있다가 혼자 앉는다. 2. 양손과 무릎으로 긴다(네발기기). 3. 가구를 붙잡고 일어선다. 4. 가구를 붙잡은 상태에서 넘어지지 않고 자세를 낮춘다. 5. 가구를 양손으로 붙잡고 옆으로 걷는다. 6. 가구나 벽에서 손을 떼고 5초 이상 혼자 서 있다. **7. 한 손으로 가구를 붙잡고 걷는다.** **8. 아무것도 붙잡지 않고 혼자서 일어선다.**
12~13개월 (또래수준 범위 : 18~22점)	1. 가구를 붙잡은 상태에서 넘어지지 않고 자세를 낮춘다. 2. 가구를 양손으로 붙잡고 옆으로 걷는다. 3. 가구나 벽에서 손을 떼고 5초 이상 혼자 서 있다. 4. 한 손으로 가구를 붙잡고 걷는다. 5. 아무것도 붙잡지 않고 혼자서 일어선다. **6. 한 손을 잡아주면 몇 걸음 걷는다. (이미 혼자 잘 걸으면 '잘 할 수 있다'로 표기하세요.)** **7. 혼자 두세 발자국 걷는다.** **8. 혼자 열 발자국 정도 걷는다.**
14~15개월 (또래수준 범위 : 21~22점)	1. 가구나 벽에서 손을 떼고 5초 이상 혼자 서 있다. 2. 한 손으로 가구를 붙잡고 걷는다. 3. 아무것도 붙잡지 않고 혼자서 일어선다. 4. 한 손을 잡아주면 몇 걸음 걷는다. (이미 혼자 잘 걸으면 '잘 할 수 있다'로 표기하세요.) 5. 혼자 열 발자국 정도 걷는다. **6. 서 있는 자세에서 아무것도 잡지 않고 쪼그려 앉는다.**

	7. 뒤뚱거리며 달린다. (이미 뒤뚱거리지 않고 자연스럽게 달린다면 '잘 할 수 있다'로 표기하세요.) **8. 소파나 탁자 위로 기어 올라간다.**
16~17개월 (또래수준 범위 : 19~22점)	1. 한 손을 잡아주면 몇 걸음 걷는다. (이미 혼자 잘 걸으면 '잘 할 수 있다'로 표기하세요.) 2. 혼자 열 발자국 정도 걷는다. 3. 서 있는 자세에서 아무것도 잡지 않고 쪼그려 앉는다. 4. 뒤뚱거리며 달린다. (이미 뒤뚱거리지 않고 자연스럽게 달린다면 '잘 할 수 있다'로 표기하세요.) 5. 소파나 탁자 위로 기어 올라간다. **6. 뒷걸음질할 수 있다.** **7. 난간을 붙잡고 한 계단에 양발을 모은 뒤 한 발씩 한 발씩 계단을 올라간다(좌우 한 발씩 번갈아 올라가는 것은 아니다).** **8. 정지되어 있는 공을 발로 찬다.**
18~19개월 (또래수준 범위 : 19~22점)	1. 뒤뚱거리며 달린다. (이미 뒤뚱거리지 않고 자연스럽게 달린다면 '잘 할 수 있다'로 표기하세요.) 2. 소파나 탁자 위로 기어 올라간다. 3. 뒷걸음질할 수 있다. 4. 난간을 붙잡고 한 계단에 양발을 모은 뒤 한 발씩 한 발씩 계단을 올라간다(좌우 한 발씩 번갈아 올라가는 것은 아니다). 5. 정지되어 있는 공을 발로 찬다. **6. 쪼그리고 앉은 자세에서 아무것도 붙잡지 않고 혼자서 일어선다.** **7. 난간을 붙잡고 한 계단에 양발을 모은 뒤 한 발씩 한 발씩 계단을 내려간다(좌우 한 발씩 번갈아 내려가는 것은 아니다).** **8. 제자리에서 양발을 모아 동시에 깡충 뛴다.**
20~21개월 (또래수준 범위 : 17~22점)	1. 뒤뚱거리며 달린다. (이미 뒤뚱거리지 않고 자연스럽게 달린다면 '잘 할 수 있다'로 표기하세요.) 2. 뒷걸음질할 수 있다. 3. 난간을 붙잡고 한 계단에 양발을 모은 뒤 한 발씩 한 발씩 계단을 올라간다(좌우 한 발씩 번갈아 올라가는 것은 아니다). 4. 정지되어 있는 공을 발로 찬다. 5. 쪼그리고 앉은 자세에서 아무것도 붙잡지 않고 혼자서 일어선다. 6. 난간을 붙잡고 한 계단에 양발을 모은 뒤 한 발씩 한 발씩 계단을 내려간다(좌우 한 발씩 번갈아 내려가는 것은 아니다). 7. 제자리에서 양발을 모아 동시에 깡충 뛴다. **8. 계단의 가장 낮은 층에서 양발을 모아 바닥으로 뛰어내린다.**

22~23개월 (또래수준 범위 : 18~22점)	1. 뒷걸음질할 수 있다. 2. 정지되어 있는 공을 발로 찬다. 3. 난간을 붙잡고 한 계단에 양발을 모은 뒤 한 발씩 한 발씩 계단을 내려간다(좌우 한 발씩 번갈아 내려가는 것은 아니다). 4. 제자리에서 양발을 모아 동시에 깡충 뛴다. 5. 계단의 가장 낮은 층에서 양발을 모아 바닥으로 뛰어내린다. **6. 서 있는 자세에서 팔을 들어 머리 위로 공을 앞으로 던진다.** **7. 난간을 붙잡고 한발씩 번갈아 내디디며 계단을 올라간다.** **8. 발뒤꿈치를 들어 발끝으로 네 걸음 이상 걷는다(까치발로 네 걸음 이상 걷는다).**
24~26개월 (또래수준 범위 : 17~22점)	1. 제자리에서 양발을 모아 동시에 깡충 뛴다. 2. 계단의 가장 낮은 층에서 양발을 모아 바닥으로 뛰어내린다. 3. 서 있는 자세에서 팔을 들어 머리 위로 공을 앞으로 던진다. 4. 난간을 붙잡고 한발씩 번갈아 내디디며 계단을 올라간다. 5. 발뒤꿈치를 들어 발끝으로 네 걸음 이상 걷는다(까치발로 네 걸음 이상 걷는다). **6. 난간을 붙잡지 않고 한 계단에 양발을 모은 뒤 한 발씩 한 발씩 계단을 올라간다(좌우 한 발씩 번갈아 올라가도 할 수 있는 것으로 표기하세요).** **7. 아무것도 붙잡지 않고 한 발로 1초 이상 서 있는다.** **8. 균형을 잡고 안정감 있게 달린다.**
27~29개월 (또래수준 범위 : 17~22점)	1. 제자리에서 양발을 모아 동시에 깡충 뛴다. 2. 계단의 가장 낮은 층에서 양발을 모아 바닥으로 뛰어내린다. 3. 서 있는 자세에서 팔을 들어 머리 위로 공을 앞으로 던진다. 4. 난간을 붙잡고 한발씩 번갈아 내디디며 계단을 올라간다. 5. 발뒤꿈치를 들어 발끝으로 네 걸음 이상 걷는다(까치발로 네 걸음 이상 걷는다). 6. 난간을 붙잡지 않고 한 계단에 양발을 모은 뒤 한 발씩 한 발씩 계단을 올라간다(좌우 한 발씩 번갈아 올라가도 할 수 있는 것으로 표기하세요). 7. 아무것도 붙잡지 않고 한 발로 1초 이상 서 있는다. **8. 아무것도 붙잡지 않고 한 계단에 양발을 모은 뒤 한 발씩 한 발씩 계단을 내려간다(좌우 한 발씩 번갈아 내려가도 할 수 있는 것으로 표기하세요).**
30~32개월 (또래수준 범위 : 17~22점)	1. 계단의 가장 낮은 층에서 양발을 모아 바닥으로 뛰어내린다. 2. 서 있는 자세에서 팔을 들어 머리 위로 공을 앞으로 던진다. 3. 발뒤꿈치를 들어 발끝으로 네 걸음 이상 걷는다(까치발로 네 걸음 이상 걷는다).

	4. 난간을 붙잡지 않고 한 계단에 양발을 모은 뒤 한 발씩 한 발씩 계단을 올라간다(좌우 한 발씩 번갈아 올라가도 할 수 있는 것으로 표기하세요). 5. 아무것도 붙잡지 않고 한 발로 1초간 서 있는다. 6. 아무것도 붙잡지 않고 한 계단에 양발을 모은 뒤 한 발씩 한 발씩 계단을 내려간다(좌우 한발씩 번갈아 내려가도 할 수 있는 것으로 표기하세요). **7. 아무것도 붙잡지 않고 한 계단에 한발씩 번갈아 내디디며 계단을 올라간다.** **8. 큰 공을 던져주면 양팔과 가슴을 이용해 받는다.**
33~35개월 (또래수준 범위 : 17~21점)	1. 아무것도 붙잡지 않고 한 발로 1초 이상 서 있는다. 2. 아무것도 붙잡지 않고 한 계단에 양발을 모은 뒤 한 발씩 한 발씩 계단을 내려간다(좌우 한 발씩 번갈아 내려가도 할 수 있는 것으로 표기하세요). 3. 아무것도 붙잡지 않고 한 계단에 한 발씩 번갈아 내디디며 계단을 올라간다. 4. 큰 공을 던져주면 양팔과 가슴을 이용해 받는다. **5. 세발자건거의 페달을 밟아서 앞으로 나갈 수 있다.** **6. 선을 따라 똑바로 앞으로 걷는다.** **7. 제자리에 양발을 모아 멀리뛰기를 한다.** **8. 아무것도 붙잡지 않고 한발로 3초 이상 서 있는다.**
36~41개월 (또래수준 범위 : 15~21점)	1. 아무것도 붙잡지 않고 한 계단에 한발씩 번갈아 내디디며 계단을 올라간다. 2. 큰 공을 던져주면 양팔과 가슴을 이용해 받는다. 3. 세발자건거의 페달을 밟아서 앞으로 나갈 수 있다. 4. 선을 따라 똑바로 앞으로 걷는다. 5. 제자리에 양발을 모아 멀리뛰기를 한다. 6. 아무것도 붙잡지 않고 한 발로 3초 이상 서 있는다. **7. 보조 바퀴가 있는 두발자전거를 탈 수 있다.** **8. 한 발로 두세 발자국 뛴다.**
42~47개월 (또래수준 범위 : 17~21점)	1. 큰 공을 던져주면 양팔과 가슴을 이용해 받는다. 2. 세발자전거의 페달을 밟아서 앞으로 나갈 수 있다. 3. 제자리에 양발을 모아 멀리뛰기를 한다. 4. 아무것도 붙잡지 않고 한 발로 3초 이상 서 있는다. 5. 보조 바퀴가 있는 두발자전거를 탈 수 있다. 6. 한 발로 두세 발자국 뛴다. **7. 서 있는 자세에서 팔을 들어 머리 위로 공을 2미터 이상 앞으로 멀리 던진다.** **8. 아무것도 붙잡지 않고 한 계단에 한 발씩 번갈아 내디디며 계단을 내려간다.**

48~53개월 (또래수준 범위 : 18~22점)	1. 아무것도 붙잡지 않고 한 발로 3초 이상 서 있는다. 2. 보조 바퀴가 있는 두발자전거를 탈 수 있다. 3. 한 발로 두세 발자국 뛴다. 4. 서 있는 자세에서 팔을 들어 머리 위로 공을 2미터 이상 앞으로 멀리 던진다. 5. 아무것도 붙잡지 않고 한 계단에 한 발씩 번갈아 내디디며 계단을 내려간다. **6. 굴러가는 공을 발로 세운다.** **7. 2미터 거리에서 테니스공 크기의 공을 던지면 두 손으로 잡는다.** **8. 공을 바닥에 한 번 튕길 수 있다.**
54~59개월 (또래수준 범위 : 17~22점)	1. 한 발로 두세 발자국 뛴다. 2. 서 있는 자세에서 팔을 들어 머리 위로 공을 2미터 이상 앞으로 멀리 던진다. 3. 아무것도 붙잡지 않고 한 계단에 한 발씩 번갈아 내디디며 계단을 내려간다. 4. 굴러가는 공을 발로 세운다. 5. 2미터 거리에서 테니스공 크기의 공을 던지면 두 손으로 잡는다. 6. 공을 바닥에 한 번 튕길 수 있다. **7. 무릎 아래 높이로 매어져 있는 줄을 뛰어넘을 수 있다.** **8. 줄넘기를 1회 한다.**
60~65개월 (또래수준 범위 : 18~22점)	1. 굴러가는 공을 발로 세운다. 2. 2미터 거리에서 테니스공 크기의 공을 던지면 두 손으로 잡는다. 3. 공을 바닥에 한 번 튕길 수 있다. 4. 무릎 아래 높이로 매어져 있는 줄을 뛰어넘을 수 있다. **5. 깨금발로 좌우 한 발씩 번갈아 뛴다.** 6. 줄넘기를 1회 한다. **7. 두 손으로 한 발을 잡고, 닭싸움 자세로 세 번 이상 점프한다.** **8. 굴러오는 공을 발로 찰 수 있다.**
66~71개월 (또래수준 범위 : 19~22점)	1. 굴러가는 공을 발로 세운다. 2. 2미터 거리에서 테니스공 크기의 공을 던지면 두 손으로 잡는다. 3. 공을 바닥에 한 번 튕길 수 있다. 4. 무릎 아래 높이로 매어져 있는 줄을 뛰어넘을 수 있다. 5. 깨금발로 좌우 한 발씩 번갈아 뛴다. 6. 줄넘기를 1회 한다. 7. 두 손으로 한 발을 잡고, 닭싸움 자세로 세 번 이상 점프한다. 8. 굴러오는 공을 발로 찰 수 있다.

출처 : 보건복지부 · 질병관리본부(2017). 한국영유아발달선별검사.

2) 소근육 운동 발달

소근육 운동은 영아기 후반부터 팔, 손, 손가락, 눈과의 협응기술이 정교해짐에 따라 발달하게 된다. 물건을 잡기 위해 처음에는 팔 전체와 몸통을 사용하고 다음으로 손바닥 전체를 이용하다가 엄지와 다른 손가락을 사용해 작은 물체를 집을 수 있게 된다. 역시 대근육 운동처럼 전체적인 순서에는 큰 변화가 없으나 발달의 시기는 개인차가 크다.

4개월 영아의 물건 잡기

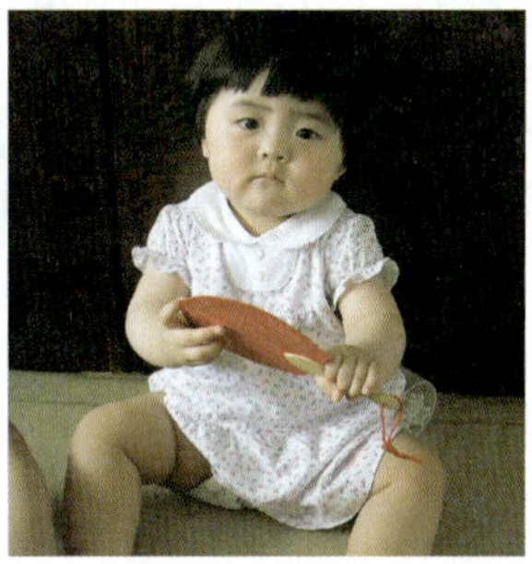
10개월 영아의 물건 잡기

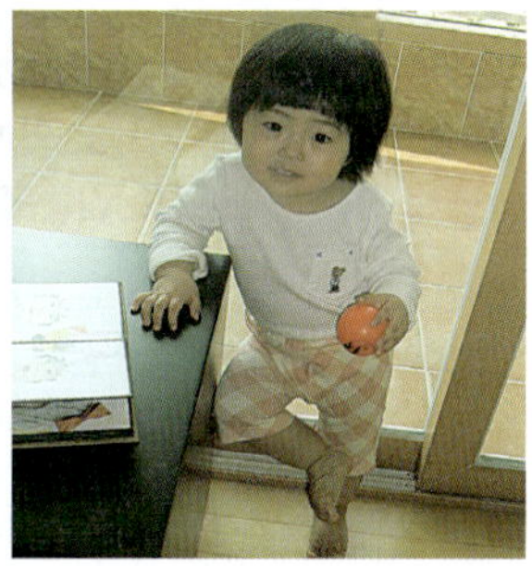
12개월 영아의 물건 잡기

유아기가 되면 그리기, 자르기, 풀칠하기, 블록 쌓기, 인형 옷 입히기 등을 스스로 할 수 있게 된다. 이러한 소근육 운동의 발달은 유아가 스스로 자신의 신변을 돌볼 수 있는 자조기술을 발달시킨다. 스스로 단추를 끼우고, 옷을 입을 수 있고, 흘리지 않고 물이나 음식을 먹을 수 있다. 4~5세경이 되면 정교한 블록, 퍼즐, 어린이용 바느질, 그리기, 구성하기 등이 가능하다. 소근육 운동의 발달은 유아가 자신의 신체와 주변을 스스로 다룰 수 있게 되면서 독립심과 자부심을 느낄 수 있도록 해준다. K-DST(Korean Developmental Screening Test for Infants & Children, 한국영유아발달선별검사)에서 제시한 월령별 소근육 운동 발달은 〈표 5-5〉와 같다.

〈표 5-5〉 K-DST 연령별 소근육 운동 발달 지표

- 각 질문 항목을 '잘 할 수 있다' 3점, '할 수 있는 편이다' 2점, '하지 못하는 편이다' 1점, '전혀 할 수 없다' 0점으로 체크
- K-DST에서는 심화 평가 권고 범위, 추적 검사 요망 범위, 또래수준 범위, 빠른 수준 범위의 점수를 제시하나, 본 표에서는 개월별 '또래수준 범위' 점수만 개월 표기 아래 괄호 내 표기
- 개월별로 최초 제시된 행동 지표는 진하게 표기

개월	행동 지표
4~5개월 (또래수준 범위 : 17~22)	**1. 등을 대고 누운 자세에서 두 손을 가슴 부분에 모은다.** **2. 손에 딸랑이를 쥐여 주면 잠시 쥐고 있다.** **3. 앉은 자세로 안겨있을 때 양손을 모아 쥐거나 손가락을 만진다.** **4. 손에 쥐고 있는 딸랑이를 자기 입으로 가져간다.** **5. 딸랑이를 손 가까이 주면 잡는다.** **6. 앉은 자세로 안겨있을 때 탁자 위의 장난감을 향해 손을 뻗는다.** **7. 작은 장난감을 집어들 때, 손바닥에 대고 손가락으로 감싸 쥔다.**
6~7개월 (또래수준 범위 : 19~22)	1. 앉은 자세로 안겨있을 때 양손을 모아 쥐거나 손가락을 만진다. **2. 장난감을 손에 쥐여 주면 흔든다.** **3. 앉은 자세로 안겨있을 때 탁자 위의 장난감을 향해 손을 뻗는다(장난감이 실제로 손에 닿지 않아도 된다).** 4. 작은 장난감을 집어들 때, 손바닥에 대고 손가락으로 감싸 쥔다. **5. 딸랑이를 쥐고 있는 손에 다른 장난감을 주면 쥐고 있던 딸랑이를 떨어뜨리고 새 장난감을 잡는다.** **6. 손을 뻗어 앞에 있는 물체를 잡는다.** **7. 두 개의 물건을 양손에 각각 따로 쥔다.** **8. 엄지와 다른 손가락을 이용해 작은 과자를 집는다.**
8~9개월 (또래수준 범위 : 19~22)	1. 장난감을 손에 쥐여 주면 흔든다. 2. 작은 장난감을 집어들 때, 손바닥에 대고 손가락으로 감싸 쥔다. 3. 딸랑이를 쥐고 있는 손에 다른 장난감을 주면 쥐고 있던 딸랑이를 떨어뜨리고 새 장난감을 잡는다. 4. 두 개의 물건을 양손에 각각 따로 쥔다. 5. 엄지와 다른 손가락을 이용해 작은 과자를 집는다. **6. 장난감을 한 손에서 다른 손으로 옮겨 쥔다.** **7. 손잡이를 사용하여 컵을 잡는다.** **8. 우유병을 혼자서 잡고 먹는다.**
10~11개월 (또래수준 범위 : 19~22)	1. 딸랑이를 쥐고 있는 손에 다른 장난감을 주면 쥐고 있던 딸랑이를 떨어뜨리고 새 장난감을 잡는다. 2. 두 개의 물건을 양손에 각각 따로 쥔다.

	3. 엄지와 다른 손가락을 이용해 작은 과자를 집는다. 4. 장난감을 한 손에서 다른 손으로 옮겨 쥔다. 5. 손잡이를 사용하여 컵을 잡는다. 6. 우유병을 혼자서 잡고 먹는다. **7. 엄지손가락과 집게손가락 끝을 '집게 모양'처럼 만들어 작은 알약 크기의 과자를 집는다.** **8. 바퀴가 달린 장난감을 잡고 앞으로 굴러가도록 민다.**
12~13개월 (또래수준 범위 : 19~22)	1. 엄지와 다른 손가락을 이용해 작은 과자를 집는다. 2. 손잡이를 사용하여 컵을 잡는다. 3. 우유병을 혼자서 잡고 먹는다. **4. 잡고 있던 물건을 놓치지 않고 내려놓는다.** 5. 엄지손가락과 집게손가락 끝을 '집게 모양'처럼 만들어 작은 알약 크기의 과자를 집는다. 6. 바퀴가 달린 장난감을 잡고 앞으로 굴러가도록 민다. **7. (색)연필의 윗부분을 잡는다[(색)연필의 중간부분이나 아랫부분을 잡으면 '잘 할 수 있다'로 표기하세요].** **8. (색)연필과 종이를 주면 선을 이리저리 그리며 낙서를 한다.**
14~15개월 (또래수준 범위 : 18~22)	1. 손잡이를 사용하여 컵을 잡는다. 2. 잡고 있던 물건을 놓치지 않고 내려놓는다. 3. 바퀴가 달린 장난감을 잡고 앞으로 굴러가도록 민다. 4. (색)연필의 윗부분을 잡는다[(색)연필의 중간부분이나 아랫부분을 잡으면 '잘 할 수 있다'로 표기하세요]. 5. (색)연필과 종이를 주면 선을 이리저리 그리며 낙서를 한다. **6. 블록을 두 개 쌓는다.** **7. 책의 낱장(페이지)를 넘긴다(한 번에 한 장 이상을 넘겨도 된다).** **8. 컵에 건포도와 같은 작은 물건을 넣는 것을 보여주면 따라서 넣는다.**
16~17개월 (또래수준 범위 : 19~22)	1. 잡고 있던 물건을 놓치지 않고 내려놓는다. 2. (색)연필의 윗부분을 잡는다[(색)연필의 중간부분이나 아랫부분을 잡으면 '잘 할 수 있다'로 표기하세요]. 3. (색)연필과 종이를 주면 선을 이리저리 그리며 낙서를 한다. 4. 블록을 두 개 쌓는다. 5. 책의 낱장(페이지)를 넘긴다(한 번에 한 장 이상을 넘겨도 된다). 6. 컵에 건포도와 같은 작은 물건을 넣는 것을 보여주면 따라서 넣는다. **7. 숟가락을 바르게 들어(음식물이 쏟아지지 않도록) 입에 가져간다.** **8. (색)연필의 중간 부분을 잡는다[(색)연필의 아랫부분을 잡으면 '잘 할 수 있다'로 표기하세요].**

18~19개월 (또래수준 범위 : 18~22)	1. (색)연필의 윗부분을 잡는다[(색)연필의 중간부분이나 아랫부분을 잡으면 '잘 할 수 있다'로 표기하세요]. 2. (색)연필과 종이를 주면 선을 이리저리 그리며 낙서를 한다. 3. 블록을 두 개 쌓는다. 4. 책의 낱장(페이지)를 넘긴다(한 번에 한 장 이상을 넘겨도 된다). 5. 숟가락을 바르게 들어(음식물이 쏟아지지 않도록) 입에 가져간다. 6. (색)연필의 중간 부분을 잡는다[(색)연필의 아랫부분을 잡으면 '잘 할 수 있다'로 표기하세요]. **7. 블록을 네 개 쌓는다.** **8. 블록 두 개 이상을 옆으로 나란히 줄을 세운다.**
20~21개월 (또래수준 범위 : 18~21)	1. (색)연필과 종이를 주면 선을 이리저리 그리며 낙서를 한다. 2. 블록을 두 개 쌓는다. 3. 숟가락을 바르게 들어(음식물이 쏟아지지 않도록) 입에 가져간다. 4. (색)연필의 중간 부분을 잡는다[(색)연필의 아랫부분을 잡으면 '잘 할 수 있다'로 표기하세요]. 5. 블록을 네 개 쌓는다. 6. 블록 두 개 이상을 옆으로 나란히 줄을 세운다. **7. 손을 닿게 해주면 벽면 전등 스위치를 켜고 끈다.** **8. 문손잡이를 돌려서 연다.**
22~23개월 (또래수준 범위 : 17~21)	1. 숟가락을 바르게 들어(음식물이 쏟아지지 않도록) 입에 가져간다. 2. (색)연필의 중간 부분을 잡는다[(색)연필의 아랫부분을 잡으면 '잘 할 수 있다'로 표기하세요]. 3. 블록을 네 개 쌓는다. 4. 블록 두 개 이상을 옆으로 나란히 줄을 세운다. 5. 손을 닿게 해주면 벽면 전등 스위치를 켜고 끈다. 6. 문손잡이를 돌려서 연다. **7. (색)연필의 아랫부분을 잡는다.** **8. 유아용 가위를 주면 실제로 종이를 자르지는 못해도 한 손으로 종이를 잡고 다른 손으로는 가위 날을 벌리고 오므리며 종이를 자르려고 시도한다.**
24~26개월 (또래수준 범위 : 15~21)	1. 숟가락을 바르게 들어(음식물이 쏟아지지 않도록) 입에 가져간다. 2. 블록을 네 개 쌓는다. 3. 블록 두 개 이상을 옆으로 나란히 줄을 세운다. 4. 문손잡이를 돌려서 연다. 5. (색)연필의 아랫부분을 잡는다. 6. 유아용 가위를 주면 실제로 종이를 자르지는 못해도 한 손으로 종이를 잡고 다른 손으로는 가위 날을 벌리고 오므리며 종이를 자르려고 시도한다.

	7. 신발 끈 구멍이나 구슬 구멍에 끈을 끼운 후 빼낸다. **8. 수평선 그리는 시범을 보여주면 흉내 내어 그린다(이미 그려져 있는 선 위에 따라 그리는 것은 해당되지 않는다).**
27~29개월 (또래수준 범위 : 16~20)	1. 블록 두 개 이상을 옆으로 나란히 줄을 세운다. 2. 문손잡이를 돌려서 연다. 3. (색)연필의 아랫부분을 잡는다. 4. 유아용 가위를 주면 실제로 종이를 자르지는 못해도 한 손으로 종이를 잡고 다른 손으로는 가위 날을 벌리고 오므리며 종이를 자르려고 시도한다. 5. 신발 끈 구멍이나 구슬 구멍에 끈을 끼운 후 빼낸다. 6. 수평선 그리는 시범을 보여주면 흉내 내어 그린다(이미 그려져 있는 선 위에 따라 그리는 것은 해당되지 않는다). **7. 엄지와 다른 손가락으로 (색)연필, 크레용 또는 펜 등을 잡는다.** **8. 자신의 옷이나 인형 옷의 단추를 푼다.**
30~32개월 (또래수준 범위 : 15~21)	1. 문손잡이를 돌려서 연다. 2. (색)연필의 아랫부분을 잡는다. 3. 유아용 가위를 주면 실제로 종이를 자르지는 못해도 한 손으로 종이를 잡고 다른 손으로는 가위 날을 벌리고 오므리며 종이를 자르려고 시도한다. 4. 신발 끈 구멍이나 구슬 구멍에 끈을 끼운 후 빼낸다. 5. 수평선 그리는 시범을 보여주면 흉내 내어 그린다(이미 그려져 있는 선 위에 따라 그리는 것은 해당되지 않는다). 6. 엄지와 다른 손가락으로 (색)연필, 크레용 또는 펜 등을 잡는다. 7. 자신의 옷이나 인형 옷의 단추를 푼다. **8. 원이 그려진 것을 보여주면 원을 그린다(그리는 과정의 시범을 보지 않고도 그려야 한다).**
33~35개월 (또래수준 범위 : 15~21)	1. 신발 끈 구멍이나 구슬 구멍에 끈을 끼운 후 빼낸다. 2. 수평선 그리는 시범을 보여주면 흉내 내어 그린다(이미 그려져 있는 선 위에 따라 그리는 것은 해당되지 않는다). 3. 자신의 옷이나 인형 옷의 단추를 푼다. 4. 원이 그려진 것을 보여주면 원을 그린다(그리는 과정의 시범을 보지 않고도 그려야 한다). **5. 십자(+) 그리는 시범을 보여주면 흉내 내서 그린다(이미 그려져 있는 선 위에 따라 그리는 것은 해당되지 않는다).** **6. 종이를 두 번 연달아 접는다(접은 선은 정확하지 않아도 된다).** **7. 그려진 점선을 따라 선을 그린다.** **8. 사각형이 그려진 것을 보여주면 사각형을 그린다(그리는 과정의 시범을 보지**

	않고도 그려야 한다. 또한 각이 교차되도록 그리는 것은 괜찮지만, 둥글거나 좁은 각으로 그리는 것은 해당되지 않는다).
36~41개월 (또래수준 범위 : 15~21)	1. 자신의 옷이나 인형 옷의 단추를 푼다. 2. 원이 그려진 것을 보여주면 원을 그린다(그리는 과정의 시범을 보지 않고도 그려야 한다). 3. 종이를 두 번 연달아 접는다(접은 선은 정확하지 않아도 된다). 4. 그려진 점선을 따라 선을 그린다. 5. 사각형이 그려진 것을 보여주면 사각형을 그린다(그리는 과정의 시범을 보지 않고도 그려야 한다. 또한 각이 교차되도록 그리는 것은 괜찮지만, 둥글거나 좁은 각으로 그리는 것은 해당되지 않는다). **6. 가위로 직선을 따라 똑바로 오린다.** **7. 뚜껑을 돌려서 연다.** 8. 십자(+) 그리는 시범을 보여주면 흉내 내서 그린다(이미 그려져 있는 선 위에 따라 그리는 것은 해당되지 않는다).
42~47개월 (또래수준 범위 : 16~22)	1. 자신의 옷이나 인형 옷의 단추를 푼다. 2. 원이 그려진 것을 보여주면 원을 그린다(그리는 과정의 시범을 보지 않고도 그려야 한다). 3. 종이를 두 번 연달아 접는다(접은 선은 정확하지 않아도 된다). 4. 그려진 점선을 따라 선을 그린다. 5. 사각형이 그려진 것을 보여주면 사각형을 그린다(그리는 과정의 시범을 보지 않고도 그려야 한다. 또한 각이 교차되도록 그리는 것은 괜찮지만, 둥글거나 좁은 각으로 그리는 것은 해당되지 않는다). 6. 가위로 직선을 따라 똑바로 오린다. 7. 십자(+) 그리는 시범을 보여주면 흉내 내서 그린다(이미 그려져 있는 선 위에 따라 그리는 것은 해당되지 않는다). **8. 블록으로 계단 모양을 만든다.**
48~53개월 (또래수준 범위 : 17~22)	1. 사각형이 그려진 것을 보여주면 사각형을 그린다(그리는 과정의 시범을 보지 않고도 그려야 한다. 또한 각이 교차되도록 그리는 것은 괜찮지만, 둥글거나 좁은 각으로 그리는 것은 해당되지 않는다). 2. 가위로 직선을 따라 똑바로 오린다. 3. 십자(+) 그리는 시범을 보여주면 흉내 내서 그린다(이미 그려져 있는 선 위에 따라 그리는 것은 해당되지 않는다). 4. 블록으로 계단 모양을 만든다. **5. 색칠 공부의 그림 속에 색을 칠한다.** **6. 종이에 그려진 네모를 가위로 오린다.** **7. 블록으로 피라미드 모양을 쌓는다.**

	8. 엄지손가락과 다른 네 손가락을 차례로 맞닿게 한다(반대편 네 손가락이 아니고 같은 손이어야 한다.)
54~59개월 (또래수준 범위 : 18~22)	1. 색칠 공부의 그림 속에 색을 칠한다. 2. 종이에 그려진 네모를 가위로 오린다. 3. 블록으로 피라미드 모양을 쌓는다. 4. 엄지손가락과 다른 네 손가락을 차례로 맞닿게 한다(반대편 네 손가락이 아니고 같은 손이어야 한다.) **5. 삼각형이 그려진 것을 보여주면 삼각형을 그린다(그리는 과정의 시범을 보지 않고도 그려야 한다).** **6. 아이의 이름을 적어주면 쓰여진 자기 이름을 보고 따라 쓴다(글자의 크기나 순서가 바뀌었거나 뒤집혔어도 된다).** **7. 종이에 그려진 동그라미를 가위로 오린다.** **8. 간단한 자동차 모양을 흉내 내어 그린다.**
60~65개월 (또래수준 범위 : 20~22)	1. 종이에 그려진 네모를 가위로 오린다. 2. 블록으로 피라미드 모양을 쌓는다. 3. 엄지손가락과 다른 네 손가락을 차례로 맞닿게 한다(반대편 네 손가락이 아니고 같은 손이어야 한다.) 4. 삼각형이 그려진 것을 보여주면 삼각형을 그린다(그리는 과정의 시범을 보지 않고도 그려야 한다). 5. 종이에 그려진 동그라미를 가위로 오린다. 6. 간단한 자동차 모양을 흉내 내어 그린다. **7. 주전자나 물병의 물을 거의 흘리지 않고 컵을 붓는다.** **8. 마름모가 그려진 것을 보여주면 마름모를 그린다(그리는 과정의 시범을 보지 않고도 그려야 한다).**
66~71개월 (또래수준 범위 : 20~22)	1. 엄지손가락과 다른 네 손가락을 차례로 맞닿게 한다(반대편 네 손가락이 아니고 같은 손이어야 한다.) 2. 삼각형이 그려진 것을 보여주면 삼각형을 그린다(그리는 과정의 시범을 보지 않고도 그려야 한다). 3. 종이에 그려진 동그라미를 가위로 오린다. 4. 간단한 자동차 모양을 흉내 내어 그린다. 5. 주전자나 물병의 물을 거의 흘리지 않고 컵을 붓는다. 6. 마름모가 그려진 것을 보여주면 마름모를 그린다(그리는 과정의 시범을 보지 않고도 그려야 한다). **7. 집, 나무, 동물 같은 사물을 알아 볼 수 있게 그린다.** **8. 리본 묶기를 한다.(예 운동화 끈)**

출처 : 보건복지부 · 질병관리본부(2017). 한국영유아발달선별검사.

토론하기 왼손잡이 유아, 오른손잡이로 교정해야 할까요?

- ◆ 평소 왼손잡이에 대한 당신의 인식은 어떠한가요?
- ◆ 일상생활 속에서 오른손잡이 중심의 환경은 어떤 것이 있을까요?
- ◆ 당신의 자녀나 학생이 왼손잡이라면 오른손을 사용하도록 교정을 해야 할까요?

매년 8월 13일이 어떤 날인지 대다수 사람은 알지 못한다. 이날은 '세계 왼손잡이의 날'이다. 오른손잡이 중심 사회에서 왼손잡이가 겪는 불편을 개선하고, 왼손을 쓰는 게 바람직하지 못하다는 편견에서 벗어나기 위해 만든 날이다. 세계 최초로 국제왼손잡이협회를 창립한 미국인 딘 캠벨의 생일을 기념해 1976년 처음 제정됐다.

전 세계적으로 왼손잡이 비율은 평균 10% 안팎으로 조사되고 있다. 우리나라는 어떨까? 2002년 한국갤럽이 조사한 결과를 보면, 우리나라 성인의 4%가 왼손잡이였다. 한국갤럽은 11년이 지난 2013년 왼손잡이 비율을 다시 알아봤다. 왼손잡이 비율은 5%로 나왔다. 20대에서 8%, 30대와 40대에서 6%, 50대 3%, 60대 이상 2%였다.

우리나라의 20대 왼손잡이 비율 8%는 세계 평균에 근접한 수치다. 하지만 나이가 많을수록 왼손잡이 비율은 떨어졌다. 오른손잡이 위주 사회에 비주류로 살면서 오른손이나 양손잡이로 '전향'했기 때문으로 보인다. 전체 응답자 가운데 왼손으로 식사하는 사람은 4%, 왼손으로 필기하는 사람은 이보다 적은 1%였다. 왼손잡이만 놓고 보면, 55%만이 왼손으로 밥을 먹고, 20%만이 왼손으로 글을 쓰는 것으로 나타났다.

역사적으로 보면 왼손잡이는 개인적 불편함 차원을 넘어 차별받기까지 했다. 20세기 초반에야 오스트레일리아가 세계 최초로 학교에서 왼손 글쓰기를 허용했다. 미국은 1920년, 유럽에선 1950~1960년대가 되어서였다.

딸이 왼손잡이인 노 아무개 씨가 얘기를 받았다. "왼손으로 글씨를 쓰면 허리에 부담되고 손목에도 부담된다고 해서 걱정이에요. 부모로서 오른손으로 글을 썼으면 하는데…"라고 했다. 이 말을 듣고 왼손잡이인 정 아무개 씨는 어린 시절 기억이 떠올랐다. 정 씨는 왼손으로 밥을 먹다가 밥상머리에서 할아버지에게 "왼손으로 밥을 먹느냐"며 뒤통수를 맞기도 했다. 할아버지는 정 씨 어머니에게도 "아이 교육 어떻게 한 거냐, 버릇없이 밥을 왼손으로 먹게 놔두냐"고 호통을 쳤다고 했다. 화제는 노 씨가 다니는 미용실의 가위로 이어졌다. 그 미용실 주인이 왼손잡이란다. 미용사 가위는 꽤 비싼데, 보통 하나에 100만 원가량 한다고 했다. 그런데 왼손잡이 가위는 찾기도 힘든 데다 별도 제작을 주문해야 해서 가격이 200만 원이 넘는다고 했다.

출처 : 한겨레신문(2024. 8. 10). 『그래, 난 왼손잡이야』 기사 중 일부 발췌.

4. 신체운동 발달에 영향을 미치는 요인

영유아기 신체운동 발달에 영향을 미치는 요인은 크게 영양결핍, 비만, 수면, 스트레스 등을 들 수 있다.

1) 영양결핍

영양섭취는 영유아기 신체운동 발달과 직결되는 요소이다. 신체는 건강하게 기능하고 성장하기 위해 각종 영양소가 적절하게 공급되어야 한다. 그러나 2012 World Hunger and Poverty Facts and Statistics(World Hunger Education Service, 2012)에 의하면 매년 사망하는 어린이 1,090만 명 중 절반에 달하는 500만 명 이상이 영양 부족으로 사망하는 것으로 보고되었다. 대부분의 경우, 어머니들이 영양결핍에 걸려 있기 때문에 아이들은 태어나기도 전부터 영양 부족의 위협에 놓여 있다. 개발도상국에서 영양결핍 상태의 산모들이 출산하는 아기들은 6명 중 한 명이 저체중으로 태어난다. 이는 신생아 사망의 요인이 될 뿐만 아니라 학습장애, 지체장애, 허약체질, 실명, 조기사망 등을 유발하기도 한다. 단백질과 에너지원의 결핍으로 인한 영양실조 이외에 미량 영양소의 부족 또한 건강한 성장과 발달에 영향을 미친다. 비타민 A의 결핍은 야맹증을 야기하고 질병에 대한 면역력을 저하시키며, 영유아의 성장을 지연시킨다. 세계 인구의 30%가 넘는 20억 명이 철분 부족으로 인한 빈혈을 겪고 있다. 영유아가 충분한 철분을 섭취하지 못하면 감염에 취약해지며 사망률도 높아지는 것으로 보고 있다.

영양결핍
섭취하는 에너지보다 소비하는 에너지가 많을 때 생기는 질환

영양소결핍
특정 영양소가 부족하여 생기는 질환

2) 비 만

일부 영유아들이 영양결핍으로 건강한 발달을 이루지 못하는 것과는 반대로 최근에는 비만 역시 건강한 발달의 저해요인 중 하나가 되었다. 경제

비만
체내에 지방조직이 과대하게 축적된 상태

사정이 좋지 않았던 1960~1970년대까지만 하더라도 영유아는 통통한 것이 좋다는 인식이 있었지만, 현재는 소아비만의 심각성을 대부분의 사람들이 인식하고 있다. 영유아 비만의 가장 큰 문제는 제대로 치료하지 않을 경우 60% 이상이 성인비만으로 이어질 뿐 아니라 그 자체가 소아 및 청소년기에 당뇨병, 고혈압, 지방간, 고지혈증 같은 성인병을 불러올 수 있다는 것이다. 또한 비만은 성조숙증 및 성장장애를 동반할 수 있고 이는 외모를 중요시 여기는 사회적 분위기와 맞물려 자아존중감의 상실과 심하면 우울증 등의 심리적 문제를 일으킬 수도 있다. 영아의 경우 너무 이른 시기부터 물 대신 어린이용 주스나 청량음료를 마시게 하거나 과자나 인스턴트식품에 접하게 하는 것과 TV, 컴퓨터, 스마트폰 등을 통한 놀이활동에 접하게 해서 신체 활동의 시간이 줄어들게 하는 것 등이 비만의 원인이 될 수 있다.

특정 영양소가 결핍되는 것을 방지하고 유아기의 건강한 신체운동 발달을 위해서는 영양적으로 균형 잡힌 식단을 제공하는 것이 필요하다. 탄수화물, 단백질, 비타민, 무기질 등 영양의 균형을 갖춘 음식을 골고루 섭취해야 하며, 지방, 염류, 당분 등은 소아비만 예방을 위해 섭취 시 양을 조절해야 한다.

보건복지부와 한국영양학회(2021)에서는 2020 한국인 영양소 섭취기준 식품구성자전거 모형을 통해 균형 있는 식사, 충분한 물 섭취, 규칙적인 운동 및 식사와의 균형을 통한 건강체중 유지의 중요성에 대해 제시하고 있다.

| 그림 5-6 | 2020 한국인 영양소 섭취기준 식품구성자전거

출처 : 보건복지부·한국영양학회(2021). 2020 한국인 영양소 섭취기준 활용 연구.

3) 수 면

수면은 유아의 성장에 중요한 영향을 미친다고 알려져 있다. 성장호르몬의 분비는 낮에 비해서 밤에 더 높고 성장호르몬의 최대 분비는 숙면이 시작된 후 1시간 이내에 나타나기 때문이다. 일반적으로 수면시간이 길면 성장 발달에 긍정적 영향을 준다고 보고 있으나, 수면시간보다 수면의 질이 더 중요한 요소이다. 최민형 등(2012)의 연구에 의하면, 수면 중 놀라서 깨는 경험은 신장에 영향을 미치고, 잠들 때 조용한 환경을 조성하지 못하는 것은 체중에 영향을 줄 수 있다고 나타났다. 유아에게 질적으로 우수한 수면 환경을 만들어 주기 위해서는 일과와 수면의 규칙적 생활패턴을 유지해서 일정 시간 잠들 수 있도록 유도하고, 수면장소는 조용하고 어둡고 텔레비전이 없어야 하며, 잠들기 전 동화책 듣기와 같은 수면의식을 동일하게 유지할 수 있도록 하는 것이 중요하다.

읽을거리 모유 수유와 비만의 관계

세계보건기구(WHO)에서 수행한 연구에 따르면(WHO, 2019) 최소 6개월 동안 모유만으로 수유된 아이들은 그렇지 않은 아이들에 비해 소아비만 위험이 최대 25%까지 감소할 수 있다는 결과가 나왔다. 구체적으로, 전혀 모유 수유를 하지 않은 아이들 중 16.8%가 비만이었던 반면, 모유 수유를 한 경험이 있는 아이들은 13.2%, 6개월 이상 모유 수유를 받은 아이들은 9.3%가 비만이었다. 모유 수유를 전혀 받지 않은 어린이는 비만일 가능성이 22% 더 높았고, 6개월 미만 모유 수유를 받은 어린이는 6개월 모유 수유를 받은 어린이보다 비만일 가능성이 12% 더 높은 것으로 설명할 수 있었다.

또한 다른 연구에서도 모유 수유 기간이 길어질수록 아이들의 체질량지수(BMI)가 낮아지고, 조기 이유식을 도입한 아이들보다 나중에 도입한 아이들이 더 낮은 BMI를 보였다. 출생 시와 3개월, 9개월, 18개월, 42개월, 60개월에 수집된 데이터를 분석한 결과, 6개월 이상 모유 수유를 한 아동은 6개월 미만 동안 모유 수유를 받은 아동에 비해 3개월에서 60개월까지 모든 연령에서 BMI가 낮은 것으로 나타났다(Zheng, M., Cameron, A. J., Birken, C. S., Keown-Stoneman, C., Laws, R., Wen, L. M., & Campbell, K. J., 2020)

WHO는 모유 수유는 영아의 영양 공급뿐만 아니라 비만 예방에도 큰 도움을 줄 수 있는 중요한 요소로 보고 생후 6개월까지는 모유 수유만을 권장하며, 이후에는 보충 식품과 함께 2년 이상 지속할 것을 권고하고 있다.

4) 스트레스

유아의 스트레스는 부모의 사망, 이혼, 유아의 장기간 입원, 부모로부터의 학대 등과 같은 중대한 생애 사건 스트레스와 일상생활에서 경험할 수 있는 좌절감과 긴장감을 유발시키는 일상적 생활사건 스트레스가 있다. 중대한 생애 사건 스트레스는 유아의 성장호르몬 생성을 방해하여 상대적으로 성장 발달의 지연에 영향을 미칠 수 있다. 또한 일상적 생활사건 스트레스 역시 지속적으로 반복하여 발생되면 심신의 건강에 큰 영향을 미치는 것으로 보고 있다. 유아의 스트레스 반응으로는 성장 발달 지연, 두통, 수면문제, 복통 등의 신체적 문제와 짜증, 우울 등의 심리적 문제로 나타날 수 있다(문혁준 외, 2014; 염현경, 1998). 뿐만 아니라 유아 스트레스는 수면을 방해하고 심하면 스트레스 호르몬이 과다 분비되어 뇌 발달에도 부정적 영향을 끼친다. 유아의 스트레스를 방지하기 위해서는 유아가 정서적으로 안정될 수 있도록 물리적으로 안정된 환경을 제공하고, 안정된 일상생활의 패턴을 유지하며, 양육자가 정서적으로 안정되어 심리적 안전기지 역할을 해줄 수 있어야 한다.

5. 뇌 발달과 경험

영유아는 태내에서부터 뇌와 중추신경계가 기초 감각 및 운동 기능을 지원해 준다. 예를 들면, 태아는 소리를 구분하는 뚜렷한 반응을 하고, 자연스럽게 움직이기도 한다. 태아의 이러한 기본 능력은 주변의 말소리와 엄마의 말소리를 인식할 수 있도록 해주고 이것은 태아가 출생 후 새로운 환경에 조기에 적응하는 것을 가능하게 하는 준비이다. 신체운동 발달뿐만 아니라 모든 영역의 발달은 뇌 발달과 직접적인 관련이 있다. 최근에는 영유아기 뇌 발달의 중요성에 대한 관심이 증가되면서 관련된 연구가 활발하게 이루어지고 있다. 출생 시 뇌는 성인 뇌의 25% 정도인 350g 정도밖에 되지 않지만, 생후 3년 후 1,000g 정도로 성장하며 이후 10세까지 빠르게 성장하여 사춘기가 지나면서 성인 뇌 무게인 1,300~1,500g에 도달한다(서유헌, 2010). 즉, 영유아의 뇌 무게는 성인 뇌의 70~90%로 증가한다. 뇌는 무게가 증가할 뿐 아니라, 수많은 시냅스가 형성된다. 유아기는 영아기에 형성된 뇌의 신경연결망을 공고화하기 위해 매우 중요한 시기이다(문혁준 외, 2014).

1) 중추신경체계의 구조

대뇌피질
대뇌 표면에 위치한 회백질의 신경세포

인간의 복합적 행동이 가능한 것은 중추신경계라는 신경연결 시스템 때문이다. 중추신경계는 척추, 뇌간(소뇌), 대뇌피질의 세 가지 주요 부분으로 나누어진다.

척추는 관 모양의 신경다발로 척추뼈에 감싸여 보호되어 뇌에서부터 허리 아래까지 연결되어 있다.

척추의 신경들은 뇌에서부터 척추까지 연결되어 신체의 특정 영역과 의사소통하는 메시지를 주고받는다. 어떤 신경은 뇌에서부터 피부, 다른 신체 부분, 장기까지 정보를 전달하고 또 다른 신경은 뇌에서 다양한 신체 부위, 근육의 움직임을 시작하도록 메시지를 전달한다.

뇌는 척추 가장 위의 바깥 부분에 위치해 있다. 뇌의 가장 아랫부분은 뇌간이다. 뇌간은 반사적 눈 깜박임, 빨기와 같은 기본 반응, 그리고 호흡과 수면과 같은 생명유지에 필요한 기능을 통제한다. 이러한 모든 능력은 태내발달 마지막 단계에 기본적으로 형성된다. 출생 시 뇌간은 중추신경계 중 매우 높은 수준으로 발달된 부분 중 하나이다.

대뇌피질은 뇌의 가장 바깥층이며 가장 복잡한 시스템을 가지고 있다. 대뇌피질은 패턴을 지각하고 복잡한 작업기억을 수행하며, 계획하고, 의사결정하고, 말하기 위한 과정을 처리하는 영역이다. 대뇌피질은 두 개의 반구로 나누어져 있는데, 각각은 다시 깊은 홈으로 나누어진 네 개의 영역(엽)으로 나누어져 있다. 후두엽은 시각, 측두엽은 청각과 언어, 두정엽은 공간지각, 전두엽은 행동과 사고가 가능하도록 다른 피질영역을 통제하고 조직화하는 것을 담당한다.

이러한 기능을 담당하는 피질영역의 세분화에도 불구하고, 많은 기능은 영역 사이의 상호작용을 통해 이루어진다. 더욱이 인간의 피질은 다른 동물과 달리 많은 영역이 외부의 자극에 곧바로 반응하도록 미리 결정되어 있지 않다. 이러한 미지정된 영역은 영아가 가지는 경험에 의해 성장하고 변화된다. 이것을 뇌의 가소성(brain plasticity)이라 부른다. 출생 시 대뇌피질의 회로는 척추나 뇌간에 비해 거의 성숙되어 있지 않고 환경으로부터 자극을 받는 하단의 신경계 부분과 연결되어 있지 않다. 상대적으로 성숙되어 있는 척추와 뇌간은 움직임, 시각자극에 대한 반응, 심지어 피질의 관여가 없는 기초 학습 형성을 가능하게 한다(Woodruff-Pak, Logan, & Thompson, 1990).

뇌의 가소성
자극에 의해 뇌 발달이 일어나고 지속되는 뇌의 유연성을 설명하는 용어

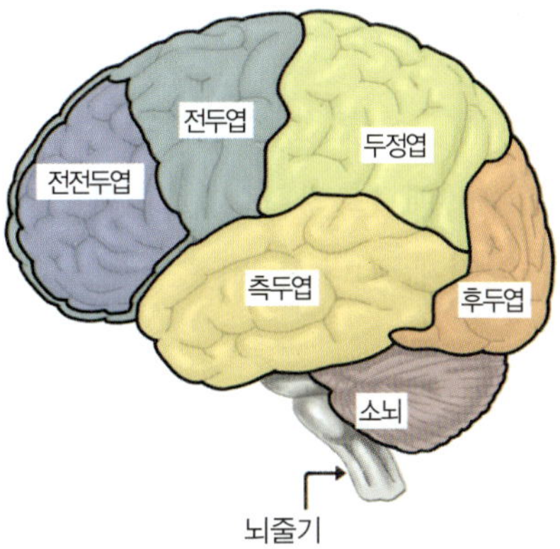

| 그림 5-7 | 대뇌피질

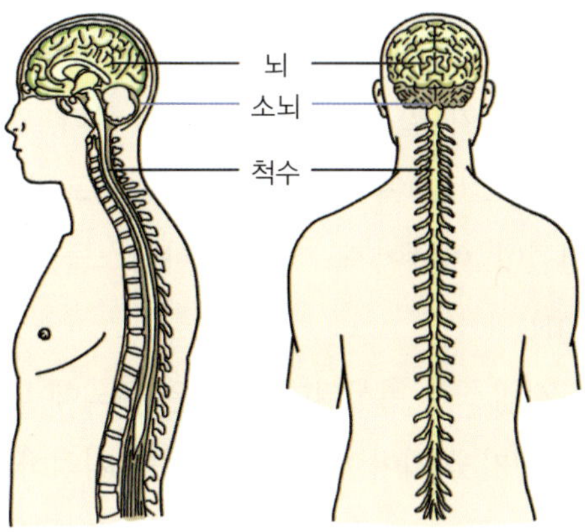

| 그림 5-8 | 중추신경계

2) 뉴런과 뉴런의 조직화

뇌는 매우 복잡하게 연결된 신경세포(neuron) 간의 의사소통 시스템이다. 뉴런은 의사소통을 위해 다른 뉴런과의 연결지점까지 축색돌기(axon)를 따라 작은 전기자극을 보내 정보를 전달하고 수상돌기(dendrite)라고 불리는 여러 갈래의 돌출부를 통해 다른 세포의 축색돌기로부터 온 정보를 받는다. 하나의 축색돌기와 다른 뉴런의 수상돌기 사이의 연결을 시냅스(synapse)라고 부른다. 뉴런의 축색돌기로부터 온 전기적 자극이 시냅스에 도착하면

신경세포(뉴런)
전기적·화학적 자극을 다른 세포에 전달하는 신경계의 기본 단위

시냅스
뉴런의 신호를 전달하는 기능을 하는 축색돌기와 다른 뉴런의 신호를 받는 역할을 하는 수상돌기의 연결

신경전달물질이 분비되면서 다른 뉴런으로 전달된다. 두 뉴런의 결합은 뉴런 연결망의 가장 단순한 기본 형태이다. 더 복잡한 조직화가 수상돌기와 축색돌기의 상호연결을 통해 형성된다. 수억 개의 뉴런 사이에 존재하는 복잡한 연결망의 형성은 다양하고 무한한 뇌 활동과 기능을 가능하게 한다.

성인기까지 일어나는 뇌의 성장은 두 가지에 의해 일어나는데, 첫 번째는 정보를 받는 수상돌기와 정보를 전달하는 축색돌기의 결합이 증가하는 것이다. 뇌의 신경세포의 수는 태어날 때 약 1,000억 개로 가장 많은 수를 가지고 있다. 뇌의 발달은 이 신경세포 간의 치밀한 연결 정도에 따라 결정된다. 시냅스 형성은 이미 출생 전부터 일어나지만 만 3세에서 6세에 이르는 시기가 일생에서 가장 활발하다. 출생 직후, 2~3년간은 하나의 신경세포가 15,000여 개의 다른 신경세포와 연결되며 매 1초마다 약 700여 개의 연결이 이루어져 새로운 시냅스들이 만들어지게 된다(Kuhl & Meltzoff, 2011).

시냅스가 형성된다는 것은 두뇌에 다양한 기능을 위해 필요한 저장 공간이 생기게 되어 더 많은 정보를 기억하고 인출할 수 있게 되고, 두뇌와 감각기관, 두뇌와 우리 몸의 각 기관, 두뇌와 근육들 사이에 신호전달 체계가 만들어지면서 우리 몸을 자유롭게 조절하는 기능이 생기게 된다는 것을 의미한다.

만 3세경이 되면 그 수가 성인의 두뇌에 있는 시냅스 수의 약 2배 정도에 달하게 된다. 이때 두뇌는 만들어졌던 시냅스와 신경회로들 중 자주 사용되지 않는 것들의 연결이 자연스럽게 끊어져 소멸되는 가지치기(pruning) 현상이 나타난다. 그 결과 성인기의 두뇌는 만 3세경의 두뇌에 비해 절반에 해당하는 수의 시냅스와 신경회로만 남게 된다. 가지치기 과정은 뇌가 더 효율적이고 활동적인 기능을 수행하기 위해 반드시 필요한 과정으로 유전적으로 정해진 과정을 따르는 것이다(Keuroghlian & Knudsen, 2007).

두 번째 뇌 성장의 이유는 두뇌 속에 존재하는 신경세포들을 연결하는 수상돌기와 축색돌기에 보호덮개인 수초가 형성되는 것이다. 이는 축색돌기를 절연처리해 주는 지방세포 덮개이다. 이것은 신경회로를 통해 정보가 전달될 때 이들이 손상받지 않게 하면서 정보전달 속도를 높인다. 수초화된 축색돌기는 뇌의 여러 부분에서 더 효과적인 연결과 의사소통을 가능하게 만들어 10배에서 100배까지 더 빠르게 정보를 전달하게 한다(Nelson, 2001).

수초화
수상돌기와 축색돌기에 보호덮개인 수초가 형성되는 현상

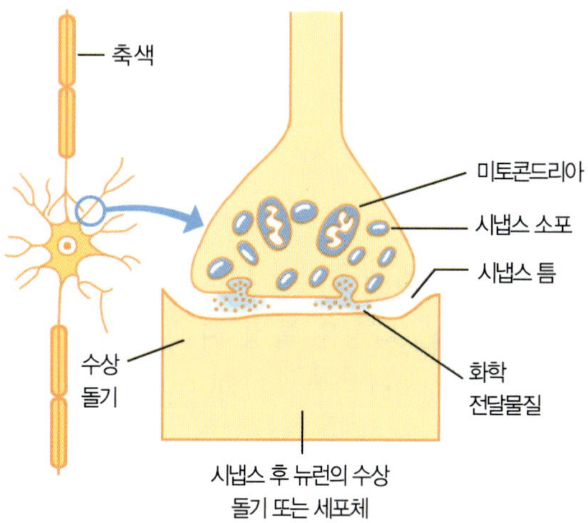

| 그림 5-9 | 뉴런과 시냅스

3) 경험과 뇌 발달

유기체와 환경 사이의 상호작용에 의해 일어나는 발달의 원리는 행동발달뿐 아니라 뇌 발달에서도 역시 동일하게 적용된다. 발달학자들은 뇌 발달의 두 가지 원리를 제시하는데 경험기대(experience–expectant) 발달과 경험의존(experience–dependent) 발달이 그것이다(Bruer & Greenough, 2001).

경험기대 발달과정은 인간의 발달과정에서 보편적인 경험을 기대한다는 것이다. 예를 들면, 시각 대뇌피질의 발달은 아기가 빛과 어둠 사이의 경계나 형태를 보는 것과 같은 특정한 시각적 경험에 대비한다. 언어와 관련된 뇌의 부분은 영아가 언어를 학습하는 과정을 준비하도록 어느 정도 발달한다. 모든 인간은 시각적 패턴, 빛과 어둠의 경계 등을 경험하고 이것은 우리가 한 물체와 다른 물체를 구별하도록 돕는다. 뇌 발달의 경험기대 과정은 영아가 기본적인 인간의 행동과 능력을 습득하기 위해 환경을 활용할 수 있도록 한다. 뇌 발달의 민감기 동안에 뇌가 기대하고 있는 경험이 부족한 경우, 맹인이 되거나 또는 정상적으로 발달하는 데 실패할 수도 있다(Hubel & Weisel, 2004).

경험기대 뇌 발달 모델의 증거는 시냅스의 급증-소멸의 패턴에서 찾아볼 수 있다. 발달의 몇 시점 동안에 시냅스 형성이 폭발적으로 증가하는 변화가 보이는 시냅스 과잉 형성을 볼 수 있다. 이것은 유기체가 성장하면서 겪게 될 특정 경험에서 요구되는 것보다 더 많은 시냅스가 미리 형성되는 것이다. 다시 말하면, 시냅스 과잉은 특정 시점에서 기대하는 경험에 대비해 뇌가 미리 준비를 하는 것이다. 시간이 지나면서 사용되지 않은 여분의 시냅스가 소멸하는 신경망 가지치기 현상이 나타난다(Webb, Monk, & Nelson, 2001).

가지치기 현상
시냅스와 신경회로들 중 자주 사용되지 않는 것들의 연결이 자연스럽게 끊어져 소멸되는 현상

경험기대 뇌 발달과 대조적으로 경험의존 뇌 발달은 시냅스가 각 종의 보편적인 경험에 의해 형성되지 않고 대신에 특정 개인의 특별한 경험에 의해 반응한다고 본다. 경험의존 발달과정은 유기체가 환경에서 새롭고 변화된 정보를 습득함으로써 발달한다. 이러한 경험의존 뇌 발달과 환경의 상호작용은 인간이 환경으로부터 학습하는 것을 가능하게 한다.

경험의존 뇌 발달의 예는 로젠즈윅(Rosenzweig, 1984)의 연구에서 시작되었다. 실험용 쥐를 세 집단으로 나누어 세 개의 다른 환경에서 길렀다. 두 집단의 쥐는 일반적인 실험용 우리에서 충분한 음식과 물만을 제공하며 개인 또는 공동생활을 하도록 길렀다. 대조적으로 세 번째 집단의 쥐들에게

는 풍부한 자극을 제공해 주었다. 놀잇감이 갖추어진 큰 우리에서 함께 살도록 했고, 흥미가 유지되도록 놀잇감을 매일 바꾸어 주었다. 또한 미로에서 달리기를 하거나 또는 장난감으로 가득 찬 개방된 공간에서 풀어주는 등의 정기적인 훈련을 제공하였다.

실험기간이 끝나갈 무렵, 뇌에 대한 행동테스트와 검사에서 자극이 풍부한 환경에서 자란 쥐들의 우수한 발달이 드러났다. 다른 두 집단과 비교했을 때 이 쥐들은 미로찾기 테스트를 더 잘 수행했고, 대뇌피질의 무게가 더 많이 나갔으며, 학습을 강화하는 뇌효소 양이 증가했고, 더 많은 시냅스 연결을 보이는 것으로 나타났다.

4) 뇌 발달에 영향을 미치는 환경적 요소

뇌 발달에 영향을 미칠 수 있는 환경적 요소는 다음과 같다. 어머니의 임신 중 스트레스가 유아 뇌의 회백질 크기를 감소시킨다는 연구결과들이 있는데, 이는 산모의 스트레스가 태반의 혈류를 조절하게 되므로 결국 태아에게 공급되는 산소와 영양을 감소시키고 그 결과가 영아기와 유아기를 거쳐 청소년기까지 지속된다고 보았다(Buss, Davis, Muftuler, Head, & Sandman, 2010; Davis & Sanderman, 2010; Mennes, Stiers, Lagae, & Van den Bergh, 2006).

부정적 애착 경험 역시 신경생물학적 변화를 일으켜 뇌의 기능적인 변화까지 유발할 수 있다. 애착장애를 가진 유아들이 사회성, 언어, 정서 및 행동조절 능력, 인지발달 등 발달의 거의 모든 부분에서 문제를 보이는데, 이들의 뇌 대사량에서 감소 현상이 나타났음이 연구를 통해 밝혀지기도 했다(신의진, 2002). 주 양육자와의 애착 경험은 스트레스 호르몬인 코르티솔 수준과 관련이 있으며 뇌 발달에 영향을 주는 것으로 보고 있다(정미라 외, 2011).

그 밖에 초기의 다양한 감각과 경험 자극을 제공해 주지 못하는 양육환경을 경험한 영유아의 경우 기억, 주의력, 학습 등을 측정한 결과 신경심리학적 발달이 지체된 것으로 보고되었다(Pollak et al., 2010).

또한 신체운동 발달과 마찬가지로 수면과 영양상태는 뇌 발달에도 영향을 미치는 요인이다. 일반적으로 신체의 여러 기능들이 수면시간 동안 회복되는 것처럼 대뇌피질의 기능 역시 반드시 수면시간 동안에만 회복되기 때문에(Horne, 2004) 뇌 발달에 영향을 미칠 수 있다는 것을 알 수 있다. 최근 연구에서 수면이 기억 강화와 신경세포의 가소성의 형성에 기초적인 역할을 한다는 증거가 제시되었다(Huber, Ghilardi, Massimini, & Tononi, 2004; Ji & Wilson, 2007). 영양이 뇌 발달에 영향을 미치는 연구 결과에서는 탄수화물, 단백질, 비타민, 무기질, 오메가3 지방산 등이 정상적인 뇌 발달과 기능유지에 필수요소로 나타났다(Richardson & Montgomery, 2005).

Chapter

06

영유아 인지발달

Chapter 06

영유아 인지발달

영유아들이 자신을 둘러싸고 있는 세상과 접촉하고 상호작용하면서 세상을 조금씩 알아가는 모습은 매우 흥미롭다. 이 과정에서 영유아들이 하는 모든 활동의 기저에는 보이지 않는 정신과정이 작용한다. 그러므로 인지는 영유아의 다양한 발달영역과 분리되어 있는 것이 아니라 신체적·정서적·사회적 활동과 언어에 동시에 작동하게 된다. 요컨대 인지(cognition)는 인식활동과 정신과정을 의미하며, 우리가 환경을 인식하여 적응해 가도록 도와준다는 의미에서 우리의 생존을 위해서도 아주 중요하다고 볼 수 있다. 인지과정에는 주의, 지각, 학습, 사고, 기억, 상상력, 창의력 등이 포함되며 이러한 인지과정은 서로 영향을 주고받으면서 다른 과정의 작용과 발달에 중요한 역할을 한다.

인지
지식을 습득하고 문제해결 과정에서 이를 사용하는 정신과정

영유아의 인지발달(cognitive development)의 범위는 광범위하여 몇 가지 주제만 포함시키기 어려울 뿐 아니라 시간의 변화와 함께 인지가 발달하는 도상에 있으므로 인지 관련 주제를 모두 다루는 것도 실제적으로 어렵다. 따라서 이 장에서는 영유아기에 두드러지게 나타나는 몇 가지 인지발달 주제에 초점을 두고자 한다. 먼저 인지적 조작의 기초가 되는 지각발달을 알아보고, 피아제의 인지발달, 기억발달과 지능 및 창의성을 중심으로 인지발달을 살펴볼 것이다.

인지발달
연령에 따라 나타나는 주의, 지각, 학습, 사고, 기억과 같은 정신적 활동에서 일어나는 변화

1. 지각발달

지각
감각정보를 조직하고 해석하는 과정

지각(perception)은 대뇌로 전달된 감각정보를 조직하고 해석하는 과정이다. 영아가 주변 세계를 적절히 인지하기 위해서는 우선 그 세계를 지각해야 한다. 기억, 추리, 추론, 문제해결 등의 인지적 조작은 지각에서 출발한다고 볼 수 있다. 영아에 대한 지각 연구가 거듭되면서 영아는 우리의 예상보다 지각적으로 훨씬 유능한 존재임이 밝혀지고 있다.

1) 지각 측정 방법

영아들은 자신의 지각경험과 활동을 말로 표현할 수 없으며 운동능력이 상당히 제한되어 있고 주의집중 시간도 짧은 특성이 있어서 영아를 대상으로 하는 연구에 어려움이 많았다. 그러나 1960년대 판츠(Fantz), 파간(Fagan) 등의 연구자들이 영아들이 반응할 수 있는 보기 반응, 빨기 반응, 심장박동과 같은 생리적 반응을 토대로 선호법, 습관화 절차, 친숙화-새로운 자극 선호 절차 방법을 고안함으로써 지각발달에 대한 연구가 제대로 이루어지기 시작하였다.

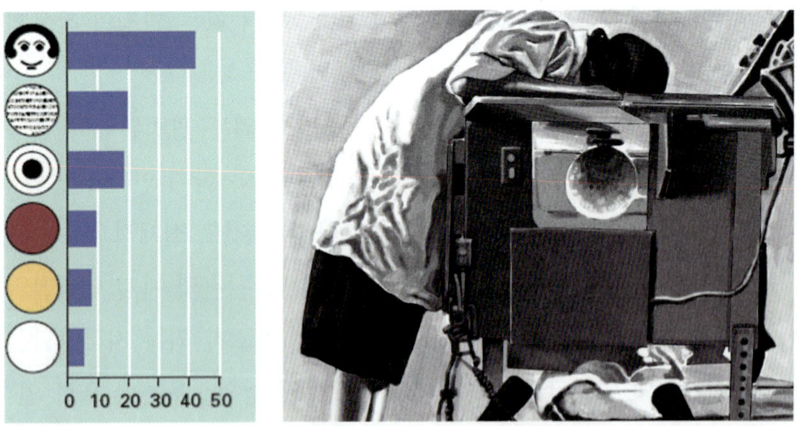

좌 : 2~3개월 된 영아가 보여준 자극 선호도. 우 : Fantz의 looking chamber

| 그림 6-1 | 판츠의 시각 지각 실험

출처 : Santrock(2012). Essentials of life-span development.

(1) 선호도 측정

선호도 측정법(preference method)은 영아에게 둘 이상의 자극을 동시에 제시하고 그 자극들 중 어떤 것에 더 주의를 기울이는지를 측정하는 방법이다. 이때 어떤 한 자극을 다른 자극보다 더 오래 주시하면 두 자극을 변별할 뿐 아니라 주시한 자극을 더 선호하는 것으로 해석할 수 있다. 판츠(Fantz, 1961)가 고안한 이 방법에 의하면 생후 2일이 된 영아도 시각 자극을 변별할 수 있었다. 예를 들어, 동일한 크기의 복잡한 원과 단색의 원을 제시하고 영아가 어떤 자극을 더 오래 응시하는지 측정함으로써 영아의 선호를 알아볼 수 있다.

선호도 측정법
영아에게 둘 이상의 자극을 동시에 제시하고 그 자극들 중 어떤 것에 더 주의를 기울이는지를 측정하는 방법

간단한 실험을 해보자!

아래 두 자극 중 영아들은 어느 자극을 더 선호할까?
두 자극을 동시에 제시하고 영아가 더 오래 응시하는 쪽을 알아보자.

(2) 습관화 방법

습관화 절차(habituation procedure)는 지각 연구에서 가장 많이 쓰이는 방법으로 새로운 자극을 선호하고 친숙한 자극에 주의를 덜 기울이는 인간의 특성을 활용한 것이다. 습관화는 지속적으로 제시된 자극에 대해 흥미를 잃게 되는 과정이다. 습관화의 기준은 대개 응시시간이 처음 자극이 제

습관화
반복을 통해 친숙해진 자극에 대한 반응의 감소

시되었던 몇 분 혹은 몇 회에 비해 50% 감소하는 것이다. 먼저 영아에게 어떤 한 자극을 습관화될 때까지 지속적으로 제시하고, 일단 습관화가 되면 처음의 자극과 약간 다른 자극을 제시한다. 이때 영아가 새로운 자극을 응시하는 것은 처음의 자극과 새로운 자극을 변별할 수 있고, 처음의 자극에 대한 정보처리가 이루어져서 더 이상 새롭지 않게 지각함을 의미한다. 이렇게 자극에 대한 응시시간이 증가하여 습관화에서 벗어나는 것을 탈습관화(dishabituation) 혹은 회복(recovery)이라 한다.

탈습관화
자극이 변경될 때 발생하는 반응의 증가

친숙화-새로운 자극 선호법
습관화 방법과 유사하나 일정한 시간 동안 자극에 노출된다는 차이가 있음

(3) 친숙화-새로운 자극 선호법

친숙화-새로운 자극 선호법(familiarization-novel stimulus preference procedure)은 습관화 절차와 유사하나, 영아에게 자극을 습관화시키지 않고 일정한 시간 동안 제시하여 친숙해지도록 한다는 차이가 있다. 이때 자극을 제시하는 시간은 자극의 난이도나 복잡성에 따라 달라진다. 영아를 자극에 노출시킴으로써 그 자극에 점차 친숙화시킨 후, 두 가지 검사자극을 영아의 시야 좌우에 동시에 제시한다. 습관화 방법과 마찬가지로 영아가 친숙한 자극보다 새로운 자극을 더 오래 응시하면 자극을 변별하고 정보처리를 잘 하는 것으로 볼 수 있다. 습관화와 친숙화-새로운 자극 선호법은 컴퓨터 프로그램으로 정확하게 제시될 수 있다.

| 그림 6-2 | 친숙화-새로운 자극 선호 절차의 실험 상황

출처 : 성현란 외(2005). 인지발달.

생리적 측정법
생리적 반응과정과 지각, 인지, 정서적 반응 및 행동 간의 관계를 측정하는 방법

(4) 생리적 측정법

자극에 노출된 영아의 생리적 반응은 영아들이 무엇을 지각하는지에 대한 단서를 줄 수 있다. 생리적 측정법(physiological measures)에서 가장 많이 쓰이는 것은 심장박동수의 변화이다. 심장박동의 감소는 자극에 대한 관심

이나 주의집중을 나타내며, 증가는 자극에 대한 방어반응이나 흥분 및 공포반응을 나타낸다. 심장박동으로 특정 자극을 지각하는지 알아보는 방법은 기어 다니기 이전의 어린 영아를 대상으로 깊이 지각 여부를 파악하는 시각 벼랑 실험에서 찾아볼 수 있다. 또한 생리적 측정법 중 근래에 많이 사용되는 두뇌활동 감지법으로 자극에 따른 뇌파의 변화를 측정하는 뇌파 측정법(EEG)이나 기능적 자기공명 영상법(fMRI)이 있다.

2) 시 각

출생 시 눈과 뇌의 시각적 구조는 아직 완전히 형성된 것이 아니므로 시각은 감각 중 가장 발달되지 않은 상태이다. 신생아는 새로운 빛 자극이 제시되면 그쪽으로 주의를 기울이는 정향반사(orientating reflex), 빛에 민감하게 동공을 축소 혹은 확대하는 동공반사(pupillary reflex)를 한다. 그러나 수정체의 두께를 적절히 조절하지 못해서 생후 약 1개월 된 영아는 물체를 선명하게 지각하지 못하며 생후 6개월 정도 되어야 성인처럼 선명하게 지각할 수 있다(Banks & Salapatek, 1983). 영아의 시각발달에서 일어나는 많은 변화는 시각피질의 생물학적 성숙에 기인하는 것으로 볼 수 있다.

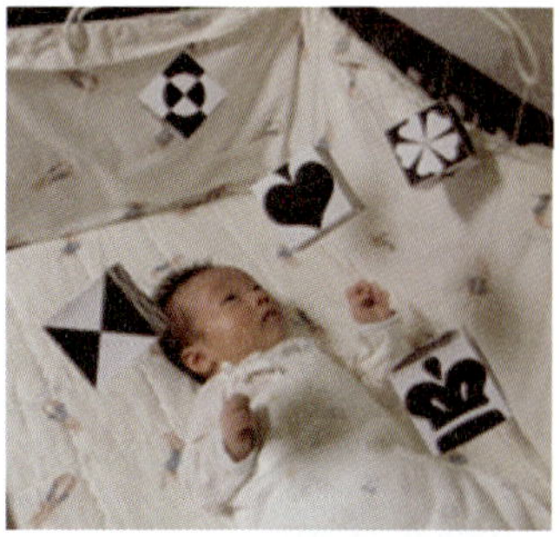

영아는 주어진 자극을 탐색하면서 색채와 형태를 익힌다.

영아의 시각적 주시를 보면 1개월 된 영아들은 주로 도형의 어느 한 부분을 주시하고, 2개월 된 영아는 도형의 모서리 부분을 주시한다(Lamb & Campos, 1982). 얼굴자극과 관련하여 1개월 된 영아는 주로 얼굴의 테두리를 주시하며, 2개월이 되면 눈, 코, 입 등 얼굴 내부의 상세 부분을 보고, 3개월이 되어서야 얼굴의 바깥 테두리와 내부를 모두 주시할 수 있다(Haith, Bergman, & Moore, 1977). 즉, 영아는 3개월이 되면 자극의 부분들 간의 관계를 전체 형태로 체계화하여 지각할 수 있다.

영아기 초기에 영아들은 윤곽이나 흑백 대비가 뚜렷하고 적당히 복잡한 형태를 좋아하며 직선보다 곡선의 형태를 더 선호한다. 6개월이 지나면 영아는 더 복잡한 3차원 자극의 전체 형태를 지각할 수 있다(성현란 외, 2003).

깊이 지각

깊이 지각
특정 대상이나 현상이 지각자로부터 어느 정도 떨어져 있는지를 지각한다는 개념

입체적인 대상물의 거리나 깊이를 인지하는 깊이 지각은 생존에 필수적이며 나아가 주변 환경에 대한 이해와 운동활동에도 반드시 필요하다. 태어난 지 얼마 되지 않은 동물들과 인간을 연구하기 위해 워크와 깁슨(Walk & Gibson)은 시각 벼랑(visual cliff) 장치를 고안했다. 이것은 테이블의 절반은 유리 바로 아래 격자무늬 테이블보를 깔아서 얕아 보이도록 하고, 나머지 절반은 바닥에 격자무늬 천을 깔아 깊어 보이도록 하여 절벽처럼 보이게 만든 장치이다. 생후 6, 7개월 정도의 기어 다닐 수 있는 영아를 얕은 쪽에 앉혀 두고 반대쪽에서 엄마가 불렀을 때, 영아는 얕은 쪽 면에서는 망설이지 않고 기어오다가 깊은 쪽 면에 이르자 기기를 멈추고 두려워하는 반응을 보였다.

시각 벼랑
깊이 착각을 불러일으키도록 쌓은 플랫폼으로서 영아의 깊이 지각에 대한 실험에 사용

기어 다닐 수 없는 더 어린 영아의 깊이 지각 능력을 알아보기 위해서 얕은 쪽과 깊은 쪽에서 보이는 심장박동의 변화를 측정한 결과 1개월 된 영아는 어느 쪽에서도 심장박동의 변화가 없었고, 2개월 된 영아는 얕은 쪽보다 깊은 쪽에 있을 때 심장박동이 더 감소하였다(Campos, Langer, & Krowitz, 1970). 일반적으로 외부 사물이나 사건을 관찰하며 주의를 기울일 때 심장박동이 감소하고 공포나 불안을 느낄 때 심장박동이 증가하는 것으로 보아 2개월 된 영아는 깊이 지각을 할 수는 있으나 벼랑을 무서워하지는 않는다는 것을 알 수 있다. 벼랑에 대한 공포 반응은 월령이 증가할수록 더 커지고 이행 운동 능력과 상관이 있으므로(Bertenthal, Campos, & Barrett, 1984) 영아는 기어 다니면서 벼랑이 위험하다는 사실을 학습한다고 볼 수 있다.

| 그림 6-3 | 시각 벼랑 실험

3) 청 각

아기는 청각능력이 상당히 발달된 상태로 태어난다. 자궁 안에 있는 태아들은 강한 소리를 들으면 더 많이 움직이고 심장박동도 더 빨라진다. 신생아도 소리의 강도, 지속시간, 방향, 고저 등을 잘 변별한다. 젖꼭지를 빠는 속도로 목소리의 구별 여부를 알아보니 영아는 엄마의 목소리와 다른 여자의 목소리를 변별하였다(DeCasper & Fifer, 1980). 또한 영아는 말이 아닌 소리보다는 사람의 말소리를, 낯선 사람의 말소리보다는 엄마의 말소리를, 친숙하지 않은 말 자극보다는 친숙한 말 자극을 선호한다. 이러한 선호는 언어를 학습하는 과제뿐 아니라 엄마와 애착을 형성하는 데에도 도움이 되고(정명숙 외, 2010), 소리에 대한 민감성은 영아가 주변 환경을 탐색할 수 있도록 해준다.

영아는 말소리를 성인과 마찬가지로 범주적으로 지각하며, 모든 언어의 음소에 민감하게 반응하는 경향이 있다. 예를 들어, 일본 성인은 r과 l을 구별하지 못하나 일본 영아는 이를 구별한다(Eimas, 1975). 이러한 능력은 10개월 미만의 영아에게서 나타나는 반응이고 그 이후에는 언어적 환경이 영향을 미쳐 모국어에서 사용되는 음소만을 변별할 수 있게 된다.

4) 미각 및 후각

신생아는 미각이 발달되어 여러 가지 맛에 대해 구별된 반응을 보인다. 영아는 가장 선호하는 단맛에 얼굴 근육이 이완되고 편안한 반응을 보인다. 따라서 영아는 생존을 위해 먹어야 하는 모유가 단맛이 나므로 기분 좋게 받아들일 수 있다. 신맛에는 입술을 오므리고, 쓴맛에는 입을 아치 모양으로 벌린다(Rosenstein & Oster, 1988). 짠맛에는 별다른 반응이 없거나 거부반응을 보이다가 4개월 이상이 되면 짠맛을 선호하게 되는데, 이것은 이유식을 받아들일 준비과정으로 볼 수 있다.

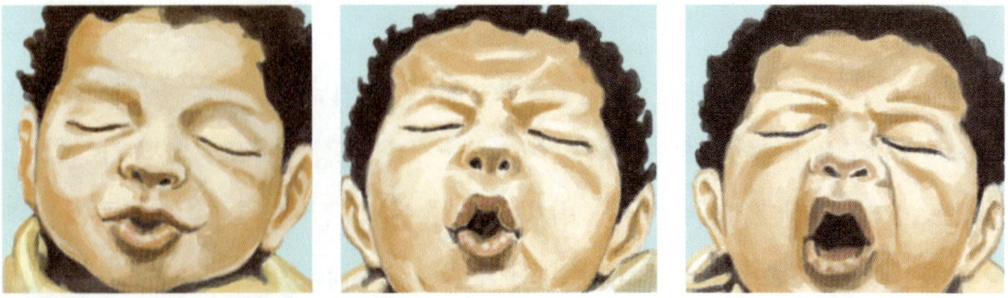

| 그림 6-4 | 신생아의 미각반응 : 단맛, 신맛, 쓴맛

| 그림 6-5 | 어머니의 젖 냄새가 나는 쪽으로 고개를 돌리는 신생아

신생아의 후각은 생후 4일 된 아기도 어머니의 젖 냄새를 선호할(Cernoch & Porter, 1985) 정도로 출생 초기부터 상당히 발달되어 있다. 또한 초콜릿이나 바나나 같은 달콤한 향에는 기분 좋은 표정을 짓고 썩은 달걀 냄새에는 얼굴을 찡그리는 등 냄새에 대한 선호가 본능적임을 알 수 있다.

5) 촉 각

출생 시 신생아의 촉각은 상당히 발달되어 있는 상태이다. 신생아의 여러 가지 반사를 알아보기 위해 입 주위, 손바닥, 발바닥을 자극하면 민감하게 반응한다. 이러한 촉각을 이용하여 신생아는 세상을 탐색하게 되는데, 손바닥을 사용하여 물체의 모양과 질감을 구별하고, 입술과 혀를 이용하여 물체를 탐색한다. 또 신생아는 온도 변화에 민감하게 반응하므로 실내온도와 목욕물 온도에 유의해야 한다. 또한 영아는 태어날 때부터 고통에도 매우 민감하여 마취제 없이 포경수술을 받는 경우 강렬하고 높은 톤으로 울고 심장박동과 혈압이 증가했으며 수술 후에 편안하게 잠들지 못했다(권민균 외, 2012). 신생아가 건강하게 성장하기 위해 안아주거나 부드럽게 마사지해 주는 등 신체 접촉이 매우 중요하다. 일례로 엄마와 아기가 서로 피부를 맞대고 가슴으로 감싸 안아서 돌보는 '캥거루 케어(kangaroo care)'가 있다.

읽을거리 캥거루 케어(Kangaroo Mother Care)

캥거루 케어는 엄마의 맨살 가슴 위에 아기를 밀착시켜 올려놓고 아기와 교감을 나누는 육아법으로 마치 주머니 안에서 따뜻하게 새끼를 키우는 캥거루의 케어법과 비슷해 붙여진 이름이다. '캥거루 케어'는 1978년 의료서비스가 널리 보급되지 못한 콜롬비아에서 저체중 미숙아를 살리기 위해 인큐베이터의 대안으로 처음 도입되었다. 신생아와 산모의 육체적인 접촉이 두 사람의 심리상태에 도움을 줄 뿐만 아니라 아기를 더 건강하게 해준다는 사실이 밝혀지면서 캥거루 케어는 선진국에서도 주목을 받았다. 캥거루 케어의 효능이 과학적으로도 증명된 예로 엘렌 바운디(Ellen O. Boundy) 교수팀의 캥거루 케어와 신생아 예후의 관계를 평가한 논문들을 메타분석한 연구가 있다. 연구 결과에 의하면, 2000g 이하의 저체중아 중에서 캥거루 케어를 적용받은 아기들은 조기사망 위험이 감소됐고, 신생아 패혈증 및 재입원율 역시 절반 가까이 줄었으며, 저체온증과 저혈당증도 상당히 감소했고, 완전 모유에 성공할 확률도 증가했다(Boundy et al., 2016). 이렇듯 캥거루 케어가 신생아의 장기 예후에도 긍정적인 영향을 미치는 것을 알 수 있다. 캥거루 케어는 저체중 미숙아뿐만 아니라 정상 체중아를 낳은 산모 사이에서도 인기를 끌고 있고 병원시설이 좋은 선진국으로도 확산되었다.

6) 감각 간 지각

감각 간 지각
한 감각 양식을 통해 이미 친숙한 특정 자극 혹은 특정 자극의 유형을 구분하기 위하여 다른 감각 양식을 이용할 수 있는 능력

감각 간 지각(intermodal perception)은 한 감각 양식을 통해 이미 친숙한 특정 자극 혹은 특정 자극의 유형을 구분하기 위하여 다른 감각 양식을 이용할 수 있는 능력을 의미한다. 우리가 세상의 정보를 받아들일 때 실제로 하나의 감각 정보에만 의존하기보다 여러 감각적 정보를 통합하여 지각하는 경우가 많다. 즉, 여러 감각으로부터 온 정보를 관련짓는 작업을 통해 환경을 올바르게 지각하게 된다.

| 그림 6-6 | 멜조프와 버튼(Meltzoff & Borton, 1979)의 연구에 사용된 젖꼭지 자극

생후 29일 된 영아에게 부드러운 젖꼭지와 울퉁불퉁한 젖꼭지 중 하나를 입속에 넣어 탐색시킨 후 두 개의 젖꼭지를 영아 앞에 제시해서 어느 쪽을 응시하는지 알아본 결과 자신의 입으로 탐색한 것을 더 오래 응시했다(Meltzoff & Borton, 1979). 즉, 촉각적 자극과 시각적 자극을 통합시킬 수 있었다.

또한 시각과 청각 간의 관계를 이해하는지 알아보기 위해서 4개월 된 영아에게 까꿍놀이 영상과 드럼을 치는 영상을 나란히 제시하면서 배경음으로 '까꿍' 하는 말소리 또는 드럼소리를 들려주었더니 영아들은 배경음과 일치하는 영상을 더 오래 응시하였다(Spelke, 1976). 그리고 영아는 사람이 말할 때의 입 모양과 말소리의 관계도 지각할 정도로(Kuhl & Meltzoff, 1982) 시각과 청각 간의 감각 간 지각을 잘 할 수 있다.

시각과 신체감각 간의 관계를 지각하는 능력은 안면모방 연구를 통해서 알 수 있다(Meltzoff & Moore, 1983). 생후 72시간이 지나지 않은 신생아에게 혀 내밀기, 입 벌리기, 입 내밀기를 한 성인의 사진을 보여주니 신생아들이 시각적으로 처리한 얼굴 표정을 신체행동으로 바꾸어 반응할 수 있었다. 이러한 연구를 통해 신생아도 감각 간 지각 능력이 상당히 발달되어 있음을 알 수 있다.

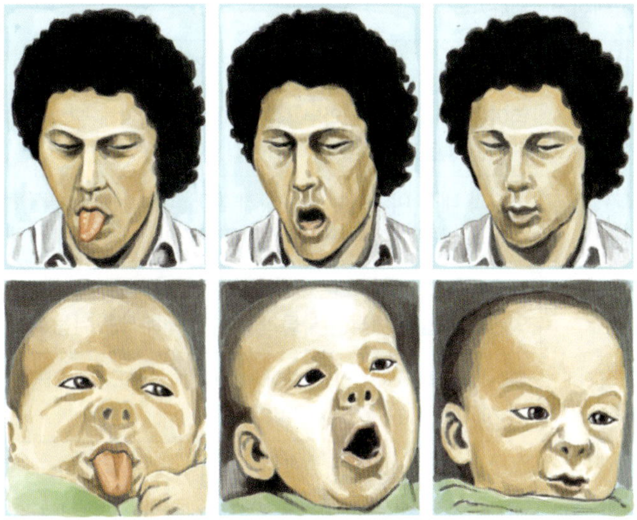

| 그림 6-7 | 영아의 모방

출처 : Meltzoff & Moore(1983). Newborn infants imitate adult facial gestures.

2. 피아제의 인지발달

피아제는 현대 아동발달에 가장 큰 영향을 미친 사람이며 특히 아동의 인지(cognition)에 주목한 대표적인 발달심리학자이다. 피아제의 관점에 의하면 아동은 성인과 다른 사고 구조를 가지며 성인의 일방적인 가르침에 의해서 배우는 것이 아니라 스스로 지식을 구성해 나가는 존재이다. 피아제는 개인의 생물학적 경향성을 강조하였으며 유기체가 자신의 환경에 적응하도록 돕는 기본적인 생활과정을 지능이라고 보았다. 이러한 지능은 단계에 따라 질적으로 더 높은 수준으로 발달한다. 즉, 연령에 따라 감각운동기, 전조작기, 구체적 조작기, 형식적 조작기로 발달해 간다.

〈표 6-1〉 피아제의 발달 시기

단 계	특 징
감각운동기 (출생~2세)	영아들은 즉각적인 외부세계에 대처하기 위해 빨기, 쥐기와 같은 신체적인 행동도식들을 조직화한다.
전조작기 (2~7세)	상징과 내적 이미지를 사용하게 됨에 따라 사고는 발달하지만 비체계적이고 비논리적인 측면이 많다.
구체적 조작기 (7~11세)	아동들은 가역적 사고, 보존개념, 유목포함, 분류, 서열화 등을 할 수 있게 되지만 구체적인 사물과 행위에 대해서만 가능하다.
형식적 조작기 (11세 이후~)	추상적이고 가설적인 수준에서 체계적인 사고가 가능하며 이상주의적 사고를 할 수 있는 시기이다.

영유아기에 해당되는 감각운동기와 전조작기에 대한 구체적인 설명은 다음과 같다.

1) 감각운동기

대상영속성
대상이 더 이상 보이지 않거나 다른 감각을 통해 탐지할 수 없을 때에도 그 대상이 계속해서 존재함을 인식하는 개념

영아기에 해당되는 감각운동기(sensorimotor period)의 영아는 감각기관과 운동기능을 통해 세상을 인식한다. 영아기의 사고는 언어나 추상적 개념을 내포하지 않는다. 영아가 이해하고 기억하는 것은 직접 보고 듣고 느끼고 행동하는 것에 의존한다. 즉, 감각기관을 통해 받아들인 정보가 인지발달의 중요한 내용이 된다. 감각운동기 전반에 걸쳐 영아가 획득하는 가장 중요한 능력 가운데 하나는 대상영속성 개념이다. 어떤 대상이 눈 앞에서 사라진다고 할지라도 그 대상이 여전히 존재하고 있음을 인식하는 것이 대상영속성(object permanence) 개념이다. 대상영속성을 획득하기 위해서는 자신이 주변 세계와 분리된 독립된 존재이며, 주변의 물체가 눈 앞에 보이지 않아도 계속 존재한다는 논리적 사고를 할 수 있어야 한다. 감각운동기 6단계에 따라 대상영속성 개념도

탐색하는 영아

조금씩 확장되어 가다가 마지막 6단계에 이르면 온전한 대상영속성 개념을 획득하게 된다. 대상영속성 개념이 획득된 영아는 눈 앞에 보이지 않는 세계에 대해서도 기대를 하고 계획을 세울 수 있다. 따라서 숨바꼭질이나 보물찾기 등의 놀이가 가능하게 되고 눈에 보이는 것뿐만 아니라 눈 앞에 없는 대상물을 향한 탐색행동도 더욱 증가하게 된다. 피아제는 감각운동기를 월령의 증가에 따라 6단계로 나누어 설명하고 있다.

〈표 6-2〉 피아제의 감각운동기 단계

단계	내용
반사기 (출생~1개월)	반사작용. 반사는 수정됨. 단순한 선천적 행동들
1차 순환반응기 (1~4개월)	자신의 신체를 중심으로 한 우연한 행동을 반복함. 단순한 행동을 정교화하고 그 행동을 반복함
2차 순환반응기 (4~8개월)	주변 사물을 이용하여 흥미 있는 우연한 활동을 반복하고 제한적인 모방을 함. 부분적인 대상영속성을 보임
2차 순환반응의 협응기 (8~12개월)	의도적이고 목표지향적인 행동. 수단-목적 개념, 인과관계 개념이 생김. 사물을 처음 숨긴 장소에서 찾을 수 있는 대상영속성 개념이 생기나 AB오류를 보임
3차 순환반응기 (12~18개월)	새로운 방식으로 사물의 속성을 탐색하고 실험함. 숨겨진 사물을 찾기 위해 여러 장소를 살핌
정신적 표상기 (18~24개월)	사건을 상상하고 문제를 해결하고, 정신적 결합을 통해 무엇인가 만들어 내고, 지연모방을 보이며, 보이지 않는 대상물 탐색도 가능

AB오류
A 장소에서는 대상물을 찾을 수 있지만 B 장소로 옮기면 찾지 못하는 오류

2) 전조작기

유아기에 해당되는 전조작기(preoperational period)에 유아는 매우 독특하고 중요한 사고의 진보를 보인다. 전조작기 사고의 주요 특징은 상징적 활동이 증가하고, 자아중심성과 물활론적 사고를 보이며, 보존개념과 분류개념이 결여되어 있다는 것이다.

(1) 상징의 발달

감각운동기 말기에 정신적 상징(mental symbols)을 나타내는 행동인 지연 모방과 탐색행동이 증가하기 시작해서 전조작기 유아들의 사고에서 상징의 발달이 더욱 두드러진다. 상징은 어떤 다른 것을 나타내는 징표 혹은 표상을 의미하며 대표적으로 그림, 상징놀이, 언어 등이 있다. 상징놀이(symbolic play)는 가상적인 상황이나 사물을 실제상황이나 사물로 상징화하는 놀이로 유아들이 즐겨 하는 소꿉놀이, 병원놀이 등이 그 예이다. 언어는 상징의 가장 유연한 수단으로서 유아는 언어가 발달하고 상상력이 풍부해지면서 상징적인 활동이 더욱 증가하게 된다(Piaget & Inhelder, 1969).

(2) 자아중심성

자아중심성
유아가 자신의 입장에서 세상을 지각하고 이해하는 것을 의미

자아중심성(egocentrism)은 유아가 자신의 입장에서 세상을 지각하고 이해하는 것이다. 따라서 자신의 조망과 타인의 조망을 구별하지 못한다. 유아의 자아중심성을 설명하기 위해 피아제는 '세 산 실험'을 예로 들고 있다. 이 실험은 세 산의 모형이 올려진 테이블 주위를 유아가 돌아본 후에 한 자리에 앉으면 맞은편에 인형을 앉히고 유아에게 그 인형이 본 것을 여러 사진 중에서 고르게 한다. 그 결과 유아들은 자신이 본 것과 같은 사진을 고름으로써 자신의 관점과 인형의 관점이 다르다는 것을 이해하지 못하는 모습을 보여준다. 자아중심성은 유아들이 놀이를 하면서 나타나는 집단 독백(collective monologues)에서도 볼 수 있다. 아이들은 또래와 곁에서 같이 놀면서 대화를 하는 것 같지만 실상은 서로 간의 연결 없이 각자 자신의 이야기를 하고 있는 것이다. 이런 유아들은 구체적 조작기에 이르러 자아중심성을 극복하면서 상대방의 이야기를 들어주고 상대의 관점을 수용하게 된다.

| 그림 6-8 | 피아제의 세 산 실험 과제
출처 : Berk(2009). Child Development.

(3) 물활론

어린 아동은 물리적인 대상물을 포함하여 모든 것에 생명과 감정을 부여하는 관점을 취한다. 이를 물활론(animism)이라고 하며 그 예로 해가 지는 것을 잠자러 간다고 하고, 큰 소리의 천둥을 하늘이 화가 났다고 표현하는 것을 들 수 있다. 4~6세 유아들은 생명을 활동과 연계하여 인식하므로 해는 빛을 내니까 살아 있다고 생각한다. 6~8세 유아들은 움직이는 것에 한해서 생명을 부여한다. 예를 들어, 탁자는 움직이지 못하니까 살아 있지 않고 자전거는 바퀴가 굴러가니까 살아 있다고 한다. 8세가 지나면 스스로 움직이는 것에만 생명을 부여하며 생물과 무생물을 완전히 구별할 수 있게 된다(Piaget, 1926).

물활론
물리적인 대상물을 포함하여 모든 것에 생명과 감정을 부여하는 관점

(4) 보존개념의 결여

보존개념(conservation)은 사물의 외관이 변화되어도 그것의 속성은 변하지 않는다는 것을 이해하는 능력으로 불변성(invariance) 이해에 기초가 되는 중요한 논리적 통찰이다. 전형적인 보존실험은 액체보존 실험으로, 아동에게 동일한 높이의 물로 채운 두 컵을 보여준 후 두 컵의 물의 양이 같은지 확인

보존
사물의 외관이 변화되어도 그것의 속성은 변하지 않는다는 것을 이해하는 능력

시키고 나서, 한 컵의 물을 밑면적이 더 넓은 컵으로 옮겨 부은 후 여전히 물의 양이 같은지 다시 물어본다. 이 질문에 보존개념이 결여된 대다수의 전조작기 유아는 높이가 높은 컵의 물이나 넓이가 더 넓은 컵의 물이 많다고 대답한다. 보존개념의 오류를 보이는 것은 물을 더 붓거나 덜어내지 않았으므로 액체의 양은 같다는 동일성(identity)을 이해하지 못하고, 넓이가 높이를 상쇄할 수 있다는, 즉 하나의 변화가 다른 변화로 인해 상쇄된다는 보상성(compensation)을 이해하지 못하기 때문이다. 또한 세 번째 컵의 물을 이전의 컵으로 다시 부을 수 있다는 가역성 개념을 이해하지 못했기 때문이기도 하다. 가역성(reversibility)은 일련의 사건이나 추론의 단계를 정신적으로 원래 상태로 되돌리는 경향성이다. 또한 피아제는 전조작기 유아는 중심화 경향 때문에 보존개념의 획득이 어렵다고 하는데, 중심화(centration)는 사물이나 사건의 한 측면에만 주의를 기울이고 다른 측면은 무시하는 경향성이다. 여러 측면을 동시에 집중하지 못하는 이러한 유아의 경향성은 인지적인 오류뿐 아니라 일상생활에서 각종 안전사고의 원인이 되기도 한다.

조작	제1단계	제2단계
수	 두 줄의 점들이 동일한 간격으로 놓여 있다.	 아래 줄의 점들 사이의 간격을 넓힌다.
액체(양)	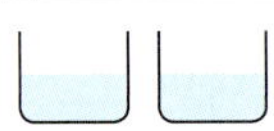 동일한 두 개의 유리컵에 동일한 양의 물이 담겨 있다.	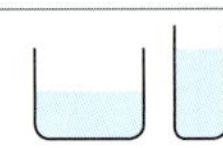 하나의 컵에 있는 물을 길고 가는 컵에 옮겨 붓는다.
질량	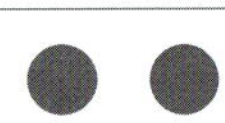 공 모양의 같은 크기의 찰흙이 있다.	 한 개를 납작하게 만든다.
부피	 동일한 양의 액체가 들어 있는 컵 속에 동일한 무게의 진흙 공이 담겨 있다.	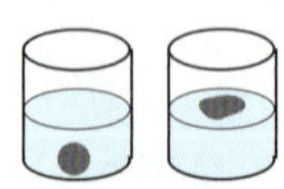 하나의 진흙 공을 물에서 꺼내어 모양을 변형시킨 다음 다시 물속에 넣는다.

| 그림 6-9 | 보존과제 실험

출처 : Berk(2009). Child Development.

(5) 유목화 개념의 부족

유목화(classification)는 사물들의 집합에 관한 개념으로 대상들을 어떤 차원에 따라 집단화할 수 있는 능력이다. 피아제는 전형적인 유목화 실험을 통해 전조작기 유아들이 분류나 범주에 대한 이해가 불완전하다고 보았다. 2~5세 유아는 부분 배열을 하거나 어떤 전체적 기준 없이 단지 몇 개의 도형들만을 사용하여 다양한 방식으로 함께 놓는 정도의 배열을 할 수 있는데 이러한 수준을 진정한 유목이라고 볼 수는 없다. 5~7세 유아는 유목을 형성할 뿐 아니라 유목들을 위계적으로도 배열하는 것처럼 보인다. 예를 들어, 다각형과 곡선형으로 나누고 다각형은 다시 사각형과 삼각형으로 배열한다. 그러나 이 시기의 유아는 위계구조에서 다른 수준의 유목들이 서로 어떤 관계인지 이해하지 못한다. 즉, 유목 포함에 문제를 보인다. 유목 포함(class inclusion)은 상위 유목과 하위 유목 간의 관계를 이해하는 능력으로 전체와 부분 간의 관계를 이해한다는 의미이다. 이 실험에서 유아에게 18개의 빨간 장미와 2개의 흰색 장미를 제시하고, "빨간 장미가 더 많니, 장미가 더 많니?"라고 질문한다. 그러자 전조작기 유아는 빨간 장미가 더 많다고 했다. 이렇듯 상호 연관되어 있는 전체를 이해하기 위해서는 전조작기를 지나 구체적 조작기에 접어들기까지 시간이 필요하다.

유목화
사물들의 집합에 관한 개념으로 대상들을 어떤 차원에 따라 집단화할 수 있는 능력

유목 포함
상위 유목과 하위 유목 간의 관계를 이해하는 능력으로 전체와 부분 간의 관계를 이해한다는 의미

3. 기억발달

과거에 일어났던 일들을 의식적으로 인출해 내는 능력인 기억은 우리 인간이 과거, 현재 및 미래를 연결지어 살아갈 수 있도록 하는 원동력이다. 습관화와 재인은 암묵적 유형의 기억이고, 지연모방 또는 유도모방은 서술기억 발달의 측정치로 인정되고 있다(Bauer, 2006). 개인의 기억은 연령이 증

가함에 따라 발달적 연속성을 갖는다(Bauer, 2006). 나이가 들면서 사건들을 더 견고하게 부호화할 수 있게 됨에 따라 저장되는 기억흔적도 질적으로 향상된다는 것이다. 영유아기의 기억발달을 재인, 회상, 기억책략을 중심으로 살펴보면 다음과 같다.

1) 재 인

재인
어떤 대상을 접했을 때 친숙하게 지각되어 이전에 경험한 적이 있다는 것을 알아채는 능력

재인(recognition)은 어떤 대상을 접했을 때 친숙하게 지각되어서 이전에 경험한 적이 있다는 것을 알아채는 능력이다. 영아들은 시각 재인기억을 잘하며 영아기 시각 재인기억의 개인차는 이후 지능의 개인차를 예측하게 해주는 신뢰할 만한 요인이다. 영아기 정보처리의 주요 측정치인 습관화는 재인기억을 측정한다(정영숙 외, 2010). 조작적 조건형성 원리를 이용한 영아의 재인능력 실험을 살펴보면, 조건반응은 발차기이고, 보상은 아기요람 위에 달려 있는 모빌의 움직임이며, 유관성은 발차기가 모빌을 움직이게 만드는 것이다.

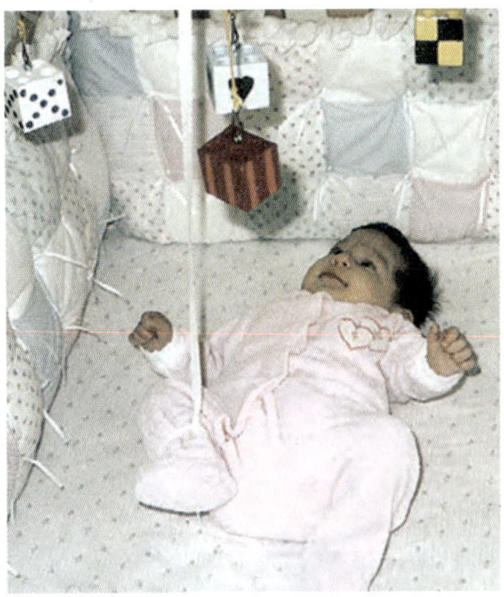

| 그림 6-10 | 영아의 기억 실험
출처 : Rovee-Collier(1993). The capacity for long-term memory in infancy.

즉, 영아의 한쪽 다리를 천장에 매달려 있는 모빌과 리본으로 연결시켜 두면 영아는 어느 쪽 다리가 모빌을 움직일 수 있는지 학습하게 된다. 2주 후에 모빌을 여전히 천장에 매달아 두고 다리의 리본은 난간에 묶어둔 채 아기가 2주 전에 학습한 대로 모빌을 움직이기 위해 발길질을 하는지 측정한다. 생후 2개월 된 아기들은 14일까지는 이러한 원인과 결과의 관계에 대한 기억을 하고 있었고, 28일 후에도 아기들 중 1/3은 유관성을 완벽하게 기억하였다(Rovee-Collier, 1993).

파간(Fagan, 1974)에 의하면, 5~6개월 된 영아에게 습관화-탈습관화 절차를 사용하여 기하학적 형태와 사람 얼굴을 반복적으로 제시한 결과 새로운 자극을 친숙한 자극보다 더

오래 응시하였다. 이는 영아가 이전의 친숙한 자극을 기억하고 있기 때문이다. 이렇듯 여러 실험을 통해 어린 영아도 재인기억이 상당히 발달되어 있는 것을 확인할 수 있다.

2) 회 상

회상
과거의 경험을 능동적으로 마음속에 떠올리는 것

회상(recall)은 과거의 경험을 능동적으로 마음속에 떠올리는 것이다. 영아들은 지연모방 과제에서 과거의 사건들을 마음속에 떠올린다. 지연모방은 이전에 보았던 행동을 일정한 시간이 지난 후에 모방하는 것이다. 멜조프(Meltzoff, 1985)는 14개월 된 영아들이 장난감 아령을 분해하는 방법에 관한 정보를 24시간 후에 기억할 수 있다는 것을 보여줌으로써 영아들이 적절한 정보를 부호화하고 저장하고 인출할 수 있다는 것을 입증하였다. 또한 지연모방을 이용해서 생후 11개월 된 영아들이 인과적 사건들을 3개월 후에도 기억하는지 알아보았다. '딸랑이 만들기'와 '흔들목마 만들기' 사건의 모방을 24시간 지난 후와 3개월 후에 측정한 결과 영아들은 회상을 잘할 뿐 아니라 3개월 후에도 거의 망각하지 않았다(Mandler & McDonugh, 1995).

영아의 회상기억 능력은 피아제의 대상영속성 문제인 물체 찾기에서도 살펴볼 수 있다. 생후 2년이 되기 전에 영아들은 물체를 기억하기 위하여 기초적인 책략들을 사용하기 시작한다. 18~24개월 된 영아에게 여러 가지 물체 밑에 인형을 숨기는 것을 보여주고 3~4분이 지난 후 인형을 찾게 했다. 영아들은 물건이 감추어진 장소를 바라보고, 그 장소를 손가락으로 가리켰으며, 숨겨진 물체의 이름을 말했다. 이러한 책략은 일관적이지는 않았으나 회상기억 능력 발달에 영향을 미쳤다(DeLoache, Cassidy, & Brown, 1985, 성현란 외, 2003 재인용).

읽을거리 영아 기억상실증

대략 3세 이전의 자서전적 기억을 회상하지 못하는 것을 영아 기억상실증(infantile amnesia)이라 한다. 생후 초기의 기억에 접근할 수 없는 이유에 대한 설명으로 프로이트는 부호화나 저장의 문제가 아니라 영아 초기에 있었던 외상적 사건들을 의식으로 침입해 들어오지 못하도록 방지하는 억압에서 비롯된다고 했다. 하지만 고통스러운 사건은 억압으로 설명할 수 있으나 즐거운 사건들에 대한 기억도 회상하지 못하는 것에 대해서는 설명하지 못한다.

또 다른 이유는 생애 초기 기억은 언어에 기초한 부호화와 저장에 의존하는 저장방식과 달리 감각에 의해 부호화된다는 것이다. 따라서 어릴 때의 비언어적 경험은 언어로 전환될 수 없기 때문에 언어적 인출이 어렵다고 볼 수 있다. 또 다른 설명으로 인지적 자기 개념이 생후 2세경에 나타나므로 그 이전의 기억은 회상이 어렵다고 본다. 인지적 자기는 정보를 새로운 방식으로 조직할 수 있게 해줌으로써 여러 사건을 자신에게 일어난 특정한 사건들로 기억할 수 있게 도와주는 기억의 개별화를 촉진한다. 마지막으로 지식구조의 발달로 설명할 수 있는데 영아 기억상실증은 영아들이 독특한 기억단서를 갖지 못하고 있을 뿐 아니라 자신이 경험한 여러 사건을 저장할 틀을 아직 학습하지 못했기 때문에 생겨난다는 것이다. 즉, 생애 초기 기억의 결여는 사건들의 시간적·인과적 순서를 기술할 추상적 지식구조가 생겨나지 않은 데 따른 결과이다.

3) 기억책략

기억책략
기억을 증진시키기 위해 의도적인 통제 아래 사용되는 인지적 또는 신체적 활동

기억책략(memory strategy)은 기억을 증진시키기 위해 의도적인 통제 아래 사용되는 인지적 또는 신체적 활동이다. 기억책략은 어느 한 시점에 작용하는 것이 아니라 정보를 부호화하고 저장하고 인출하는 기억의 전 과정에서 사용된다. 기억책략의 목적은 각 처리의 효율성을 향상시켜서 정보처리 체제의 부하량을 감소시키는 것이다. 기억책략은 대략 2세 전후해서 나타나지만 시연, 조직화나 정교화 등은 약 6, 7세경에 나타나기 시작하여 아동기와 청소년기까지 지속적으로 발달한다.

(1) 시연

시연(rehearsal)은 기억해야 할 대상이나 정보를 눈으로 여러 번 보거나 말로 되풀이해서 반복하는 것이다. 예를 들어, 아동에게 '563412'라는 숫자를 기억하게 했을 때 반복해서 '563412 563412…'를 암송하는 것이다. 시연은 비교적 단순한 기억책략이지만 시연을 하지 않는 아동보다 시연을 사용하는 아동이 더 많이 기억한다. 시연책략은 약 7세경에 나타났으며 자발적인 시연은 연령에 따라 증가한다(성현란 외, 2003). 또한 시연의 특성도 변화하는데, 처음에는 매번 주어진 새로운 단어만 시연하다가 연령의 증가와 함께 새로 제시된 단어와 이전 단어를 누가적인 묶음으로 시연하는데 이 누가적 시연이 기억에 훨씬 효과적이다.

시연
기억해야 할 대상이나 정보를 눈으로 여러 번 보거나 말로 되풀이해서 반복하는 것

(2) 조직화

조직화(organization)는 기억해야 할 것들을 기억하기 쉬운 형태로 구성하는 방법이다. 즉, 의미적으로 관련지어 묶거나 범주화하는 방법이 있다. 의미적 조직화는 항목들 간의 공통 속성을 확인하여 보다 상위수준으로 서로 연관이 있는 것끼리 묶는 것이다. 예를 들어, 사과, 자전거, 딸기, 기차, 바나나, 자동차로 구성된 목록을 기억해야 할 경우 사과, 딸기, 바나나는 음식 범주로, 자전거, 기차, 자동차는 탈것 범주로 묶을 수 있다. 이러한 의미적 조직화는 9~10세경이 되어야 발달하는데 연령이 증가할수록 조직화 책략을 더 많이 사용하고 항목의 의미적 관련성이 높고 분류에 따른 일관성도 높다.

조직화
기억해야 할 것들을 기억하기 쉬운 형태로 구성하는 방법

(3) 정교화

정교화(elaboration)는 기억해야 하는 둘 이상의 항목들 간에 어떤 의미를 가지도록 연결하는 방법을 말한다. 즉, 서로 관련이 없기 때문에 단순한 범

정교화
기억해야 하는 둘 이상의 항목들 간에 어떤 의미를 가지도록 연결하는 방법

주화가 쉽지 않은 정보 간의 관계를 인위적으로 만들어 주는 것을 의미한다. 정교화 전략을 위해서 항목들을 이미지로 만들고 그 사이의 관계를 설정해서 동적인 활동으로 연결시키는 것이 더욱 효과적일 수 있다. 예를 들어, 서로 관련이 없는 단어인 사과, 강아지, 스카프, 자동차를 기억할 경우 강아지가 스카프를 두르고 사과를 먹으며 자동차를 타고 도로를 시원하게 질주하는 모습을 영상화한다면 시간이 지나도 기억에 더 오래 남을 것이다. 정교화는 시연과 조직화에 비해 더 효율적인 책략이 되나 발달하는 시기는 더 늦은 청년기에 나타나서 점진적으로 발달한다(성현란 외, 2003).

(4) 인출책략

인출책략

저장되어 있는 정보 중에서 필요한 정보를 바로 끄집어 내어 사용할 수 있는 효율적인 방법

인출책략(retrieval strategy)은 저장되어 있는 정보 중에서 필요한 정보를 바로 끄집어 내어 사용할 수 있는 효율적인 방법이다. 인출하기 위해서 저장된 정보를 탐색하여 회상하거나 저장된 정보가 떠오르지 않을 때에는 인출단서를 활용하는 재인과정을 거치게 된다. 즉, 회상은 특별히 주어진 단서 없이 장기기억 내에 저장되어 있는 정보에서 필요한 것을 찾는 것이고, 재인은 제시된 단서를 이용해서 필요한 정보를 찾는 과정이다. 예를 들어, 유아와 엄마가 대화를 할 때 '지난 주말에 동물원에 가서 무슨 동물을 봤니?'라고 물으면 회상을 요구하는 것이고, 동물 그림책을 가지고 와서 '자, 이 책에서 지난 주말에 동물원에서 봤던 동물을 찾아보자'라고 할 때는 인출단서를 제시하므로 재인기억을 알아보는 것이 된다. 회상은 인출단서 없이 스스로 이전에 본 사건이나 대상물을 기억해야 하므로 재인에 비해 더 늦게 발달한다.

4. 지능발달

지능(intelligence)에 대한 연구는 1905년 프랑스의 비네(Binet)에 의해 시작되어 오랫동안 많은 심리학자들이 관심을 가져온 중요한 주제가 되었다. 비네(Binet, 1905)는 지능을 이해와 논리에 대한 일반적인 능력으로 보고 이해력, 논리력, 추리력, 기억력이 지능의 구성요소라고 했다. 터먼(Terman, 1924)은 지능을 추상적인 문제해결 능력이라고 보았고, 피아제(Piaget, 1970)는 지능을 적응적인 사고 혹은 행위라고 정의하였다. 최근에는 지능의 삼원이론이나 다중지능이론이 대두되면서 지능에 대한 정의도 확장되었고 지능을 보는 관점도 변화되었다.

1) 초기 지능검사

비네는 1905년에 학습이 느린 아동을 선별하기 위한 실용적인 요구로 최초의 지능검사를 만들었다. 비네는 이 검사에서 다른 아동과 상대적인 정신발달에서의 개인의 수준을 의미하는 정신 연령(MA : Mental Age)이라는 개념을 고안했다. 이 정신 연령 개념은 스턴(Stern)에 의해 정신 연령과 생활 연령(CA : Chronological Age)의 비율인 지능지수(IQ : Intelligence Quotient)로 개발되어 지능을 나타내는 용어로 사용되었다.

지능지수
한 사람의 지능검사에서의 수행을 다른 사람들과 비교하여 점수로 나타낸 것

$$IQ=(MA/CA)\times 100$$

이 공식에 의하면 정신 연령과 생활 연령이 동일하면 IQ는 100이고, 정신 연령이 생활 연령보다 높으면 100 이상, 정신 연령이 생활 연령보다 낮으면 100 이하로 나타난다.

스탠포드–비네 지능검사(Stanford–Binet Intelligent Scale)는 1916년 미국의 터먼(Terman)이 비네 검사를 미국의 풍토에 맞게 확장하고 개선하여 재

구성한 지능검사이다. 이 검사는 2세부터 성인까지 폭넓은 연령에 적용할 수 있으며 가장 오랫동안 사용되어 온 표준검사이다. 2세에서 5세까지는 발달이 급속히 이루어지므로 6개월 간격으로 일정한 6개의 소검사에 각 연령에 맞는 1개의 소검사로 구성된 검사를 실시하며, 5세 이상부터는 1년 간격으로 구성된 소검사를 실시하게 된다. 지능지수의 평균은 100, 표준편차는 15로 종 모양의 정상분포를 이루고 있다.

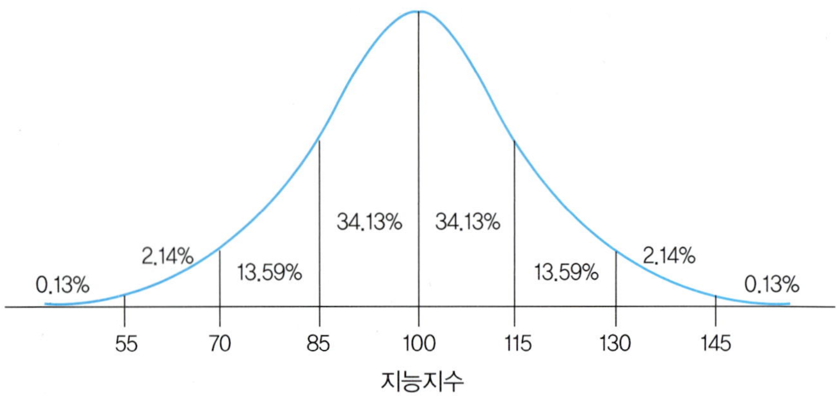

| 그림 6-11 | 지능검사 점수들의 정상분포

출처 : Berk(2009). Child Development.

2) 최근 지능검사

(1) 웩슬러 지능검사

웩슬러 지능검사(Wechsler Intelligent Scale)는 1939년 웩슬러(Wechsler)가 제작한 지능검사로 유아에서 성인에 이르기까지 전 연령의 지능을 측정할 수 있는 검사들로 구성되어 있으며 현재 가장 널리 사용되고 있다. 웩슬러는 지능을 하나의 특별한 능력이 아니라 여러 가지 형태로 나타날 수 있는 통합적이고 전반적인 속성으로 이해하였다. 따라서 환경에 대한 적응적 성

질, 학습하는 능력, 추상적인 것에 대한 학습과 그것을 구체적인 사실로 연결시키는 능력을 지능에 포함시켰다.

웩슬러 검사는 대상 연령에 따라 유아용(WPPSI), 아동용(WISC), 성인용(WAIS)으로 나누어져 있으며, 이들 각각은 여러 개의 하위검사로 이루어져 있고, 크게 언어성 검사(verbal test)와 수행성 검사(performance test) 두 부분으로 구성되어 있으며 웩슬러가 1939년에 처음 지능검사를 제작한 이래 변화를 거듭하면서 새롭게 수정되어 가고 있다.

WPPSI-IV 검사도구

유아의 지능을 측정하기에 적합한 웩슬러 유아지능검사(WPPSI : Wechsler Preschool and Primary Scale of Intelligence)는 취학 전 아동 및 초등학교 저학년 아동의 지능을 측정하기 위한 검사도구이다. WPPSI는 다른 웩슬러 검사들과 마찬가지로 지능을 각 영역별 능력이 개별적으로 존재하는 것이 아니라 다차원적인 속성을 가진 총체적인 지적 능력으로 보고 이들 능력을 측정하기 위한 여러 소검사와 다양한 과제들로 구성되어 있다. 1967년에 처음으로 WPPSI가 만들어진 후 WPPSI–R(1989), WPPSI–III(2003)으로 개정이 거듭되다가 2012년에 WPPSI–IV로 개정되어 현재 사용되고 있다. WPPSI–IV는 만 2세 6개월~3세 11개월과 4세 0개월~7세 7개월까지 두 범주로 나누어서 유아의 인지능력을 임상적으로 평가할 수 있도록 개발된 개별지능검사이다.

(2) 지능의 삼원이론

스턴버그(Sternberg)의 지능의 삼원이론(triarchic theory of intelligence)에 의하면 인간의 지능은 상호작용하는 세 가지 지능, 즉 분석적 지능, 창의적 지능, 실제적 지능으로 구성되어 있다.

먼저 분석적 지능은 문제의 요구사항을 평가하고 문제를 해결하기 위해 책략을 만들고 목표를 달성할 때까지의 인지적 활동을 조정하는 데 사용하는 인지과정을 의미한다. 여기에는 책략을 적용하고 지식을 획득하고 과제와 관련된 상위인지적 요소가 포함된다.

창의적 지능은 무엇인가를 창조하고, 발명하고, 상상하는 능력이다. 창의적인 사람들은 새로움에 직면했을 때 다른 사람들보다 더 능숙하게 사고하고, 정보처리 기술을 자동화하여 문제해결의 효율성이 증가하게 된다. 지능의 이러한 요인은 주어진 과제와 개인의 경험과의 관계를 나타내는 것으로 과제의 친숙도에 따라 문제해결이 달라질 수 있음을 보여준다.

마지막으로 실제적 지능은 일상의 상황에 적응하여 해결하는 능력을 의미하며 문제해결 능력, 적응능력 및 사회적 유능성을 포괄한다. 여기에서 지능은 환경에 적응하고 선택하는 것과 같은 실제적이고 목표지향적인 활동이다. 이 관점에서 지능적인 행동은 문화 혹은 하위문화에 따라 다르고 시대나 생의 주기에 따라서도 다를 수 있다.

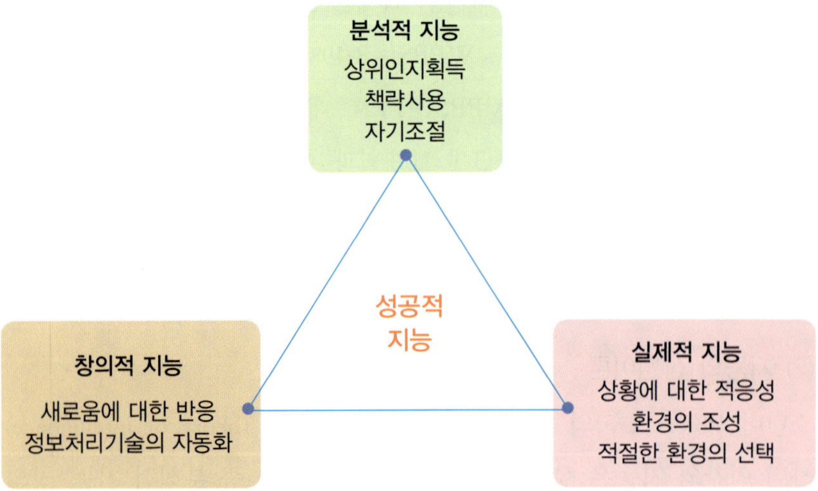

| 그림 6-12 | 지능의 삼원이론

출처 : Berk(2009). Child Development.

(3) 다중지능이론

가드너(Gardner)는 인간의 지능을 하나의 숫자로 기술하려는 이론들을 비판하며 지능의 기저가 되는 일반요소(g factor)로서 하나의 지적 능력이 있다고 보지 않고 각각의 요소들이 독립적으로 존재하며, 우열의 의미가 아니라 서로 다른 능력이며 그 가치는 동일하다고 보았다. 가드너가 제안한 여덟 가지 독립적인 지능은 다음과 같다(Gardner, 1983).

다중지능이론
인간의 지능은 여덟 가지의 서로 다른 종류의 지능으로 구성되어 있으며 이들은 각기 다른 능력이며 그 가치는 동일하다고 보는 가드너의 이론

일반요인(g factor)
모든 지적인 과제에 공통적으로 넓게 적용되는 지능으로서 이해력, 관계 추론력 등

① 언어 지능(Linguistic Intelligence)

단어의 의미와 소리에 대한 민감성과 언어의 구조와 언어가 사용될 수 있는 다양한 방법에 대한 민감성을 의미한다. 주로 시인, 소설가, 저널리스트 등에게 필요한 능력이다.

② 논리 수학 지능(Logical-mathematical Intelligence)

추상적인 상징체계를 조직하고 그들의 관계를 지각하며 논리적이고 체계적으로 아이디어를 평가하는 능력이다. 수학자, 과학자, 회계사, 컴퓨터 프로그래머 등에게 필요한 능력이다.

③ 음악 지능(Musical Intelligence)

음의 높낮이, 선율에 대한 민감성, 음조와 음악적 구절을 더 큰 리듬으로 결합하는 능력, 음악의 정서적 측면을 이해하는 능력이다. 음악가나 작곡가 등에게 꼭 필요한 능력이다.

④ 공간 지능(Spatial Intelligence)

시·공간적 관계를 정확하게 지각하고 이러한 지각을 변형하며 관련 자극이 없을 때도 시각적 경험의 측면을 재창조하는 능력이다. 엔지니어, 조각가, 지도제작자, 항해사, 탐험가 등에게 필요한 지능이다.

⑤ 신체-운동 지능(Bodily-kinesthetic Intelligence)

자신을 표현하고 목적을 달성하기 위해 몸을 기술적으로 사용하는 능력 및 사물을 기술적으로 다루는 능력이다. 무용가, 운동선수, 산악인에게 필요한 능력이다.

⑥ 개인이해 지능(Intrapersonal Intelligence)

자신의 내부 상태에 대한 민감성, 자신의 강점과 단점을 파악하고 자신에 대한 정보를 적절하게 사용하여 적응적으로 행동하는 능력이다. 인생의 거의 모든 성공에 기여하는 지능이다.

⑦ 대인관계 지능(Interpersonal Intelligence)

타인의 기분, 기질, 동기 및 의도에 적절하게 반응하는 능력이다. 심리치료사, 대인관계 전문가, 영업자, 교사, 정치가, 치료사 등에게 필요한 능력이다.

⑧ 자연탐구 지능(Naturalist Intelligence)

자연적인 환경의 유기체에 영향을 미치거나 이들에 의해 영향을 받는 요인들에 대한 민감성이다. 생물학자나 자연주의자들에게 필요한 능력이다.

3) 지능 관련 논점

(1) 지능의 안정성

영유아기에 측정한 지능이 이후 아동기와 청소년기에 걸쳐 시간변화에 따라 의미 있게 안정적인가? IQ는 타고나며 거의 결정적이라고 여긴 고정지능(fixed intelligence)의 개념은 피아제와 비고츠키의 인지이론으로 인해 지능은 고정된 것이 아니라 환경과의 상호작용을 통해 변화될 수 있는 것이라는 인식과 함께 상호지능(interactive intelligence) 관점으로 변화하게 되었다. 특히 영아기에 측정한 발달지수는 이후의 IQ를 잘 예측하지 못한다. 이에 비해 4세부터 시작해서 IQ들 사이에 의미 있는 관계가 있으며 아동기와 청소년기로 갈수록 지능점수는 더 안정적이다. 또한 검사시기가 가까울수록 상관이 높게 나타나는데, 유아기와 학령기의 지능 상관은 .30이나 학령기 동안 지능검사 상관관계는 .70~.80, 청년기 사이에 실시된 지능검사 상관관계는 .80~.90으로 매우 높다(Berk, 2009).

지능이 일관되게 증가한 아동은 학업수행에 더 독립적이고 경쟁적이었으며 그들의 부모는 자녀의 지적 성취에 많은 관심을 가졌다. 지능이 일관되게 감소한 아동은 가난하고 성취를 격려받지 못했으며 가혹하거나 방임적인 양육을 받은 경우가 많았다(Duncan, Brooks-Gunn, & Smith, 1998).

(2) 유전과 환경의 영향

지능연구에 관한 지속적인 관심 주제는 지능의 근간이 유전인지 환경의 차이인지에 관한 것이었다. 지능에 대한 유전적 요인의 영향은 쌍생아 및 입양아 연구를 통해 밝혀지고 있다. 쌍생아 연구 결과, 동일한 가정에서 사는 개인들의 쌍이 보여주는 지적 수행의 유사함은 혈연관계의 정도에 따라 달랐다. 즉, 동일한 유전자를 가지고 있는 일란성 쌍생아들 간의 지능의 상관이 가장 높고 그 다음 이란성 쌍생아, 형제 순으로 상관이 높게 나타났다. 입양아 연구에 의하면 입양된 아동의 지능은 입양부모보다 친부모와 더 높은 상관을 보인다. 이는 입양부모보다 친부모와 유전자를 공유하기 때문이므로 지능에 영향을 미치는 변수로 유전의 중요성을 보여주는 결과이다.

한편 앞서 입양아 연구에서 일란성 쌍생아의 지능의 상관이 높게 나타나는데 서로 떨어져서 따로 자란 일란성 쌍생아보다 함께 자란 일란성 쌍생아 간의 상관이 높았고, 이란성 쌍생아나 형제도 따로 자란 경우보다 함께 자란 경우 상관이 높게 나타나서 지능에 미치는 환경의 영향을 잘 보여준다고 할 수 있다.

플린 효과
20세기 동안 관찰된 지능 점수의 체계적인 증가

또한 20세기 동안 관찰된 지능 점수의 체계적인 증가를 설명하는 플린 효과(Flynn effect)도 지능에 대한 환경적인 영향을 보여주는 증거가 된다. 플린(Flynn)은 1940년대 이후로 사람들의 평균 IQ가 10년에 3점씩 높아졌다고 했다(Flynn, 1996). 즉, 20세기의 교육적인 향상과 영양 및 건강관리가 뇌와 신경계의 발달을 최적화하여 지적 수행의 향상을 도운 것으로 보인다(Flynn, 1996; Neisser, 1998).

부모가 가정에서 제공하는 가정환경 또한 지능발달과 관련이 있다. 가정환경을 측정하는 HOME(Home Observation for Measurement of the Environment)을 사용한 연구에 의하면, 영아기에는 부모의 개입, 연령에 적합한 놀잇감의 제공, 일상적인 다양한 자극의 기회가 지능과 관련이 있었고, 걸음마기와 유아기에는 조직적이고 자극적인 물리적 환경, 부모의 격려 및 참여와 애정이 지능점수와 언어발달을 예언해 준다(Bradley, Caldwell, & Rock, 1988; Espy, Molfese, & Dilalla, 2001).

이렇듯 지능에 영향을 미치는 유전과 환경은 중요한 양대 산맥이므로 각 요인의 개별 영향뿐 아니라 이들 간의 최적의 조화를 찾는 노력도 기울여야 할 것이다.

(3) 조기 중재의 중요성

1960년대 존슨 미국 대통령이 '가난과의 전쟁(war on poverty)'을 선포하며 경제적으로 불우한 아동들의 학습경험을 향상시키고자 고안된 헤드스타트(Head Start) 프로그램이 조기 개입 프로그램의 시초가 되었다. 헤드스타트 프로그램의 목적은 경제적으로 가난한 학령 전 아동들에게 중류층 아동들이 경험하는 종류의 교육적 경험을 제공해서 이들이 초등학교에 입학할 무렵에는 중류층의 또래들과 공정한 출발선에 놓일 수 있도록 하는 것이었다.

프로그램에 참여한 아동들에 관한 초기 보고서는 IQ가 약 10점 향상되는 좋은 결과를 보여주었다. 그러나 초기의 이러한 향상은 아동들이 초등학교에 2년 정도 다닌 후에는 효과가 사라져서 프로그램이 실패한 듯 보였다. 하지만 아동들의 학업성적과 IQ, 성취도 검사 점수를 장기적으로 살펴본 결과 몇 년이 지난 후 IQ 점수는 떨어졌으나 비참여 아동들에 비해 학교에서 요구하는 기본적인 성취수준을 더 만족시키는 긍정적인 결과가 나왔다.

조기 중재 프로그램 중 가장 효과적인 프로그램은 부모를 개입시키는 것이다. 아동만 교육시킨 프로그램에 비해 부모에게 목표를 교육시키고 아동의 향상에 대한 정보를 제공하고 가정과 학교 사이의 협력이 필요함을 지속적으로 강조한 프로그램이 더 좋은 결과를 보여주었다. 즉, 아동에게 질 높은 학령 전 교육을 제공할 뿐 아니라 그들의 부모들에게 가난에서 벗어날 수 있는 교육, 직업훈련과 사회적 지원을 제공하는 두 세대 중재(two-generation intervention) 프로그램이 더 효과적이다(Ramey & Ramey, 1998). 이런 중재는 부모의 심리적인 안녕을 향상시키고 더 효과적인 양육 방식을 취하게 하여 궁극적으로 아동의 지적 수행에 장기적인 이득을 가져올 수 있도록 해준다.

두 세대 중재
아동에게 질 높은 학령 전 교육을 제공할 뿐 아니라 그들의 부모들에게 가난에서 벗어날 수 있는 교육, 직업훈련과 사회적 지원을 제공하는 중재

5. 창의성발달

창의성은 누구나 가지고 있는 보편적 특성으로 개발 가능한 능력이다. 유아기는 창의성발달에 매우 중요한 시기이므로 유아들의 창의성발달에 특별히 관심이 높은 것은 지극히 당연하다. 따라서 창의성에 대한 올바른 이해와 적절한 교육적 환경을 제공해 주기 위해서 창의성의 정의와 구성요소에 대해 알아보고 유아의 창의성을 측정하는 방법을 살펴볼 것이다.

1) 창의성의 정의

창의성
새로운 아이디어를 산출해 내는 독창적이고 유연하며 정교한 사고능력

창의성(creativity)은 새로운 아이디어를 산출해 내는 독창적이고 유연하며 정교한 사고능력을 의미한다. 스턴버그(Sternberg)는 창의성이란 '무엇인가 새롭고, 문제 상황에 적절한 것을 만들어 낼 수 있는 능력'으로 보았고, 토랜스(Torrance)는 창의성을 소수의 천재에게만 나타나는 것이 아니라 모든 인간에게 나타나는 보편적 특성이며, 교육에 의해 길러질 수 있는 능력이라고 보았다. 창의성을 규정하는 중심적인 기준으로 간주되는 항목은 새로움(novel)과 적합성(appropriate)이다. 새로움이란 기존의 질서를 재구성하는 것, 즉 전통적인 방법이 아닌 새로운 방식으로 사고하는 것을 뜻한다. 적합성이란 단지 새롭기만 한 것이 아니라 인간의 삶에 도움이 되는 가치 있는 사고임을 의미한다(이화도, 2009).

수렴적 사고
문제해결을 위해 다양한 답이나 해결방안에서 가장 적합한 해결책이나 답을 모색해 가는 사고

확산적 사고
하나의 정답을 내는 것이 아니라 다양하고 새롭고 독특한 반응을 많이 내는 것을 의미

창의성에 대해 본격적이고 체계적인 연구의 출발점을 알린 길포드(Guilford)는 지능구조 모형을 제시하고 수렴적 사고(convergent thinking)와 확산적 사고(divergent thinking)를 구분하고, 그중 확산적 사고가 창의성의 지침이 된다고 보았다. 수렴적 사고는 문제해결을 위해 다양한 답이나 해결방안에서 가장 적합한 해결책이나 답을 모색해 가는 사고이다. 확산적 사고는 하나의 정답을 내는 것이 아니라 다양하고 새롭고 독특한 반응을 많이 내는 것을 의미한다. 예를 들어, '네모난 종이상자는 물건을 담는 용도 외에 어떻게 사용될 수 있는가?'라는 질문에 다양한 대답을 생각해 내는 것과 관련이 있다.

길포드는 창의성의 구성요소를 유창성, 융통성, 독창성과 정교성으로 제시하고 있다. 유창성(fluency)은 사고의 속도 개념으로, 제한된 시간 내에 많은 아이디어를 생산하는 능력, 즉 아이디어의 풍부함과 관련된 양적인 능력이다. 예를 들어, '빨간색을 보고 생각나는 것이 무엇이니?'라고 물었을 때 제한된 시간 내에 더 많은 것을 산출해 내면 유창성이 높은 것이다. 융통성

(flexibility)은 사고의 넓이 개념으로, 고정된 사고의 틀을 깨고 사물을 다른 각도 및 여러 관점에서 보는 능력이다. 빨간색을 주고 생각나는 것을 말하라고 했을 때 다섯 가지를 말했는데 모두 과일류만 말하는 것보다 사과, 신호등, 혈액, 태양, 소방차 이렇게 다섯 가지 범주를 말하는 경우가 더 융통성이 높다고 볼 수 있다. 독창성(originality)은 독특하고 비상한 아이디어를 생각하는 능력으로 기존의 생각과 다른 참신하고 새로운 것을 만드는 능력이다. 예를 들어, 빨간색을 보고 연상할 때도 흔히 유아들이 말하는 '피'보다 '내장'이 더 독창적인 사고를 나타낸다. 정교성(elaboration)은 아이디어를 보다 정교하고 세밀하게 분석하고 추가하여 구체화시켜 아이디어를 가치 있게 만드는 창의적 사고의 마지막 단계이다. 예를 들어, 창의성 검사에서 나무를 표현하더라도 동그라미 하나와 막대 두 개로 단순하게 표현하기보다 가지, 줄기, 잎 등 더욱 세밀하게 표현할 때 더 정교성이 높다고 볼 수 있다.

2) 창의성 측정

(1) 토랜스의 창의성 검사

토랜스(Torrance)는 창의성을 확산적 사고에 기반을 두고 유창성, 융통성, 독창성, 정교성을 구성요소로 규정한 후 네 가지 구성요소의 속성과 수준에 따라 창의성 지수를 결정하는 창의성 검사도구(TTCT : Torrance Tests of Creative Thinking)를 제작하였다. 이 검사는 언어검사와 도형검사로 구분되는데, 언어검사는 일곱 가지 활동, 도형검사는 세 가지 활동으로 구성되어 있으며 각각 A형과 B형이 있다. 유아들은 언어적 능력에 제한이 있어 주로 도형검사로 창의성을 측정한다. 도형검사는 그림 구성하기, 그림 완성하기, 동그라미 또는 선으로 그림 그리기 활동으로 구성되어 있으며 각 활동의 제한시간은 각각 10분이다.

활동 1 : 그림 구성하기

곡선 모양의 형태를 하나 제시하고 이것이 일부가 되는 어떤 그림이나 물건을 생각해 보게 한다. 거기에 아이디어들을 계속 더하기 하여 재미있는 이야기의 내용이 되게 한다. 그림을 완성하면 그럴듯한 제목을 적게 한다.

활동 2 : 그림 완성하기

10개의 불완전 도형들을 제시하고 될 수 있는 대로 이야기가 완전하고 재미있는 물건이나 그림을 그리게 한다. 그리고 빈칸에다 제목을 적어 넣게 한다.

활동 3 : 선 더하기

쌍을 이루고 있는 두 개의 직선을 세트로 30개 제시하고 원하는 대로 선들을 더 그려 넣어 어떤 물건이나 그림을 될 수 있는 대로 많이 생각해 보게 한다. 각각은 가능하면 완전하고 재미있는 이야기의 내용이 되게 한다. 또한 각각에 대하여 이름이나 제목을 적어 넣도록 한다.

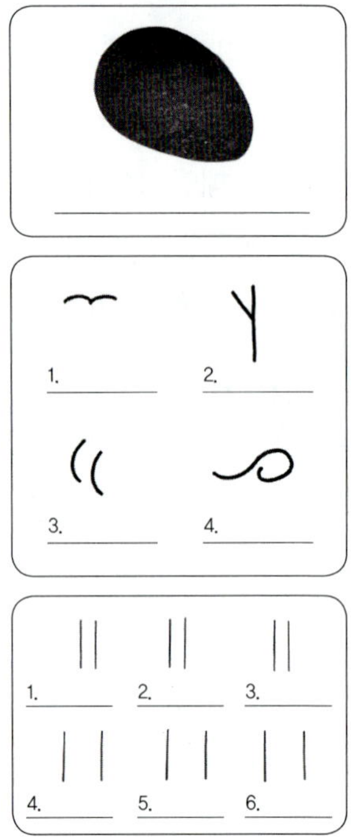

| 그림 6-13 |
TTCT-A형 검사문항 예

출처 : 김영채(1999). 창의적 문제해결-창의력의 이론, 개발과 수업.

(2) 유아 종합 창의성 검사

유아 종합 창의성 검사(K-CCTYC : Korean Comprehensive Creativity Test for Young Children)는 유아의 언어, 도형, 신체 영역에 걸친 전반적 창의성 수준을 알아보는 검사이다. 만 4~6세를 대상으로 개별 혹은 소집단으로 검사를 할 수 있다.

검사의 특징은 한국 고유의 전통적 특성과 유아기 발달적 측면을 잘 접목시킨 한국형 검사로 전통놀이, 전래동화, 전통문양을 응용한 하위검사로 구성되어 있으며 언어, 도형, 신체의 다양한 측면에서 창의성을 평가하고 유아의 창의성 수준을 한눈에 파악할 수 있는 개인 프로파일을 제공한다. 하위검사에 대한 자세한 내용은 〈표 6-3〉에 제시되어 있다.

〈표 6-3〉 유아 종합 창의성 검사의 하위검사 구성

영역	검사명	검사의 내용	측정 내용
언어	검사 1 빨간색 연상하기	빨간색을 보고 연상되는 물건이나 느낌, 생각을 적어보게 하는 활동으로 창의력 계발에 중요한 연상 활동으로 이루어져 있다.	유창성 융통성 독창성
도형	검사 2 도형 완성하기	태극기의 가운데 선만 9개를 제시하여 그 선을 이용해 어떤 그림을 그리게 한다.	유창성 융통성 독창성
신체	검사 3 동물 상상하기	창의적 사고의 기초가 되는 상상력을 측정하기 위해 전래동화나 우화에 등장하는 동물 5개를 등장시켜 상상하게 한다.	상상력
	검사 4 색다른 나무치기	전통놀이의 비석치기와 같은 형식으로 세워져 있는 나무 조각을 색다른 방법으로 쓰러뜨리도록 한다.	유창성 융통성 독창성

출처 : 전경원(1999). 유아 종합 창의성 검사.

정리 활동 문제를 읽고 각 문항에 올바른 개념을 한글로 적어보고, 그 개념을 영어 단어로 바꾸어 낱말 퍼즐을 완성해 보자.

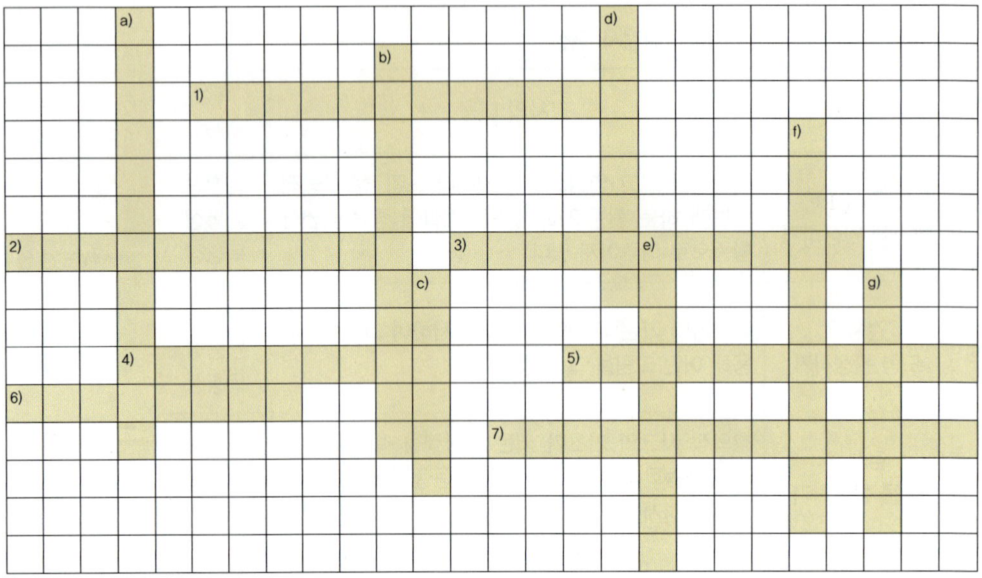

〈가로〉

1) 사물의 외관이 변화되어도 그것의 속성은 변하지 않는다는 것을 이해하는 능력
2) 반복을 통해 친숙해진 자극에 대한 반응의 감소
3) 기억해야 하는 둘 이상의 항목들 간에 어떤 의미를 가지도록 연결하는 기억책략
4) 인간의 지능이 상호작용하는 세 가지 지능, 즉 분석적 지능, 창의적 지능, 실제적 지능으로 구성되어 있다는 스턴버그의 지능이론
5) 사고의 넓이 개념으로, 고정된 사고의 틀을 깨고 사물을 다른 각도 및 여러 관점에서 보는 창의적인 능력
6) 습관화된 자극이 변경될 때 발생하는 반응의 증가
7) 피아제의 전조작기에서 설명되며, 일련의 사건이나 추론의 단계를 정신적으로 원래 상태로 되돌리는 경향성

〈세로〉

a) 피아제에 의하면 영아가 감각기관과 운동기능을 통해 세상을 인식하는 시기

b) 독특하고 비상한 아이디어를 생각하는 능력으로 기존의 생각과 다른 참신하고 새로운 것을 만드는 창의적인 능력

c) 과거의 경험을 능동적으로 마음속에 떠올리는 인출책략

d) 미숙아를 낳아 배 주머니에 넣고 키우는 동물로, 이 동물처럼 산모가 신생아를 배 위에 올려놓고 돌보는 '케어'가 새로운 육아법으로 인기를 끌고 있음

e) 기억해야 할 대상이나 정보를 눈으로 여러 번 보거나 말로 되풀이해서 반복하는 기억책략

f) 어떤 대상을 접했을 때 친숙하여서 이전에 경험한 적이 있다는 것을 알아채는 인출책략

g) 물리적인 대상물을 포함하여 모든 것에 생명과 감정을 부여하는 전조작기 유아의 관점

[정답]

			s													k									
			e							o						a									
			n		c	o	n	s	e	r	v	a	t	i	o	n									
			s							i						g					r				
			o							g						a					e				
			r							i						r					c				
h	a	b	i	t	u	a	t	i	o	n		e	l	a	b	o	r	a	t	i	o	n			
			m							a	r					o	e				g		a		
			o							l	e						h				n		n		
			t	r	i	a	r	c	h	i	c				f	l	e	x	i	b	i	l	i	t	y
r	e	c	o	v	e	r	y			t	a						a				t		m		
			r							y	l		r	e	v	e	r	s	i	b	i	l	i	t	y
											l						s				o		s		
																	a				n		m		
																	l								

(가로 정답) 1) 보존 2) 습관화 3) 정교화 4) 삼원이론 5) 융통성 6) 회복 7) 가역성

(세로 정답) a) 감각운동기 b) 독창성 c) 회상 d) 캥거루 e) 시연 f) 재인 g) 물활론

Chapter

07

영유아 언어발달

Chapter 07

영유아 언어발달

언어는 개인이 생각을 표현하거나 다른 사람과의 의사소통에 기본이 되는 도구로 인간의 생존을 가능하게 하고 문화를 유지·발전시키는 도구이다. 영유아는 자신이 속한 공동체의 언어를 습득하여 자신의 생각을 언어로 표현할 수 있게 되고 점차 성인과 유사하게 언어를 구사할 수 있게 된다. 생후 12개월경이 되면 단어를 사용하여 자신의 요구를 표현할 수 있고 생후 24개월경이 되면 몇 개의 단어를 사용하여 짧은 문장을 만들기도 한다. 영유아가 처음 사용하는 언어의 대부분은 자기중심적인 언어인데 점차 사회적인 언어를 사용할 수 있게 된다. 영유아기 언어발달의 가장 두드러진 특징은 단어를 습득하고 문법을 발달시키는 속도가 매우 빠르다는 것이다. 이 장에서는 언어의 구성요소와 언어발달의 이론적 관점, 영유아기 언어발달의 특징, 언어발달에 영향을 미치는 요인, 이중언어에 관한 논점 등에 대해 살펴봄으로써 영유아기 언어발달의 이론적 배경과 언어발달의 특징에 관해 살펴보고자 한다.

1. 언어의 구성요소

언어의 구성요소
음운론
형태론
통사론
의미론
화용론

언어는 형식, 내용, 사용의 세 가지 부분으로 구성되어 있다. 형식적 측면은 음운론(phonology)과 형태론(morphology), 통사론(syntax)을 다루고, 내용적 측면은 의미론(semantics)을, 사용적 측면은 화용론(pragmatics)을 포함한다(Owens, 2013). 자신의 생각을 다른 사람에게 언어로 표현하기 위해서는 소리(음운론)와 어순(통사론)을 선택하고, 적절한 단어의 형태(형태론)를 결정하여 의미(의미론)를 나타내고, 의사 전달(화용론)이 잘 되도록 하여야 한다.

〈표 7-1〉 언어의 구성요소

언어의 구성요소		예
형식	음운론 (phonology)	"애"와 "에" 소리를 구별해서 듣기/말하기
	형태론 (morphology)	"어머니"에 "새" 또는 "큰"의 의존형태소와 결합하여 "새어머니"나 "큰어머니" 등 새로운 단어가 될 수 있음을 알기
	통사론 (syntax)	"좋아, 장난감"이 아니라 "장난감이 좋아"라고 문법에 맞는 어순을 배열하기
내용	의미론 (semantics)	같은 단어나 문장도 상황에 따라 그 의미가 다름을 이해하기. 예컨대 부엌에서 일하고 있는 엄마가 거실의 시계 앞에 있는 아이에게 "지금 몇 시니?"라고 질문하는 것과 놀이터에서 늦게까지 놀다가 들어온 아이에게 엄마가 "지금 몇 시니?"라고 질문하는 것의 의미가 다르다는 것을 이해하기
사용	화용론 (pragmatics)	사회·문화적으로 통용되는 언어의 적절한 쓰임을 알기. 예컨대 우리나라에서 높임말을 적절하게 선택하여 사용하기

1) 음운론

음운론은 말소리의 구조와 순서에 관한 규칙을 다루며, 소리를 내는 방법을 포함한다. 말소리를 구분하지 못한다면, 대화 중에 나타나는 말의 급속한 흐름 속에서 단어배열을 분석해 낼 수가 없다.

소리의 가장 작은 단위인 음운(phoneme)은 음소(音素)와 운소(韻素)로 나누어지며, 음소는 자음과 모음을 포함하고 운소는 소리의 높낮이(pitch)와 길이(length), 강약(stress) 등을 포함한다. 각 언어는 고유의 음운체계를 가지고 있는데, 한글의 경우 자음 19개(쌍자음 포함), 모음 21개(이중모음 포함)로 구성되어 있다. 영유아는 일상생활 중에서 들은 다양한 말소리로부터 말하기 위해 필요한 소리들을 추출하고 학습하여 모국어 음운체계를 습득하게 된다.

음운론
언어의 소리와 소리체계에 관한 규칙

한글자음 : 19개
ㄱ, ㄲ, ㄴ, ㄷ, ㄸ, ㄹ, ㅁ, ㅂ, ㅃ, ㅅ, ㅆ, ㅇ, ㅈ, ㅉ, ㅊ, ㅋ, ㅌ, ㅍ, ㅎ

한글모음 : 21개
ㅏ, ㅐ, ㅑ, ㅒ, ㅓ, ㅔ, ㅕ, ㅖ, ㅗ, ㅘ, ㅙ, ㅚ, ㅛ, ㅜ, ㅝ, ㅞ, ㅟ, ㅠ, ㅡ, ㅢ, ㅣ

2) 형태론

형태론은 단어구성에 관한 규칙을 의미하며, 수, 시제, 격, 인칭, 성, 능동태와 수동태 등 다양한 의미를 만들어 내는 문법적 표시에 관한 사용규칙이다. 단어는 의미의 최소 단위인 형태소(morpheme)가 하나 이상 모여서 만들어진다. 형태소는 자유형태소(free morpheme)와 의존형태소(dependent morpheme)로 나눌 수 있다. 자유형태소는 독립적이고 혼자서도 의미를 가지며 명사나 동사, 부사, 형용사 등이 있다. 의존형태소는 형태소와 단어들 사이의 의미와 기능을 명확하게 해주는 역할을 하는데, 격조사, 형용사나 동사의 어미변화 등이 이에 속한다. 영유아는 언어발달 과정에서 형태론에 대한 이해를 심화 확장하면서, 현재형 동사와 과거형 동사의 다름을 알고 이를 적절하게 사용할 수 있게 된다. '엄마'라는 단어는 한 개의 형태소로 구성되어 있지만, '엄마가'는 '엄마'와 '가'라는 두 개의 형태소로 구성된다.

형태론
최소의 의미 단위인 형태소가 모여 단어를 구성하는 규칙

읽을거리 **자유형태소와 의존형태소**

'다리'는 한 개의 자유형태소로 '다'와 '리'로 나누어지면 원래의 의미가 없다. 자유형태소인 '다리'가 또 다른 자유형태소인 '돌'이나 '나무'와 만나면, '돌다리' 혹은 '나무다리'라는 새로운 자유형태소가 된다. 반면 '유아의'는 '유아'라는 자유형태소와 '의'라는 의존형태소로 구성된 단어이다. 의존형태소는 단독으로 사용할 수 없으며 자유형태소와 결합하여 자유형태소의 의미와 기능을 명확히 해준다.

3) 통사론

통사론
문장을 만들기 위해 사용하는 형식과 구조에 관한 규칙

통사론은 구문론이라고도 하는데, 문장의 형식과 구조에 대한 규칙으로 단어의 배치, 문장의 구성, 단어 간의 관계, 품사 등에 관해 다룬다. 일반적인 서술문이나 의문문 등에 구와 단어가 사용되는 문법 규칙을 포함한다. 일반적으로 문장에는 명사(명사구)와 동사(동사구)가 포함된다. 어순의 경우, 한국어나 일본어는 주어–목적어–동사의 순으로 구성되며 영어는 주어–동사–목적어의 순으로 구성된다.

우리가 문법이라 여기는 것은 형태론과 통사론을 의미하는데, 영유아는 모국어의 규칙을 배우면서 점차 문법적으로 맞는 말과 맞지 않는 말을 구분해 간다. 영유아의 언어발달을 지원하기 위해서는 영유아가 문법적으로 불완전한 말을 하더라도 표현하고자 하는 의도에 주목하여 불완전한 문장을 완전한 문장으로 확장시켜 줄 필요가 있다. 예컨대 "엄마, 물"이 "엄마, 목말라요. 물 주세요"의 의미일 수도 있고, "엄마, 여기 바닥에 물이 있어요"라는 뜻일 수도 있다. 따라서 먼저 영유아의 의도를 파악한 후 "목마르지? 물 마시고 싶은가 보구나" 혹은 "바닥에 물이 있네"라고 완전한 문장으로 들려주어 영유아가 문장의 구조와 규칙을 파악하고 모국어를 배울 기회를 주어야 한다.

4) 의미론

의미론은 어휘와 관련이 있으며, 단어와 단어의 조합으로 저변의 개념들에 관해 표현하는 방법이다. 의미에 관한 규칙은 단어를 말할 때 그 단어가 의미하는 범주를 정해줌으로써 비슷한 대상, 행위, 관계 들을 구분할 수 있게 해준다. 언어에서 사용되는 단어들은 현실 자체를 표상하는 것이 아니라 현실에 대해 우리가 알고 있는 개념을 표상하는 것이다(Owens, 2011).

의미론
단어나 문장의 의미, 내용에 대한 규칙

예를 들면, "병아리가 아기를 낳았어요"라는 문장은 문법적으로는 문제가 없지만, 의미론적으로 볼 때는 잘못된 문장이다. 병아리가 아기를 낳는다는 사실이 의미론적으로 맞지 않기 때문에 이 문장은 성립될 수 없다.

의미론은 우리가 대상이나 사건에 대해 가지고 있는 지식이나 인지가 언어와 어떤 관계를 맺는가에 중점을 둔다. 대상이나 사건에 대해 가지는 지식은 세상사 지식(world knowledge)과 단어 지식(word knowledge)으로 나눌 수 있다. 세상사 지식은 개인이 특정 대상이나 사건에 대한 몇 번의 경험을 통해 형성된 이해와 기억을 말하며, 경험을 많이 하면 할수록 그 대상에 대한 지식은 일반화된다. 단어 지식은 단어와 상징에 대한 정의로 단어 지식은 세상사 지식에 따라 다양할 수 있다.

세상사 지식
한 개인이 특정 사건에 대해 자전적·경험적으로 가지고 있는 이해와 기억

단어 지식
단어와 상징의 정의이며 일차적으로 언어적인 것, 단어 지식은 세상사 지식에 근거함

5) 화용론

화용론은 의사소통 과정에서 사용되는 언어에 관한 규칙이나 지식 등을 말한다. 효과적인 의사소통을 위해서는 문자 이면의 드러나지 않는 의미까지 이해해야 하며, 대화할 때의 순서나 존댓말 사용, 명령할 때와 부탁할 때의 언어사용 등 언어가 사용되는 다양한 맥락에서의 언어사용에 관한 지식을 아는 것이 필요하다(임지영 외, 2014).

화용론
의사소통을 위해 언어를 사용하는 방법에 관한 사회적 규칙

말로 하는 모든 발화를 화행(speech act)이라고 하는데, 화행은 조건이 충족되었을 때 의미를 가진다. "문 좀 열어주시겠어요?"라는 문장은 문이 있

고 문을 열어줄 상대가 있을 때 의미를 가진다. 대화에 영향을 주는 요소로는 대화의 양이나 질, 대화내용과 주제와의 연결성, 대화에 참여하는 사람의 태도 등을 들 수 있다.

2. 언어발달의 이론적 관점

영유아가 언어를 배우는 기제와 과정은 여러 가지 입장에서 논의되어 왔다. 언어발달이 강화와 모방에 의한 학습의 결과로 보는 행동주의적 관점, 성숙의 결과로 보는 생득주의적 관점, 개인의 직접적인 인지활동에 의한 것으로 보는 인지적 상호작용주의적 관점, 개인의 생물학적 성숙과 사회적 환경의 상호작용에 의한 것으로 보는 사회적 상호작용주의적 관점이 있다. 초기의 연구들이 주로 언어발달의 현상과 결과를 다루었다면, 최근에는 상호작용이나 학습의 역할, 언어습득 과정에서의 제약이나 편견 등 사회적 맥락에 중점을 두는 경향이 있다.

1) 행동주의적 관점

행동주의적 관점에서는 언어습득이 경험적인 훈련과 강화작용, 모방과 강화를 통해 발달한다고 본다. 스키너(Skinner, 1957)는 언어가 조작적 조건형성에 의해 학습되며, 영유아가 성인의 언어를 모방하여 새로운 단어를 말할 때, 성인이 강화를 해주게 되고, 영유아는 강화받은 단어를 더 자주 말함으로써 언어습득이 이루어진다고 보았다. 양육자들이 영유아의 적절한 언어에 미소, 관심과 언어로 반응하는 것은 영유아의 언어습득을 강화시켜 준다는 것이다. 반면 영유아는 부모로부터 무시된 소리를 점점 덜 내다가 결국 내지 않게 되는데 이 과정을 소거(extinction)라고 부른다.

반두라(Bandura, 1977)는 사회학습이론의 관점에서 강화뿐 아니라 영유아가 성인의 말을 관찰하는 과정을 통해 언어학습이 이루어진다고 주장했다. 영유아가 관찰을 통해 성인의 말을 모방하며, 정확하게 모방하면 할수록 성인의 강화를 많이 받아 언어를 습득하게 된다고 보았다. 선생님으로부터 칭찬을 받을 때 '감사합니다'라는 인사말을 하는 것을 관찰한 다른 영유아는 비슷한 상황에서 자신도 친구와 똑같이 '감사합니다'라는 말을 사용한다는 것이다. 이 때문에 반두라는 적절한 언어사용의 모델이 될 부모나 교사 등 성인의 역할을 중요하게 보았다.

행동주의 관점에서 본 언어발달
언어습득은 경험적인 훈련, 강화, 모방, 반복 등에 의한 학습의 결과

그러나 행동주의 관점의 언어발달이론은 창의적인 언어사용이나 능동적인 언어사용을 설명하지는 못한다. 영유아는 강화나 모방 없이 새로운 단어나 문장을 산출하기도 한다. 3세경 유아가 '내가' 대신 '내이가'를 사용하거나 'go'의 과거형인 'went'를 대신하여 'goed'라고 말한다. 이렇게 조사 '이'와 '가'를 함께 사용하거나 과거형 접두사 '–ed'를 과잉일반화(over–generalization)하는 것은 영유아가 성인의 말 속에서 언어의 규칙을 찾아 나름대로 적용하는 것을 보여주는 것이다. 즉, 영유아기 동안 언어습득이 급속도로 이루어지는 것은 모방이나 강화로만 설명할 수는 없다.

2) 생득주의적 관점

행동주의 관점의 언어발달이론에 한계가 있음이 지적되면서 생득주의 이론이 대두되었다. 인간만이 언어를 사용한다는 점과 영아기의 옹알이, 12개월경의 첫 단어, 18개월경의 두 단어 시기 등 언어발달의 일정한 패턴이 보편적으로 발견된다는 점은 생득주의 언어발달이론이 지지를 받는 근거가 되었다.

생득주의 관점에서 본 언어발달
언어습득기제(LAD : Language Acquisition Device)에 의해 언어발달이 이루어짐

촘스키(Chomsky, 1957)는 영유아가 전혀 들어보지 못한 새로운 말을 만들어 낸다는 사실을 통해 언어의 창조성을 강조하고, 언어발달이 언어습득

언어습득기제
영유아가 특정 언어 환경에 노출되었을 때 언어를 분석하여 언어의 기본 원리를 구성하는 언어생성기제. 촘스키는 이 기제가 생득적인 것으로 봄

보편문법
언어의 구성요소, 문법적 원리와 규칙의 체계를 의미함

기제(LAD : Language Acquisition Device)에 의한 것이라고 설명하였다. 그에 따르면, 영유아가 체계적인 훈련 없이 모국어에 노출되는 것만으로도 언어를 습득할 수 있다고 보았다. LAD는 마치 컴퓨터에 내장된 하드웨어처럼 입력되는 어떤 언어라도 처리하여 그 언어의 규칙성을 만들어 내고 모국어의 통사 규칙을 이해할 수 있도록 하는 언어생성기제다. 즉, 인간은 태어날 때부터 보편문법(universal grammar)에 관한 지식을 가지고 있는데, 보편문법이란 모든 언어의 요소나 특성이 되는 원리와 조건, 규칙의 체계를 의미하며, 모국어 습득이나 언어능력 발달의 기초가 된다.

촘스키는 언어를 표면구조(surface structure)와 심층구조(deep structure)로 분석했다. 즉, 모든 언어는 문법을 말하는 표면구조와 문장의 의미와 관계있는 심층구조 두 가지 수준으로 구성된다. 언어마다 표면구조는 다르지만 심층구조에는 보편적 특성이 있다. 모든 언어는 주어와 술어로 구성되거나 의문문과 부정문이 있어서 영유아는 이런 심층구조를 먼저 습득한다. 촘스키에 의하면, 유아들이 심층구조를 먼저 파악하고 나서 이를 모국어만이 갖는 표면구조로 바꾸는데 이 과정을 변형문법(transformational grammar)이라 한다. 그리고 변형문법이 가능한 것은 선천적인 LAD가 있기 때문이라고 보았다.

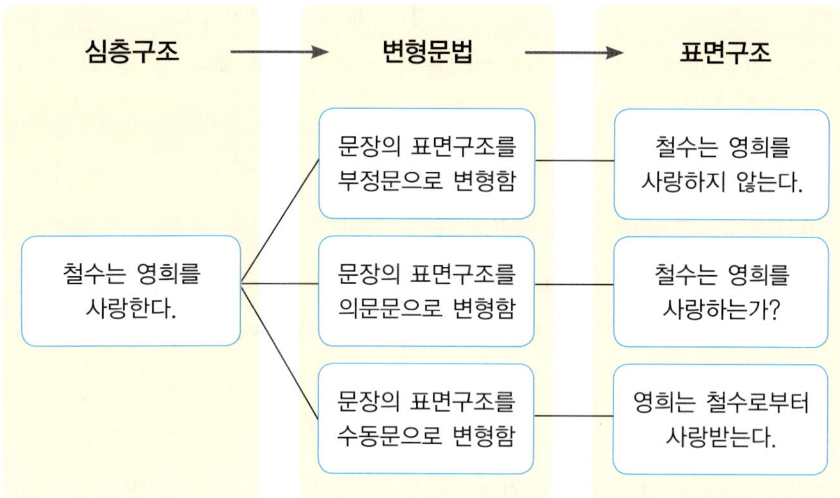

| 그림 7-1 | 촘스키의 변형문법 예

또 다른 학자인 렌네버그(Lenneberg, 1967)는 언어발달을 생물학적인 성숙의 결과로 보고 어떤 언어권에서나 언어발달은 비슷한 과정을 거친다고 하였다. 인간의 뇌, 신경, 구강구조, 폐 등 인체조직이 언어습득에 적합하게 타고나 인간만이 언어를 습득할 수 있다고 보았다. 일상생활에서 사용하는 성인의 문장이 불완전하거나 목적어가 생략되는 경우도 있지만, 영유아는 불완전한 언어자료를 통해서도 모국어의 문법을 습득한다. 또 수학이나 과학 영역과는 다르게 언어는 지능의 영향을 크게 받지 않으며 특별한 훈련이 없어도 대부분 언어를 습득한다. 이 같은 사실로 볼 때, 언어발달에 있어서 인간만이 가지는 LAD가 있음을 짐작해 볼 수 있다.

하지만 생득주의자들이 제시한 LAD는 추상적이며 언어습득 과정에서 이 기제가 어떻게 작동하는가에 대한 설명이 명료하지 않다는 점에서 비판받는다. 언어가 선천적인 것이라면, 인간사회에서 격리되어 성장한 야생소년 빅터(Victor)가 언어를 습득하지 못한 것을 설명할 수 없다. 따라서 생득주의 이론은 사회문화적 배경이나 문화적 배경 등 언어습득의 다양한 환경적 요인이나 개개 영유아 간의 언어습득의 차이에 대해서 설명하지 못하고 있다.

브로카 영역
좌뇌의 하측 전두엽 부분으로, 이 부분이 손상되면 느리고 서툴게 말을 함.

베르니케 영역
좌뇌의 상측 측두엽 뒤쪽 부분으로 이 부분이 손상되면, 말은 유창하게 하지만 말의 의미와 내용을 이해하는 능력이 떨어짐. 들은 단어를 기억하지 못하고, 질문에 적절한 대답을 하지 못하는 경우가 많음

최근 뇌 발달 연구에 의해, 뇌의 좌반구에서 언어의 이해와 산출이 이루어진다(Kuder, 2017)는 것이 증명되었다. 좌반구에 있는 브로카 영역(Broca's area)과 베르니케 영역(Wernicke's area)도 각각 언어의 다른 영역에 관계있는 것으로 나타났다. 즉, 브로카 영역은 좌반구 전두엽에 위치하며 말을 하는 기능을 담당하고 있다. 이곳에 언어발음 패턴이 저장되어 있어서 적절한 단어를 선택하고 나면 발성에 필요한 혀, 목, 성대의 근육으로 신경을 보내는 신경세포들을 활성화시켜 소리를 낸다. 브로카 영역이 손상을 입는 경우, 성대 근육에 이상이 없어도 말을 할 수 없게 되는 실어증이 나타난다. 베르니케 영역도 뇌의 좌반구에 위치하며 청각피질과 시각피질로부터 전달된 언어정보를 해석하는 역할을 담당한다. 베르니케 영역에 손상이 생기면 의미의 차이를 인식하지 못하므로 말을 듣거나 읽을 때 그 의미를 이해할 수 없게 된다.

읽을거리 인간으로 길러진 님 침스키, 과연 말을 했을까

1973년 미국 뉴욕의 한 중산층 가정에 아기 침팬지가 입양됐다. 이름은 님 침스키(Nim Chimsky). 인간이 침팬지를 입양해 키우는 이 기상천외한 일은 1970년대 미국 인지과학계에서 진행된 '님 프로젝트', 즉 유인원 언어연구의 일환이다.

이 프로젝트는 컬럼비아대학 심리학과 허버트 S. 테라스 교수의 아이디어에서 시작되었다. 행동과학자 스키너를 비판한 노암 촘스키의 권위에 스키너의 제자였던 테라스 박사가 도전장을 내민 것이다. 침팬지의 이름을 '님 침스키'라고 한 것은 촘스키에 대한 도전이나 조롱을 담은 것이다.

침팬지는 인간과 대단히 가까운 동물이다. DNA의 98.7%가 일치한다. 테라스 교수는 이런 침팬지가 미국식 수화를 배울 수 있는지 알아보기 위해 침팬지를 일반 가정에서 키우고 언어를 가르치는 실험을 한 것이다. 성공한다면 언어학계 패러다임이 바뀌게 되는 것이다.

결과는 어땠을까? 사람의 옷을 입고, 포크로 사람이 먹는 스파게티를 먹고, 가끔 화장실도 이용하면서 사람처럼 키워진 님은 그러나 아기에서 벗어나는 순간, 말썽꾸러기가 됐다. 커가면서 야생성은 제어하기 힘들어졌고, 결국 세 살 되던 해 자신을 입양했던 가족과 헤어져야 했다. 이후 연구소에서 실시된 님 프로젝트는 님의 야생성이 발현되면서 공격적인 행동이 더 잦아지고, 연구비 확보가 난관에 부딪히면서 4년 만에 중단되었다.

당초 이 프로젝트 목표였던 님의 언어습득은 어떻게 됐을까? 학자들 사이에 논란이 있다. 님이 수화하는 장면을 찍은 비디오나 조련사가 현장에서 수집한 자료는 해석하기에 모호한 구석이 많다는 것이다. 부정적인 사람들은 출생 2개월 때부터 수화를 배웠지만 다른 침팬지와 마찬가지로 그저 조련사의 행동을 흉내 냈을 뿐이라고 주장한다.

님 프로젝트가 중단된 이후, 뉴욕 맨해튼의 우아한 저택에서 인간처럼 살았던 님은 우리에 갇혀 이 시설, 저 시설로 떠돌아다녔다. 순탄치 않은 삶 탓인지 스물일곱의 짧은 생애(침팬지 평균수명은 50세)를 마감했다.

출처 : 쿠키뉴스(2012. 10. 18).

읽을거리 브로카 영역과 베르니케 영역

1861년 브로카(Broca)라는 프랑스 의사가 실어증에 걸린 남자를 치료하면서 뇌의 일정 부분이 손상되면 문법과 표현에서 어려움을 겪는다는 것을 발견하고, 뇌의 이 부분을 '브로카 영역'이라고 부르게 되었다. 브로카 영역이 손상되면 말하는 것이 유창하지 않고 발음도 정확하지 않으며 조사나 관사, 접속사 등이 생략된 표현을 하지만, 언어의 의미를 이해할 수는 있다. 베르니케(Wernicke)라는 독일 의사는 언어의 이해에 관여하는 좌반구의 또 다른 부분을 밝히고, 이 부분을 '베르니케 영역'이라고 명명했다. '베르니케 영역'이 손상된 사람들은 언어를 표현하기는 하지만, 의미 이해에 어려움을 겪기 때문에 연결되지 않는 단어들을 나열하여 뜻 모를 긴 문장을 말하는 경향이 있다.

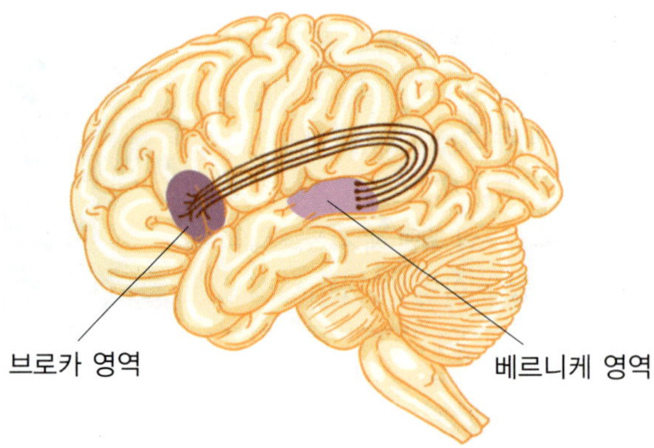

| 그림 7-2 | 뇌의 브로카 영역과 베르니케 영역

출처 : Rotten, G. J.(2022). Broca–Wernicke theories : A historical perspective.

3) 인지적 상호작용주의적 관점

인지적 상호작용주의는 언어습득을 인지적 성숙의 결과로 보고 개인의 직접적인 인지활동에 의해 언어의 구조를 학습하므로 인지발달은 언어발달에 우선한다고 보는 관점이다. 인지적 상호작용주의의 대표학자 피아제(Piaget, 1926)는 개인의 내적 인지발달을 언어발달의 중요한 요소로 보고, 영유아의 인지가 발달함에 따라 자기중심적 말(egocentric speech)이나 혼잣말을 배우고 나서 점차 사회적 상호작용에 참여한다고 하였다. 영유아를 언어학습에서 수동적인 존재로 본 행동주의자와는 달리 인지적 상호작용주의자들은 영유아가 언어경험을 능동적으로 구성하여 언어를 습득한다고 보았다. 즉, 감각운동기 동안 영유아는 감각경험과 신체활동을 통해 사물을 탐색하고 배워나가게 되는데, 이 때문에 영유아가 초기단계에 사용하는 대부분의 단어는 친숙한 사물의 명칭이며, 대상영속성 개념이 발달하는 시기에 이르면 '있다, 없다'와 같은 단어를 사용한다. 전조작기 단계의 영유아가 사용하는 자기중심적인 말도 영유아의 인지발달이 언어에 반영된 결과라 볼 수 있다.

인지적 상호작용주의
개인의 내적 인지발달에 의해 언어발달이 이루어진다고 봄

인지적 상호작용주의는 인지가 언어발달에 미치는 영향을 설명하지만 언어가 인지발달에 미치는 영향을 고려하지 않았다는 비판을 받고 있다. 또한 영유아가 나름대로 문법규칙을 찾아 사용하는 것은 이들이 피아제가 주장한 것보다 더 유능한 언어사용자라는 것을 보여준다.

4) 사회적 상호작용주의 이론

사회적 상호작용주의에서 언어는 인간의 사회적 의사소통에 참여하고자 하는 기본 동기를 충족시켜 주는 수단으로 보았다. 사회적 상호작용주의의 대표적 학자로 비고츠키(Vygotsky, 1962)는 언어발달이 지식을 내부에서 구성한 결과라는 피아제의 의견에 동의하지만 이에 더하여 사회적 상호작용

사회적 상호작용주의
인간의 사회적 관계에서 이루어지는 의사소통이 언어발달을 이끌어 낸다고 봄

에 의해서도 달라질 수 있다고 보았다. 영유아의 언어발달에는 성인이나 또래의 역할이 중요하며, 성인이나 또래와의 상호작용에서 이루어지는 의사소통이 인지발달을 이끌어 낸다고 보았다. 성인은 영유아 혼자서 해결할 수 없는 과제에서 영유아에게 언어로 도움을 주게 되고, 이러한 언어적 도움은 점차적으로 내재화되어 결국 과제를 스스로 해결하게 된다. 발달과 교육을 별개의 것으로 보고 언어발달이 의도적인 교육 없이 이루어질 수 있다고 본 피아제와 달리, 비고츠키는 언어발달에서 성인이나 또래의 역할을 강조했다.

비고츠키의 언어발달 단계
- 2세경 : 외적 언어단계
- 3~6세경 : 혼잣말 단계
- 6세 이후 : 내적 언어단계

비고츠키에 의하면, 2세경 유아는 사고가 단어로 변형되는 외적 언어 단계(external speech stage)에 속하며, 3~6세 유아는 외부 정보를 내면화하는 혼잣말 단계(private speech stage)에 속한다. 이후 혼잣말이 사고로 완전히 내면화되어 소리 없이도 언어적 사고를 하는 시기인 내적 언어단계(inner speech stage)에 접어든다. 피아제는 자기중심적 언어를 인지적 미성숙의 결과로 보았지만 비고츠키는 혼잣말을 사회경험을 내면화하는 과정에서 나타나는 현상으로 보았으며 혼잣말을 많이 하는 유아의 경우 사회적 능력도 높을 것으로 생각했다. 왜냐하면 혼잣말은 조용히 스스로에게 말함으로써 자신의 행동과 생각을 통제하는 기능을 하여 문제해결에 도움을 주기 때문이다. 이처럼 비고츠키는 언어가 인지발달의 정도를 반영할 뿐만 아니라 인지발달을 강화하기도 한다고 본 것이다.

또 다른 학자인 브루너(Bruner, 1986)는 언어발달에서 사회적 맥락의 중요성을 강조하면서 언어지원체계(LASS : Language Acquisition Support System)를 통해 주변의 언어를 받아들인다고 하였다. 언어지원체계는 개인의 생득적 인지능력과 생물학적 능력뿐 아니라 언어발달을 안내하고 지원하는 사회문화적 환경을 포함한다. 브루너는 촘스키가 제안한 언어습득기제와 언어지원체계가 함께 작용할 때 언어발달이 일어난다고 주장하였다.

더 알아보기

언어와 인지

오랜 기간에 걸쳐서 많은 연구자들은 언어습득의 인지적 측면을 강조하는 정보처리 과정에 대해 연구해 왔다(McMurray, 2007; Rose, Feldman, & Jankowski, 2009). 워프(Whorf, 1956)와 같은 언어결정론자들은 언어가 모든 사고과정을 결정한다고 주장하며, 언어가 풍부할수록 인지발달이 뛰어나다고 하였다. 예컨대 비어 있는 가스통이 가스가 들어 있는 가스통보다 폭발하기 쉽다. 하지만 사람들은 '비었다'는 언어를 '안전하다', '위험하지 않다'의 의미와 연관 짓기 때문에, 빈 가스통의 위험성을 모른 채 빈 가스통 옆에서 담배를 피우기도 한다는 것이다(한유미 외, 2011). 언어 결정주의 입장에서는 언어가 세상을 바라보는 방식을 결정짓는다고 설명하지만 같은 언어를 사용하는 사회 내에서 다양한 신념이나 종교, 이데올로기를 갖는 현상까지 설명하지는 못한다.

이에 비해 촘스키는 언어와 인지가 서로 관련되어 있지만 독립적인 것으로 보았다. 피아제는 인지발달의 기초 위에 언어가 성장한다는 입장으로 언어가 인지발달을 설명하기에 충분치 않다고 하였다. 비고츠키는 인지가 언어보다 먼저 발달하지만, 인지는 언어의 영향을 받는다는 입장을 취하고 있다. 비고츠키에 의하면 인지와 언어의 발달은 별도로 진행되다가 2세경에 서로 만나게 된다. 초기의 인지는 비언어적이고 언어는 비인지적이지만, 2세 이후에 인지는 언어적으로, 언어는 인지적으로 발달한다. 인지와 언어는 상호 지지적으로 동시에 작용하기도 하고, 각기 언어습득의 다른 시점에서 작용할 수도 있지만 서로 밀접하게 영향을 미친다.

또 언어와 인지의 관계에 있어서 학습의 중요성과 언어습득의 제한이나 편견(Kuhl, 2004), 사회적 맥락의 중요성(Tomasello, Carpenter, & Liszkowski, 2007) 등에 관해서도 많은 연구들이 이루어지고 있다.

3. 영유아기 언어발달의 특징

울음, 쿠잉, 옹알이, 제스처로 자신의 욕구를 표현하던 영아는 첫 단어를 말하면서 점차 주변의 사물들에 관심을 갖게 되고 새로운 어휘를 배우고 타인에게 영향을 줄 수 있을 정도의 언어 표현을 할 수 있게 된다. 지시하는 말을 이해하고, 동물원에서 본 코끼리에 대해 실감 나게 표현하며, 게임하는 방법을 설명하고, 친구의 별명을 지어 부르기도 하면서 점차 유능한 언어사용자가 되어간다. 유아가 5세경이 되면 성인이 사용하는 언어구조의 80% 정도를 습득하는데(Owens, 2013), 기억에 의해 이야기를 하고 사물에 대해 회상하고 설명하는 능력이 향상된다. 영유아기 언어발달의 특징을 언어의 수용과 초기발화, 의미발달, 문법발달, 의사소통 발달의 측면에서 탐구해 보고자 한다.

1) 언어의 수용과 초기발화

영아는 엄마의 배 속에서부터 들었던 엄마의 심장박동 소리나 말소리에 반응함으로써 언어를 수용하는 능력을 보여준다. 전화벨 소리나 초인종 소리, 장난감 소리 같은 주변의 소리에 반응하고, 생후 4~5개월경이면 양육자와 다른 사람의 목소리를 구분하고 소리가 나는 방향을 안다. 생후 6개월경이면 모국어의 자음과 모음들을 인지하는데, 모국어의 음소를 구분할 수 있는 감각은 이후의 언어발달과 연관성이 높다. 영아는 성인끼리의 말보다 성인이 영아에게 하는 아기말을 더 좋아하는데, 모든 문화권에서 성인이 영아에게 하는 아기말(CDS : Child-Directed Speech)은 대체로 길이가 짧고, 고음이며, 발음이 정확하고, 어휘나 구 사이의 쉼이 분명하며, 단어가 반복되는 경향이 있다(Berk, 2008). 이중언어 상황의 영아는 두 언어의 다양한 음소를 접하면서, 8개월경에는 혼란을 겪다가, 12개월경이 되면 두

아기말

성인이 영아에게 하는 말로 짧고 간결한 문장, 반복, 높은 억양, 모음의 발음이 길. 영아는 성인이 자신에게 맞추어서 하는 말에 더 민감하게 반응함

언어의 음소를 구분할 수 있다(MacLeod & Stoel-Gammon, 2005).

영아는 주변의 말소리에 익숙해지면서 다양한 소리 내기를 통해 최초의 상호작용을 시도한다. 영아들의 소리 만드는 능력은 울음(crying)에서 시작해서 목을 울리는 소리(cooing)와 옹알이(babbling)의 단계를 지나 말의 형태로 발달해 간다.

(1) 울음

울음은 성대의 호흡과 움직임으로 이루어지는 최초의 상호작용 수단이다. 처음에는 고저, 장단 등의 변화가 없는 미분화된 울음에서 높낮이나 강약, 흐느낌의 정도가 있는 울음으로 변화한다. 생후 1개월이 지나면서 기본적인 울음과 배고픈 울음, 아플 때의 울음, 화난 울음 등으로 구분할 수 있다. 영아가 울 때 양육자가 되도록 빨리 반응하고, 안아주거나 모유수유를 더 자주 하면 울음이 줄어든다.

(2) 목 울리는 소리(쿠잉)

생후 1~2개월경 영아는 기분이 좋을 때 목을 울리며 '아아, 구구, 그르릉' 하는 소리를 내는데, 이 소리가 새의 소리와 비슷하다고 해서 쿠잉(cooing)이라고 한다. 영아는 주로 기분이 좋을 때, 입술을 'o'자형으로 벌려서 새 울음소리와 비슷한 발성을 한다.

쿠잉
영아가 목을 울리며 내는 소리로 새의 울음소리와 비슷함

(3) 옹알이

3개월경이 되면 영아는 한 음절의 옹알이를 하고, 점차 2음절 이상의 옹알이를 한다. 처음에는 한 음절의 옹알이를 하다가, 점차 '마마마마', '바바바바'같이 억양이 있고 반복적인 옹알이로 발전한다. 옹알이는 반복 옹알이와 혼합 옹알이로 나눌 수 있는데, 반복 옹알이는 같은 모음이나 자음이

옹알이
한 음절을 반복하는 옹알이에서 점차 두 음절 이상의 복잡한 옹알이로 발전해 감

반복되는 형태이고 혼합 옹알이는 억양을 가진 몇 개의 음절로 연결되는 형태이다. 옹알이에서 나타나는 모음과 자음은 언어에 따라 다소 차이가 있지만, 대개는 서로 다른 언어권에서도 옹알이는 아주 비슷하게 나타난다.

옹알이는 6~8개월경 가장 활발하고 이후에는 점차 감소하다가 12개월경 사라진다(곽금주 외, 2005). 청각장애 영아는 옹알이 이전까지는 정상영아와 비슷한 발성을 하다가 옹알이 단계에서는 옹알이를 하지 않는다. 옹알이는 정상영아와 청각장애 영아의 음성언어 발달에서 나타나는 최초의 차이로 볼 수 있다(Hoff, 2012). 12개월경까지는 인간이 낼 수 있는 모든 소리를 내게 되는 음소확장(phonetic expansion)이 나타나고, 이 소리들 중에서 모국어나 강화를 받은 음소만 남고 나머지는 점차 사라지는 음소축소(phonetic contraction) 현상이 나타난다.

음소확장
인간이 낼 수 있는 모든 소리를 낼 수 있는 현상

음소축소
모국어나 강화받은 음소만 발달하고 나머지는 점차 사라지는 현상

(4) 제스처의 사용

생후 1년 반까지의 영아에게 있어서 제스처(gesture)는 매우 중요한 역할을 한다. 제스처는 이후의 어휘와 문법 발달을 예측하게 하고, 영아와 양육자 간의 유대감을 강화시킨다. 생후 6~8개월경 음성과 동작의 협응력이 좋아지면, 영아는 욕구표현을 위해 제스처를 사용한다. 생후 14개월경에 '가리키기' 제스처를 많이 할수록 42개월경의 어휘력이 풍부한 것으로 나타났다(Rowe, Ozcaliskan, & Goldin-Meadow, 2008). 영아가 지나가는 오토바이를 가리키면, 성인이 "저건 오토바이야. 와, 빠르다"는 식으로 설명을 해주게 되고, 이러한 과정이 어휘력 발달에 도움이 된다.

협응력
근육, 신경기관, 운동기관 등의 움직임의 상호조정 능력을 말함. 머리, 팔, 손, 손가락 순으로 발달

생후 10개월경부터 영아는 상징적 제스처를 사용하기 시작한다. 우유병을 원할 때 엄지손가락을 입에 대는 것과 같은 상징적 제스처는 성인이 영아와 '함께 주의하기'를 통해 보여준 제스처를 영아가 따라 하는 것으로 보인다. 영아가 공을 보면서 주먹을 쥐었다 펴는 몸짓을 하면, 영아가 얼마 지

나지 않아 '공'이라는 어휘를 말하게 될 것이라고 예측할 수 있다. 상징적인 제스처는 양육자와의 상호작용을 통해 많이 만들어지며, 양육자와 영아가 상징적 제스처를 많이 사용하면 할수록 영아의 잠재적인 어휘도 늘어나고 의사소통에도 도움이 된다. 제스처는 문화와 환경에 따라서도 상당한 차이가 있다. 제스처의 사용이 많은 이탈리아의 영아들이 미국의 영아들보다 제스처를 많이 사용하는 것도 문화의 영향으로 보인다(Iverson, Pirci, Volterra, & Goldin-Meadow, 2008). 또 고소득층 가정의 영아들이 저소득층 가정의 영아들보다 제스처를 더 많이 사용하는 것 또한 사회경제적 배경이 제스처 사용에 영향을 미친다는 것을 보여준다(Rowe & Goldin-Meadow, 2009).

〈표 7-2〉 월령에 따른 언어발달 특성

월 령	전언어적 발달 특성
출생	• 울기/음성 수용 • 모든 소리로부터의 언어를 구별
3개월	• 속삭이기
6개월	• 재잘거리기 • 모국어의 음소 인식
9개월	• 첫 단어 출현
12개월	• 약 20개 이상의 단어 이해 • 성인의 관심을 끄는 단어 사용
18개월	• 약 50~100개 정도의 단어를 이해하고 말함 • 두 단어 문장 시작
24개월	• 약 100~200개 정도의 단어를 이해하고 말함 • 질문에 대한 적절한 대답

출처 : Lightfoot, Cole, & Cole(2009). The development of children.

읽을거리 **오감을 깨치는 언어지도**

- 다양한 듣기자료를 다양한 방법으로 들려준다.
- 영아가 말을 할 때는 항상 주의를 기울이면서 언어적 반응을 한다.
- 간단하게 조작하여 소리를 낼 수 있는 딸랑이나 모빌 등을 비치한다.
- 생활 속에서 우연히 혹은 의도적인 소리들이 들릴 때 같이 반응한다.
- 행동이나 제스처를 할 때 항상 언어적 표현을 함께 해준다.
- 함께 놀이할 때 놀이와 관계된 리듬감이 많은 이야기나 동요를 들려준다.
- 잠자기 전에는 리듬감이 많은 자장가나 짧은 이야기를 들려준다.
- 친숙한 목소리를 인식하고 구별할 수 있도록 들려준다.
- 옹알이를 할 때 영아의 눈을 맞추며 반응을 해준다.
- 영아의 표현에 반응할 때는 다소 과장된 표현을 한다.
- 한 단어, 다단어 문장을 말할 때 완전한 문장으로 확장하여 들려준다.
- 새로운 단어를 배울 때는 실물이나 모형을 보여주고 이름을 말해준다.

2) 의미, 문법, 의사소통 발달

(1) 의미발달

영유아가 단어를 습득하고 사용하는 문장의 길이가 길어지면서 단어나 문장의 내용을 이해하는 능력도 증진된다. 의미발달은 뇌에서 정보를 받아들여 저장하고 어떻게 범주적으로 연결하는가와 관계가 있다. 특히 영유아는 사물의 특징을 통해 단어의 의미를 이해하는 경향이 높다. '강아지'라는 단어를 듣고 네 개의 다리와 꼬리가 있고 집에서 키울 수 있는 애완동물이면서, 어미가 새끼를 낳아 기르는 포유류에 속한다는 의미를 알아가는 것이다.

① 단어 수의 증가

생후 10~12개월 무렵 영아는 첫 단어를 말하는데, 영아들의 첫 단어는 동물이나 탈것, 음식, 옷, 장난감, 신체, 사람, 가정용품, 장소, 야외용품, 행동, 게임 등의 이름을 나타내는 명사가 많다(Bornstein, Cote, Maital, Painter, Park, & Pascual, 2004). 이 시기의 영아가 한 단어로 자신의 의사표현을 하는 것을 한 단어 문장(holophrases)이라고 한다. 한 단어 문장은 영아에게 있어서는 매우 다양한 의미로 사용된다. 가령 영아가 "멍멍이"라고 할 때, '저건 멍멍이야'도 될 수 있고, '나는 멍멍이를 좋아해' 혹은 '멍멍이는 무서워'도 될 수 있기 때문에, 말할 때의 맥락이나 영아의 감정상태 등을 고려하여 의미를 파악해야 한다.

평균적으로 영아는 18개월경이 되면 50개 이상의 어휘를 표현할 수 있고, 18개월에서 2세까지 100~200개의 어휘를 표현할 수 있으며, 두 단어 문장을 말할 수 있다. 영아의 초기 단어는 명사가 가장 많고, 100단어 정도를 습득할 때까지는 명사가 증가하다가 그 다음부터 동사가 증가한다(Owens, 2011). 영아의 단어습득 과정에서 가장 대표적인 특징이 과잉확장(overextension)과 과소확장(underextension)이다. 과잉확장은 '멍멍이'라는 단어를 알게 된 영아가 고양이나 말 같은 다른 동물을 모두 '멍멍이'라고 하는 현상으로, 단어가 가진 원래의 의미보다 확장해서 사용하는 것을 말한다. 과소확장은 단어가 가진 원래의 의미보다 축소해서 사용하는 것을 말하는데, 예를 들면 '컵'이라는 단어를 오직 자신이 우유를 마시는 빨간색 컵에만 사용하는 현상이다.

과잉확장
어떤 단어를 실제 그 단어의 의미보다 더 광범위한 대상을 가리키는 것으로 사용하는 현상

과소확장
어떤 단어를 실제 그 단어의 의미보다 더 좁은 대상에 한정해서 사용하는 현상

유아는 하루에 약 6~10개의 단어를 배우고(김경화·이주연, 2013), 6세 무렵이면 8,000~14,000개 정도의 단어를 알게 된다. 유아의 단어습득은 인지발달과 연관이 있으며 단어습득의 속도와 내용은 개인에 따라 차이가 있다.

초기 단어습득의 양상을 보면, 사람이나 사물을 가리키는 단어(예 엄마, 아빠, 멍멍이 등)를 주로 배우는 경우와 개인적·사회적 단어(예 "싫어", "고맙

습니다" 등)를 많이 배우는 경우로 나눌 수 있다. 사람이나 사물의 이름을 많이 배우는 경우를 참조적 언어양식(referential language style)이라 하고, 개인적·사회적 단어를 많이 배우는 경우를 표현적 언어양식(expressive language style)이라 한다(Nelson, 2001). 참조적 언어양식은 사물의 명칭에 대한 것으로 지적 도구에 해당하는 반면, 표현적 언어양식은 타인과의 상호작용을 촉진시키는 사회적 도구라 볼 수 있다. 참조적 언어양식을 가진 유아의 부모는 사물의 명칭을 유창하게 말하는 경향이 있고, 표현적 언어양식을 가진 유아의 부모는 사회적 관계와 관련 있는 단어(예 "어떠세요?", "문제 없어요")를 자주 사용하는 경향이 있다. 그러나 많은 연구에서 초기 단어습득에서 나타나는 이러한 양식의 차이는 어휘발달의 속도와는 무관하며(Hoff, 2012), 다만 문화와 연계되어 있는 것으로 보인다. 사물 단어는 영어권 걸음마기 영아의 어휘에서 많이 나타나고, 사회적 일상어는 중국, 일본, 한국의 걸음마기 영아에게서 더 많이 나타난다.

참조적 언어양식 (referential language style)
사람이나 사물의 이름을 많이 배우는 경우

표현적 언어양식 (expressive language style)
개인적·사회적 관계와 연관 있는 단어를 많이 배우는 경우

② 단어습득의 원칙들

영유아가 단어를 배우는 과정은 몇 가지의 원칙들을 따른다. 영유아가 처음으로 "이것은 강아지구나"라는 문장을 들었다고 해보자. 영유아는 들은 문장 내에서 '강아지'라는 단어가 자신의 눈 앞에 있는 '강아지'라는 대상을 가리키는 단어임을 알아야 하고, '강아지'라는 단어가 또 다른 것을 가리킬 수도 있다는 것도 알아야 하며, 그 단어를 이해하고 사용하기 위해서는 단어의 소리를 기억해야 한다. 영유아가 새로운 단어를 습득하는 원칙 중 하나인 빠른 대응(fast mapping)은 단어를 듣는 순간 그 의미를 파악하는 것이다. 영유아는 몇 가지의 가정, 즉 전체 대상 가정(whole-object assumption), 범주적 가정(taxonomic assumption), 상호배타성 가정(mutually exclusivity assumption) 등을 통해 단어를 습득한다(Markman, 1989). 이러한

전체 대상 가정
한 단어가 사물의 부분적 특성이 아니라 사물 전체를 의미한다는 가정. '강아지'라는 단어가 강아지의 다리나 털같이 부분적인 것이 아니라 강아지 전체를 의미한다는 것으로 인식

범주적 가정
한 단어가 동일한 범주에 속한 비슷한 대상을 지칭한다는 가정

상호배타성 가정
하나의 사물은 단 하나의 이름만을 가진다는 가정. '새로운 단어-새로운 대상'으로 연결

원칙들이 언어습득의 모든 과정을 설명할 수는 없다 하더라도 일부분에 대한 설명은 가능할 것이다(Lightfoot, Cole, & Cole, 2009).

(2) 문법발달

영아는 2세경이 되면 2~3개의 단어로 된 문장을 말하고 점차 모국어의 문법을 배운다. 이 시기의 영아는 명사나 동사, 형용사뿐만 아니라 조사와 같은 기능어를 사용하여 성인의 문장과 비슷한 문장을 만들어 낸다. 영아가 언어를 습득하는 과정에서 나름 추론해 낸 언어문법의 규칙을 확대하여 적용하기 때문에 과잉일반화에 의한 문법오류가 가끔 발견된다. 예컨대 영아는 주격조사 '가'를 '이' 대신 사용하여 '삼촌이가'와 같은 표현을 쓰기도 한다.

문법발달의 특징
- 과잉일반화 현상
- 사회적 소통과 관련된 것 먼저 습득
- 의문문, 부정문 사용
- 접속사 사용
- 문법, 의미가 쉬운 것부터 습득

과잉일반화
문법규칙을 확대하여 적용

영유아는 사회적 소통에 필요한 공존격 조사(예 ~랑, ~같이, ~와)를 먼저 배우고, 대화에서 중요하지 않은 '을/를' 같은 목적격 조사는 비교적 늦게 배운다. 또한 표상하기 쉬운 언어부터 습득하는 경향을 보이는데, 미래형 어미보다 과거형 어미를 먼저 배우는 현상이 그 예이다. 일어나지 않은 일에 대한 것은 아직 인지적으로 어렵고 이미 경험한 일을 표현하는 것은 상대적으로 쉽기 때문이다. 조사와 전치사를 사용하면서 부정문을 말하고 질문을 할 수 있게 되는데, 3세 말경이면 문법적 장치를 갖춘 완전한 형태의 의문문이나 부정문을 말한다.

조사발달
사회적 소통에 필요한 조사를 먼저 배움
공존격 조사 → 목적격 조사

3세 반과 6세 사이에 유아는 좀 더 복잡한 언어규칙을 적용하여 표현한다. 예컨대 연결접속사 그리고(and)를 사용하여 전체 문장을 결합하기도 하고("엄마가 나를 데리고 그리고 공원에 갔다"), 동사를 연결하기도 한다("나는 일어나서 그리고 아침을 먹었다"). 가장 일반적인 연결인 '그리고'를 먼저 사용하고 시간적 순서를 나타내는 '그다음'과 인과관계를 나타내는 '때문에'와 '그래서', 조건을 나타내는 '만약', 반대를 의미하는 '그러나' 순으로 사용한

접속사 발달
- 연결접속사 '그리고'
- 시간적 순서 '그다음'
- 인과관계 '때문에', '그래서'
- 조건 '만약'
- 반대 '그러나'

다. 이처럼 이 시기의 유아는 문법이나 의미가 복잡한 것일수록 늦게 습득하는데, 대부분의 유아가 수동형 문장보다 능동형 문장을 먼저 배우는 것도 이 때문이다. 5세가 되면 유아는 수동형의 문장을 어느 정도 이해하고 사용한다. 영어보다 한글 체계에서 능동형을 수동형으로 바꾸는 절차가 훨씬 단순하기 때문에 영어권 유아보다 우리나라 유아가 수동형 문장을 빨리 습득한다. 유아의 초기 문법은 주로 의미에 기초하고 4세 이상이 되면 통사론에 기초한 문법발달을 보여준다.

(3) 의사소통 발달

의사소통 발달은 유아가 사회적 맥락 내에서 언어를 어떻게 효과적으로 사용해 나가는가에 관한 것이다. 소통을 위해서는 먼저 발화(speech act)가 일어나야 하는데, 발화는 발화 행위(illocutionary act), 발화 형태(locutionary act), 발화 효과(perlocutionary act)의 세 가지의 요소로 이루어진다. "색연필 빌려주세요"라는 발화에서 발화 행위는 색연필을 빌리는 것이고, 발화 형태는 서술형의 문장이며, 발화 효과는 듣는 사람이 말하는 사람의 의도를 충분히 이해했는가의 문제이다.

의사소통의 요소
- 발화 행위
- 발화 형태
- 발화 효과

유아는 점차 대화기술을 이해하고 과거의 사건을 대화 속에서 짧게 설명하거나 상대방의 말에 적절하게 반응하는 것을 배운다. 대화에서 상대방과 번갈아 말을 하고, 대화를 시작하고 이어가고 마치는 것을 알며, 이야기의 주제를 정해 이어갈 수 있고, 적절하게 대화에 참여해야 한다는 것도 알게 된다. 5세경이 되면 역할놀이를 할 때 엄마와 아빠가 다른 언어를 사용한다는 것을 인식하고, 어른에게 하는 말과 동생에게 하는 말이 다름을 알게 된다(Hoff, 2012). 또한 4세경 유아는 동생에게 말할 때 자신의 말을 수정할 줄 안다.

소통발달은 상호작용의 중요성을 알게 해주어 사회성발달에 도움을 준다. 특히 이야기나누기 시간은 유아의 탈맥락적인 소통 발달에 매우 효과적인 기회를 제공한다. 부모나 교사는 유아의 소통을 이끌어 낼 수 있는 대화를 위해 노력하고 유아가 의사표현을 할 때는 신속하고 적절한 반응을 함으로써 유아가 원하는 것이 충족될 수 있도록 해야 한다.

3) 읽기와 쓰기의 발달

지구상에 약 7천 종류의 언어가 있지만 이 중 문자를 사용하는 언어는 약 4백 종에 불과하며 이 문자언어들 역시 다양한 역사와 성격을 가지고 있다. 유아의 일반적인 읽기와 쓰기 발달은 어떠하며, 한글 특성에 맞는 읽기와 쓰기 교육은 무엇인지 알아보자.

(1) 읽기발달

글을 읽는다는 것은 문자와 소리의 대응관계를 파악하는 일이다. 읽기는 글자를 인식하고 소리로 전환하여 단어의 의미를 파악한 후(해독화, decoding) 의미를 이해하는 과정(의미 이해, comprehension)이다(장유경·김숙현, 2003). 의미 이해는 유아의 경험과 사회적 상호작용을 통해 얻은 세상 지식에 근거하므로, 결국 문어학습(읽기, 쓰기)은 구어(말하기, 듣기)가 충분히 발달되어 있을 때 효과적이라 볼 수 있다.

읽기와 관련된 요인으로 음절-글자 대응관계에 대한 지식, 음운인식(phonological awareness), 부모의 읽기 모범 등이 있다(장유경·김숙현, 2003; Treiman, Pennington, Shriberg, & Boada, 2008). 한글은 영어와는 달리 자모음이 모인 글자의 단위가 존재하며 글자와 상응하는 소릿값인 음절 간의 경계가 명확하다. 4세가 되면 음절-글자 대응관계에 대한 인식이 시작되며, 음절-글자 대응관계에 대한 지식은 초기 읽기발달에 영향을 미치는 것으로 보인다. 음운인식이란 말소리의 차이를 변별하고 인식하며 조작할 수 있

읽기과정
해독 + 의미 이해

해독
낱자나 단어를 보고 소리 내어 발음하는 과정

의미 이해
읽은 글자에서 의미를 이끌어 내는 과정

음절-글자 대응관계에 대한 지식
양말 = 양 + 말처럼 음절과 글자가 대응관계에 있다는 것을 아는 지식

는 능력으로 읽기와 관련이 높은 변인으로 여겨지고 있다. 한글을 모국어로 사용하는 6세 유아의 경우 음운인식이 단어 읽기를 예측하는 변인이 된다. 또한 읽기에 관한 부모의 신념과 태도가 유아의 읽기발달에 영향을 미치며, 읽기의 기능적인 측면보다 읽기의 즐거움을 강조하는 부모의 태도가 자녀의 읽기에 긍정적인 영향을 준다.

음운인식
말소리의 차이를 변별하고 인식하며 조작하는 능력, 예로 밤과 방의 말소리 차이를 아는 것

(2) 쓰기발달

셜즈비(Sulzby, 1985)는 유아의 쓰기에는 일정한 발달순서가 있는 것은 아니지만 대체로 다음과 같이 보편적인 형태가 나타난다고 하였다.

쓰기발달 단계
① 그림으로 쓰기
② 긁적이기
③ 글자 같은 모양으로 쓰기
④ 낱글자 연속하여 쓰기
⑤ 창안적 글자 쓰기
⑥ 관례적 글자 쓰기

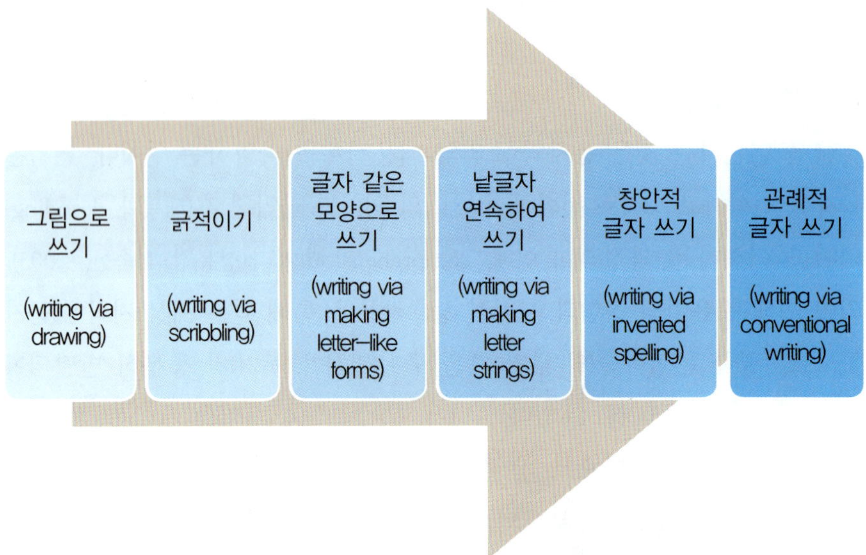

| 그림 7-3 | 유아의 쓰기발달 단계

① 그림으로 쓰기(writing via drawing) : 그리기와 쓰기를 구분하지만 그리기를 통해 쓰기를 한다. 그림을 그린 후 쓰기인 것처럼 읽는다.

② 긁적이기(writing via scribbling) : 인쇄물에 대한 개념 습득이 시작되면서부터 종이의 왼쪽에서 오른쪽으로 긁적이기를 한다.

③ 글자 같은 모양으로 쓰기(writing via making letter-like forms) : 관례적인 글자와는 다르게 글자를 만들어 쓴다. 글자와 비슷한 형태를 보인다.

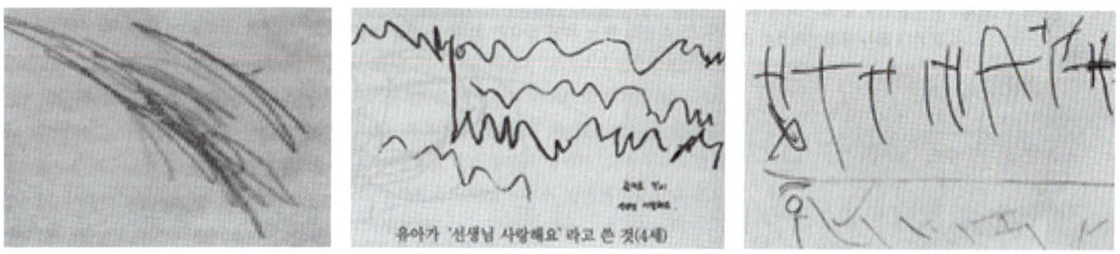

그림으로 쓰기 | 긁적이기 | 글자 같은 모양

| 그림 7-4 | 유아의 초기 쓰기발달

출처 : 이영자(2013). 유아의 언어발달과 지도.

④ 낱글자를 연속하여 쓰기(writing via making letter strings) : 이름처럼 익숙한 글자를 일렬로 쓰거나 동일한 글자를 다양한 방식으로 쓴다.

⑤ 창안적 글자 쓰기(writing via invented spelling) : 글자를 창안하여 쓰며, 이때 하나의 낱자가 단어를 의미하기도 한다. 띄어쓰기를 하지 않으며 철자를 틀리기는 하지만 쓴 글을 읽을 수 있다.

⑥ 관례적 글자 쓰기(writing via conventional writing) : 성인의 글자 쓰기 방식과 유사하다.

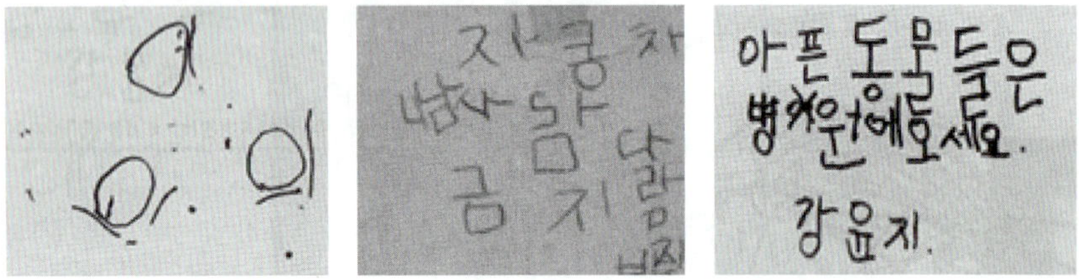

연속된 낱글자　　창안적 쓰기　　관례적 쓰기

| 그림 7-5 | 유아의 후기 쓰기발달

출처 : 이영자(2013). 유아의 언어발달과 지도.

(3) 한글 특성에 적합한 읽기와 쓰기 교육

한글은 음소문자이면서도 표기상 표의주의 원칙에 따르는 양면성을 가지고 있다(이문정, 2004). 한글은 다른 언어와는 달리 소리-글자의 대응관계가 분명하여 거의 대부분의 소리를 그대로 소리 나는 대로 표현할 수 있는 표음성이 뛰어나다. 그러면서도 한글은 표기상 표의주의를 취한다. 표의주의란 언어를 발음 나는 대로 표기하는 것이 아니라 단어의 뜻을 기본 단위로 하여 기본 형태소의 원형을 보존하며 분절하여 표기하는 것을 말한다. 예컨대 '꽃이'는 표음주의로 표기한다면 '꼬치'라고 써야 하지만 한글은 표의주의를 표방하므로 '꽃'이라는 의미의 명확한 전달을 위해 '꽃'과 '이'를 분절하여 쓴다.

유아에게는 단어를 음절과 음소로 분리하는 것 자체가 어렵기 때문에 음절과 음소 지식을 지나치게 강조하여 지도하는 것은 적절하지 않다. 그보다는 유아가 단어에 대한 시각적 경험을 많이 가질 수 있도록 평소에 풍부한 문자 환경을 접하게 하는 것이 필요하다.

우리나라 유아의 경우 4세가 되면 관습적인 읽기와 쓰기가 시작되고 받침 없는 글자에 대해 음운을 인식하기 시작하며 5세아의 경우 읽기에서 음운 지식을 적용하기도 한다. 유아가 음운을 인식하기 시작할 때 한글읽기와 쓰기를 지도하는 것이 가장 효율적이다. 아이들은 문자를 학습하기 전에 말소리가 문자로 표현될 수 있다는 것을 알아야 하며 말소리를 변별하고 분절해서 지각하는 능력을 길러야 한다. 예를 들면, '가' 소리와 '거' 소리를 구분할 줄 안다면 문자를 학습할 준비가 된 것이다. 대략 4~5세경 단어를 구성하는 각 글자를 분리하여 지각할 수 있다. 취학 전 유아들의 읽기와 쓰기 습득 속도는 다양하다. 하지만 초등학교 1학년 한 학기가 지나면 읽기와 쓰기 기능에 큰 차이가 없는 것으로 나타났다.

유아가 읽기와 쓰기를 학습할 때 글자의 읽기와 쓰기의 기능적인 측면만 강조되어서는 안 되며, 문자언어에 대한 유아의 긍정적인 태도 형성이 병행되어야 한다. 알고 싶은 것에 대한 정보가 담겨 있거나 그림책 보기, 부모님이나 좋아하는 사람에게 편지 쓰기, 초대장 쓰기 등 유아에게 의미 있는 문식활동을 통해 읽기와 쓰기가 즐거운 경험이 되어야 한다.

4. 언어발달에 영향을 미치는 요인

1) 개인적 요인

영유아 언어발달에 영향을 주는 개인적 요인으로는 유전적 요인과 기질을 들 수 있다. 특히 영유아의 의사소통 기술은 부모의 지능과 연관이 있어 이는 언어발달의 유전적 영향을 보여준다. 영유아가 타인에게 관심을 보이는 외향적 기질을 가질 때 사회적 상호작용에 참여할 기회가 더 많으므로 기질 또한 언어발달에 영향을 주는 요인으로 볼 수 있다. 또 과거에는 영유아의 성별에 따라 언어능력에 차이가 있다고 보았으나, 최근에는 성별보다 영유아 개인의 사회문화적 요인이나 양육조건 등이 언어능력과 더 연관성이 있다는 데 무게를 두고 있다.

언어발달 요인

개인적 요인
- 유전적 요인
- 유아의 기질

환경적 요인
- 양육자의 언어능력
- 양육자와의 상호작용
- 형제
- 사회문화적 환경

2) 환경적 요인

인간은 태어나면서부터 언어환경에 노출되는데, 부모나 양육자는 영유아의 언어발달에 영향을 주는 중요한 환경이 된다. 영유아가 하는 말을 반복하거나 영유아의 의도를 읽고 이를 완전한 문장으로 이야기해 주는 성인의 언어적 반응은 영유아의 언어습득에 영향을 준다. 부모나 양육자가 사용하는 어휘의 수와 종류, 자녀와의 언어적 상호작용 빈도는 영유아의 언어습득 속도에 영향을 준다. 영유아는 잠들기 전 부모님이 읽어주는 동화를 들으면서 구어의 이해력을 발달시켜 가고 신문이나 매체를 통해 정보를 얻는 부모님을 보면서 글의 기능을 깨달아 간다. 뿐만 아니라 형제도 영유아 언어발달의 중요한 요인이 된다. 형제가 많은 유아의 경우 형제가 없는 유아보다 성인과의 상호작용 기회가 적어 성인의 언어를 습득하는 것이 상대적으로 늦은 경우가 많다.

읽을거리 언어발달을 지원하는 전략

첫째, 인내심을 갖고 유아의 말을 끝까지 들어준다. 유아가 자신의 생각과 느낌을 표현하기 위해 천천히 말할 때, 성인은 유아가 문장을 완성시킬 때까지 기다린다. 간혹 유아의 눈높이에 맞추어 대화하기 위해 유아의 말투를 흉내 내기도 하는데 이는 바람직하지 않다. 유아의 눈높이에 맞추는 대화는 유아의 목소리에 귀 기울이는 대화를 의미한다.

둘째, 유아가 언어를 습득하는 과정은 공부가 아니라 즐거운 경험이어야 한다. 노래나 역할놀이, 그림책 읽기 등의 활동을 통해서 유아가 언어사용의 즐거움을 경험할 수 있어야 지속적인 언어습득에 도움이 될 수 있다.

셋째, 유아가 자신의 생각과 느낌을 표현하도록 격려하기 위해 '네', '아니요'의 대답으로 한정짓는 폐쇄형 질문보다 유아의 창의적인 생각을 표현할 수 있도록 개방형 질문을 한다. "스펀지를 물에 넣으면 가라앉을까?"라는 질문보다 "스펀지를 물에 넣으면 어떻게 될까?"의 질문이 유아에게 보다 더 많은 표현의 기회를 준다.

넷째, 과도한 교정을 피하라. 유아가 글자를 썼는데 철자 쓰는 법이 틀렸다면 즉각 교정해 주기보다는 유아가 표현하고자 한 의도에 주목하여 반응해 주는 것이 좋다. 성인이 유아가 쓴 글자를 매번 교정하려 한다면 유아는 글쓰기에 자신감을 잃고 흥미를 잃을 것이다.

출처 : 권민균 외(2007). 아동발달.

5. 이중언어

영유아들이 이중언어를 배우게 되는 데는 두 가지의 방법이 있다. 하나는 동시에 두 개의 언어에 노출되는 것이고, 다른 하나는 하나의 언어를 먼저 배우고 난 다음, 두 번째 언어를 배우는 것이다. 이중언어 발달에 영향을 미치는 변인으로 영유아가 두 언어에 노출되는 맥락, 각 언어에 노출되는 양, 제2언어에 노출되기 시작한 연령, 영유아의 지능, 부모의 언어에 대한 태도 등이 있다(Bialystok, 2011). 예컨대 4세에 처음 영어를 배우더라도 영어문화권 경험이 있는 유아는 그렇지 않은 유아와 이중언어 발달양상이 다를 수 있다. 제2언어에 대한 노출시기가 빠를수록 두 언어에 대한 인식이 증가할 수도 있지만(Clark, 2009), 제2언어에 일찍 노출되었다고 해서 반드시 성공적으로 이중언어를 획득하는 것은 아니다. 언어발달에 직접적인 영향을 주는 지능과 같은 개인적인 특성이나 부모의 높은 학력과 소득수준, 가정에서의 높은 언어적 상호작용이 유아의 제2언어 습득과 긍정적인 연관성이 있다.

국제어로서의 영어에 대한 관심이 높은 요즘, 유아를 대상으로 한 조기 영어교육 열풍이 일고 있지만 조기 이중언어 교육이 필요한가에 대한 논란도 뜨겁다. 우리나라 유아의 경우 모국어를 습득한 후 영어를 제2의 언어로 배우는 경우(english as foreign language)가 대부분이다. 외국에서 연구된 이중언어 연구는 영어권 주류 문화권의 유아와 언어에 적응해야 하는 이민자 가정 유아의 언어적응을 조사한 것이므로 우리나라 상황에 적용하기는 어렵다.

우리나라 유아들의 이중언어 발달의 경우 두 가지 언어에 노출되는 것이 일반적인 언어 인지능력을 향상시켜 모국어가 발달될 것이라고 보는 견해와 반대로 제2언어를 배울 때 모국어 발달이 지체될 수 있다는 상반된 견해가 있다. 국내에서 이루어진 이중언어 연구에서 김민진(2012)은 영어유치원 경험이 있는 초등학생 1학년과 일반유치원을 졸업한 초등학생 1학년을 대상으로 사회언어학적 능력을 조사했다. 사회언어학적 능력이란 적절한 말투를 사용하여 말 차례를 지키고 공손한 언어를 선택하며 대화의 화제를 파악하여 대화에 성공적으로 참여하는 능력을 일컫는다. 연구결과 영어유치원 경험이 있는 초등학생의 경우 수업대화에 적절히 참여하지 못하는 것으로 나타났다. 이는 영어학원의 언어활동이 의사소통 능력보다 알파벳이나 단어 익히기 등 기술과 기능 위주로 운영되기 때문인 것으로 보인다. 또 다른 연구에서 황혜신(2007)은 영어 점수가 높은 유아는 한국어 점수도 높은 반면 영어 점수가 낮은 유아는 한국어 점수 역시 낮음을 보고했다. 이런 결과는 제1언어 발달이 제2언어 발달에 그 효과가 전이되어 이중언어 발달에 시너지 효과가 있는 것으로 해석될 여지가 있다. 바꾸어 말하면 모국어가 충분히 준비되지 않은 유아들에게 영어 조기교육을 시킬 경우 효과가 없음을 의미한다. 제1언어와 제2언어 간의 전이효과는 모국어 어휘력이 중간 이상인 유아들에게만 해당되며 모국어 어휘력이 낮은 유아들에게는 적용되지 않을 가능성을 시사한다. 현재로서는 조기 영어교육이 모국어 발달을 촉진한다는 연구결과와 모국어 발달을 저해하며 어린 유아들에게 과중한 학습 부담만 주어 부작용이 크다는 연구결과가 공존하고 있어 조기 영어교육이 유아의 모국어 발달에 미치는 영향을 재검토할 필요가 있다.

읽을거리 이중언어 환경의 영아들을 위한 지도

- 두 개의 언어 모두를 많이 들려준다.
- 각각의 언어로 표현할 기회를 많이 만들어 준다.
- 가족 모두가 자연스럽게 두 개의 언어를 사용하는 것이 좋다.
- 부모나 교사는 영아가 사용하는 각각의 언어에 대한 존중감을 가져야 한다.
- 영아가 어떤 언어로 표현하든지 똑같이 반응해 준다.
- 억지로 한 가지 언어만을 사용하게 하거나 사용하지 못하게 하는 것은 좋지 않다.

정리 활동

※ 다음 설명에 알맞은 단어를 보기에서 찾아보자.

〈보기〉

의미론 형태론 화용론 통사론 음운론

1 단어가 의존형태소와 결합하여 새로운 단어를 만들 수 있다. (   )

2 소리를 구분하여 들을 수 있다. (   )

3 어른에게 하는 말과 친구에게 하는 말의 다름을 안다. (   )

4 문장 구성에서 어순을 적절하게 배열할 수 있다. (   )

5 같은 말도 상황에 따라 그 의미가 달라진다. (   )

※ 다음 용어에 대해 설명해 보자.

6 언어습득기제(LAD : Language Acquisition Device)

7 자기중심적 말(egocentric speech)

8 언어지원체계(LASS : Language Acquisition Support System)

Chapter

08

영유아 정서발달

Chapter 08

영유아 정서발달

영아는 태어날 때부터 독특한 정서적 특성을 가지고 태어난다. 또한 세상에서 가장 먼저 접촉하게 되는 어머니와의 관계를 통해 정서적인 안정감을 얻게 되며, 세상에 대한 신뢰감과 자신감을 얻게 된다. 이러한 가운데 점차 자신의 감정상태를 표현하고, 타인의 감정을 이해하고 이에 맞추어 자신의 정서를 조절하는 등의 정서적 능력을 발달시키게 된다. 영유아의 정서적 기술은 타인과의 관계를 형성하는 데 중요한 뒷받침이 된다. 이 장에서는 영유아의 정서발달과 함께 기질발달, 애착발달에 대해 알아보고자 한다.

1. 정서발달

1) 정서발달의 이론적 관점

정서란 개인이 외부자극을 인지하고 경험할 때 발생하는 생리적 변화(예 땀 흘림, 심장박동)와 행동적 표현(예 얼굴 찡그림, 다가감, 피함)의 반응상태를 의미한다. 영아는 기쁨, 슬픔, 분노, 공포 등 기본적인 정서를 경험하며, 유아기 이후 자신을 인식하게 되면서 좀 더 다양한 정서를 경험하게 된다. 현대 정서이론은 인간이 환경에 적응하기 위해 정서의 기능이 중요하다는 것을 가정한다. 예를 들면, 다른 사람과의 약속을 어기게 되면 유아는 죄책감

정서
개인이 외부자극을 인지하고 경험할 때 발생하는 생리적 변화와 행동적 표현의 반응상태

을 느끼게 되고 이 죄책감은 유아로 하여금 사회적 규칙을 지키도록 만들어 사회적으로 적응하는 데 도움을 준다.

정서발달에 대한 연구는 다양한 이론적 관점 아래 정서 관련 주제에 접근하고 있다. 이에 대해 간단히 살펴보자.

(1) 발생학적 관점

발생학적 관점은 정서를 진화과정의 산물로 본다. 이 관점에서는 진화과정을 통해 얼굴 근육이 점차 분화되어 얼굴 표정이 나타나는데, 얼굴 표정의 분화과정이 정서의 출현, 즉 정서의 분화과정이라고 설명한다. 이때 얼굴 표정은 성숙에 의해 생물학적으로 프로그램된 순서에 따라 출현한다고 보았다. 그러므로 정서는 얼굴 표현으로 나타나며, 성숙에 따라 순차적으로 나타난다고 보고 있는 것이다. 대표적인 학자인 아이자드(Izard, 1991)는 정서는 선천적으로 가지고 태어나는데, 영아의 성장과정에서 이미 결정된 일정한 순서에 따라 나타난다고 하였다. 영아는 흥미, 불쾌, 혐오 등의 정서를 선천적으로 가지고 태어나고, 기쁨은 생후 1개월경부터, 분노와 놀람은 3개월경부터, 수줍음은 6~8개월부터 출현한다고 하였다(표 8-1 참조).

〈표 8-1〉 정서의 출현 시기

정 서	처음 나타나는 시기	정 서	처음 나타나는 시기
흥 미	출생 시	공 포	5~7개월
불 쾌	출생 시	수줍음	6~8개월
혐 오	출생 시	격 노	7개월
기 쁨	4~6주	수 치	12~24개월
분 노	3~4개월	당 황	24~36개월
놀 람	3~6개월	죄책감	24~36개월
슬 픔	출생~3개월		

출처 : Izard, C. E., & Malatesta, C. Z.(1987). Perspectives on Emotional Development 1. Differential Emotions Theory of Early Emotional Development. In J. D. Osofsky(Ed.), Handbook of Infant Development(2nd ed.).

(2) 생리적 관점

생리적 관점은 뇌의 발달과 정서발달의 관련성에 대해 연구하면서 정서발달과 관련된 뇌의 기능에 대해 설명한다. 정서에 의해 활성화되는 뇌 부위로는 대상회, 시상, 해마, 시상하부, 안와전두피질, 편도체가 있는데, 이 뇌 부위들은 정서의 처리에 중요한 역할을 한다(Gazzaniga & Heatherton, 2006). 정서와 관련된 뇌의 여러 부위 중 편도체는 정서적 정보에 주의를 기울이고 정보를 처리하는데(Whalen, 1998), 자극이 있을 때 그 중요성을 판단하여 정서적·행동적 반응을 생성한다. 해마는 정서와 관련된 행동을 조절하며, 전두엽은 정서를 유발하는 상황에서 반사적이고 습관적인 정서반응을 억제하고, 사회적 상황을 고려하여 새로운 행위도식을 나타내도록 한다(이 영 외, 2015).

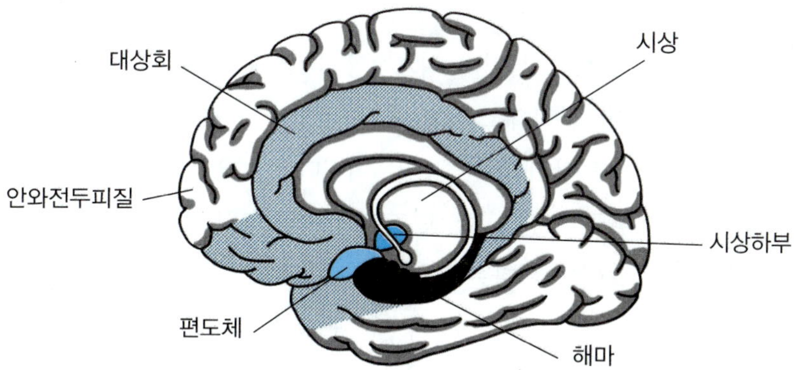

| 그림 8-1 | 정서에 의해 활성화되는 뇌 부위

출처 : Gazzaniga, M. S., & Heatherton, T. F.(2006). Psychological Science.

(3) 인지적 관점

인지적 관점은 정서발달이 인지발달의 결과라고 본다. 스루프(Sroufe, 1979)는 생후 8개월경 영아가 대상영속성과 인과관계의 개념을 이해하고, 상대방의 행동을 예측하고, 행동의 의도도 이해하게 되면서 기쁨, 분노, 두려움 등을 경험할 수 있다고 보았다. 4~8개월 된 영아를 대상으로 한 연구에서 영아는 가면을 쓴 낯선 사람이 다가오면 울었지만, 어머니가 가면을 쓰고 다가왔을 때는 웃었다(Sroufe & Wunch, 1972). 이 실험이 의미하는 것은 이 시기의 유아가 상황을 판단할 수 있으며, 이에 따라 다른 정서를 경험하고 표현할 수 있다는 것이다. 그러므로 유아는 상황에 따라 어떤 정서를 표현해야 하는지를 인지적으로 평가하고 그에 따라 각기 다른 정서를 표현한다.

(4) 학습이론적 관점

학습이론적 관점에서는 사회적 상호작용을 통해 정서의 경험과 표현이 사회화된다고 보았다. 말라테스타(Malatesta, 1985)는 정서발달은 양육과정에서 나타나는 모방과 강화를 통해 이루어진다고 하였다. 즉, 어머니가 행복과 기쁨과 같은 얼굴 표정을 보이면 영아도 어머니의 표정을 모방해서 자신도 같은 표정을 보이게 된다는 것이다. 또한 영아가 어머니의 얼굴을 보고 웃거나 미소를 지으면 어머니도 비슷한 표정을 짓거나 미소로 답하면서 정서표현이 점차 더욱 강화된다. 이러한 강화 과정을 통해 유아의 긍정적 정서표현은 증가하게 된다(이 영 외, 2015). 반면 유아가 사소한 잘못을 할 때 어머니가 분노나 짜증으로 반응할 경우, 유아는 어머니의 분노 정서 표현을 모방하여, 불편한 상황에서 정서를 조절하지 못하고 분노를 그대로 표현할 수도 있다.

2) 영유아기 정서발달의 특징

(1) 정서표현

정서표현은 자신의 정서를 인식하고 표현하는 것을 의미하는데, 대부분의 학자들은 정서가 덜 분화된 상태에서 연령이 증가함에 따라 점차 분화되어 나타난다고 믿는다. 즉, 신생아의 경우 흥분상태에서 먼저 유쾌와 불쾌의 정서가 분화되고 그 다음에 불쾌한 정서로부터 차츰 분노, 혐오, 공포, 슬픔 등의 정서가 나타나며, 유쾌한 정서로부터 행복, 기쁨, 만족 등의 정서가 나타난다는 것이다(정옥분·정순화·임정화, 2007). 또한 영아의 경우 대부분 얼굴 표정을 통해 자신의 정서상태를 표현한다.

브리지스(Bridges, 1930)는 신생아가 출생 시부터 선천적으로 몇 가지 정서를 표현하며, 얼굴 표정만으로도 정서상태를 쉽게 알 수 있다고 하였다. 이러한 정서는 세계 모든 문화권의 영아에게서 보편적으로 볼 수 있는 정서이기 때문에 일차정서 혹은 기본정서라고 부른다. 학자마다 주장하는 일차정서, 기본정서의 수와 종류에는 다소 차이가 있지만 기쁨, 분노, 슬픔, 공포, 분노, 놀람 등이 일차정서에 공통적으로 포함된다. 영아에게서 기쁨은 쾌감에서 나타나는 행복한 정서로서 미소, 웃음, 손뼉 치기 등으로 표현된다. 분노는 영아기에 가장 많이 나타나는 정서 중 하나로 울음이나 소리 지르기, 떼쓰기, 발버둥치기 등의 신체적 표현으로 나타나며, 출생 초기에는 배고픔이나 고통을 느낄 때에 분노를 표현하지만, 이후에는 자신이 가지고 있는 것을 빼앗기거나 자신이 하고 싶은 것을 제지받을 때 생기는 욕구좌절 때문에도 분노를 표현한다. 공포는 위험에 대한 반응으로 나타나는 정서로서 심한 고통, 큰 소리, 새로운 사람이나 장소, 높은 장소나 어둠, 다른 사람과의 위협적인 상호작용 등 신체적이거나 심리적으로 위협적인 상황에서 회피하려고 할 때 나타나게 되며, 영아기의 대표적 반응으로 낯가림(stranger

일차정서
출생 시부터 선천적으로 표현되는 정서. 세계 모든 문화권의 영아에게서 보편적으로 볼 수 있음

낯가림
친숙하지 않은 대상에 대한 경계반응. 공포의 정서 표현의 일종

분리불안
어머니가 사라지는 것을 두려워하는 정서

이차정서
복잡한 인지능력을 필요로 하는 정서

anxiety)과 분리불안(separation protest)이 있다.

2세가 되면 수치심, 당황함, 죄의식, 부러움, 자랑스러움 등 이차정서 혹은 복합정서를 느끼게 된다. 이러한 정서적 반응은 자아에 대한 느낌(sense of self)이 강해지게 됨에 따라 나타난다. 이차정서는 해서는 안 되는 행동을 했을 때는 죄책감을 느끼고 어려운 일을 해냈을 때는 매우 자랑스러워하는 등 자신에 대한 인식 및 자신의 행동을 평가하는 능력이 생겼을 때 나타나며 자의식적 정서라고도 불리기도 한다(Lewis, 1995).

자의식적 정서
자신에 대한 인식이 이루어지고 자신의 행위에 대해 평가할 수 있을 때 나타나는 정서. 이차정서 혹은 복합정서라고 함

유아기가 되면 다른 사람의 칭찬이나 비난에 더 민감해지며, 부모가 원하는 기준이나 자신의 능력에 대한 인식이 이루어짐에 따라 자의식적인 정서(또는 이차적인 정서)도 점점 더 분명해진다. 실제로 3세 정도가 되면 유아는 자신의 행위에 대해 좋고 나쁨의 기준에 근거하여 평가할 수 있게 되며, 어려운 과제에 대해서 성공하였을 때에는 명백한 자랑스러움의 표현들(예 "해냈어!"라고 소리 지르며 미소를 짓는 등)을 하나, 반대로 쉬운 과제에서 실패하였을 때는 수치심의 표현들(예 "잘하지 못했어"라고 말하거나 고개를 숙이는 등)을 한다(Stipek et al., 1992).

평가적인 당황
시간 내에 과제를 끝내지 못하였을 때 나타내는 정서

유아가 자신을 평가할 때에는 정서적 반응이 수반된다. 예컨대 시간 내에 과제를 끝내지 못하거나 기준을 맞추지 못했을 때 평가적인 당황(evaluative embarrassment)이 나타난다. 평가적인 당황은 자신의 평가에 기초한 정서적 반응으로, 신경질적인 웃음이나 시선회피와 같은 신체적인 반응과 함께 나타난다(Alessandri et al., 1990). 이러한 평가적인 당황은 단순한 당황보다는 좀 더 스트레스적인 상황에서 나타나며, 자신의 수행에 대해 부정적으로 평가할 때 나타나게 된다(Lewis & Ramsay, 2002). 평가적인 당황은 수치심(shame)의 가벼운 형태이나, 엄밀히 수치심과 평가적인 당황은 다른 정서이다(Shaffer, 2005).

수치심과 죄책감(guilt)은 다른 사람들에게 자신의 의무를 다하지 못하였

다고 느낄 때 나타나는데, 이들 중 수치심은 외부의 기준에 근거하여 자신의 잘못을 타인에게 들켜 타인의 시선을 의식한 상황에서 나타나며, 얼굴 붉힘, 머리 흔들기, 신체 움츠리기, 차단하기, 시야로부터 숨기 위하여 외면하기 등이 신체적인 징후로 나타난다(Lafreniere, 2000).

죄책감은 자신의 내적 기준을 위반했다는 강렬한 감각의 정서적 반응으로서 자신의 잘못된 행동으로 인해 타인에게 해로운 영향을 주었고, 그들의 해로운 행위를 보상하고자 시도할 때 나타난다. 이 두 가지를 비교해 볼 때, 죄책감과 수치심은 모두 관습을 위반하거나 사회 내에서 실수, 혹은 개인적인 실패를 경험했을 때 나타난다. 하지만 수치심은 아동으로 하여금 본인 스스로에게 집중하게 하여, 그들 자신을 다른 사람으로부터 숨게 하거나 피하도록 만들지만(Tangmey & Dearing, 2002), 죄책감은 자신의 과오를 회개하고 보상하도록 만든다(Lafreniere, 2000).

수치심
다른 사람들에게 자신의 의무를 다하지 못하였을 때 나타나는 정서 중 자신에게 초점을 맞춘 정서

죄책감
자신의 내적 기준을 위반했다는 강렬한 감각의 정서적 반응

(2) 정서이해

정서이해는 정서상태의 변화와 정서를 유발시키는 상황, 그 상황에 대한 정서적 반응을 이해하는 것을 의미한다(이 영 외, 2009).

영아도 다른 사람들의 정서를 이해할 수 있는데, 6~7개월이 되면 영아는 행복해서 미소 짓는 얼굴과 찡그린 얼굴을 구분할 수 있다(Ludemann & Nelson, 1988). 7개월이 되면 소리로 표현된 정서(예 우울하거나 슬픈 목소리)와 표정(예 우울한 표정)을 식별하는 등 다양한 감각을 통합하여 정서를 구분하고 이해하는 능력을 보인다.

정서이해
정서상태의 변화와 정서를 유발시키는 상황, 그 상황에 대한 정서적 반응을 이해하는 것

영아는 정서를 구분할 수 있을 뿐 아니라 타인의 정서에 의해서도 영향을 받게 되는데 이러한 현상은 사회적 참조를 통해 알 수 있다. 사회적 참조는 새로운 상황이나 불확실한 상황에서 그 상황에 대한 정보를 얻기 위해 부모 등의 성인을 바라보는 것을 의미하는데, 8~10개월이 되면 영아는

사회적 참조
새로운 상황이나 불확실한 상황에서 그 상황에 대한 정보를 얻기 위해 성인을 바라보는 것

불확실한 상황에 대한 정보를 얻기 위해 성인의 표정을 살펴보고 자신의 행동을 조절하는 데 사용한다.

시각 벼랑을 이용한 실험을 통해 영아의 사회적 참조 행동에 대해 알아보자. 12개월 영아를 대상으로 한 시각 벼랑 실험에서 영아는 얕은 쪽에 위치하고, 재미있는 장난감과 함께 반대편 깊은 쪽에는 어머니가 위치한다. 영아는 어머니를 보고 건너려 하는데, 깊이에 대한 이해를 하고 있는 영아는 쉽사리 어머니 쪽으로 기어가지 못한다. 영아는 어머니의 표정을 통해 상황을 이해하고자 하며, 이를 자신의 행동의 기준으로 삼게 된다. 이 실험에서 영아가 건너려 할 때 깊은 쪽에 위치한 어머니가 공포의 표정이나 분노의 표정을 보였을 때는 영아는 어머니 쪽으로 건너가지 않았으나, 어머니가 기쁨이나 행복의 정서를 표현했을 때는 건넜다(Sorce, Emde, Campos, & Klinner, 1985). 이를 통해 보면 1세 된 영아도 어머니의 얼굴 표정을 단서로 상황을 이해하고 환경에 적응한다는 것을 알 수 있다.

유아기에는 인지적 발달과 더불어 자신과 다른 사람의 정서상태에 대한 이해가 증가한다. 2~4세 사이의 유아는 한 번에 한 가지 정서만 발생한다고 생각하며, 그에 따라 표현한다. 따라서 유아가 화를 내면 정말로 화가 난 것이며, 즐거울 때에는 정말 즐거운 것이다(Harter, 1998). 그러나 5~6세가 되면 유아는 같은 정서군에서 비롯된 정서는 한 번에 한 가지 이상도 느낄 수 있다고 생각한다. 그래서 친구의 생일파티에 가는 것은 흥분되면서도 즐거운 경험일 수 있다는 것을 안다(Wintre & Vallance, 1994).

또한 유아는 정서의 원인과 결과를 이해하며 점점 더 그 이해가 정확해진다. 예를 들어, 3세경의 유아는 "할머니가 선물을 사주어서 기뻐요"라고 말하거나, "동생이 장난감이 망가져서 울고 있어요"라고 말하는 등 정서의 원인에 대해 이해하고 말로 표현하기도 한다.

그러나 유아들은 아직 사물의 실제 모습과 겉으로 드러나는 모습의 차이를 이해하지 못하므로 실제정서와 외양정서를 구분하지 못하는데, 4~5세 유아는 행복한 얼굴 모습과 슬픈 얼굴 표정을 구별할 수 있지만, 슬픔을 느끼는 사람이 행복한 표정을 짓고 있거나, 기쁜 상황에서 슬픈 표정을 짓고 있으면 혼란을 느낀다(Friend & Davis, 1993).

| 그림 8-2 | 망가진 자전거를 들고 웃고 있는 아이

위와 같은 유아의 정서이해 능력은 인지능력의 미성숙한 발달 때문이라고 볼 수 있다. 그러나 유아가 점점 더 원인과 결과를 잘 이해할 수 있게 되며, 환상과 현실을 이해하는 능력이 증가하고 많은 경험이 쌓이게 됨에 따라 정서에 대한 해석도 달라지게 된다.

〈표 8-2〉 출생부터 유아기까지의 두려움의 근원

연 령	두려움의 근원
0~6개월	몸을 받쳐주던 것이 없어짐, 큰 소리, 빛의 번쩍임, 갑작스러운 움직임
7~12개월	낯선 사람, 높은 곳, 갑작스럽게 희미하게 보이는 물체
1세	부모와의 분리나 상실, 배변, 낯선 사람
2세	부모와의 분리나 상실, 큰 소리, 어둠, 큰 물건이나 기계, 낯선 친구, 환경의 변화
3세	부모와의 분리나 상실, 마스크, 광대, 어둠, 동물
4세	부모와의 분리나 상실, 동물, 어둠, 소음(특히 밤에 들리는 소음), 악몽
5세	부모와의 분리나 상실, 동물, 몸의 상처, 어둠, 나쁜 사람, 악몽

출처 : Kostelnik et al.(2008). Guiding Children's Social Development and Learning.

더 알아보기 유아기의 보편적 공포를 다루도록 도와주기

공 포	제 안
괴물, 유령, 어둠	외양과 실제를 구분할 수 있을 때까지 책과 TV의 무서운 이야기에 노출되는 것을 줄인다. 자녀와 함께 괴물이 있는지 자세히 찾아보고 아무것도 없음을 확인해 준다. 야간등을 켜두고 유아가 잠들 때까지 잠자리 곁에 있어주고 유아를 보호하기 위해 유아가 좋아하는 장난감을 이불 속에 넣어준다.
보육시설	어린이집에 가는 것을 싫어하나 일단 어린이집에 가서는 만족한다면 두려움이 나타나는 것은 아마도 엄마와의 헤어짐 때문이다. 독립성을 갖도록 조심스럽게 격려하면서 온정과 양육을 느끼도록 한다. 만약 유아가 기관에 있는 것을 두려워한다면 무엇이 두렵게 만드는지-교사, 유아, 아마도 복잡하고 시끄러운 환경-를 파악한다. 유아와 함께하면서 충분히 지원을 제공해 주고 엄마가 함께하는 시간을 점차 줄인다.
동 물	유아의 공포를 불러일으키는 개, 고양이 또는 다른 동물에 가까이 하도록 강요하지 말고 유아 자신이 편안한 속도로 움직일 수 있도록 허용한다. 동물을 안고 쓸어주는 방법을 알려주고 부드럽게 다루면서 동물이 친근한 존재임을 보여준다. 만약 유아가 동물보다 크다면, "너는 엄청 크네. 저 고양이는 아마도 널 무서워할 거야"라고 강조한다.
지속적 공포	만약 유아의 공포가 강렬하고 오랜 시간 지속되며 일상활동을 방해하고 이미 제안된 방법으로도 그 공포가 감소되지 않는다면, 공포증의 수준에 이르렀다고 볼 수 있다. 때때로 공포증은 가족문제와 관련이 있으며, 이를 감소시키기 위해서는 상담이 요구된다. 그렇지 않은 경우, 공포증은 유아의 정서조절 능력이 향상됨에 따라 특별한 처치 없이 사라진다.

출처 : Berk(2009). Child Development.

(3) 정서조절

인간은 정서를 그대로 표현하기보다는 정서를 억누르거나 얼굴로 표현되지 않도록 조절하여 다른 사람과 관계하고 같이 더불어 살아가게 된다. 정서조절이란 개인의 목표를 달성하기 위하여 적절한 수준으로 정서의 강도를 조절하는 과정을 말한다(Shaffer, 2005).

정서조절
개인의 목표를 달성하기 위하여 적절한 수준으로 본인의 정서의 강도를 조절하는 과정

갓 태어난 신생아도 정서를 조절하기 위한 전략을 사용할 수 있는데, 4~6개월이 되면 영아는 유쾌하지 않은 자극에 대해 자신의 얼굴을 돌리거나 눈을 감기도 한다(Kail, 2008). 생후 12개월 동안 영아의 정서조절 전략은 지속적으로 발달하는데, 예를 들어 영아는 자신의 손가락을 빨거나 자신의 몸을 앞뒤로 흔들거나 입술을 깨물거나 관심을 다른 데로 돌리는 전략을 써서 자신의 부정적인 정서를 감소시키기도 한다(Grolnick, Bridges, & Connell, 1996; Kopp, 1989). 운동능력이 발달함에 따라 영아는 자극을 회피하거나 어머니와 같이 편안함을 주는 대상에게 가까이 이동함으로써 정서를 조절한다. 18개월이 되면 영아는 자신의 정서를 숨기거나 어머니가 함께 있을 때에만 울음을 터트리는 등 상황에 맞추어 정서를 표현하기도 하며, 24개월이 되면 언어를 사용하여 자신의 정서상태나 자신에게 정서를 유발시키는 환경을 표현하기도 하는 등(Kopp & Newfeld, 2003), 타인으로 하여금 자신의 정서를 조절하도록 적극적으로 유도할 수 있게 된다.

유아기가 되면 표상능력과 언어능력의 발달로 인해 자신의 정서를 언어로 표현하고 상상함으로써 정서를 조절할 수 있다. 화가 나는 상황에서 어린 연령의 유아일수록 감정을 그대로 발산하는 반면, 연령이 증가할수록 문제중심 전략이나 회피 전략을 사용함으로써 비공격적인 방법으로 자신을 보호하며 사회적 관계를 유지해 나가는 방식을 사용한다고 한다(Fabes et al., 1994). 즉, 3~4세가 되면 감정적 정보를 차단하거나(예 친구와 갈등이 발생했을 때 조용히 구석으로 가서 혼자 놀거나), 스스로에게 말을 하거나(예 집

에 혼자 있을 때 정전이 된 경우 "조금 있으면 다시 불이 켜질 거야"라고 말하거나), 달성하기 어려워 보이는 목표를 변경하는(예 나이 많은 언니가 그네를 타고 있으면 기다리다가 다른 놀이를 하러 가는 것) 등 다양한 전략을 사용하여 자신의 정서를 조절할 수 있게 된다.

유아들이 주로 사용하는 정서조절 전략의 예는 〈표 8-3〉과 같다.

〈표 8-3〉 유아들이 사용하는 정서조절 전략

정서조절 전략	예
본인의 정서를 표현하지 않기	민지는 실망스러운 선물을 받아도 실망감을 표현하지 않는다.
자기 자신을 달래주기	연우는 피곤하거나 슬플 때는 곰 인형을 가지고 다닌다. 다연이는 엄마는 "곧 오실 거예요"라고 혼잣말을 한다.
다른 사람으로부터 위로받기	다른 아이가 장난감을 빼앗자 민제는 교사 무릎 위에 올라가 앉는다.
달성하기 어려워 보이는 목표를 변경하기	서인이는 그네를 타는 것을 포기하고 미끄럼을 타러 달려간다.
정서적으로 각성시키는 사건을 다른 방식으로 해석하기	어머니가 묻는 말에 대답을 하지 않아도 다연이는 어머니가 화내는 것으로 생각하지 않고, 못 들어서 그러신다고 생각한다.

출처 : Kostelnik et al.(2008). Guiding Children's Social Development and Learning.

정서표현 규칙
문화권에 따라 특정 상황에서 표현해도 된다거나 표현하지 말아야 한다는 정서에 관한 규칙

정서조절 능력이 발달함에 따라 유아는 문화권에 따라 적절하다고 규정되는 정서표현 규칙(emotional display rules)에 맞추어 정서를 표현할 수 있게 된다. 정서표현 규칙은 문화권에 따라 특정 상황에서는 표현해도 된다거나 표현하지 말아야 한다는 정서에 대한 규칙을 의미한다. 유아는 3세가 되면 부분적으로 자신의 감정을 숨길 수 있게 되고(Peskin, 1992; Ruffman et al., 1993), 점점 더

정서를 잘 숨길 수 있게 되며, 정서표현 규칙을 습득함으로써, 사회 안에서 수용되고 다른 사람과 함께 더불어 살아갈 수 있게 된다.

3) 정서발달에 영향을 미치는 요인

영유아의 정서발달에는 연령, 기질, 성별 등 개인적인 요인이 작용하지만 부모나 교사와 같이 영유아를 양육하고 지도하는 성인 역시 중요한 역할을 한다.

영아의 정서조절에는 부모가 중대한 역할을 하게 된다. 영아가 부정적인 정서를 경험할 때 양육자는 부정적인 정서를 유발하는 요인들을 제거하거나 영아를 안고 흔들거나 영아에게 편안함을 제공함으로써 정서를 조절할 수 있도록 돕는다. 또한 부모는 사회에서 용인된 정서표현 규칙에 대한 사회화를 통하여 영유아의 정서조절에 영향을 미치게 된다. 부모는 유아가 경험한 정서에 대해 왜 그런 감정을 느끼게 되었는지 이야기를 나누며 유아로 하여금 자신의 정서에 대해 이해하도록 돕는다. 또한 부모와 자녀가 슬픔, 두려움, 분노 등 부정적인 정서의 원인에 대해 이야기를 나누는 가운데 유아는 자신과 다른 사람과의 관계 내에서 타인의 마음상태에 대해 이해할 수 있게 된다.

유아는 성장 초기부터 부모가 자녀의 정서를 어떻게 받아들이고 어떤 태도로 대하느냐 하는 정서표현 수용태도를 통해 자신의 정서조절 능력을 발달시켜 나간다. 만일 어머니가 자녀의 정서에 대해 긍정적으로 반응하고 표현하면, 자녀는 자신이 표현한 정서를 더 표현하게 되지만, 반대로 자녀의 정서에 대해 부정적인 반응을 보일 경우에는 부정적인 정서표현을 더 많이 하게 된다. 반대로 자녀의 부정적인 정서에 대해서도 수용적이고 공감적으로 반응하면, 아동은 수치심을 느끼지 않고 자신의 정서를 표현하며 부모로부터 타인에게 공감적으로 반응하는 방법을 배우게 된다(Tomkin, 1993).

또 자녀는 다양한 상황에서 보이는 어머니의 정서표현을 통해 타인의 정서 상태에 대한 이해를 높이며, 상황에 적절한 정서표현이 어떠한 것인지를 학습하게 된다(Eisenberg et al., 1993). 즉, 어머니의 정서표현에 대한 모방, 해석, 가르침 등을 통해 정서표현, 정서이해, 정서조절 등을 발달시키고 이를 토대로 또래관계나 사회적 기술 등 대인관계 측면을 발달시킨다.

보육시설에서 보육되는 유아가 증가함에 따라 교사의 반응 역시 유아의 정서발달에 영향을 미칠 수 있다. 유아는 교사가 표현하는 정서와 유아의 정서에 대한 반응을 직접적으로 모방하게 된다(이정수·이경옥, 2012). 또한 교사는 유아가 정서를 식별하고 그 원인을 이해하며, 언어와 행동으로 적절히 표현할 수 있도록 도움을 준다.

정서적 반영
유아가 특정 상황에서 경험하는 정서를 인식하고 그 정서를 명명하기 위해서 반영을 사용하는 것

유아의 정서에는 정서적 반영을 사용하여 대처하는 것이 유용하다. 정서적 반영은 아동이 특정 상황에서 경험하는 정서를 인식하고 그 정서를 명명하기 위해서 반영을 사용하는 것이다(Kostelnik et al., 2008). 예를 들어, 유아가 블록으로 탑을 쌓고 난 후 “여기 보세요. 제가 큰 탑을 쌓았어요” 라고 소리치는 상황에서는 “탑을 쌓아서 자랑스러운가 보구나”라고 하거나 아이가 다 놀지 못하였는데, 치우는 시간이 되었다고 투덜거리는 경우, “더 놀고 싶은가 보구나” 혹은 “속상한가 보구나”라고 유아의 정서를 반영하여 명명해 주는 것이다. 정서적 반영을 사용하여 정서를 명명할 경우 유아가 경험하는 추상적이고 내적인 상태를 더 구체적으로 이해할 수 있도록 도울 수 있다(Berk & Winsler, 1995; Gergen, 2001). 또한 상황이나 정서에 대해 언어적으로 명칭을 부여하는 것은 과거에 경험했던 유사한 상황을 인식하고 회상할 수 있도록 돕는다(Vygotsky, 1978).

읽을거리 유아의 정서발달을 도와주는 기술

1. 말하기 전에 유아를 주의 깊게 관찰한다

의미를 알기 위해서는 상황의 맥락이 중요하다. 유아가 사용하는 말뿐만 아니라 얼굴 표정, 목소리 톤, 자세에 각별한 주의를 기울인다. 유아는 자신의 느낌에 대해 개방적이기 때문에, 이들의 행동은 아동의 행동보다 해석하기가 쉽다.

2. 유아가 보이는 여러 가지 정서에 민감하게 반응한다

유아는 극단적인 정서, 미묘한 정서 그리고 긍정적인 정서, 부정적 정서 등 다양한 정서를 표현한다. 이러한 모든 정서가 중요하다. 교사가 강하거나 부정적인 정서에만 관심을 기울인다면 유아는 이러한 정서만이 표현할 가치가 있다고 생각하게 된다. 모든 종류의 정서를 인정해 주고 반응할 때 유아는 더 넓은 관점을 갖게 된다.

3. 유아가 경험하는 정서를 무비판적으로 평가한다

유아의 정서는 확실한 근거에 의해서만 해석하고, 유아가 왜 그렇게 느끼는지에 대해 교사 나름대로 결론을 내려서는 안 된다. 예를 들어, 울면서 교실로 들어가는 유아의 경우, 이 유아가 슬프거나 화가 난 것은 분명하지만 왜 그런지는 분명하지 않다. 엄마가 보고 싶어서 그런 것이라고 생각할 수도 있지만, 주황색 외투를 어린이집에 입고 온 것에 대해 화가 났을 수도 있다. 무엇이 이 유아를 기분 나쁘게 만들었는지 확신할 수 없기 때문에 "엄마가 보고 싶어서 슬프구나"라고 하기보다는 "슬퍼 보이는구나"라고 하는 것이 적절하고 정확한 정서적 반영이다.

4. 관찰한 정서를 유아에게 이야기할 때는 짧은 문장으로 말한다

정서적 반영은 간단하게 한다. 유아의 정서상태에 대해 모든 것을 한 번에 말하려 해서는 안 된다. 어린 유아는 짧은 문장을 가장 잘 이해한다. 조금 큰 아동은 긴 문장이나 여러 절로 된 문장을 이해할 수 있지만, 어른이 너무 많은 말을 하면 분위기에 압도되어서 화를 낼 수도 있다.

5. 다양한 감정 단어를 사용한다

유아의 정서를 기술하기 위해서 여러 가지 단어를 사용하면 아동의 감정을 나타내는 어휘를 늘려주고 교사의 반응을 더 흥미롭게 만들어 준다. 먼저 기본정서(기쁨, 분노, 슬픔, 두려움)를 말해주고, 점차 미묘하게 다른 단어를 포함시킨다. 그리고 최근에 사용하지 않았던 두세 개의 단어를 미리 생각하여, 계획한 날에 사용한다. 다른 날에 서로 다른 단어를 사용함으로써 이러한 과정을 반복한다. 유사한 감정 단어 중 하나를 사용하여 반영할 때에는 두 번째 반영에서 약간 다른 단어를 사용한다(예 "슬퍼 보이는구나. 비행기가 날지 않아서 실망했나 보구나").

6. 유아의 정서를 받아들일 수 없더라도 이해한다

유아는 때로 부모나 교사가 볼 때는 불합리하거나, 이해할 수 없고, 설명할 수 없는 정서를 표현한다. 예를 들어, 화가 나서 교실로 오는 지수가 이를 악물고 씩씩거리며 불만스럽게 말한다. "나는 저 선생님이 미워. 선생님은 숙제를 내주는 것밖에 몰라. 그래서 다른 걸 할 시간이 없어." 이때 바람직한 반응은 "숙제를 그렇게나 많이 해야 해서 부당하다고 느꼈구나" 혹은 "오늘은 학교에서 별로 기분이 좋지 않았구나"일 것이다. 이러한 정서적 반영은 교사에게도 매우 다른 관점을 깨닫도록 도와줄 것이다. 이는 유아가 교사를 신뢰하고 교사가 유아의 사적인 자아에 접근할 때 가능해진다.

7. 부적절한 반영은 수정한다

정서적 반영은 유아의 정서상태에 대한 교사의 지각을 잠정적으로 진술하는 것이다. 만약 "걱정이 있는 것 같구나"라고 반영한 뒤, 그 유아가 "아니요" 혹은 "난 그냥 생각하고 있을 뿐이에요"라고 말한다면, "이런 내가 잘못 알았구나" 혹은 "미안하구나. 방해하려던 것은 아니었어"와 같이 편안하게 수정한다.

출처 : Kostelnik et al.(2008). Guiding Children's Social Development and Learning.

2. 기질발달

1) 기질의 개념

같은 부모 밑에서 태어난 아이라도 다 다르다. 어떤 아이는 잘 먹고, 잘 자며 웃는 얼굴로 하루를 즐겁고 행복하게 지내는 순둥이인가 하면, 어떤 아이는 잠에 들기도 어렵고, 입맛도 까다로우며 잘 울고 보채는 등 까다롭기 그지없는 경우도 있다. 이와 같이 영아에 따라 수유, 울음, 잠의 특성 등에서 분명한 개인차가 나타나는데, 이와 같은 개인차는 기질에서의 차이에서 비롯된 것이다. 기질은 한 개인의 행동양식과 정서적 반응유형을 의미하는 것으로 정서, 운동 그리고 주의집중의 반응성, 그리고 자기조절에서의 개인차에 기초한다(Rothbart & Bates, 1998). 기질은 타고난 것으로 유전의 영향을 많이 받는다고 믿어져 왔고, 영아기에 보이는 기질의 특성은 유아기를 거쳐 성인기까지 지속된다고 보고 있다(Caspi & Silva, 1995).

기질
한 개인의 행동양식과 정서적 반응 유형

2) 기질의 구성요소와 유형

기질은 다양한 요소로 구성되는데, 대표적으로 토마스와 체스(Thomas & Chess, 1977)는 뉴욕종단연구(NYLS : New York Longitudinal Study)에서 기질의 아홉 가지 요인을 발견하였다. 아홉 가지 요인은 활동수준(activity level), 규칙성(rhythmicity), 접근-회피성(approach-withdrawal), 적응성(adaptability), 반응의 역치(threshold of responsiveness), 반응의 강도(intensity of reaction), 기분(quality of mood), 산만성(distractability), 지속성(attention span and persistence)이다.

〈표 8-4〉 토마스와 체스의 기질 구성요소

구성요소	내 용
활동수준	영아의 기능 중 운동영역으로 영아가 깨어 있는 동안 활동적인 것과 비활동적인 시간의 비율
규칙성	수면주기, 공복, 식사형태, 배설시간 등과 관련된 생리적인 규칙성
접근-회피성	새로운 음식, 장난감, 사람 등과 같은 새로운 자극에 대한 처음의 반응이 접근(긍정적)이거나 회피(부정적)인가?
적응성	새롭거나 변화된 상황에서의 반응으로 바람직한 방향으로 적응하는 정도
반응의 역치	어떤 형태의 반응(감각자극, 환경적 사물, 사회적 접촉 등)이든 일으키는 데 필요한 최소 자극의 정도
반응의 강도	반응의 질이나 방향에 관계 없는 반응의 강도
기 분	즐겁고 우호적인 행동의 양이나 불쾌하고 슬프고 적대적인 행동의 양
산만성	외부 사태나 자극에 의해 영아의 진행 중인 행동이 쉽게 방해받는 정도
지속성	특정한 행동이 진행되는 동안 방해를 받았을 때에도 활동을 계속하는 정도

출처 : Thomas, A., & Chess, S.(1986). The New York Longitudinal Study : From Infancy to Adult life. In R. Plomin & J. Dunn(Eds.), The Study of Temperament : Changes, Continuities, and Challenges.

토마스와 체스는 이 아홉 가지 특성을 중심으로 기질의 유형을 순한(ease) 기질, 까다로운(difficult) 기질, 느린(slow to warm up) 기질의 세 가지로 구분하였다.

순한 기질
먹고 낮잠 자는 등의 일과가 규칙적이며 기분이 좋으며 새로운 환경에 쉽게 적응하는 기질 유형

순한 기질의 영아는 먹고 낮잠 자는 등의 일과가 규칙적이고 대체로 기분이 좋으며 새로운 환경에 쉽게 적응하는 경향이 있다. 대체로 영아의 40% 정도가 이 유형에 속한다.

까다로운 기질
부정적으로 반응하며 수면과 식사의 일과가 규칙적이지 않은 행동 특성을 보이는 기질 유형

까다로운 기질의 영아는 전체적으로 부정적으로 반응하며, 수면과 식사의 일과가 규칙적이지 않다. 낯선 상황이나 사람에 적응하는 데 시간이 많이 걸리며 새로운 경험에 대해 매우 민감하고 부정적이며 좌절을 경험할 때

매우 격하게 반응한다. 대체로 영아의 10% 정도가 이 유형에 속한다.

느린 기질의 영아는 활동이 많이 없으며 온순하지만 다소 부정적이며 환경에 적응하는 것도 매우 느리다. 새로운 상황에 움츠러들고 적응하는 데 시간이 오래 걸리지만 천천히 순응하는 모습을 보인다. 대체로 영아의 10% 정도가 이 유형에 속한다.

느린 기질
활동이 많이 없으며 온순하지만 다소 부정적이며 환경에 적응하는 것이 느린 행동 특성을 보이는 기질 유형

3) 기질발달에 영향을 미치는 요인

영아기에 나타나는 기질은 시간에 따라 꽤 안정적으로 나타나며, 유아기, 아동기, 더 나아가 성인기에서의 사회적 적응과 성격적 특성과 관련이 있는 것으로 나타나고 있다. 대체적으로 새로운 상황에 대해 공포의 반응을 보이는 기질은 이후 발달에 있어서 내재화된 문제행동과 불안과 관련성이 있으며, 화를 잘 내는 특성, 부정적 정서, 까다로움 등의 기질적 특성은 일반적으로 위축이라든가 공격 등의 행동문제와 관계가 있다. 긍정적인 정서와 사회성과 활동성이 높으며 외향성이 높은 영아는 이후 행동문제를 적게 보이는 것으로 나타났다(Rothbart & Bates, 1998; 2006).

한편 이와 같이 많은 연구에서 영아기 기질은 안정적으로 지속된다고 보고 있지만, 이러한 지속성은 주로 매우 극단적인 수준의 특성(예 매우 심하게 억제되어 있거나, 외향성, 수줍음 수준이 매우 높거나 매우 낮은)에서만 나타나는 경향이 있는 것으로 밝혀졌다. 이러한 점은 유전적 특성이 강한 기질도 환경의 영향으로 시간에 따라 그 특성이 약해지거나 변화하여 안정성이 낮을 수도 있음을 시사한다.

기질의 안정성에 영향을 미치는 외부환경의 영향으로는 부모의 양육태도를 들 수 있다. 토마스와 체스(Thomas & Chess, 1977)는 바람직한 결과를 이끄는 조화의 적합성 모델을 제시하였는데, 이것은 영아의 기질과 환경적 요구 사이의 조화를 이룰 때에 바람직한 방향으로 발달이 이끌어질 수 있

다는 것이다. 만일 활동성이 강한 아이와 반대로 활동성이 그다지 높지 않은 아이가 오랜 시간 동안 계속 앉아 있어야만 하며 엄격한 통제하의 환경에 놓여 있다고 가정한다면 두 아이의 반응은 기질에 따라 다를 것이라고 쉽게 예측해 볼 수 있다. 이와 같이 기질에 따라 적합한 환경에 놓인다면 그 안에서의 기질은 조화롭게 발휘될 수 있지만 조화를 이루지 못한다면 환경과 영아 모두 갈등을 경험하게 될 수 있다. 따라서 부모가 자녀를 양육할 때 영아의 기질에 따라 자신의 양육행동을 조절한다면 그 결과는 조화로운 관계가 되지만 적절히 조화를 이루지 못하면 부모에게나 영아의 발달 모두에 부정적인 영향을 미치게 된다. 그러므로 부모가 영아의 기질을 제대로 파악하고 그에 맞추어 양육한다면 부모와 영아 사이에 보다 조화로운 관계를 유지할 수 있고 영아기의 극단적인 기질은 아동기나 청소년기에 더 이상 나타나지 않을 수도 있다.

영아의 기질에 맞춘 부모의 양육태도가 매우 중요하지만 영아의 기질 역시 부모의 양육태도에 영향을 미치게 된다. 예를 들어, 까다로운 기질을 가진 영아는 부모를 좌절하게 만들고, 부모로 하여금 기대를 덜 걸게 하는 등 부모에게도 영향을 미치게 된다. 실제로 까다로운 기질을 가진 영아의 부모는 순한 기질을 가진 영아의 부모에 비해 비효율적으로 자녀를 훈육하며, 더 과잉적으로 자녀를 대한다고 나타났다(문혁준, 2000). 따라서 부모는 자녀의 타고난 기질적 성향을 가능한 한 빨리 파악하여 기질에 따라 자신의 양육태도를 조절할 필요가 있다.

〈표 8-5〉 기질 유형별 부모의 조화로운 양육방식

유 형	조화로운 양육방식
순한 기질	• 아이의 선택을 존중한다. • 아이의 호기심을 충족시키고 감정에 공감해 준다. • 변화에 잘 적응하지만 한꺼번에 너무 많은 변화를 시도하지 않는다.
까다로운 기질	• 양육 시 부모의 인내심과 침착함이 필요하다. • 아이의 감정을 있는 그대로 받아들이고, 받아주고, 감정 표현을 지지하며, 격려한다. • 환경 변화를 최소화한다. • 부모의 방식을 고집하지 않는다.
느린 기질	• 아이를 비난하거나 다른 아이와 비교하지 않는다. • 변화 또는 새로운 것을 시작할 때 충분한 시간을 준다. • 아이의 감정에 공감해 준다. • 아이의 느린 행동에 조급해하지 않는다.

출처 : 교육과학기술부(2012). 인간발달.

읽을거리 기질 유형별 교사의 역할

태어날 때부터 까다로운 아이는 부모들도 세심하게 신경을 쓰고 관심을 주어 보살피게 된다. 그러나 점차 그 까다로움에 대해 야단도 치고 행동을 통제하게 된다. 그렇게 하다 보면 아이의 행동은 점점 더 거칠어지고 문제행동으로까지 발전될 수 있다. 그러므로 기질에 맞는 육아와 교사의 태도가 필요하다.

순한 기질

순하고 융통성이 많은 아이는 집단상황에서 오히려 간과되기 쉽다.

대체로 조용히 자기 일을 알아서 하고 성인의 요구에 순응하며 쉽게 적응하므로 집단상황에서는 눈에 띄지 않는다. 멀리서 교사를 바라보며 눈 마주치기 등으로 자기욕구를 조용히 표현한다. 그러나 경우에 따라, 특히 2~3세 때는 발달상 자율성에 대한 욕구 등으로 순한 아이도 고집을 부릴 때가 있다. 그러므로 적절히 요구를 인정해 주고 너무 성인의 요구에 순종만 하도록 강요하지 않는 것이 필요하다. 자칫 성인의 요구에 순종하다가 자율성이 꺾이게 될 수 있다. 매일 조금씩이라도 욕구를 점검해 주고 특별한 관심을 보여주도록 배려하여야 한다.

까다로운 기질

까다롭고 소란스러운 아이는 가장 다루기 어렵지만 가장 재미있는 아이이다.

좋고 싫음이 분명하고 자기주장이 강하며, 에너지가 넘치므로 자기표현의 기회를 주어야 한다. 또 자기가 좋아하는 활동을 하게 해주면 정열적으로 해낸다. 이런 기질의 아이는 집단상황보다는 개별적으로 융통성 있게 접근하는 것이 좋다. 일단 요구를 하면 고집을 부리고 그 행동이 크므로 일단 저지하게 되는 경우가 많지만 아이의 요구를 인정해 준 후 현재 상황을 인식하게 하고 무조건적 저지보다는 가능한 대안을 제시하여 스스로 선택하게 해주는 것이 좋다. 이런 아이는 따뜻한 목욕이나 마사지, 물놀이, 개별적으로 동화책 읽어주기와 같은 활동이나 유머를 이용하는 것이 좋다.

느린 기질

반응과 적응이 느린 아이는 새로운 상황이나 집단에 적응이 어렵다. 적응에 걸리는 시간이 필요하므로 기다려 주어야 한다. 천천히 조금씩 한 가지씩 시도하게 해준다. 분명한 일과를 정해주고 예측 가능하게 해준다. 일과가 변화할 때는 그날의 계획에 대해 함께 이야기한다. 한 가지 활동에서 다른 활동으로 전환할 때 서두르기보다 마무리할 시간을 충분히 주고, 몇 분 전에 미리 변화에 대해 예고하고 변화에 대해 준비시켜 주어야 한다. 새로운 활동을 처음 시도할 때에는 익숙한 사람(부모, 교사 등)이 옆에서 지켜보면서 기다려 줌으로써 안전기지(secure base)를 마련해 주어야 한다. 이러한 아이는 재촉하거나 서두르면 아예 시도도 안 하고 위축된다. 자신의 능력에 대해 자신감이 없어지고 열등감을 가질 수 있다. 빨리빨리를 강요하는 우리 사회에서, 더욱이 현대와 같은 경쟁사회에서 적응하기 어려울 수 있다. 그러므로 기다려 주고 믿어주고 인정해 줌으로써 자존감이 낮아지지 않도록 한다.

출처 : 이 영 외(2009). 영유아발달.

3. 애착발달

1) 애착의 개념

새로 태어난 아기를 보기 위해 친척 집을 방문한 경험을 생각해 보자. 생후 몇 개월간 잘 안기던 아기가 몇 개월 후에 방문하였을 때는 잘 다가오지 않고 얼굴을 찌푸리며 어머니에게만 매달리는 것을 본 적이 있을 것이다. 왜 낯선 타인에게도 잘 안기던 아기가 어느 순간 익숙한 양육자에게만 매달리려 할까? 이것은 그동안 양육자와 영아 간의 애착이 형성되었기 때문이다.

일반적으로 애착이란 특별한 사람들에게서 갖는 강한 정서적 유대를 의미하며, 애착은 사람과 사물, 사람과 사람 사이에 형성될 수 있는 정서적 유대를 의미한다. 그러나 영아발달에서 애착이란 영아기 동안에 형성되는 영아와 양육자 간의 친밀한 정서적 유대감을 의미한다.

애착
영아기 동안에 형성되는 영아와 양육자 간의 친밀한 정서적 유대감

2) 애착발달의 이론적 관점

(1) 정신분석이론

프로이트는 애착은 배고픔에 대한 욕구를 충족시키는 데에서 발생한다고 보았다. 프로이트는 인간은 배고픔이나 갈증과 같은 생물학적인 욕구를 충족시키기 위하여 동기유발되며, 이러한 욕구가 충족되면 만족을 경험한다고 보았다. 그러므로 영아는 그들에게 음식을 잘 공급해 주는 사람에게 애착을 형성하며, 주로 그 역할을 하는 사람은 주 양육자, 즉 엄마이므로 어머니에게 애착을 형성한다고 보았다.

에릭슨(Erikson, 1968)은 생후 18개월경 어머니로부터 수유를 비롯한 민감한 반응을 통해 적절한 보호를 받을 때 세상은 안전하며 영아에게 지지를 보내는 곳이며, 또한 살 만한 곳이라는 희망을 가지게 한다고 하였다. 이를 통해 신뢰감과 애착을 형성하게 된다고 보았다.

(2) 학습이론

학습이론에서는 애착이 학습된 것으로 설명한다. 어머니는 아기의 불편함, 배고픔 등을 해결해 주고, 불안할 때 안아주고 달래줌으로써 영아에게 편안함을 제공한다. 이러한 어머니의 행동은 조건화된 자극이 되며, 어머니는 조건화된 강화자 역할을 하게 된다. 조건이 형성되면 영아는 어머니의 관심을 끌기 위해 미소나 옹알이 반응 등을 하게 된다.

(3) 인지발달이론

인지발달이론에서는 애착이 이루어지기 위해서는 인지발달이 먼저 이루어져야 한다고 본다. 영아는 자신이 알고 있는 것과 차이가 있는 것에 대해서 상이한 것으로 구분하는데 이것이 영아에게 불안을 야기한다. 이러한 현상은 생후 6개월 이상이 되어서 낯선 사람과 친숙한 사람을 구별하는 인지능력이 형성되게 될 때 낯선 이에 대한 불안 반응으로 나타나게 된다(유효순·원혜경·김정희, 2013). 또한 애착이 형성되기 위해서는 대상영속성 개념이 형성되어야, 즉 어떤 대상이 보이지 않아도 계속 존재한다는 것을 알고 있어야 한다. 이와 같이 인지발달이론에서는 인지발달과 애착이 밀접한 관계가 있다고 보았다(Berk, 2013).

(4) 동물행동학

영국의 정신의학자인 보울비(Bowlby, 1973)는 애착은 인간의 생존유지 및 종족보존을 위하여 인간 내에 내재되어 있는 본능적인 반응의 결과로서 나타난다고 보았다. 그는 영아가 작고 귀여운 얼굴 생김새로 성인을 향해 미소를 짓는 행동, 영아가 불편할 때 양육자에게 매달리고 따라다니거나 배고플 때 우는 행동 모두가 영아의 생존을 돕도록 만드는 선천적인 행동 특성이라고 보았다. 이때 영아의 목표는 자신을 돌보아 주는 성인을 옆에 두는 것이다. 또한 보울비는 영아가 이러한 행동을 보일 때 영아의 신호에 따라 어머니는 적극적으로 반응하고 영아를 돌보게 되는데, 이러한 상호 간의 행동이 패턴화될 때 애착이 형성된다고 보았다. 즉, 영아는 생존을 위해 애착행동을 보이고 이에 따라 어머니는 반응을 보이는 생득적인 기제가 있으며 이러한 상호작용에 따라 영아와 어머니 간의 관계의 패턴, 즉 애착의 패턴이 된다는 것이다.

이와 같이 애착은 수유 혹은 돌봄에 대한 욕구를 충족시키기 위한 영아의 울음이나 미소 등의 행동에 대한 어머니의 반응으로 형성되며, 생애 초기 어머니와 영아 간에 형성된 관계의 패턴은 세상과 타인에 대한 신뢰감 형성에 중요한 영향을 미친다. 따라서 이 시기 형성된 어머니와 영아 간의 관계의 질은 이후의 성격 발달과 사회성 발달에 기초가 되며 성인이 되었을 때 남녀 관계에도 영향을 미치게 된다.

3) 애착형성의 단계

보울비는 애착은 일반적으로 생후 2년 동안 4단계를 거쳐서 발달한다고 보았는데, 이 과정을 거쳐서 양육자로부터 안정을 얻고자 하는 영아의 욕구와 환경을 탐색하고자 하는 욕구 사이의 균형을 형성하게 된다고 보았다. 애착형성 단계는 다음과 같다.

1단계 전애착 단계(Preattachment : 출생 후~6주)

특정 양육자에 대한 선호를 보이지 않는 단계이다. 즉, 울음, 쿠잉, 미소 등의 신호를 보임으로써 성인들에게 보살핌을 받고자 하는 신호를 보인다. 그러나 양육자뿐만 아니라 낯선 사람과 있다 하더라도 별다른 반응을 보이지 않는다.

전애착 단계
특정 양육자에 대한 선호를 보이지 않는 단계

2단계 애착형성 단계(Attachment in the Making : 6주~8개월)

애착형성 단계
친숙한 양육자와 낯선 사람을 구별하는 단계

이 단계의 영아는 친숙한 양육자와 낯선 사람을 구별하게 된다. 즉, 친숙한 양육자와 있을 때는 미소 등의 애착행동을 보이며, 낯선 사람과 있을 때는 불안함과 걱정의 신호를 보이기도 한다.

3단계 애착 단계(Clear-cut Attachment : 6-8개월~18-24개월)

애착 단계
특정 양육자를 향해 이동하여 접근하거나 낯선 사람을 피하는 행동을 통해 애착을 표현하는 단계

이 단계가 되면 영아는 신체발달로 인하여 이동을 잘 할 수 있게 됨에 따라 특정 양육자를 향해 이동하여 접근하거나 낯선 사람을 피하는 행동을 통하여 애착을 표현하게 된다. 이때 어머니는 영아가 주변을 탐색하고 또 새로운 탐색을 위해 떠나기 전 심리적 안정을 주는 안전기지(secure base)의 역할을 하게 된다. 또한 이때 영아는 어머니가 떠날 때 보이는 현상인 분리불안(separation anxiety)을 보이기도 한다. 이 단계는 영아가 애착을 맺는 당사자와의 신체적 정서적인 관계를 조절하는 단계이며, 이미 형성한 신체적 정서적인 거리감이 멀어질 때 영아는 저항하며 그 거리감을 좁히려고 노력한다.

4단계 상호관계의 형성 단계(Formation of Reciprocal Relationships : 18~24개월 이상)

상호관계의 형성 단계
양육자와 영아 사이에 애착을 유지하기 위한 책임감을 나누는 단계

생후 24개월이 되면 영아는 언어 및 인지 능력의 발달로 인해 양육자와 의사소통이 가능해지며, 양육자의 사고와 감정에 대해 이해하며 행동을 예측할 수 있게 된다. 결과적으로 양육자가 외출을 할 때 양육자의 외출을 기꺼이 허락하며 양육자가 돌아올 수 있을 때까지 기다릴 수 있게 된다. 즉, 양육자와 영아 사이 애착을 유지하기 위한 책임감을 나누게 되는 상호 협조적인 관계로 나아가게 된다.

4) 애착의 유형

대부분의 영아들이 양육자와 애착을 형성하게 되지만, 각각의 영아와 양육자의 상호작용이 같을 수는 없다. 또한 건강한 관계를 발달시키기 위해서는 영아에게 좀 더 효과적인 어머니의 반응이 있을 수 있다. 발달에 긍정적인 영향을 미치는 영아와 어머니의 관계의 패턴을 발견하기 위해 에인스워스(Ainsworth, 1979)는 실험실 상황에서 영아, 영아와 어머니 그리고 영아와 낯선 사람과의 상호작용을 관찰하는 낯선 상황 실험 절차를 고안하였다. 이 절차는 영아가 탐색을 할 때 어머니를 안전기지로 사용하는지, 그리고 어머니로부터 분리되었을 때 영아가 어떤 반응을 보이는지, 그리고 낯선 사람에게 어떻게 반응하는지를 관찰하는 실험이다.

〈표 8-6〉 낯선 상황 실험 절차

에피소드	참여자	지속시간	내 용
1	양육자, 영아, 관찰자	30초	관찰자가 양육자와 영아에게 실험실을 소개한 후 나간다(방에는 여기저기에 관심을 끌 만한 장난감이 있다).
2	양육자, 영아	3분	양육자는 영아가 탐색하는 동안 참여하지 않는다. 필요하다면 놀이는 2분 후에 하도록 한다.
3	낯선 사람, 양육자, 영아	3분	낯선 사람이 들어온다. 1분 : 낯선 사람이 조용히 있는다. 2분 : 낯선 사람이 양육자와 대화한다. 3분 : 낯선 사람이 영아에게 가까이 간다. 3분 후에 양육자는 눈에 띄지 않게 나간다.
4	낯선 사람, 영아	3분 또는 이내	첫 번째 분리 에피소드 : 양육자가 눈에 띄지 않게 나간다. 낯선 사람은 영아와 상호작용하거나 달랜다.

5	양육자, 영아	3분 또는 이상	첫 번째 재결합 에피소드 : 양육자는 영아를 다시 맞이하고 영아에게 편안함을 준다. 이후 영아가 다시 놀이를 하도록 한다. 다음 순서로 양육자는 "안녕" 하고 말한 뒤 나간다.
6	영아	3분 또는 이내	두 번째 분리 에피소드 : 양육자가 나가고 영아 혼자 방에 남아 있다.
7	낯선 사람, 영아	3분 또는 이내	두 번째 분리의 연속 : 낯선 사람이 들어오고 영아와 상호작용한다.
8	양육자, 영아	3분	두 번째 재결합 에피소드 : 양육자가 다시 들어와서 영아에게 인사한 후 진정시킨다. 그러는 동안 낯선 사람은 눈에 띄지 않게 나간다.

출처 : 곽금주·정윤경·박성혜·송현주 공역(2007). 아동발달심리학.

이 실험을 통해 에인스워스는 영아가 양육자에게 가까이 하려고 하는 행동을 관찰하고 양육자가 아기에게 신뢰와 안정성을 주는 정도를 파악하여 애착의 유형을 다음의 네 가지로 구분하였다.

(1) 안정애착

안정애착
어머니를 안전기지로 사용하여 어머니와 함께 있을 때 탐색을 위해 어머니로부터 쉽게 떨어지는 유형

안정애착 유형의 영아는 어머니를 안전기지로 사용하여 어머니와 함께 있을 때 주위를 탐색하기 위해 어머니로부터 쉽게 떨어진다. 또한 안정애착 영아들은 놀이 탐색 시 방 안에 놓여 있는 장난감을 자세히 보며 수준이 높은 놀이를 하고 낯선 사람과도 긍정적으로 반응한다. 어머니와 분리되었을 때에는 저항하고 낯선 사람으로부터 위안을 찾지 못하지만 어머니가 돌아왔을 때 미소를 짓고 어머니

| 그림 8-3 | 안정애착을 형성한 영아와 어머니

에게 위안을 얻기 위해 무릎에 올라가고 안기고 싶다는 표현을 하는 등 어머니에게 능동적으로 신체적 접촉을 요구하고 쉽게 안정을 찾는다. 이 유형의 애착은 어머니와 접촉하고자 하는 욕구와 환경을 탐색하고자 하는 욕구 사이에 건강한 균형을 유지하고 있다는 것을 반영한다. 연구대상의 65%가 안정애착 유형에 해당하였다.

(2) 불안정 회피애착

이 유형의 영아는 양육자를 회피함으로써 불안정성을 보인다. 불안정 회피애착의 영아는 어머니와 함께 있을 때나 어머니와 분리되었을 때에도 별다른 반응을 보이지 않고 스트레스를 덜 받는 것처럼 보인다. 어머니가 다시 돌아왔을 때에도 무시하거나 회피하며 어머니가 안아주려고 해도 안기려 하지 않는다. 어머니를 낯선 사람과 비슷하게 대한다. 연구대상의 20% 정도가 이에 해당하였다.

불안정 회피애착
양육자를 회피함으로써 불안정성을 보이는 유형

(3) 불안정 저항애착

이 유형의 영아는 낯선 상황에서 어머니에게 매달리며 놀이환경을 관찰하지 않는 등 어머니와 함께 있어도 매우 불안해한다. 어머니가 나가면 매우 당황하고 고통스러워하며, 어머니가 다시 돌아오면 심하게 울며 화를 내고 밀어내는 저항행동을 보이는 등의 행동을 보이는 등 불안정한 모습을 보인다. 연구대상의 약 10%가 이 유형에 해당하였다.

불안정 저항애착
어머니와 함께 있어도 매우 불안해하는 유형

(4) 불안정 혼란애착

불안정 혼란애착 유형은 위의 두 가지 유형에 포함되지 않는 상태에서 불안정성을 보이는 유형이다. 이 유형의 영아는 멍해 보이는 등 얼어붙은 것과 같은 행동을 보이거나 혼란스럽거나 두려워하는 등의 불안정한 행동을

불안정 혼란애착
멍해 보이거나 얼어붙은 것처럼 보이는 등의 불안정한 행동을 보이는 유형

보여 낯선 상황에서 가장 큰 스트레스를 받는 유형이다. 이 유형의 영아들은 어머니가 다시 돌아와서 안아주어도 멍한 표정으로 먼 곳을 보기도 한다. 연구대상의 5~10% 정도가 이 유형에 해당하였다.

5) 애착발달에 영향을 미치는 요인

영아의 애착에는 다양한 요인들이 영향을 미칠 수 있지만 대표적으로 양육의 질, 영아의 기질 및 영아와 부모의 특성이 영향을 미친다. 많은 연구들에서 영아들에게 신속하고, 지속적으로 그리고 적절하게 반응하고 조심스럽고 부드럽게 안아주며 적절한 도움을 주는 등의 민감한 상호작용이 안정적인 애착의 형성에 중요한 역할을 한다고 보고하고 있다(De Wolff & van Ijzendoorn, 1997). 또한 안정애착을 형성한 어머니와 영아는 정서의 상태가 긍정적으로 동일하며 어머니가 영아의 신호에 맞춰서 규칙적이고 적절한 방식으로 반응하는 민감하게 조율된 동시적인 상호작용을 보여준다(Kochanska, 1998). 반대로 불안정한 애착을 형성한 영아들의 어머니는 아기와의 신체적인 접촉이 적고, 자신의 감정을 적절히 표현하지 않으며, 화를 내거나 거부하는 경향이 있다.

어머니의 특성 역시 애착형성에 영향을 미칠 수 있는데, 어머니의 연령, 사회경제적 지위, 성격, 어머니 자신의 양육과정 등이 애착형성에 영향을 미칠 수 있다. 이것은 어머니가 처한 상황에 따라 어머니의 양육태도가 다를 수 있기 때문인데, 어머니가 19세 미만의 연령일 경우 어머니는 아기 가까이에 머무르거나 수유하는 동안 아이를 꼭 안아주는 등의 신체적 접촉이 적었는데, 이는 19세 미만의 어머니가 영아에게 민감하고 반응적일 만큼 충분히 성숙되지 않을 수 있기 때문일 수 있다. 또한 직장이나 경제사정, 건강 등 어머니의 생활에서 오는 스트레스 역시 양육의 질에 영향을 미쳐 불안정 애착을 형성하게 할 수 있으며, 성장과정에서 자신이 부모와 안정된 관계를 형성한 경우에는 자녀와도 안정된 관계를 형성하지만 그렇지 못한 경우에는 어려움을 경험하기도 하는 등 애착의 세대 간 전이가 일어나기도 한다(장미자, 1998).

이 외에도 조산이나 신체장애나 심리적 장애, 발달 지체 등의 질병을 가지고 있는 영아의 경우 불안정 애착을 더 잘 형성하는 것으로 나타났다. 이는 영아의 특성이 양육을 부담스럽게 만들기 때문인데, 스트레스가 많고 경제적 부담이 많은 낮은 사회경제적 계층의 가정일 경우 더욱 심한 것으로 나타났다(Wille, 1991). 그렇지만 부모가 시간과 인내심을 가지고 있으며, 긍정적으로 영아를 바라볼 때에는 영아의 특성에도 불구하고 안정애착을 형성하게 된다.

영아의 기질 역시 애착형성에 영향을 줄 수 있는데, 영아가 기분이 긍정적이며 접근성이 높고 적응력이 높을 경우 안정적인 애착을 형성하게 되며 영아가 적응력이 낮고 활동적일수록 불안정 애착을 형성하는 경향이 있다(유효순, 2012). 이것은 영아의 기질이 직접적으로 애착에 영향을 미치기보다는 영아의 특성이 부모의 양육행동에 영향을 주어 유아의 애착에 간접적으로 영향을 주기 때문으로 이해할 수 있다. 일반적으로 까다로운 유아는 어머니로 하여금 덜 반응적이고 덜 민감하고 덜 다정하게 대하도록 하는 경향이 있다. 따라서 영아의 기질이 애착에 미치는 영향력은 영아의 기질이 어머니의 양육행동에 영향을 미치고 이는 다시 영아에 대한 피드백으로 작용하여 영아에게 영향을 주는 순환적 상호작용의 결과로 이해할 수 있다.

토론하기 **다음의 놀이 프로그램의 예를 참고하여 영유아의 정서발달을 증진시키는 교육활동에 대해 논의해 보자.**

<table>
<tr><th>활동명</th><td colspan="2">즐거운 마음, 화난 마음 불어 넣기</td></tr>
<tr><th>발달영역
및 요소</th><td colspan="2">사회정서발달 – 사회정서 – 정서조절</td></tr>
<tr><th>목 표</th><td colspan="2">• 정서를 적절히 표현하고 조절하는 방법에 관해 알아본다.
• 다른 사람의 감정에 관심을 갖는다.</td></tr>
<tr><th>놀이개요</th><td colspan="2">• 긍정적/부정적인 감정을 담아 비닐봉지에 숨을 불어 넣은 후 비닐봉지의 바람을 빼면서, 정서해소 및 정서조절을 경험해 보는 놀이입니다.
① 웃는 얼굴의 비닐봉지와 화난 얼굴의 비닐봉지를 보며, 아이돌보미가 들려주는 이야기에 귀 기울인다.
② 가장 즐거웠던 경험, 가장 화가 났던 경험을 떠올려 이야기를 나눈다.
③ 즐거웠던/화가 났던 기억을 떠올리며 숨을 크게 들이쉬고, 즐겁게/화나게 만들었던 느낌을 담아 비닐봉지 속으로 바람을 불어 넣는다.
④ 웃는 얼굴의 비닐봉지는 꼭 안아주며 즐거웠던 경험을 다시 한 번 떠올려 본다.
⑤ 화난 얼굴의 비닐봉지는 손으로 꾹꾹 눌러보며 화가 났던 느낌을 해소해 본다.</td></tr>
<tr><th>준비물</th><td colspan="2">유성매직으로 웃는 얼굴/화난 얼굴을 그린 비닐봉지, 빨대, 테이프</td></tr>
<tr><th>순 서</th><th>놀이방법</th><th>상호작용의 예</th></tr>
<tr><th>도 입</th><td></td><td>T : 선생님이 오늘은 친구 두 명을 데리고 왔어. ○○이가 “친구들아, 어서 와!”라고 불러줄래?
T : (웃는 얼굴의 비닐봉지를 들고 기분 좋은 목소리로 말하며) 안녕, ○○아. 내 이름은 싱글벙글이야. 기분이 좋아서 싱글벙글 웃고 있지. 유치원에서 친구들이랑 블록놀이를 해서 싱글벙글, 아빠랑 맛있는 음식을 먹어서 싱글벙글,</td></tr>
</table>

	• 웃는 얼굴의 비닐봉지, 화난 얼굴의 비닐봉지를 유아에게 보여준다. 이때 웃는 얼굴의 비닐봉지와 화난 얼굴의 비닐봉지가 되어 짧은 이야기를 들려주며, 유아가 이야기에 흥미를 가지고 귀 기울여 들어보도록 상호작용한다.	엄마랑 공놀이를 해서 싱글벙글 즐겁단다. T : 어, 근데 친구가 한 명 더 있었는데. 어디 갔지? ○○이가 한 번 더 불러줄래? "친구야, 어서 와!" T : (화난 얼굴의 비닐봉지를 들고 화난 목소리로 말하며) 안녕, ○○아. 내 이름은 부글부글이라고 해. 내 이름이 왜 부글부글인지 알아? 마음속에 화가 부글부글 끓고 있기 때문이야. 친구가 말도 안 하고 내 놀잇감을 뺏어 가서 부글부글 화가 나. 또 엄마, 아빠가 내 이야기에 귀 기울여 주지 않을 때면 속상한 마음이 부글부글해.
전 개	• 가장 즐거웠던 경험을 떠올려 이야기하고, 즐거웠던 마음을 담아 비닐봉지 안에 바람을 불어 넣는다. 웃는 얼굴의 비닐봉지를 꼭 안아주며 즐거웠던 경험을 다시 한 번 떠올려본다. • 가장 화가 났던 경험을 떠올려 이야기한다. 화가 났던 기억을 떠올리며 숨을 크게 들이쉬고, 화나게 만들었던 느낌을 담아 비닐봉지 안에 바람을 불어 넣는다. 화난 얼굴의 비닐봉지를 손으로 꾹꾹 누르거나 쳐보며 화가 났던 느낌을 해소해 본다.	T : ○○이도 싱글벙글이처럼 기분이 좋았던 때가 있었어? ○○이를 기분 좋게 했던 일은 어떤 것이었니? T : ("~한 일로 기분이 좋았구나"와 같이 반응해 준 후) 기분 좋은 마음을 담아, 싱글벙글이에게 '후우~' 하고 바람을 불어 넣어줄 수 있겠니? T : ○○이의 기쁜 마음이 싱글벙글이 안에 가득 찼네. 싱글벙글이를 꼭 안아줘. T : 그러면 이번에는 ○○이도 부글부글이처럼 화가 났던 때가 있었어? ○○이를 화나게 했던 일은 어떤 것이었니?

		T : ("~한 일로 화가 났었구나"와 같이 반응해 준 후) 화나는 마음을 모아서, 부글부글이에게 '후우!' 하고 바람을 불어 넣어볼래? T : ○○이의 화난 마음이 부글부글이 안에 가득 찼네. 부글부글이 안에 가득 찬 화난 마음이 하늘 멀리 날아갈 수 있도록 꾹꾹 눌러보자.
마무리	• 비닐봉지 안에 바람을 넣었다가 빼기를 반복하며 놀이한다. • 봉지의 크기 변화 및 소리 등을 탐색해 볼 수 있도록 상호작용한다.	T : 다시 한 번 더 바람을 '후~' 하고 불어 넣어 볼래? 싱글벙글이와 부글부글이 중에서 누구에게 바람을 '후~' 불어 넣어주고 싶어? T : ○○이가 바람을 힘껏 불어 넣으니까 금세 봉지가 빵빵하게 부풀었네. 봉지가 부풀면서 바스락거리는 소리도 들려.
지도지침	신체발달 • 유아가 소근육의 힘과 움직임을 조절하여, 비닐에 있는 바람을 빼 볼 수 있도록 해주세요. 이때 유아의 힘이나 움직임이 너무 커지지 않고, 안전하게 바람을 뺄 수 있도록 살펴봐 주세요. 인지발달 • 비슷한 감정에도 여러 가지 언어적 표현이 있습니다(긍정적 감정 표현의 ㉠ 기쁘다, 즐겁다, 행복하다, 좋다, 신난다 등 / 부정적 감정 표현의 ㉠ 화난다, 슬프다, 속상하다, 기분이 좋지 않다, 싫다, 실망스럽다 등). 성인이 감정 표현 언어를 풍부하게 사용해 줌으로써, 유아가 다양한 언어적 표현을 경험할 수 있도록 지원해 주세요.	

	사회정서발달 • 도입 부분에서 웃는 얼굴의 비닐봉지와 화난 얼굴의 비닐봉지가 되어 짧은 이야기를 들려주는 과정을 통해, 유아는 타인의 감정에 관심을 가지는 경험을 할 수 있습니다. 이때 유아가 공감하는 마음으로 이야기를 들을 수 있도록 상호작용해 주세요(예 "싱글벙글이가 정말 기분이 좋았겠다", "부글부글이가 무척 속상했겠다, 그렇지?"). 만일 유아가 공감하지 않는 모습(예 "나는 친구가 내 놀잇감 뺏어도 화 안 나요")을 나타낸다면, 동일한 상황에서 사람마다 느끼는 감정이 다를 수 있음을 안내해 주세요(예 "그렇구나. ○○이처럼 화가 나지 않는 사람도 있지만, 내 놀잇감을 빼앗아 갔을 때 아주 속상해하는 사람도 있단다. 부글부글이는 아주 속상했나 봐"). • 유아가 자신의 경험 및 감정에 관해 이야기할 때 성인이 공감하는 태도를 나타낸다면, 유아는 모델링을 통해 공감하는 태도를 형성할 수 있습니다. • 부정적인 감정을 담아서 바람을 불어 넣은 비닐봉지를 유아가 꾹꾹 눌러보는 과정을 통해, 유아는 부정적인 감정이 해소되는 경험을 할 수 있습니다. 이 과정에서 유아가 느낄 수 있는 감정에 관해 언어로 표현해 주세요. • 호흡을 들이마셨다가 내쉬는 과정을 통해 유아는 정서를 적절히 조절하는 경험을 할 수 있습니다. 너무 빠른 호흡은 긴장도를 높일 수 있으므로, 성인이 천천히 코로 호흡을 들이마셨다가 입으로 길게 내뱉는 모습을 나타내어 주세요.
유의사항	• 비닐봉지 안의 공기는 깨끗하지 않을 수 있습니다. 그러므로 유아의 건강과 안전을 위해, 비닐봉지 안의 공기는 유아가 다시 들이마시지 않도록 안내해 주세요.

출처 : 여성가족부·한국건강가정진흥원(2023). 유아기 놀이프로그램(만 3세 : 37~48개월).

정리 활동 다음의 설명에 알맞은 단어를 보기에서 찾아보자.

〈보기〉

사회적 참조	정서이해	정서표현 규칙	자의식적 정서	느린 기질
까다로운 기질	조화의 적합성	불안정 저항애착	불안정 혼란애착	일차정서
이차정서	수치심	죄책감		

1 새로운 상황이나 불확실한 상황에서 그 상황에 대한 정보를 얻기 위해 성인을 바라보는 것
( )

2 자신에 대한 인식이 이루어지고 자신의 행위에 대해 평가할 수 있을 때 나타나는 정서
( )

3 어머니와 함께 있어서 매우 불안해하는 애착 유형
( )

4 부정적으로 반응하며 수면과 식사의 일과가 규칙적이지 않은 행동 특성을 보이는 기질 유형
( )

5 문화권에 따라 특정 상황에서 표현해도 된다거나 표현하지 말아야 한다는 정서에 관한 규칙
( )

6 출생 시부터 선천적으로 표현되는 정서. 세계 모든 문화권의 영아에게서 보편적으로 볼 수 있음
( )

7 다른 사람들에게 자신의 의무를 다하지 못하였을 때 나타나는 정서 중 자신에게 초점을 맞춘 정서
( )

Chapter

09

영유아 사회성발달

Chapter 09

영유아 사회성발달

2년 동안 영아는 세상에 자신이 존재한다는 것을 이해하게 되고, 어머니, 가족, 또래와의 사회적 관계를 형성함으로써 사회적 존재로 성장하게 된다. 이후 유아기에는 인지·언어·신체운동 능력의 발달을 바탕으로 다양한 사회적 관계를 형성하고, 그 속에서 자신에 대한 특성과 자신에 대해 존중하는 태도, 그리고 타인과 함께 더불어 살아가는 데 필요한 친사회적 능력과 도덕성 등을 형성하게 된다. 또한 부모, 또래와 상호작용하는 가운데 성역할 고정관념을 형성하고 이에 따른 행동을 보이기도 하며, 때로는 공격적인 행동을 보이기도 한다. 이 장에서는 영유아기의 자아발달과 함께 성역할, 친사회성, 도덕성, 공격성의 개념과 발달 특징, 그리고 이에 영향을 미치는 요인들에 대해 살펴보고자 한다.

1. 자아발달

영아는 다른 사람과 관계를 맺으며 타인과는 다른 자신에 대해 인식하게 되며, 자신의 특별한 점도 알게 된다. 이렇게 영아는 자기 자신과 외적 환경과의 상호작용을 통해서 자신의 능력과 성격, 흥미 가치관 등에 대해 자각

자아인식
자신이 다른 사람과는 다른 개체임을 아는 것

하게 된다. 표상능력이 발달함에 따라 영아는 점차 자신을 다른 사람과 다른 독특한 개인으로 구분짓게 되며, 점차 복잡하게 분화해 개념화하게 된다. 또한 자신과 타인과의 비교를 통해 자신에게 가치를 부여하게 된다.

1) 자아개념

주관적 자기
자기 스스로를 인식하고 활동적으로 생각하는 것

영아는 자신이 주변에 있는 물체나 사람들과는 독립적인 존재라는 것과 시간이 지나도 자신의 존재는 지속되는 것이라는 것을 깨달으면서 자아에 대해 인식하기 시작한다. 출생 후 신생아기부터 영아는 자신의 몸의 촉감, 손발의 움직임과 자신의 울음소리를 들으면서 자신을 인식하게 된다. 주관적 자기(I-self)는 자기 스스로를 인식하고 활동적으로 생각하는 것을 의미하는데, 주관적 자기는 부모를 비롯한 타인과의 상호작용으로부터 형성된다. 예를 들어, 영아가 배가 고프거나 칭얼댈 때 부모가 민감하게 반응하고 달래주는 모습을 통해, 까꿍놀이나 공 주고받기 등의 사회적인 게임을 주고받는 등 일대일 상호작용 속에서 영아는 어머니와는 구분된 자신에 대한 주관적 경험을 하게 된다. 영아는 9개월이 되면 자신의 움직임과 거울에 비친 움직임의 일관성을 발견하고 실제의 엄마와 거울에 비친 엄마의 상, 자신의 몸과 거울에 비친 자신의 몸을 비교하는 행동이 조금씩 나타나기 시작한다.

객관적 자기
타인과의 관계에서 외현적인 자신을 인식하는 것

주관적 자기를 형성하게 되면 이를 기초로 타인과의 관계에서 외현적인 자신을 인식하는 객관적 자기(me-self)를 구성하게 된다. 영아가 자신에 대해 이해하기 시작하기 시작했다는 것은 거울실험을 통해 알 수 있다. 루이스와 브룩스(Lewis & Brooks, 1979)는 9~24개월 된 영아들의 코에 루주를 묻히고 영아의 반응을 살펴본 실험연구를 하였다. 9~12개월 영아들은 거울에 비친 자기 모습을 인식하지 못하였으나 15개월 영아부터는 자신의 코를 만졌다. 이는 영아들이 자신의 독특한 모습-거울 속의 객관적 나-을 인식하는 것을 의미한다.

2세가 되면 거의 모든 영아들이 사진 속의 자신을 인식하며, 지적하고, 말을 할 때 자신의 이름을 사용하거나 '내가' 혹은 '나를'을 사용한다. 또한 자신의 정서와 내면적 상태를 언어적으로 표현하기도 한다.

거울 속의 루주가 묻은 코를 만지는 영아

거울을 통해 루주가 묻은 코를 보고 자신의 코를 만지는 영아. 자아인지가 발달한 것으로 볼 수 있음

| 그림 9-1 | 거울실험

유아는 자신에 대해 인지하기 시작하면서 자신을 다른 사람과 다른 독특한 개인으로 구분 짓게 하는 태도나 행동 특성, 가치 등을 규정하는 자아개념을 획득하게 되는데, 자아개념은 자아에 대한 인지적인 측면으로 유아는 자신의 신체적 특성(예 '내 눈은 검다'), 선호하는 것(예 '나는 과자를 좋아한다'), 소유하는 것(예 '나는 트럭을 가지고 있어'), 자신의 능력(예 '나는 50까지 셀 수 있어') 등 자신의 신체적 특징이나 자신이 할 수 있는 활동 등 구체적인 사실에 기초하여 자신을 개념화한다(Harter, 1985). 3~5세 유아의 자아개념은 이름, 신체적 외모, 소유물, 일상적 행동처럼 관찰 가능한 특징들로 구성된다. 이와 같이 유아가 자신을 정의할 때 연령, 성별, 신체적 특징 등 눈에 보이는 다양한 특성들을 바탕으로 분류하는 것을 범주적 자아(categorical self)라고 한다.

자아개념
자신을 독특한 개인으로 인정하게 하는 태도, 행동, 가치

범주적 자아
연령이나 성 등 사회적으로 중요한 측면으로 자신을 분류하는 것

4세 반이 되면 유아는 '나는 엄마가 좋아', '나는 어른이 되고 싶지 않아' 처럼 정서와 태도로 자신을 설명하며 '슬퍼', '심심해' 등 자신의 기분과 심리를 표현하고자 한다. 그러나 자신의 심리적 특성을 바탕으로 자신을 설명하는 것은 익숙지 않으며 인지적 성숙이 이루어지는 학령기가 되었을 때에 가능하다(이 영 외, 2009).

학령기가 되면 외모, 능력, 행동 측면의 사회적 비교를 근거로 사회적 서술을 한다. 4세 유아는 한 명의 또래와 자신의 성취를 비교할 수 있지만 또래와 비교하여 자신을 규정하지는 못한다. 하지만 학령기가 되면 여러 명의 개인과 비교하여 다면적으로 평가하여 기술한다. 즉, 어떤 측면에서는 자신이 우수하고 다른 측면에서는 보통이며, 다른 나머지 측면에서는 별로라고 기술한다(김상림 외, 2014).

|그림 9-2|와 〈표 9-1〉에서는 자아의 출현과 자아개념의 발달적 변화와 그 특징을 도식과 설명으로 제시하였다.

학령 전기 아동	학령기 아동	청소년
소유	정서	태도
신체적 특징	사회적 집단	인성 특성
선호	또래와의 비교	환경에 따라 변화하는 신념
능력		미래지향적

|그림 9-2| 유아기에서 청소년기까지의 자아개념의 발달적 변화

출처 : Kail(2007). Children and Their Development.

〈표 9-1〉 자아의 출현과 자아개념의 발달

연 령	자아개념의 발달적 특징
1~2세	• 자기를 물리적으로 구별된 것으로 인식하며 사람과 사물로 하여금 예측 가능한 방식으로 반응하게 하는 것으로 인식 • 거울과 사진 그리고 비디오테이프 속의 자기상을 인지 • 자기 이미지에 이름을 붙이기 위해 자신의 이름이나 인칭대명사를 사용
3~5세	• 연령, 성별, 신체적 특징, 선과 악, 능력에 기초하여 자신과 타인을 분류하여 범주적 자아를 형성 • 일상 이야기에 대한 내러티브의 형식 속에 기억된 자아를 구성 • 관찰 가능한 특성과 특유의 정서 및 태도로 구성된 자아개념 형성
6~10세	• 자아개념에 있어 개인적 특성과 긍정적이고 부정적 속성 모두를 강조 • 다수의 개인 간 사회적 비교

출처 : Berk(2009). Child Development.

유아들은 일반적으로 자신의 물건에 대한 소유를 강하게 표현하는 경향이 있다. 자신의 장난감에 친구가 관심을 가질 때, 물건을 나누어 쓰기를 요구받을 때 "내 거야!"라고 강하게 말하는데, 이는 자신의 소유권을 주장하는 것이기도 하지만 또 한편으로는 자신을 정의하는 과정으로도 해석할 수 있다. 따라서 유아들이 자신의 장난감이라고 주장하는 것은 그저 장난감이 자신의 한 부분이라는 것을 말하려는 것(Levine, 1983)으로 유아의 공격성이나 이기심을 의미하는 것은 아니다. 이와 같이 사물에 대한 소유욕은 이기주의를 의미하기보다는 자아가 발달한다는 신호이며 자신과 다른 사람을 확실히 구별하려는 노력으로 볼 필요가 있다. 그러다가 자아개념이 확고해지면 게임이나 분쟁 상황에서도 협력해서 해결할 수 있다(Brownell & Carriger, 1990). 따라서 유아들이 분쟁을 벌일 때에 부모와 교사는 이를 단순히 해결하기 위해 공유하라고 주장하기보다는 먼저 유아의 소유욕을 자기주장의 신호로 인정한 후(예 "그래, 네 장난감이야") 타협점을 찾도록 격려해야 한다(예 "그렇지만 잠깐 동안 교대로 가지고 놀 수 있겠니?")(이 영 외, 2009).

2) 자아존중감

자아존중감
자신의 가치에 대해 형성한 판단과, 그러한 판단과 관련된 감정

유아는 성장하면서 자신에 대한 이해를 넓히고, 자신을 더욱 복잡한 내적 특성으로 묘사하며, 자신이 가지고 있는 특질을 평가한다. 자아존중감(self-esteem)은 자신의 가치에 대해 형성한 판단, 그리고 그러한 판단과 관련된 감정이다. 자신의 능력에 대한 평가는 정서 경험, 미래 행동, 장기적인 심리적 적응에 영향을 미치기 때문에 자아발달에서 가장 중요한 측면이다.

자아존중감은 1세경이면 형성되지만 연령이 증가하면서 그 구조가 점차 정교화된다. 자아존중감의 구조는 유아가 이용할 수 있는 평가적 정보와 그 정보를 처리할 수 있는 능력에 의존한다. 유아기의 자아존중감은 일반적으로 높은 편이나 아동기에 접어들면서 여러 영역에 걸쳐 자신을 평가하게 되므로 좀 더 객관적인 자아존중감을 형성한다. 2세경 유아가 범주적 자아를 형성하기 시작하면서 자신을 긍정적 혹은 부정적 특징을 가진 존재로서 평가한다. 4세 유아들은 주로 학습, 친구 사귀기, 부모와 잘 지내기, 신체적 매력에 대한 느낌 등 제한된 영역에서 자신을 평가한다(Marsh, Ellis, & Craven, 2002). 즉, 유아는 자신의 신체적 특징이나 자신이 할 수 있는 활동 등의 구체적 사실에 기초하여 자신을 규정하고 평가하므로, 전반적인 자아가치에 대한 판단, 즉 전반적 수준의 자아존중감을 형성하지는 않는다고 본다. 따라서 유아를 대상으로 자아존중감을 측정할 때, 유아의 인지능력, 신체능력, 또래수용, 그리고 어머니 수용 등의 하위영역에 대하여 유아가 자신에 대해 어떻게 지각하는지의 정도를 측정하며, 영역별로 산출된 점수로 유아의 지각을 해석한다(Harter & Pike, 1984). 6~8세경, 서구 문화권의 유아는 자신을 학문적 능력, 사회적 능력, 신체/운동 능력, 외모 등 최소 네 가지 영역을 포함한 포괄적 자기 평가를 한다. 자아존중감은 초기에는 특정 기능이나 영역에 국한되어 발달하지만 학령기에 이르면 개별적 자기

평가 요소들을 종합하여 전반적 자아존중감이 형성된다.

3) 자아발달에 영향을 미치는 요인

유아가 자신에 대해 어떠한 평가를 내리는지는 행동의 개인적 차이와 관련되어 있기 때문에 연구자들은 자아존중감에 영향을 미치는 요인을 밝히는 데 많은 흥미를 보여 왔다. 자아존중감 형성에 영향을 미치는 초기 발달 요인으로 성취동기(achievement motivation)와 귀인(attribution)이 있다. 성취동기는 도전적 과제를 지속하려는 경향성이고, 귀인은 행동의 원인에 의한 일반적 설명이다. 귀인은 성공을 기대하고, 이를 위해 열심히 노력하도록 만든다. 일반적으로 사람들은 행동의 원인을 능력과 노력이라는 심리적 원인과 외적 환경적 원인으로 돌린다. 이러한 성공과 실패에 대한 귀인은 3세경부터 형성된다(김상림 외, 2014). 이러한 귀인은 미래에 기꺼이 열심히 노력할 자신의 의향을 좌우하는 성공에 대한 기대(expectation of success)에 영향을 미친다(Berk, 2009).

성취동기
도전적 과제를 지속하려는 경향성

귀인
행동의 원인에 의한 일반적 설명

일반적으로 유아는 자신이 희망하는 능력과 자신의 실제 능력을 구분하는 데 어려움이 있기 때문에, 유아에게 어떤 일을 얼마나 잘할 수 있느냐고 질문을 하면 유아는 보통 자신의 능력을 매우 높게 평가하고, 자주 과제의 난이도를 과소평가하는 경향이 있다(Berk, 2006). 이렇듯 유아의 높은 자아존중감은 유아로 하여금 새로운 과제에 대해 계속 도전하도록 하며, 유아들의 주도성 발달을 촉진한다. 또한 유아는 성공에 대해 자신의 능력보다는 노력에 대해 인정받을 때 더욱 도전적 과제를 지속하려고 한다(Mueller & Dweck, 1998). 그러나 자신의 능력에 대해 의심하게 되면 도전하지 않으려는 경향도 보인다. 4세 유아를 대상으로 한 실험에서 과거에 실패한 경험이 많은 유아는 능력에 대해 불신하게 되고 그 결과 퍼즐 맞추기와 빌딩 쌓기와 같은 어려운 과제를 부여받았을 때 쉽게 포기하는 경향이 있었다

(Cain & Dweck, 1995).

부모 역시 유아의 성취동기나 귀인에 영향을 미치며, 자아존중감의 형성에 영향을 미친다. 유아의 부모가 지속적으로 유아의 능력에 대해 믿어주고 격려할 때 유아는 도전적 과제에 열정적으로 적극적으로 참여하게 되나, 이에 대해 부모로부터 부정적인 평가를 받을 경우 유아는 과제에 도전하지 않고 쉽게 포기하기도 한다. 즉, 부모의 평가는 유아의 성취동기에 영향을 미치게 된다. 한 연구에서 어려운 과제를 주고 쉽게 포기한 유아와 열정적이며 적극적으로 참여한 유아의 반응을 살펴보았다. 이때 실패했을 때의 부모의 반응을 인형으로 보여달라고 했을 때 과제를 포기한 유아는 인형에게 "퍼즐을 맞추지 못했으니까 야단맞아야 해"라고 반응하였지만 끈기 있는 유아는 "끝내지 못했지만 열심히 했어, 더 해보면 좋겠네"라는 격려의 말을 흉내 내었다(Burhans & Dweck, 1995). 끈기 있는 유아는 자신을 '잘한다'고 여기고, 쉽게 포기하는 유아는 자신을 '잘 못한다'고 생각한다(김상림 외, 2014). 이와 같이 유아의 자아존중감 형성에 있어 성인과의 의사소통은 매우 중요하다. 무기력한 아동의 경우 부모가 자신의 자녀에 대해 유달리 높은 기준을 설정하고 자녀가 별로 유능하지 못하며 그래서 성공을 하기 위해서는 다른 아이들보다 더 열심히 해야 한다고 믿는 경향이 있다. 또한 이런 부모들은 유아가 성공하였을 때는 지나치게 놀라거나 과정보다는 능력에 대해 칭찬(예 "정말 영리한데!")한다. 이러한 부모의 반응은 유아가 좌절에 직면했을 때 유아로 하여금 자신의 능력에 대해 의문을 제기하거나 도전을 포기하게 만들기도 한다(Mueller & Dweck, 1998). 따라서 유아의 건강한 자아상을 발달시키기 위해서는 유아의 노력에 대해 칭찬하고, 성공을 유발한 유아의 특정한 행동(예 긴 시간 동안 집중하여 과제를 해결하려 노력함 등)에 대해 격려하는 것이 중요하다.

〈표 9-2〉와 〈표 9-3〉에서는 유아기 자아존중감의 발달적 특징과 유아의

건강한 자아상을 강화하기 위한 방법에 대해 설명하고 있다.

〈표 9-2〉 유아기 자아존중감의 발달적 특징

연 령	자아존중감의 발달적 특징
1~2세	• 목표달성에 대한 기쁨의 표현이 확연하게 나타난다. • 성인의 평가에 대한 민감성이 나타난다.
3~5세	• 자존감이 매우 높으며 개별적 자아 평가 요소들이 전반적 자아존중감으로 통합된다. • 능력과 관련된 피드백과 사회적 비교를 받으면서 자존감이 감소하다가 다시 증가한다. • 성취 관련 귀인은 능력, 노력, 외적 요인으로 분화된다.
6~10세	• 자아존중감이 위계적으로 조직된다. 각 영역별 개별적 자아 평가 요소들이 전반적 자아존중감으로 통합된다. • 능력과 관련된 피드백과 사회적 비교를 받으면서 자존감이 감소하다가 다시 증가한다. • 성취 관련 귀인은 능력, 노력, 외적 요인으로 분화된다.

출처 : Berk(2009). Child Development.

〈표 9-3〉 유아의 건강한 자아상을 강화시키는 방법

제 안	설 명
긍정적 관계를 형성하기	유아에게 온전히 함께하는 시간을 만들고 싶다는 것을 알려준다. 유아의 행동을 판단하지 말고 귀 기울이며, 유아 스스로의 생각과 감정을 표현하도록 한다. 감정을 서로 공유하면 유아는 스스로를 가치 있게 느끼게 된다.
성공을 경험하게 하기	기대를 적절히 수정한다. 유아에게 현재 능력 이상의 것을 요구할 때는 도움을 제공한다. 그리고 유아의 행동이나 작업에서의 긍정적인 면을 강조하고, 구체적인 행동에 대해 언어적 지지로 강화해 줌으로써 동기를 향상시킨다. "잘했구나"라고 단순히 말하는 대신, 유아의 노력과 특정한 행동을 언급해서 칭찬해 준다. 유아의 기술이 향상되고 있음을 지적하면서 작품들을 전시한다.

선택하는 자유를 강화시키기	유아 스스로 선택하게 함으로써 책임감과 자신의 행동을 통제할 수 있다는 느낌을 갖도록 한다. 유아가 아직 혼자서 결정할 수 없다면 언제 그리고 어떤 순서로 과제를 할 것인지를 유아와 함께 선택한다.
유아의 감정을 인정하기	유아의 강렬한 감정을 받아들이고, 이를 조절할 수 있는 건설적인 방법들을 제시한다. 누군가 유아의 자존감을 상하게 해서 유아가 부정적 정서를 표현한다면 유아가 지지받고 있다는 느낌이 들도록 이를 공감해 주고 현실적인 설명을 곁들여 준다.

출처 : Berk(2014). Development Through the Lifespan.

2. 성역할발달

성 유형화
성에 대한 문화적 고정관념에 부합하는 방식으로 생물학적 성과 연관된 대상, 행위, 역할 혹은 습성들을 일컫는 용어로 널리 적용되는 용어

사회는 유아가 생물학적 성, 즉 남성과 여성으로 구분한 후 이에 적절하다고 판단되는 행동을 하도록 기대한다. 이를 성 유형화(sex-typing)라 하는데, 성의 유형화가 이루어진 후 유아는 자신을 그 집단의 한 사람으로 인지하기 시작하며, 성역할(gender role)을 배우고 남성 또는 여성으로 자신을 지각하는 성 정체성(gender identity)을 키워 나가게 된다. 이처럼 유아는 생애 초기 자신에 대해 인지함과 동시에 성역할을 형성하게 되며 이렇게 형성된 성역할 형태는 일생 동안 지속된다.

1) 성역할발달의 이론적 관점

(1) 정신분석이론

성역할
일상생활에서의 행위에 이러한 고정관념이 반영된 것

프로이트(Freud, 1933)는 유아가 성기의 차이를 인식하는 순간부터 신체적 차이에 대한 무의식적인 반응에 의해 성역할의 발달이 시작된다고 보았다. 그 후 5~6세가 되면 동성의 부모와 동일시의 과정을 거치게 되는데, 남아의 경우 어머니와의 관계를 두고 아버지와 경쟁하면서 아버지를 동일시하게 되는 오이디푸스 콤플렉스(Oedipus complex)를 경험하게 되며, 여아

는 엘렉트라 콤플렉스(Electra complex)를 겪게 되면서 어머니를 동일시하게 된다고 하였다. 이러한 과정에서 남아는 아버지의 남성적 행동과 가치관을 흡수하며, 여아는 여성성을 강화하게 된다고 하였다. 그러나 성역할발달에 대한 정신분석이론적 관점은 유아가 이성 부모에 대하여 성적 매력을 갖게 된다는 점에 대한 타당성과 동성의 부모가 없는 가정에서 자라는 유아도 성역할발달이 이루어진다는 점에서 비판받고 있다(조복희, 2008).

(2) 사회학습이론

부모는 자녀가 자신의 성에 적합한 행동을 할 때 이를 칭찬 등으로 강화하고, 성에 적합하지 못한 행동은 하지 못하게 벌함으로써(예 여아에게는 분홍색 잠옷을 남아에게는 하늘색 옷을 선물하며, 여아가 인형놀이나 소꿉놀이를 할 때는 그 행동을 장려하나 남아가 인형을 가지고 놀 때에는 야단치거나 자동차나 로봇과 같은 장난감을 가지고 놀도록 장려하는 행동) 유아의 성역할을 직접 학습시키기도 한다. 부모의 이러한 행동이 현대사회에서는 바람직하다고 여겨지지 않지만(더 알아보기 참조), 아직도 많은 부모들이 성 고정관념적인 행동을 강화함으로써 남아와 여아의 성역할을 학습시킨다.

(3) 인지이론

인지이론에서는 자신의 성에 대한 인지적 판단이 성역할발달에 중요한 역할을 한다고 보았다. 대표적으로 콜버그(Kohlberg, 1966)는 성에 대한 이해가 점진적으로 발달하며 세 단계를 거친다고 보았다. 첫 번째는 성 인식(gender labeling) 단계로, 2~3세경 자신이 남아 혹은 여아라는 것을 인식하게 되며, 두 번째 단계는 성 안정성(gender stability) 단계로 3세 이후 성이 안정적인 것으로 자신의 성이 변하지 않으며, 남아는 커서 성인 남자가 되고 여아는 커서 성인 여자가 될 것이라는 것을 알게 된다. 그러나 이 시기의

성 인식
자신이 남아 혹은 여아라는 것을 인식하게 되는 것

성 안정성
성이 안정적인 것으로 자신의 성이 변하지 않으며, 남아는 커서 성인 남자가 되고 여아는 커서 성인 여자가 될 것이라는 것을 알게 되는 것

유아는 남자 같은 머리를 한 여아는 남자가 되고 인형을 가지고 노는 남아는 여자가 된다고 믿는다(Fagot, 1985).

성 항상성
머리 모양, 옷 모양 등이 달라지더라도 성이 달라지는 것이 아니며 원한다고 성이 바뀔 수 있는 것도 아니라는 것을 알게 되는 것

세 번째 단계는 성 항상성(gender consistency)의 단계로 약 6~7세경 머리 모양, 옷 모양, 행동 등이 달라져도 성이 달라지는 것이 아니며, 원한다고 성이 바뀔 수 있는 것도 아니라는 것을 알게 되는 시기이다. 즉, 이 시기의 유아는 입고 있는 옷이나 장난감에 의해 성별이 영향을 받을 수 없다는 것을 이해하게 된다.

성 도식
성에 따라 조직되는 행동에 관한 도식

성 도식화
성 도식에 근거해서 자신에 관한 정보를 포함한 모든 정보를 부호화하고 조직화하는 과정

인지이론의 또 다른 접근으로 벰(Bem, 1985)의 성 도식 이론이 있다. 이 접근에서는 성 유형화가 성 도식화(gender schematization)를 통해 형성된다고 본다. 성 도식(own-sex schema)이란 성에 따라 조직되는 행동양식에 대한 도식으로 일반적으로 성 도식은 사회가 사람과 행동을 성과 관련지어 분류하는 방식을 의미한다. 개인이 형성한 성 도식은 사람들로 하여금 일상생활에서 남성적 특성 또는 여성적 특성을 구분하게 해주는데, 유아는 성 도식화, 즉 성 도식에 근거해서 자신에 관한 정보를 포함한 모든 정보를 부호화하고 조직화함으로써 성역할을 발달시켜 간다. 예를 들어, 유아는 어떤 물체나 행동 또는 역할이 남성에게 적합한 것인지 또는 여성에게 적합한 것인지(예 여아는 울어도 되지만 남아는 울어서는 안 된다 등)를 분류해 주는 단순한 내집단/외집단 도식을 먼저 습득하고, 이후 자신에게 적합한 성역할에 대한 자신의 성 도식을 구성한다. 유아는 자신의 성 도식과 일치하는 정보에 대해서는 부호화하고 기억함으로써 입수하고, 반대 성에 맞는 것에는 정보의 입수를 무시해 버리게 되면서 자신의 성에 맞는 가치나 흥미, 행동을 습득하게 된다.

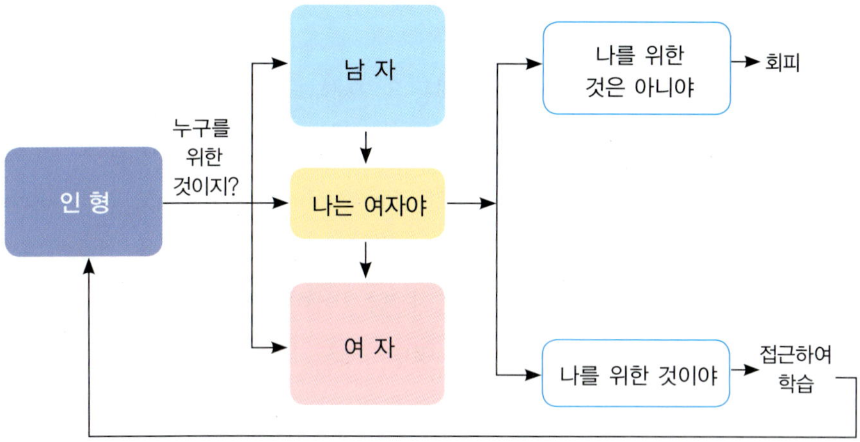

| 그림 9-3 | 성 도식 이론

출처 : Kail(2007). Children and Their Development.

2) 영유아기 성역할발달의 특징

유아는 2~3세경 자신이 남아 혹은 여아라는 것을 인식하게 된다. 이것은 성 정체성을 형성하는 것으로 자신의 성별을 구분하는 것이다(Ruble, Martin, & Berenbaum, 2006). 하지만 이 시기에는 남자도 파마를 한다거나 여자 옷을 입으면 여자가 된다고 생각하기도 한다. 3세 이후 성이 안정적인 것으로 자신의 성이 변하지 않으며, 남아는 커서 성인 남자가 되고 여아는 커서 성인 여자가 될 것이라는 것을 알게 된다. 즉, 성 정체성을 형성하게 된다.

성 정체성
성의 개인적 측면. 성격상 상대적으로 여성적 또는 남성적이라고 자아를 지각하는 것

자신의 성 정체성을 형성하면서 유아들은 성역할 규범들을 빠르게 학습하고 뚜렷이 구분하기 시작한다. 유아들은 남아와 여아에게 적절한 장난감과 활동, 그리고 성취의 영역에 대해 학습하고(Serbin, Powlishta, & Gulko, 1993), 자신의 성을 특징짓는 긍정적인 특질과 다른 성을 특징짓는 부정적

특질들에 관해 학습하면서(Serbin et al., 1993), 남아와 여아는 더 뚜렷한 성 차를 보이게 된다.

성 고정관념
여성과 남성에게 적절하다고 여겨지는 특성에 관한 일반적 신념

남아와 여아의 성 고정관념적인 행동은 2세부터 부분적으로 나타나기 시작한다. 이러한 행동은 장난감의 선택이나 동성 놀이상대의 선택, 그리고 놀이형태의 차이 등에서 나타나는데(Fabes, Hanish, & Martin, 2007; Ruble et al., 2006), 2세부터 여아와 남아는 동성의 친구와 노는 것을 선호하며(La Freniere, Styer, & Gauther, 1984). 또한 '남자아이 것' 혹은 '여자아이 것'이라고 장난감을 명확하게 구분하여 명명하기도 한다(Blackmore, Larue, & Olejnik, 1979). 또한 남아는 자동차 종류의 장난감, 레고와 전투처럼 위험한 요소가 내포된 환상놀이를 하지만(Huston et al., 1999; Ruble et al., 2006), 여아는 인형 혹은 부엌세트를 가지고 놀며 가족역할, 공주역할 등의 환상놀이를 주로 한다(Orenstein, 2006). 4세경이 되면 여자는 아기를 기르고 남자는 밖에 나가서 일하는 존재라고 믿기 시작하며(Gelman, Taylor, & Nguyen, 2004), 남아가 신체적으로 더 공격적이며 여아는 언어적으로 공격적이라고 믿는 등 성 고정관념적 신념을 표출하기도 한다(Gelman, Taylor, & Nguyen, 2004).

성 고정관념은 5~6세에 정점에 달한다. 유아기에 성 고정관념이 강한 원인 중 하나는 유아의 성 항상성 개념이 완전하지 않기 때문이다. 이 시기는 유아들이 자신을 남아 혹은 여아로서 엄격하게 구분할 수는 있지만 자신들이 항상 여아 혹은 남아일 것인지에 대해 의문을 갖는다. 따라서 인지적으로 성을 분명히 규정하기 위해 성역할 고정관념을 과장하여 표현한다(Maccoby, 1998). 그러나 성 항상성의 개념을 형성한 아동기가 되면 외양의 변화에도 성이 변하지 않는다는 것을 알기 때문에 성역할 고정관념은 좀 더 유연해진다.

3) 성역할발달에 영향을 미치는 요인

유아의 성역할발달에는 생물학적인 요인 그리고 성 전형적인 행동을 이해하고자 하는 유아 자신의 노력이 함께 기여한다. 진화론적 발달심리학에 따르면 역사상 오랜 시간 동안 여자는 자녀양육을, 남자는 음식, 보호 같은 자원제공 역할을 수행하여 오면서 남자와 여자의 차이가 진화되어 왔다고 보고 있다(Geary, 2002). 실증적 연구에서 출생 전부터 아드레날 선이 안드로겐을 과다하게 분비하는 유전적 장애인 선천적 부신피질과형성증 유아를 대상으로 한 연구에 따르면 안드로겐이 여아의 음핵을 크게 하여 남근과 비슷하게 만드는 신체 변화를 일으키며, 선천적 부신피질과형성증 여아는 안드로겐이 매우 많은 남아를 놀이친구로 선택하고 인형 대신 자동차를 가지고 노는 등 남아의 특성을 보였다고 한다(Berenbaum & Snyder, 1995; Collaer & Hines, 1995). 이를 통해 보면 남녀의 생물학적 특성이 성차와 관련되어 있다고도 해석할 수 있다.

반면 성 도식 이론에 따르면, 유아는 자신의 성 정체성을 인식한 후 자신의 성에 적절한 경험과 사건에 관심을 가지게 되면서 성역할이 발달하게 된다(Martin & Halverson, 1987).

이 외에도 부모나 교사 등 주변 성인들이 유아에게 성별에 따라 서로 다른 성역할을 기대함으로써 유아의 성역할발달에 영향을 미치기도 한다. 즉, 부모는 남아에게 독립적이고 활동적인 놀이를 기대하고, 경쟁적인 놀이를 더 허용한다. 반면 여아에게는 나눔과 돌봄을 강조하며, 감정에 대해 더 이야기한다. 또한 자녀가 성 고정관념적인 이야기를 하였을 때 찬성하거나 되묻지만 부정하지 않는 방법으로 자녀의 성 고정관념을 지지한다(Kail, 2007). 또한 남아가 남성적인 역할행동을 할 때보다는 남아가 여성적인 역할행동을 할 때 더 강한 사회적 제재를 한다(김상희 외, 2014). 특히 아버지는 아들과 딸을 다르게 취급하는 경향이 있으며, 아들에게는 독립성을 강조하지만 딸에게는 덜 강조하는 방식으로 남아의 성역할 행동에 적극적으로 개입한다(Snow, Jacklin, & Maccoby, 1983; Ruble et al., 2006).

또래 역시 유아의 성역할발달에 영향을 미친다. 인형을 가지고 노는 남아와 트럭을 가지고 노는 여아와 같이 다른 성의 놀이를 하는 유아는 또래들로부터 비난받고 혼자 남겨진다. 이러한 압력은 남아에게서 더 두드러진다(Levy, Taylor, & Gelman, 1995). 또한 생물학적으로 여아는 상대를 지지하는 말과 행동을 통해 상호작용을 유지하고, 남아는 또래를 이기려고 상대를 위협하거나 부정하거나 과장하는 상호작용을 시도한다(Kail, 2007). 이러한 가운데, 여아는 여아로부터 남아는 남아로부터 자신과 맞는 놀이친구를 찾는 경향을 배운다. 실제 2~3세부터 유아는 동성의 또래를 좋아하고 같이 있고 싶어 하는 경향을 보이며(Maccoby, 1998). 또한 남아는 대집단 속에서 거친 신체놀이를 더 많이 하고 여아는 두세 명의 친구들과 교사 가까운 곳에서 놀이를 하는 경향을 더 보인다(Martin & Fabes, 2001).

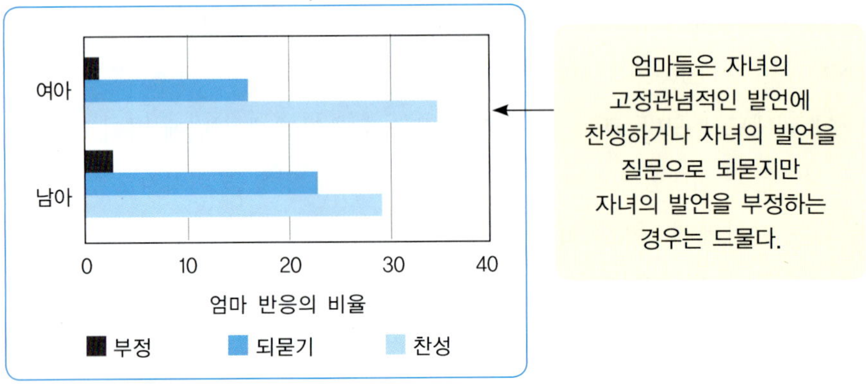

| 그림 9-4 | 자녀의 성 고정관념적인 발언에 대한 어머니의 반응

출처 : Kail(2007). Children and Their Development.

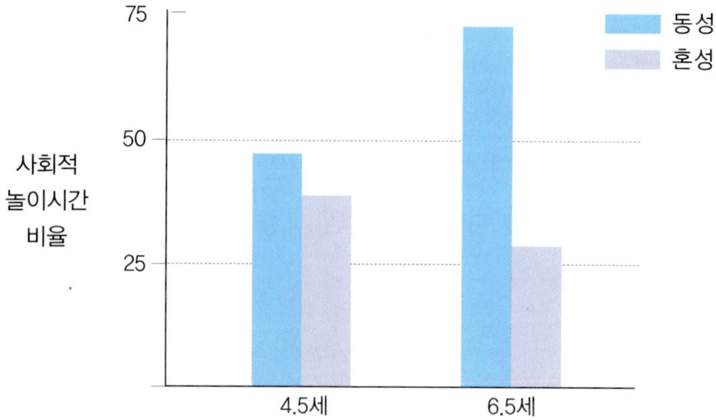

유아를 관찰한 결과, 그들은 혼성 집단보다는 동성 집단과 어울리는 경향이 있었다.
이러한 경향은 4~6세 사이에 증가한다.

| 그림 9-5 | 동성 집단과 혼성 집단 장면에서 보내는 시간 비율의 발달적 변화

출처 : Santrock(2006). Child Development.

더 알아보기 성 고정관념적 특질이 아닌 가치 있는 특질을 격려하기

성인들은 성 고정관념적 역할이 아닌 가치 있는 특질을 학습할 수 있도록 유아들을 격려할 수 있다. 독립적이고, 확신적이며, 양육적이고, 사려 깊은 것은 남아나 여아 한쪽만이 아니고 모든 사람에게 가치 있는 특질이다. 이를 위해 다음을 실천할 수 있다.

- 유아는 주변 사람들을 통해 성역할을 학습한다. 따라서 부모 자신이 성에 얽매여 있지 않아야 한다. 부모가 집안을 같이 수리하고, 집안일을 같이 돌보며 자녀를 돌볼 수 있어야 한다.
- 부모가 자녀의 성에 근거하여 아동의 장난감, 활동, 자질구레한 일 등을 결정해서는 안 된다. 자녀의 성이 아니라 연령, 능력, 흥미에 근거한 한 개인으로서 자녀에게 적합한지 아닌지에 따라 장난감, 놀이활동 등을 결정해야 한다.
- 부모가 고정관념적인 성역할을 뛰어넘는 자녀로 키우고자 하나 매체나 교사가 제시하는 바와 다를 수 있다. 이러한 영향을 차단하기보다는 이를 통해 부모는 자녀에게 성에 근거한 판단에 대해 비판적인 사고를 할 수 있도록 격려할 수 있다. TV 프로그램에서 남자가 여자를 돕는 모습만 보여준다면 부모는 자녀에게 여성은 어려운 상황에서 스스로 벗어날 수는 없는가에 대해 물어볼 수 있다.

출처 : Kail(2007). Children and Their Development.

3. 친사회성발달

친사회성은 유아기를 거쳐 성인기에 이르기까지 건강한 발달과 사회적 적응을 위해 필요한 요소이다. 친사회적 행동은 타인을 이롭게 하는 행동을 말하며 인지적 요인과 함께 다양한 요인의 영향을 받는 것으로 알려져 있다.

1) 친사회성의 개념

친사회성
타인과 상호작용 속에서 집단과 타인을 이롭게 하는 성향

친사회적 행동
돕기, 나누기, 기부하기, 위로하기, 협동하기, 배려하기, 관심 보이기 등의 행동

이타행동
친사회적 행동 중 타인을 이롭게 하려는 분명한 동기를 가지고 행해지는 행동

친사회성(prosociality)은 타인과 상호작용하는 관계 속에서 집단과 타인의 안녕을 위한 행동을 하는 성향을 말한다. 보살피고, 협력하는 등 타인을 이롭게 하는 행동을 친사회적 행동(prosocial behavior)이라 부른다. 친사회적 행동은 돕기, 나누기, 기부하기, 위로하기, 협동하기, 배려하기, 관심 보이기 등의 자발적 행동이다(Eisenberg & Miller, 1987). 친사회적 행동은 결과적으로 타인에게 이익을 주는 모든 자발적이고 의도적 행동을 의미하는 것과 함께 동기와 의지의 중요성에 따라 자신보다 타인을 더 이롭게 하려는 분명한 동기를 가지고 행해질 때를 의미하기도 한다. 특히 후자의 경우는 이타행동(altruism)이라 부른다(Batson, Bolen, Cross, & Neuringer-Benefiel, 1986).

2) 친사회성발달의 이론적 관점

(1) 동물행동이론

동물행동이론에서는 친사회적 행동을 인간 종의 보존을 위한 기본 요소로 본다. 인간은 기본적으로 공동체에서 함께 거주할 경우 적으로부터 보호받고 생존할 가능성이 높아진다는 전제 아래, 친사회적 행동은 공동체의 유지 가능성을 증진시켜 주기 때문이다. 친사회적 행동은 각 개체의 생존 가능성을 높여주고, 생존한 개체의 '친사회적 유전인자'는 다시 후손에게 유전될 가능성이 높아지는 과정을 통해 인간의 친사회성은 유지될 수 있다.

(2) 정신분석이론

정신분석이론에서는 인간을 기본적으로 자신의 욕구에 충실한 충동적 존재로 본다. 인간은 기본적으로 타인의 욕구보다는 자신의 무의식적 욕구에 충실한 존재이나, 동일시 과정을 통해 성인의 친사회적 행동을 모방하게 되고, 초자아(superego)가 발달하는 과정에서 친사회성도 발달하게 된다.

(3) 사회학습이론

사회학습이론에서는 친사회성의 발달을 유전이나 무의식적 요소가 아닌 학습의 결과물로 본다. 친사회적 행동이 나타났을 때 이에 대한 칭찬과 보상이 주어질 경우 이러한 행동은 더욱 발달하게 된다. 또한 타인의 친사회적 행동에 대한 사회적 결과를 살펴보는 관찰학습 역시 영향을 미친다. 사회학습이론에서는 친사회성의 발달에 영향을 미치는 요인으로 강화와 모방의 중요성을 강조하고 있다.

(4) 인지발달이론

인지발달이론에서는 친사회성의 발달은 인지적 측면의 질적 발달에 영향을 받는다고 본다. 예를 들어, 역할수용(role-taking) 능력, 공감(empathy)능력은 친사회성 발달의 핵심 요소라고 볼 수 있다. 역할수용이란, 타인의 관점에서 사물과 사태를 바라보면서 타인의 사고와 태도를 인식하는 능력이다. 피아제(Piaget) 인지발달이론의 발달단계를 기준으로 볼 때 유아기는 전조작기(preoperational stage)에 해당하고, 이 시기는 자아중심성(ego-centrism)의 시기이기 때문에 진정한 의미의 이타성이 나타나기는 어렵지만, 유아기 후반이 되면서 역할수용 능력과 공감능력의 발달에 따라 자발적으로 타인을 돕고, 나누고, 위로하는 행동이 나타난다.

3) 영유아기 친사회성발달의 특징

영아는 출생 직후부터 다른 영아의 울음소리에 자극받아 울음을 터뜨리는 초기 감정이입 능력을 나타내는 친사회성발달을 위한 준비를 갖추고 있다. 친사회적 행동은 2세 이후 인지능력이 발달하면서 나타난다. 물론 2세 이전 영아도 타인이 슬퍼하거나 아파하는 경우 관심을 기울이며 위로하는 행동을 시도하고 어려움에 빠진 타인에게 공감을 보이기도 하지만 진정한 의미의 자기희생이 나타나지는 않는다. 친사회적 행동은 4~6세경 급속도로 증가하는데, 이는 조망수용 능력, 감정이입, 문제해결 능력과 같은 인지적 발달과 상호관련이 있기 때문이다. 친사회적 행동은 타인의 입장에서 생각하고, 공감하고, 문제해결기술을 배울 수 있는 사회적 경험이 증가할수록 발달하게 된다. 또한 친사회적 행동은 타인의 행동을 모방하는 과정에서 증가한다. 예를 들어, 부모가 자신이 울 때 위로해 주던 행동을 다른 유아가 우는 행동을 할 때 동일하게 나타내 보이기도 한다.

4) 친사회성발달에 영향을 미치는 요인

유아의 친사회성발달에 영향을 미치는 가장 중요한 요인은 부모의 양육태도이다. 장효은과 김춘경(2017)의 연구에서는 어머니의 양육스트레스는 유아의 친사회적 행동과 부적상관을 보였고 어머니의 정서지능과 공감능력은 유아의 친사회적 행동과 정적상관을 보였다. 남궁령(2014)의 연구에서는 어머니와 유아의 긍정적·부정적 의사소통과 어머니의 긍정적·부정적 정서표현성이 유아의 자아탄력성을 매개로 친사회성에 영향을 미치는 것으로 나타났다. 어머니가 긍정적 정서표현을 많이 하고 어머니가 유아와 긍정적 의사소통을 많이 할수록 자신을 존중하고 조절하며 통제할 수 있는 자아탄력성에 차이를 보이고, 이 자아탄력성이 돕기, 나누기, 협력하기, 편안하게 하기 등의 친사회적 행동에 영향을 미치는 것으로 설명할 수 있다. 서소정(2006)의 연구에서도 부모가 자녀와의 대화를 통해 사회적으로 기대되는 행동에 대한 설명과 적절한 방법을 제안해 주는 사회화 전략을 사용할 경우 유아의 친사회적 행동이 더 발달하는 것으로 나타났다. 또한 유아 개인적 발달 특성 중 언어발달 수준이 높은 유아일수록 다른 유아에게 자신의 필요와 욕구를 충족시키기 위해 적절하게 나누기를 요청하고 도움을 제공할 수 있으며 타인의 문제에 민감하게 관심을 갖고, 장난감을 공유하는 것으로 보고 있다. 정윤이와 황혜정(2017)의 연구를 살펴보면 언어표현 능력이 뛰어난 유아가 또래와 바람직한 관계를 형성하고 도움을 주며 자신의 능력을 활용하여 또래를 배려해 줄 수 있고, 자신의 것을 나누며 감정을 조절하는 데 그렇지 않은 유아보다 유능한 것으로 나타났다. 이러한 연구 결과를 교육적 측면에서 활용할 수 있는 방향을 제시하면, 부모나 교사의 귀납적 양육 및 지도방법, 친사회적 전략에 대한 동화와 이야기나누기를 활용한 인지적 활동, 부모나 교사의 친사회적 행동에 대한 모델링 등이 유아의 친사회성 증진에 긍정적 영향을 미치는 데 도움이 되는 것으로 예측할 수 있다.

4. 공격성발달

공격성은 화, 분노, 적개심 등 다양한 개념을 포함하는 포괄적인 용어이다. 공격성은 표출 유형과 의도에 따라 다양한 유형으로 구분된다. 영향 요인 역시 신경생물학적·개인적·환경적 요인의 결합으로 볼 수 있다.

공격성
언어적·신체적·정서적으로 타인을 해치려는 의도와 행동 성향

1) 공격성의 개념

공격성(aggression)은 언어적·신체적·정서적으로 타인을 해치려는 의도와 행동의 결과를 의미한다. 바론과 번(Baron & Byrne, 1994)은 일반적으로 관

외현적 공격성
신체적 폭력, 욕 등을 사용하여 외부적으로 드러나는 공격 성향

관계적 공격성
또래관계를 조정하여 사회적 소속감을 손상시키거나 조종하여 타인에게 해를 입히는 성향

도구적 공격성
목적을 성취하기 위한 수단으로 타인을 공격하는 성향

적대적 공격성
타인에게 해를 입히려는 목적으로 타인을 공격하는 성향

찰되는 반사회적 행동 특성으로 유기체를 해치려는 의도를 가진 모든 행동과 그로 인해 발생하는 결과로 공격성을 정의했다.

공격성은 표현 방법에 따라 외현적 공격성(overt aggression)과 관계적 공격성(relational aggression)으로 구분된다. 외현적 공격성은 때리고 위협하고 욕하고 말다툼하는 외부적으로 드러나는 신체적·언어적 공격을 의미한다. 관계적 공격성은 또래들 사이의 관계를 조절하고 방해하여 사회적 소속감을 손상시키거나 조종하는 것에 의하여 다른 사람에게 의도적으로 해를 입히는 것을 말한다(Crick & Grotpeter, 1995).

공격성은 목적에 따라 도구적 공격성(instrumental aggression)과 적대적 공격성(hostile aggression)으로 구분된다. 도구적 공격성은 자신의 욕구를 충족시키고 가치 있다고 여기는 것을 획득하거나 다른 목적을 성취하기 위한 수단으로 공격행동을 하는 것을 말한다. 적대적 공격성은 타인에게 해를 입히려는 목적을 달성하기 위해 공격행동을 하는 것으로(김태련 외, 2004; 문혁준 외, 2014), 주로 부정적 정서에 의해 유발되며 감정적이거나 충동적으로 공격행동이 일어나는 경우이다.

2) 공격성발달의 이론적 관점

(1) 신경생물학적 관점

신경생물학적 관점에서는 신경해부학과 신경화학적 측면에서 공격성을 설명하고자 한다. 일반적으로 남아가 여아에 비해 공격성이 더 높게 나타나는데 이는 테스토스테론과 기타 남성 호르몬의 영향으로 본다(김찬형·김지웅, 1998). 동물연구에서 공격행동은 안드로겐에 의해 촉진되고 에스트로겐에 의해 억제되는 것으로 나타난다. 또한 공격성과 신경전달물질에 대한 연구를 살펴보면(유시영 외, 2016) 세로토닌 수준이 낮으면 충동성과 공격성이

증가하는 경향을 보이고, 감마아미노뷰티르산(GABA)에 의한 대뇌변연계(limbic system)의 억제성 조절이 상실되는 경우 공격성을 보이는 것으로 알려져 있다. 최근에는 전전두엽과 편도체에서 노르아드레날린(NA)이 발현될수록 공격적인 행동을 보인다고 보고 있다. 그 밖에 도파민, 글루타메이트, 옥시토신 등도 공격성과 관련이 있다.

공격성은 진화심리학적으로는 적응적 행동으로 볼 수도 있지만 결국 자신과 타인에게 해를 끼치기 때문에 공격성과 공격행동 감소 등을 목적으로 치료약 개발 등의 분야에서는 관련 연구가 활발히 이루어지고 있다.

(2) 사회학습이론

사회학습이론에서는 공격성 역시 다른 학습과 같이 강화와 처벌의 영향을 받는 것으로 본다. 남녀의 사회적 역할 기대, 사회화에 대한 성역할 고정관념이 남성을 더 공격적으로 만드는 요인이 될 수 있다(김정원·김현주, 2007). 이지희와 문혁준(2007)의 연구에 의하면 사람들은 타인의 행동을 관찰함으로써 공격적 행동을 하는 시기와 방법을 학습하는데 부모는 아이들에게 아주 강력한 공격적 모델이 된다. 관련 연구로 부부갈등 상황에서 부부폭력을 목격한 자녀는 폭력을 화가 났을 때 갈등해결의 적절하고 수용가능한 수단으로 본다(성용은, 2006). 유아의 관계적, 외현적 공격성에 대한 김연(2010)의 연구를 살펴보면 외현적 공격성은 부부갈등이 높을수록 강해지는 반면, 관계적 공격성은 아버지의 반사회적 행동과 어머니의 우울성향이 높을수록 강해지는 경향이 있었다. 학대 및 방임과 아동·청소년기 공격성 간의 관련성 연구(구민경 외, 2023)에서도 정서적·심리적 학대와 방임은 내면화·심리적 공격성과 관련이 있고, 신체적 학대는 외현적·신체적 공격성과 관련성이 큰 것으로 나타났다.

(3) 사회인지이론

사회정보처리모델
사회적 관계에서 단서를 입력, 해석하고 목표를 설정하고 반응하는 인지적 과정

사회인지이론에서는 사회정보처리모델(Dodge et al., 1990)로 공격적 행동의 발현을 설명한다. 사회정보처리모델에서는 공격적 행동이 사회적 단서 입력, 해석, 목표, 대안 형성, 대안 선택, 반응, 피드백의 과정을 거치는 것으로 본다. 사회정보처리모델에 의하면, 공격적 행동의 표출은 사회정보처리 과정상 오류와 부정적 왜곡 경향성과 관련이 있다. 특히 사회적 단서의 해석과 목표 형성 단계가 부정적으로 편향되어 있는 경우 공격적 행동이 표출된다.

3) 영유아기 공격성발달의 특징

1세 영아는 다른 영아가 가지고 놀고 있는 장난감을 빼앗기 위해 과격한 행동을 보이며, 장난감을 빼앗기 위해 힘을 사용하는 모습을 나타낸다(Caplan et al., 1991). 또한 자신의 심리적·신체적 조건에 따라 짜증을 내거나 분노하는 모습을 보인다. 2~3세가 되면 또래가 공격하거나 타인이 자신을 좌절시킬 때 상대방을 때리거나 발로 차는 신체적 공격행동이 나타나고(김경화·이주연, 1931), 3~5세가 되면 신체적 공격은 감소하고 욕을 하거나 놀리거나 흉을 보는 언어적 공격이 늘어난다. 알린크(Lenneke. R. A. Alink) 등의 연구(2006)에서도 신체적 공격성은 12개월 된 영아에게 처음으로 관찰되었고 2~3세가 되면 훨씬 더 자주 발생했으며 3세 이후 감소하는 것으로 나타났다. 3세경에는 타인의 감정과 반응을 관찰하면서 상대방을 불편하게 하는 간단한 시도가 나타나고 5세경에는 타인의 감정에 대한 인식이 높아지면서 타인의 감정을 조종하거나 심리적으로 압박을 가하는 심리적 공격성이 나타나며 이러한 행동을 조종의 도구로 사용하기 시작한다.

유아기에는 자신의 좌절된 정서를 조절하거나 목적을 달성하기 위한 합리적 문제해결 능력이 미숙하기 때문에 다양한 의도, 목적, 경로로 공격성이 표출된다. 이러한 공격성은 발달단계상 자연스러운 특성으로 보고 수용

할 수도 있지만, 유아기 공격성은 청소년기, 성인기까지 영향을 미치므로 공격적 행동을 조절하도록 양육하는 것이 필요하다.

4) 공격성에 영향을 미치는 요인

공격성에 영향을 주는 요인으로는 기질을 들 수 있다. 일반적으로 주의통제와 정서조절이 낮은 까다로운 기질의 유아는 다른 유아보다 더 반응적인 공격성을 나타낸다(Eisenberg et al., 2001). 이러한 유아들은 신체적·언어적 위협을 느끼는 경우 다른 효과적인 해결방법을 생각하지 않고 순간적으로 공격적 행동을 표출한다.

부모의 양육태도나 잘못된 행동에 대한 통제 유형은 유아의 공격성에 큰 영향을 미치는 것으로 보고 있다. 부모의 체벌에 의한 훈육은 행동을 통제하는 즉각적 효과는 있으나, 유아에게 다른 사람을 통제하는 효과적 수단의 하나로 학습된다. 또한 부모에게 심하게 체벌받은 유아들은 체벌받은 경험이 없는 유아에 비해 더 공격적인 것으로 평가된다(Dodge, Bates, & Pettit, 1990).

또한 미디어의 부정적 영향으로 폭력적 행위에 대한 관찰학습의 결과로 폭력행위가 증가할 수 있다. 텔레비전에 나타난 폭력적인 내용이 시청자에게 폭력과 공격성을 용인하는 경향을 증가시킬 뿐만 아니라 관찰학습을 통해 특정 폭력행위를 모방하고 실제 행동으로 옮길 가능성을 높이는 것으로 본다. 어린이 만화 프로그램에 나타난 공격성을 분석한 연구에서는 신체적 공격성이 많이 등장하고 매우 현실적 묘사가 등장하며 일부 프로그램에서는 공격행동이 처벌보다는 보상받는 결과를 보여(강인설·박희경, 2013), 유아에게 미치는 부정적 영향에 대한 우려심을 가지게 한다. 오늘날 미디어 기기를 처음으로 사용하는 연령은 점차 낮아지고 있으며 미디어 기기 사용 위험군의 비율은 지속적으로 증가하고 있는 추세이다(과학기술정보통신부, 2023). 특히 유아기 스마트폰 이용 시작 시기가 빠를수록 그리고 스마트폰 이용 정도가 높을수록 공격성 수준이 높은 것으로 나타났다(김수정 외, 2016). 박혜선과 김형모(2016)의 연구에서도 아동의 스마트폰 중독이 아동의 공격성을 증가시키는 것으로 나타났지만, 부모의 양육태도로 조절할 수 있는 것으로 보았다.

이러한 연구결과들을 근거로 하였을 때 아동의 공격성 감소를 위해 부모와 교사의 올바른 지도가 필요하다는 것을 알 수 있다.

읽을거리 공격적 유아 지도하기

유형 1. 말대꾸와 욕설이 심할 때	
1	감정적인 대응은 금물, 침착하게 대처한다.
2	단호하고 일관성 있게 잘못을 이야기한다.
3	긍정적인 말이나 태도에 크게 반응하고 격려한다.
4	욕을 대체할 말을 알려주고, 작별 의식을 갖는다.
유형 2. 반항이 심하고 매사에 따지기부터 할 때	
1	반항심을 불러일으키는 원인을 찾는다.
2	'싫다'라는 말이 덜 나오도록 통제를 줄인다.
3	논쟁의 함정에 빠지지 않는다.
4	김빼기와 유머를 적절히 사용한다.
5	부모의 말투나 태도를 돌아본다.
6	아이에게 역할과 책임을 준다.
7	남을 배려할 기회를 갖도록 한다.
유형 3. 규칙을 어기고 제 뜻대로만 고집부릴 때	
1	부모의 일방적 요구과 규칙을 구분한다.
2	아이가 자주 어기는 규칙을 점검한다.

3	실천 가능한 규칙을 새로 정한다.
4	행동 결과에 대해서 보상과 벌을 분명히 한다.
5	벌은 일관성 있게 주고 실랑이하지 않는다.
유형 4. 공공장소에서 소리를 지를 때	
1	주변 사람들의 시선을 견디자.
2	공공장소에 가기 전에 지켜야 할 일에 대해 미리 이야기나눈다.
3	약속을 지키면 받을 보상, 어기면 받게 될 벌에 대해 미리 확인시킨다.
4	행동에는 즉각적으로 대처한다.
유형 5. 분노 폭발이 잦을 때	
1	폭발하기 전에 감정을 읽어준다.
2	폭발했을 때 원하는 것을 들어줘서는 안 된다.
3	부모는 침착해야 한다.
4	진정할 수 있도록 상황에서 분리시킨다.
5	분노를 진정하고 조절할 수 있는 기술을 가르쳐 준다.
6	분노를 조절했을 때 긍정적 결과를 준다.
유형 6. 폭력적이고 싸움이 잦을 때	
1	괴롭히고 협박하는 이유를 찾는다.
2	바르게 싸우는 방법을 알려준다.
3	어떤 상황에서 무엇 때문에 싸웠는지 묻는다.
4	감정은 공감해 주고 표현방법은 잘못되었음을 인식시킨다.
5	사과할 수 있는 통로를 열어준다.
6	원칙 없는 체벌은 하지 않는다.

출처 : 최명선·김이경(2013). 공격적인 아이 이해하기.

5. 도덕성발달

도덕성은 규범에 대한 이해, 옳고 그름에 대한 판단 등의 인지적 능력을 바탕으로 환경적 요인의 상호작용으로 이루어진다. 도덕성을 설명하는 여러 학자들의 의견을 살펴보고 유아발달 단계와 행동 특성의 도덕적 발달수준을 평가해 보고자 한다.

1) 도덕성의 개념

도덕성
행위의 옳고 그름을 판단하고 행동하는 능력

도덕성(morality)은 자신과 타인 행위의 옳고 그름을 판단하고, 이러한 판단을 바탕으로 옳은 행동을 실천할 수 있는 능력을 의미한다. 도덕성은 인지적·정의적·행동적 측면이 있는데 인지적 측면은 '옳은 행동'과 '그른 행동'을 개념화하고 판단할 수 있는 능력을 말한다. 정의적 측면은 특정 행동에 대한 좋아하고 싫어하는 정서와 도덕적 행동을 하고자 하는 의지를 의미한다. 행동적 측면은 갈등 상황에서 인지적 판단과 정서 및 조절능력을 바탕으로 '옳은 행동'을 선택해서 수행하는 능력을 말한다.

2) 도덕성발달의 이론적 관점

(1) 인지발달이론

① 피아제(Piaget) 도덕성발달 이론

피아제는 다음의 이야기를 제시하면서 유아에게 어떤 이야기의 주인공이 더 나쁘며 그렇게 생각한 이유를 묻는 인터뷰를 통해 도덕성발달을 살펴보았다.

〈표 9-4〉 피아제 도덕성발달 단계 이야기

이야기 A	존은 엄마가 저녁을 먹으라고 부르는 소리를 듣고 식당으로 갔다. 식당 문 뒤 의자 위에 접시가 15개 있었는데 존이 이것을 모르고 문을 열고 들어서자 문이 '쾅' 하고 쟁반에 부딪히면서 접시 15개가 모두 깨져버렸다.
이야기 B	헨리는 어머니가 외출하신 사이 몰래 찬장 위의 잼을 꺼내려고 하였다. 의자를 놓고 잼을 꺼내려고 하였으나 너무 높은 곳에 있어 손이 잘 닿지 않았다. 헨리는 잼을 꺼내려고 애쓰다가 컵 1개를 떨어뜨려 깨뜨렸다.

출처 : Piaget(1965). The Moral Judgement of Child 재구성.

피아제는 유아와 아동의 인터뷰 결과를 바탕으로 두 개의 도덕성을 구분하였다. 4세 이전의 유아는 전도덕기(amoral state)로 규칙에 대해 관심이나 이해가 없다. 놀이에 참여할 때도 대상이 흥미롭기 때문에 참여하는 것이지 규칙을 따르면서 체계적으로 놀이를 시도하기 어렵다. 옳고 그름을 판단하는 데 있어서도 일관된 기준을 적용하지 못한다. 4~7세 유아는 타율적 도덕성(heteronomous morality : 7세 이하) 단계로 도덕적 실재론을 판단의 기준으로 삼는다. 도덕적 실재론은 절대성과 내재적 정의에 대한 믿음, 결과에 의한 판단을 내리는 것이 그 특징이다. 절대성이라는 것은 규칙이 절대적이고 불변한다는 믿음을 말한다. 내재적 정의에 대한 믿음은 규칙을 어기는 부모나 교사 또는 신 등의 누군가에 의해 반드시 처벌받는다고 믿는 것이다. 결과에 대한 판단은 행동의 의도나 동기보다는 결과에 의해 판단하는 것을 말한다.

타율적 도덕성 단계
행위의 의도보다는 결과, 처벌에 의해 도덕적 옳고 그름에 대한 판단을 내리는 단계

다음은 자율적 도덕성(autonomous morality : 7세 이상)으로 도덕적 상대론을 판단의 기준으로 삼는다. 도덕성 상대론은 규칙의 인위성을 인식하고 내재적 정의에 대한 믿음이 사라지고, 결과보다는 의도를 더 중요하게 판단하는 것이 그 특징이다. 이에 규칙은 사람들 간의 합의에 의한 것이며, 상황에 따라 변화될 수 있다는 것을 알게 된다. 잘못을 하였더라도 반드시 처벌받지 않는다는 것도 알게 된다. 또한 똑같은 결과가 일어났더라도 그 의도가 판단의 기준이 된다.

자율적 도덕성 단계
행위의 결과보다는 의도에 의해 도덕적 옳고 그름에 대한 판단을 내리는 단계

피아제에 의하면, 타율적 도덕성에서 자율적 도덕성으로의 발달을 위해서는 인지적 성숙과 함께 사회적 경험이 중요한 역할을 한다. 자아중심성이 감소하고, 역할수용 능력이 발달함에 따라 동일한 상황을 여러 입장에서 살펴볼 수 있게 되는 인지적 발달이 있어야 한다. 이는 또래들과의 상호작용을 통해 규칙은 다른 사람과의 합의가 있을 경우 변화될 수 있는 임의적인 것임을 알게 되기 때문이다.

이러한 설명에 의해 〈표 9-4〉의 존과 헨리의 이야기를 해석해 보면, 이야기 A의 존은 나쁜 의도가 없는 실수로 접시 15개를 깨뜨렸고 이야기 B의 헨리는 잼을 몰래 먹으려는 나쁜 의도를 가지고 한 행동에서 컵 1개를 깨뜨렸다. 타율적 도덕성 단계의 유아는 '존과 헨리 중 누가 더 잘못했는가'라는 질문에 행위의 결과를 보고 A가 더 잘못했다고 응답할 수 있으며, 자율적 도덕성 단계의 유아는 동일 질문에 행위의 동기를 보고 B가 더 잘못했다고 응답할 것이다.

② 콜버그(Kohlberg) 도덕성발달 이론

콜버그는 〈표 9-5〉의 '하인츠의 딜레마'라는 가상적 갈등 상황을 제시하고 응답자의 반응에 따라 도덕성발달 단계를 제시하였다. 발달단계는 세 수준 여섯 단계로 구분하였다. 응답자의 대답보다는 판단의 근거를 보는 것을 강조하였다.

콜버그의 도덕성발달 단계는 전인습적 수준(preconventional level), 인습적 수준(conventional level), 후인습적 수준(postconventional level)으로 구분하였다.

전인습적 수준
자신의 욕구가 도덕적 행위의 옳고 그름에 대한 판단 기준이 되는 수준

전인습적 수준은 사회 규범이나 관습에 순응하기보다는 자신의 욕구 충족이 판단의 근거가 되는 수준이다. 유아기 아동은 자기중심성의 특성이 강하기 때문에 전인습적 수준에 머물러 있다. 전인습적 수준의 1단계인 '처벌과

복종 지향' 단계에서는 행위의 결과만을 고려해서 옳고 그름을 판단하고, 벌을 받는 것이 두려워 규칙을 지키고 규범을 준수한다. 2단계인 '쾌락주의 지향' 단계에서는 자신의 흥미와 욕구를 충족시키기 위해 명령과 규범을 지키는 성향을 보인다. 이 단계에서는 보상물이 행동 선택의 기준이 될 수 있다.

인습적 수준은 주로 아동과 청소년기에 해당하는데 유아기보다 타인의 입장을 이해하고, 사회적 권위에 기초한 도덕적 추론이 가능하다. 사회 관습에 부합되는 행동은 올바른 행동으로 본다. 대부분의 아동, 청소년, 성인이 이 단계에 해당하는 판단을 내린다. 인습적 수준에 해당하는 3단계 '착한 아이 지향' 단계에서는 타인 기대에 대한 부응, 인정과 칭찬을 받기 위해 착한 아이로 행동한다. 4단계는 '법과 질서 지향' 단계로 추상적 사고가 가능해지면서 자신을 사회의 구성원으로 보고 사회가 정한 기준에 따라 행동하는 것이 사회의 질서 유지를 위해 바람직하다고 여긴다.

인습적 수준
규범의 준수 여부가 도덕적 행위의 옳고 그름에 대한 판단 기준이 되는 수준

후인습적 수준은 기본적으로 사회 규범, 법과 질서의 준수를 이해하고 따르지만, 법이나 관습보다는 개인의 가치 기준과 인간의 존엄성을 우선시한다. 5단계인 '사회계약 지향' 단계에서는 법과 규범이 '최대 다수의 최대 행복'을 바탕으로 인간의 복지와 권리 보호를 위해 합의된 내용임을 이해하고 따른다. 6단계인 '보편적 원리 지향' 단계에서는 법과 규범이 '보편적 윤리 기준'에 근거하고 있다고 보고 만일 법과 규범이 인간 평등, 생명 존중, 정의 등의 보편적 원리에 위배될 때는 법과 규범보다는 이러한 원리에 따라 행동한다.

후인습적 수준
인류 보편적 원리가 도덕적 행위의 옳고 그름에 대한 판단 기준이 되는 수준

콜버그의 도덕성발달 단계에서는 도덕성발달 단계 역시 인간의 성장에 따라 1단계에서 6단계로 이루어지지만, 모든 사람이 연령의 증가에 따라 6단계에 도달하는 것은 아니다. 일반적으로 청년 후기와 성인기에 이르면 도덕성 발달단계는 안정화된다고 보았다. 특히 콜버그는 도덕적 판단 수준에 남녀의 차이가 있어 남성은 평균적으로 4단계, 여성은 3단계에 머무른다고 주장하였다.

〈표 9-5〉 콜버그 도덕성발달 단계 하인츠의 딜레마

하인츠의 딜레마	유럽의 한 마을에 희귀암으로 죽어가는 부인이 있었다. 다행히 부인을 살릴 수 있는 신약이 같은 마을의 약사에 의해 개발이 되었다. 약사는 어렵게 개발한 그 약을 원가의 10배나 넘는 돈으로 판매하였다. 부인의 남편인 하인츠는 그 약을 구매할 수 있는 돈을 여기저기서 구했으나 약값의 일부만 구할 수 있었다. 하인츠는 약사에게 약을 싸게 팔거나 아니면 모자라는 약값을 나중에 갚겠다고 부탁하였다. 그러나 약사는 거절하였고 하인츠는 고민 끝에 약을 훔치기 위해 약국 문을 부수고 들어갔다.
질 문	하인츠가 약을 훔치는 것은 옳은 일인가?

출처 : Kohlberg(1976). Moral Stages and Moralization : The Cognitive-developmental Approach 재구성.

〈표 9-6〉 콜버그의 도덕성발달 단계

수 준	단 계		내 용
전인습적 수준	1	처벌과 복종 지향	• 보상과 처벌의 기준에 따라 행동 • 처벌받지 않기 위해 규범 준수 • 권위 있는 사람에 대한 순종
	2	쾌락주의 지향	• 자신의 욕구 충족을 근거로 판단 • 자신이 원하는 것을 얻기 위해 규범 준수
인습적 수준	3	착한 아이 지향	• 타인의 기대를 충족시키고 인정받는 정도에 따라 판단 • 신의, 충성, 감사 등을 중요한 가치로 여김
	4	법과 질서 지향	• 규범은 고정불변의 것으로 간주 • 선행 행동은 규범을 따르는 것
후인습적 수준	5	사회계약 지향	• 최대 다수 최대 행복에 근거한 규범 존중 • 공동체 유지를 근거로 한 삶, 자유, 행복 추구를 인간의 기본 권리로 간주
	6	보편적 원리 지향	• 시대와 문화를 초월한 보편적 원리를 따르는 것을 기준으로 판단 • 인간의 존엄성, 평등, 정의 등을 보편적 원리로 간주

출처 : Kohlberg(1976). Moral Stages and Moralization : The Cognitive-developmental Approach 재구성.

이러한 콜버그의 도덕성발달에 대한 설명은 몇 가지 측면에서 비판받고 있다. 첫째, 하인츠의 딜레마와 같은 가상적 상황 제시로 도덕성발달 수준을 평가할 수 없다는 점이다. 가상적 상황에 대한 판단일 뿐 실제 상황에 직면했을 경우의 행동을 설명할 수는 없기 때문이다. 둘째, 도덕적 판단에는 문화적 편향이 작용할 수 있다는 점이다. 콜버그의 도덕성발달 단계 역시 모든 문화권의 보편적 현상은 아니다. 셋째, 여성에 대한 편견을 포함하고 있다는 점이다. 여성의 도덕적 판단이 남성보다 낮은 수준이라고 내린 결론은 딜레마 속에 포함된 편향을 고려하지 못했기 때문이다.

③ 길리건(Gilligan)의 배려지향 도덕성

길리건은 피아제와 콜버그에 의해 설명되는 정의적 관점의 도덕성(justice perspective morality)발달 단계에서 성차를 고려하지 못했다는 점을 지적하였다. 남성과 여성의 사회화 결과 남성은 문제해결 시 권리, 평등, 자유, 논리성을 토대로 판단하지만, 여성은 배려와 타인의 욕구에 대한 관심을 중요시 여기기 때문에 타인과의 관계를 중시하는 배려지향 도덕성(care perspective morality)을 가지게 된다. 배려지향 도덕성은 콜버그의 도덕성발달 단계를 기준으로 살펴볼 때 3단계 착한 아이 지향의 단계로 판단할 수 있다.

배려지향 도덕성
인간관계를 중심으로 민감성, 책임감, 보살핌에 가치를 두고 옳고 그름을 판단하는 도덕적 지향성

그러나 이는 남성의 도덕성보다 여성의 도덕성발달 수준이 낮은 것이 아니라 서로 다른 사회적 기대와 사회화로 인해 도덕성발달 경로가 다르기 때문이라 볼 수 있다. 길리건(Gilligan, 1982)에 의하면 도덕성은 책임과 인간관계에 대한 이해를 바탕으로 어떻게 보살피려는 의지를 가지고 책임감 있게 인간관계를 맺을 것인가의 문제이다. 즉, 배려지향 도덕성이란, 인간관계를 중심으로 자아와 타인 모두에 대해 민감성을 가지고 책임감과 보살핌에 가치를 두고 소중히 여기는 도덕 판단의 지향성을 말한다(허정아·김정미, 2013).

길리건의 배려지향 도덕성 발달단계는 ① 단계 1 : 개인적 생존지향(orientaion to individual survival), ② 제1이행기 : 자기중심성에서 책임감(from selfishness to responsibility), ③ 단계 2 : 자기 희생으로서의 미덕 지향(goodness as self-sacrifice), ④ 제2이행기 : 미덕에서 진실(from goodness to truth), ⑤ 단계 3 : 비폭력 도덕성(morality of nonviolence)으로 구분된다.

〈표 9-7〉 길리건의 배려지향 도덕성 발달단계

단 계	특 징
단계 1 개인적 생존지향	• 자기중심적·실용적 관점에서 도덕적 문제 판단 • 자신을 돌보는 것, 자신을 위해 좋은가에 대해 생각
제1이행기 자기중심성에서 책임감	• 타인과의 관계 인식 • 자신뿐 아니라 타인에 대해서도 책임감 있는 선택에 대해 생각
단계 2 자기 희생으로서의 미덕 지향	• 사회 관습적 기대에 의한 미덕에 대해 생각 • 타인을 위해 자신이 원하는 것을 희생 • 자신을 돌보는 것은 타인에게 해가 되고 비난의 대상이 될 수 있는 나쁜 행위로 간주
제2이행기 미덕에서 진실	• 타인의 욕구뿐 아니라 자신의 욕구도 고려 • 타인에 대해 책임을 다하기를 원하지만 자신의 욕구에 대해서도 다시 관심
단계 3 비폭력 도덕성	• 자신과 타인 양자에게 최선이 될 수 있는 방법 모색 • 자신과 타인 모두에 대한 책임의 중요성을 인식

출처 : Gilligan(1977). In a Different Voice : Women's Conception of Self and of Morality 재구성.

(2) 사회학습이론

사회학습이론에서는 도덕적 판단이 아닌 도덕적 행동에 초점을 두고 있다. 인지발달 이론가들의 주장처럼 유아의 인지적 판단과 도덕적 행동의 실행은 달라질 수 있다고 본다. 예를 들어, 한 유아가 '다른 사람의 물건을 훔치면 안 된다'라는 것을 알고 있지만, 아무도 보는 사람이 없는 경우에 사탕을 먹고 싶은 욕구를 이기고 내재적 규칙에 따를 수 있는가의 여부는 달라질 수 있다는 것이다.

무어(Mowrer)는 아동이 고전적 조건화에 의해 내재적 규칙을 발달시켜 나간다고 설명한다. 만약 유아가 다른 아이가 가지고 노는 장난감을 빼앗을 때마다 벌을 받으면 부정적 정서가 행위와 연합되고 동일한 행동을 하려고 할 때 불쾌감이 연상되면서 행위를 억제하게 된다는 것이다(유효순 외, 2014).

반두라(Bandura)는 도덕성은 사회가 가진 가치, 규범, 관습 등을 내면화하면서 발달한다고 보았다. 내면화 과정에서 부모나 교사의 역할은 중요한데 옳고 그름에 대한 판단과 그에 뒤따르는 행동 통제는 모방과 관찰학습에 의해 이루어진다. 이는 부모의 가르침과 부모의 행동을 관찰함으로써 배워나가는 것인데 유아의 행동에 일관성이 없고 판단과 행동과의 일치가 이루어지지 않는 것 역시 성인인 부모의 행동을 관찰하고 모방한 결과라 설명한다. 부모의 의도적 통제 능력이 높은 경우 유아의 의도적 통제 수준 역시 높다는 연구결과가 있는데(배윤진·임지영, 2012), 이 연구에서는 부모와 자녀의 특성들이 서로 유사한 것은 부모의 행동을 자녀가 관찰하여 모방하기 때문으로 보고 있다.

3) 도덕성발달에 영향을 미치는 요인

도덕성발달에 성, 지능, 사회·경제적 지위 등은 일관된 설명 요인이 아닌 것으로 보고 있다. 연령 역시 도덕성발달을 완전히 설명하는 요인은 아니지만 도덕적 판단을 위해 필요한 인지적 발달과 연관성이 있기 때문에 대체적인 도덕성발달의 일반적 흐름을 예측할 수는 있다.

도덕성발달에 영향을 미치는 가장 큰 요인은 부모의 양육태도, 부모의 도덕적 판단력, 의사소통의 개방성, 가족의 응집력, 애정적인 분위기 등의 가정의 심리적 환경이다. 애정철회, 권력행사, 귀납적 훈육 등의 양육태도보다는 자신의 행동을 스스로 평가하고 인지적 판단을 돕는 귀납적 훈육 방식을 사용하는 경우 도덕성발달을 증진시킨다. 유아가 수용적인 가정환경을 경험하거나 어머니가 논리적으로 설명하고 방임적인 양육을 하지 않을수록 유아의 양심수준이 높게 나타났다(조은영, 2009). 특히 체벌을 사용하는 훈육방법은 아동이 들키지 않도록 숨기게 하는 행동을 강화시켜 내적 통제 능력을 길러주지는 못한다(Hower & Edwards, 1979). 또한 부모가 일관성 없는 기대와 훈육을 하는 경우 유아에게 혼란과 불안이 유발되고 도덕성발달에 부정적 영향을 미친다(정옥분, 2002). 배윤진과 임지영(2015)의 연구에서도 부모의 애정적 양육행동과 유아의 의도적 통제 및 양심 간의 관계를 살펴본 결과, 아버지와 어머니가 애정적인 양육행동을 할수록 유아의 의도적 통제 수준은 높고 양심수준 또한 높은 것으로 나타났다.

토론하기 콜버그의 도덕성발달 단계를 근거로 각 사람의 도덕성발달 단계에 대해 논의해 보자.

1 각 단계를 구분할 수 있는 판단의 근거가 되는 핵심 개념을 선정해 보자.

수 준	단 계		판단근거
전인습적 수준	1	처벌과 복종 지향	
	2	쾌락주의 지향	
인습적 수준	3	착한 아이 지향	
	4	법과 질서 지향	
후인습적 수준	5	사회계약 지향	
	6	보편적 원리 지향	

2 상황과 각 사람의 이야기를 읽고 생각해 보자.

〈상황〉
중요한 시험을 치고 있습니다. 이 시험을 통해 장학금, 취업 추천서 등이 결정될 수 있습니다. 그런데 감독 교수님은 다른 자료를 보느라 시험감독에는 관심이 없습니다. 열심히 공부해서 대부분 문제의 답을 쉽게 찾았지만, 딱 한 문제 답이 기억나지 않습니다. 요약본은 바로 손이 닿는 곳에 있어서 살짝만 보면 단어가 기억날 수 있을 것 같습니다.
어떻게 해야 할까요?

A. 요약본을 보면 안 된다. 그러다가 감독 교수님께 걸려 감점되면 한 문제 틀리는 것보다 점수를 더 낮게 받을 수 있고 장학금의 가능성이 더 낮아져서 오히려 더 손해 볼 수 있다.
B. 요약본을 보면 안 된다. 그러다가 감독 교수님께 걸리면 크게 혼날 수 있다.
C. 요약본을 보면 안 된다. 그것은 다른 것을 다 떠나서 나의 자존감과 양심의 문제이다.
D. 요약본을 보면 안 된다. 감독 교수님이 보든 안 보든 커닝하는 것은 학칙에 어긋나는 일이다.
E. 요약본을 보면 안 된다. 그러다가 감독 교수님께 걸리면 그간 나의 좋았던 이미지가 나쁘게 바뀌고 회복되지 못할 것이다.
F. 요약본을 보면 안 된다. 그래서 내가 좋은 점수를 받는 것은 더 열심히 공부한 다른 친구의 권리를 빼앗게 되는 것이다.

3 각 사람의 도덕성 판단 단계를 구분하고 그 이유를 설명해 보자.

PART

III

영유아발달의 맥락과 실천

영유아발달은 영유아를 둘러싼 환경과 상호작용하며 이루어진다. 영유아가 경험하는 사회적 맥락은 발달에 결정적인 역할을 하는데, 영유아는 다양한 사회적 맥락과 상호작용하며 내적 · 외적으로 발달한다.

특히 부모는 태어나 최초로 관계를 맺는 대상으로 발달에 지대한 영향을 미친다. 부모의 양육행동은 영유아발달에 결정적 역할을 하므로 부모는 올바른 부모역할에 대한 지식과 태도를 습득할 필요가 있다. 영유아는 연령이 증가하면서 가족중심의 제한된 사회적 맥락에서 벗어나 좀 더 다양한 관계를 형성하게 된다. 영유아발달에 가장 많은 영향을 주는 환경 체계로 가족과 또래, 문화 등을 들 수 있으며, 이 시기에 원활한 상호작용이 이루어지지 못하면 발달상에 문제를 경험하기도 한다.

제3부에서는 가족 및 또래 환경과 문화가 영유아발달에 어떠한 영향을 미치는지 고찰해 보고자 한다. 또한 발달상에 문제를 가진 영유아에 대해 살펴봄으로써 영유아발달에 대한 폭넓은 이해를 도모하고자 한다.

Chapter

10

영유아 가족 및 또래 환경

Chapter 10

영유아 가족 및 또래 환경

가족은 영유아의 사회화에 가장 큰 영향을 주는 집단 중 하나이다. 가족은 인간이 태어나 최초로 경험하는 인간관계의 장이자, 사회화의 기초를 형성하는 환경 체계이다.

특히 부모와 자녀의 연속적인 상호작용을 통해 부모는 영유아를, 영유아는 부모를 변화시킨다. 형제관계 또한 영유아발달에 결정적 영향을 미치는 가족환경으로, 부모와는 다른 독특한 관계를 형성하여 서로에게 지속적인 영향을 주게 된다. 한편 맞벌이 부부의 증가로 인해 조부모에 의해 양육되는 영유아가 점차 늘어나고 있어, 현대사회에서 조부모와 영유아의 관계 또한 중요한 의미를 가지고 있다.

연령이 증가하면서 사회적 영역은 점차 확장되고 상호작용의 범위도 넓어지게 된다. 활동영역이 확장됨에 따라 영유아는 가족 이외의 다양한 사람들과 상호작용을 경험하게 되는데, 특히 놀이를 통한 또래와의 상호작용이 빈번하게 증가한다. 아이들은 놀면서 배운다고 하듯이, 영유아는 또래와 함께 놀이를 하면서 세상을 이해하고 주변 사람들과 관계를 형성하는 대인관계 기술을 습득하게 된다.

또래관계는 이후 형성되는 대인관계의 기초가 되므로 더욱 중요한 의미를 가지는데, 또래와 잘 지내기 위한 방법, 친구들에게 인정받는 방법 등을 습득하면서 사회적 관계에 자신감을 형성하게 된다.

이 장에서는 영유아발달에 영향을 미치는 가족 및 또래 환경으로 부모, 형제, 조부모 및 또래와의 관계에 대해 알아보고, 그들의 관계가 영유아발달에 어떠한 영향을 미치는지 살펴보고자 한다.

1. 부모와의 관계

부모-자녀 관계는 어느 한쪽이 일방적으로 영향을 주는 것이 아니라 서로 간에 영향을 미치는 상호적인 관계로 이해해야 한다. 자녀에게 보이는 부모역할은 부모 자신의 특성, 자녀의 특성 및 사회문화적 요인에 의해 영향을 받는다. 즉, 부모역할은 단순히 부모 개인의 특성에 의해 좌우되는 것이 아니라 영유아의 특성과 사회적 요인의 상호작용 결과이다.

부모와 영유아의 관계를 이해하기 위해 부모역할에 영향을 미치는 요인과 부모의 양육행동에 대해 살펴보고자 한다. 또한 발달단계별 부모역할과 급변하는 현대사회에서 부모역할이 어떻게 변화되고 있는지에 대해 논의하고자 한다.

1) 부모역할에 영향을 미치는 요인

부모역할
부모로서 수행해야 할 도리와 의무

부모역할(parenting)이란 부모로서 수행해야 할 도리와 의무를 말한다. 부모와 자녀의 관계는 양방향적인 관계이므로 부모의 특성뿐만 아니라 영유아가 가지고 있는 개인적 특성과 사회적 요인이 부모역할의 결정요인이 될 수 있다. 부모의 행동과 의사소통 및 감정표현 방식이 자녀에게 영향을 미치며, 자녀의 성격과 기질 또한 부모에게 영향을 주기 때문에, 이들의 관계는 서로에게 지속적으로 영향을 주고받는 상호적인 관계라고 할 수 있다.

부모역할은 부모와 자녀 간의 상호작용을 통해 형성되는 것으로, 부모역할에 영향을 미치는 요인은 다양하겠지만 영유아의 특성과 부모의 특성인 개인적 요인과 사회문화적 특성인 환경적 요인으로 나누어 살펴보고자 한다.

(1) 개인적 요인

① 영유아의 특성

자녀의 특성에 따라 부모가 자녀에게 대하는 태도는 달라질 수 있다. 즉, 영유아의 성격이나 활동성 등 영유아가 가지고 있는 개인적 특성이 부모역할에 영향을 줄 수 있다.

자녀가 타고난 기질적 특성은 부모역할에 영향을 미치게 되는데, 일반적으로 순한 기질을 가진 영유아일수록 부모의 긍정적인 부모역할을 유도하는 데 비해, 까다로운 기질의 영유아는 부모에게 더 많은 스트레스와 좌절감을 유발하여 부정적인 부모역할을 하게 될 가능성이 높다(최종희·최미경, 2018). 또한 까다로운 영유아의 부모는 양육에 대한 효능감이 낮고, 순한 영유아의 부모는 양육에 대한 효능감이 높다(Fang et al., 2021). 즉, 영유아의 기질이 부모역할 수행에 대한 자신감 형성에도 영향을 줄 수 있음을 의미한다.

그러나 자녀의 특성에 따른 부모역할의 민감성 정도는 부모의 정서적 안정성과 같은 개인의 특성에 따라 다른 것으로 설명되고 있다. 따라서 부모역할은 단순히 영유아의 특성 하나에 의해 결정되는 것이 아니라 영유아와 부모의 특성이 상호작용하여 나타난 결과로 해석해야 한다.

② 부모의 특성

부모 자신의 특성이 부모역할에 가장 결정적인 요인이 되는데, 부모가 심리적으로 건강하고 성숙할수록 긍정적인 부모역할을 수행하게 된다.

양육 효능감
부모역할 수행능력에 대한 부모 자신의 믿음

자녀양육에 대한 부모의 양육 효능감(parenting efficacy)과 양육 스트레스(parenting stress)도 부모역할에 영향을 준다. 양육효능감이 높은 부모는 자녀의 감정을 잘 이해하고 긍정적인 태도를 보이는 데 비해, 양육 효능감이 낮은 부모는 강압적이고 거부적인 태도를 보이는 경향이 있어, 자녀와의 관계에서 빈번한 갈등을 경험한다(Fang et al., 2021). 또한 양육 스트레스를 많이 경험할수록 자녀와의 상호작용에서 더 부정적이고 강압적인 부모역할을 수행하게 된다(Crnic, Gaze, & Hoffman, 2005).

양육 스트레스
부모역할 수행에서 경험하는 스트레스

근원가족에서의 경험도 부모역할에 영향을 주는데, 자신의 부모와 긍정적 관계를 경험할수록 자녀에게도 긍정적인 부모역할을 하는 경우가 많다. 그러나 근원가족의 경험이 반드시 그대로 영향을 주는 것은 아니기 때문에 부모는 자신의 성장경험이나 성격의 장단점을 파악하여 긍정적인 부모역할을 수행할 수 있도록 노력하는 것이 필요하다(최외선 외, 2008).

(2) 환경적 요인

가족의 사회문화적 특성은 부모의 역할수행에 영향을 미친다. 가족의 사회경제적 지위가 부모역할에 영향을 주게 되는데, 교육수준이 높고 수입이 높을수록 부모역할에 유리하게 작용한다. 사회경제적 지위가 낮은 부모는 생계에 대한 걱정과 스트레스로 인해 자녀와 다정하게 상호작용할 여력이 부족할 가능성이 높다.

또한 부모가 받는 사회적 지지는 부모역할에 긍정적으로 작용하는데, 사회적 지지란 가족, 친구, 이웃 등 주변 사람들에게 여러 형태의 도움을 제공받는 것을 말한다. 사회적 지지는 정서적으로 도움을 주고 다양한 도구적인 지원을 제공하여 바람직한 부모역할을 수행하는 데 긍정적으로 작용한다. 특히 배우자로부터 지지를 많이 받을수록 자녀와 더 긍정적인 상호작용을 하고 바람직한 부모역할을 향상시키는 데 도움이 된다.

대중매체 또한 부모역할에 영향을 주는데, TV나 인터넷, 신문, 잡지 등에서 양육에 대한 정보를 얻고 부모역할에 대한 가치관 형성에 도움을 받기도 한다. 그러나 대중매체의 정보가 모두 긍정적인 것은 아니기 때문에 도움이 되는 정보와 잘못된 정보를 선별할 수 있도록 주의를 기울여야 한다.

이상에서 살펴본 바와 같이 부모역할은 부모가 자녀에게 일방적으로 영향을 주는 것이 아니라 자녀의 특성과 부모 자신의 특성, 사회문화적 환경의 상호작용에 의해 나타나는 결과임을 이해해야 한다.

2) 부모의 양육행동

부모의 양육행동은 자녀의 성격 형성에 결정적인 영향을 미친다. 부모가 자녀에게 주로 애정적인 양육행동을 보이는지, 통제적인 양육행동을 보이는지에 따라 자녀의 행동 특성이 달라질 수 있다. 바움린드(Baumrind, 1991)는 애정과 통제 차원에 의해 부모의 양육행동을 네 가지로 구분하였다. 애정 차원은 부모가 자녀에게 애정적이고 요구에 민감하게 반응하는 것이며, 통제 차원은 자녀에게 성숙한 행동을 요구하고 많은 통제를 하는 것을 말한다. 애정과 통제 차원에 따라 권위주의적 양육행동(authoritarian parenting), 허용적 양육행동(permissive parenting), 권위 있는 양육행동(authoritative parenting), 무관심한 양육행동(neglectful parenting)으로 나누어지며 그 특성은 다음과 같다.

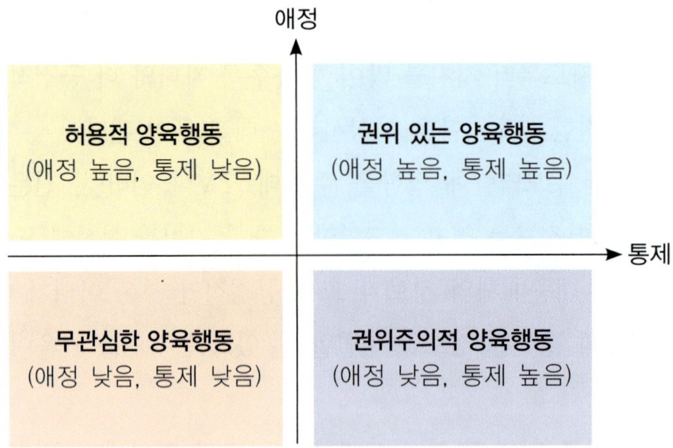

| 그림 10-1 | 바움린드의 부모 양육행동

(1) 권위주의적 양육행동

권위주의적 양육행동
애정은 낮고 통제는 높은 유형의 양육행동

권위주의적 양육행동은 부모가 정해놓은 규칙과 틀에 자녀가 무조건적으로 복종하도록 요구한다. 자녀에게 부모가 정한 규칙을 지키도록 강요하지만 규칙에 대한 적절한 설명을 하지 않으며 자녀의 요구나 의견에 수용하거나 반응하지 않는다.

권위주의적 양육행동을 받은 자녀는 사회적으로 유능하지 못하고 의존적이거나 반항적인 성향을 보이는 경우가 많다.

(2) 허용적 양육행동

허용적 양육행동
애정은 높고 통제는 낮은 유형의 양육행동

허용적 양육행동은 자녀를 하나의 인격체로 존중해야 한다고 믿고 자율성을 전적으로 인정한다. 자녀에게 애정은 높지만 요구나 통제는 거의 없다. 부모는 권위를 지닌 존재가 아니며 가족의 규율이나 규칙은 거의 없고 자녀의 요구를 수용하는 편이다. 자녀의 행동에 제한을 두지 않고 부모는 단지 자녀를 도와주는 조력자 역할만 한다.

허용적 양육행동을 받은 자녀는 자신감은 있으나, 자아통제력이 낮고, 자기중심적이며, 제멋대로 행동하는 경향이 있다(강순희 외, 2020).

(3) 권위 있는 양육행동

권위주의적 양육행동과 허용적 양육행동이 잘 조화된 가장 바람직한 양육행동이다. 자녀의 자율성을 인정하되 일정한 규칙 범위 내에서만 자율성이 허용된다. 규칙을 정하는 데 있어 자녀의 의견을 받아들이고 자녀에게 논리적으로 설명하고 이해하도록 노력한다.

권위 있는 양육행동
애정과 통제가 모두 높은 가장 바람직한 양육행동

권위 있는 양육행동을 받은 자녀는 사회적으로 유능하고 책임감이 있으며, 또래와 원만한 관계를 유지하고 자신감을 보인다.

(4) 무관심한 양육행동

무관심한 양육행동은 자녀에게 관여나 요구를 하지 않는다. 무관심한 양육행동은 가장 바람직하지 못한 양육행동으로, 자녀에게 애정을 보이지 않고 규칙도 없는 무관심한 태도를 보인다. 이러한 양육행동의 부모는 자신이 처한 문제로 인해 자녀에게 관심을 줄 수 있는 여력이 부족한 경우가 많다.

무관심한 양육행동
애정과 통제가 모두 낮은 가장 바람직하지 못한 양육행동

무관심한 양육행동을 받은 자녀는 사회적으로 유능하지 못하고 자기통제력이 부족하다. 또한 자아존중감이 낮고 반사회적인 문제행동을 많이 보인다.

3) 발달단계별 부모역할

부모는 자녀가 성장함에 따라 부모로서의 역할을 부여받게 되며, 부모의 역할 역시 발달하게 된다. 태내기, 영아기 및 유아기에 따라 부모역할도 달라지는데, 이에 따른 부모의 역할을 구분해 보면 다음과 같다.

(1) 태내기 자녀를 위한 부모의 역할

자녀가 태내기일 때 부모는 부모로서의 이미지를 형성하게 된다. 이 시기 부모는 자신의 임신 사실을 수용하고 자신에게 다가오게 될 신체적·심리적 변화와 가족관계의 변화 등 여러 가지 변화에 대해 생각해 보게 된다. 이러한 가운데 어머니뿐만 아니라 아버지 역시 자녀의 양육과 관련된 자기의 역할을 상상하면서 마음가짐을 다지게 된다.

이 시기 동안 부모들은 자신의 어린 시절 부모와의 경험을 되돌아보고, 또 성장하면서 보아온 주위 사람의 부모 된 이미지를 떠올리면서 자신이 어떤 부모가 되기를 원하는지 부모로서의 자신의 이미지를 형성하게 된다. 이때 태내기의 첫 3개월은 부모 자신의 발달이나 태아의 발달에 도움이 되도록 임신 사실을 긍정적으로 수용하는 일이 가장 중요하다.

임신 4~6개월이 되면 태동을 느끼게 됨에 따라 태아를 자신의 일부로 받아들이고 신체적·심리적 안정감을 찾으며, 임신상태를 즐기게 된다. 태아에 대한 관심도 많아지며 성별, 생김새 등에 대해 다양한 이미지를 꿈꾸게 된다. 출산 전 마지막 3개월 동안 부모는 출산과 분만을 심리적·경제적으로 준비하게 된다. 이때 어머니는 출산이 가까워짐에 따라 신체적으로 불편함을 느끼게 되며 심리적으로도 불안감이 증가하게 된다.

아버지 역시 아내와의 부부간 상호작용의 변화를 수용하면서 태어날 아기를 맞이할 준비를 해야 한다. 이때 부모는 출산을 앞두고 부모로서 물질적·정서적으로 준비되어야 하는데, 정기적으로 전문의사의 검진과 출산을 위한 진료비를 준비하며, 아기를 위한 새로운 공간을 마련해야 한다. 또한 아기 양육에 필요한 여러 물품과 도구, 그리고 자녀 양육을 위한 소비 증가에 대한 경제적 준비를 해야 하며, 자녀에게 관심과 애정을 주고 아기의 행동에 적절한 반응을 줄 수 있을 만큼 정서적으로도 성숙되어야 한다(김진영·김정원·전선옥, 2000).

(2) 영아기 자녀를 위한 부모의 역할

영아기는 일생 중 가장 많은 변화가 일어나는 시기로, 출생 직후 먹고 자는 일만 하다가 점차 자는 시간이 감소되며 첫돌을 전후로 걷기 시작하면서 활동의 폭이 넓어진다. 또한 영아는 자신의 감각과 운동능력을 통해 세상에 대한 탐험을 시작하며 자신을 믿고 사랑해 주는 어머니와의 애착형성을 통해 자신에 대한 긍지와 믿음을 형성해 간다. 영아기 부모는 영아의 기본적 욕구를 해결하고 안전한 환경에서 성장할 수 있도록 돕고 안정애착을 형성할 수 있도록 바람직한 사회적 상호작용자로서 역할을 해야 한다. 또한 영아가 세상을 충분히 탐색할 수 있도록 환경을 제공하고 자율성을 형성할 수 있는 기회를 제공해야 한다.

① 양육자

아기는 태어나서 생후 1년 동안은 스스로 기본적 욕구를 해결할 수 없다. 이 시기의 부모가 수행해야 하는 주된 역할은 아이를 보호하고 양육을 하는 일이다. 부모는 영아의 생리적인 욕구에 맞추어 수유와 이유 등 영아의 발달에 적합한 영양을 공급하고, 어둠을 두려워하는 영아의 특성에 맞추어 수면을 취할 수 있도록 부드러운 자장가를 불러주거나 영아가 잠들 때까지 다독거려 주어야 한다. 또한 생후 초 정기적인 진료를 통해 신체적 이상을 파악하거나 면역접종을 하여 전염병을 예방해 주어야 한다.

영아기 동안 부모는 신체적·정서적인 양육에 초점을 두어 돌보지만 점차 신체적인 돌봄은 감소하고 심리적인 돌봄의 중요성이 커진다. 영아가 1세가 지나 걷기 시작하면 여기저기 돌아다니게 된다. 그러나 무엇이 위험하고 무엇이 위험하지 않은지를 구별하지 못하므로 부모는 보호자로서 영아를 돌볼 뿐 아니라 주변에 위험한 것은 없는지 안전까지도 점검해야 한다.

② 사회적 상호작용자

영아에게 부모란 생애 처음 경험하게 되는 미시적인 환경이다. 영아는 최초로 부모와 함께 서로 눈을 마주치고, 소리를 교환하고, 미소를 보내면서 상호작용을 한다. 즉, 영아는 부모에게 울음, 미소, 옹알이 등을 통하여 자신을 표현하게 되며, 이때 부모가 영아에게 민감하고 적절한 반응을 할 때 자신이 세상에서 분리된 개별적 존재라는 사실을 처음 깨닫게 된다. 또한 부모와 상호작용하면서 영아 역시 타인에게 영향을 줄 수 있는 존재라는 것도 인식하게 된다. 영아는 부모와 정서를 교환하면서 웃음과 행복 등의 감정에 대해 느끼며 사랑받는 존재로서 자신을 깨닫게 된다. 또한 표현하기에 적절한 정서의 규칙에 대해 깨달아 가며 옹알이와 언어적 소통을 통해 언어발달 역시 이루게 된다. 이와 같이 부모는 사회적 상호작용자로서 영아의 언어, 인지, 정서, 사회성 발달 등 발달의 제 영역에 영향을 미치게 된다.

③ 기본적 신뢰감 형성의 조력자

부모가 영아의 욕구를 알고, 민감하게 충족시켜 줄 때 영아는 부모에 대해 안정적인 애착을 형성하게 되며, 자신 및 세상에 대한 기본적인 신뢰감을 형성하게 된다. 이와 같이 부모와의 애착을 기본으로 영아는 자신에 대한 긍정적인 자아감을 형성하며, 타인을 믿고 의지할 수 있게 된다. 따라서 이 시기 양육자는 영아의 욕구에 민감하게 반응하며 따뜻하고 온정적인 태도로 대하여 영아로 하여금 세상에 대한 신뢰감을 형성하도록 도와야 한다. 또한 아기가 배고플 때, 잠이 올 때, 추울 때 등 불편을 느낄 때 그 원인을 빨리 제거해 주어 세상으로부터 보호받고 있다는 느낌을 주는 것이 필요하다.

④ 환경제공자

영아기 후반부에 들어서면서 부모는 영아에게 무엇인가 배울 수 있는 학습경험의 기회를 제공해야 한다. 영아기에 필요한 학습경험은 인지발달을 위한 환경 및 또래관계와 자기조절의 능력을 길러주기 위한 경험을 의미한다.

영아기는 감각과 운동을 통해 세상을 탐험하고 세상을 이해하게 된다. 따라서 부모는 영아의 호기심과 지적 능력의 발달을 위해 연령에 맞는 놀잇감을 구비해 줄 필요가 있다. 영아기에는 시각적·촉각적 탐색을 할 수 있는 놀이용품을 마련하여 감각운동적 인지발달을 이끌 수 있다. 또한 영아는 운동능력과 인지능력이 발달함에 따라 세상을 탐험하고 스스로 환경을 탐색해 보고자 하는 욕구가 증가하게 된다. 이때 가족과 함께 놀이공원을 방문하거나 시장 등 가정 이외의 환경을 경험함으로써 영아는 세상에 대한 이해를 확장시키게 된다. 따라서 부모는 자녀와 함께하는 생활경험을 늘려 줌으로써 세상에 대한 영아의 호기심을 충족시키고 이를 통해 인지발달에 도움을 줄 수 있다.

또한 사회성 발달을 위해서는 또래와의 상호작용 기회가 주어질 필요가 있다. 영아기라 하더라도 기본적인 사회적 상호작용은 이루어지므로, 부모는 또래와 함께하는 경험을 제공하여 영아가 스스로 자신의 행동을 조절하고 또래와 함께하는 사회적 기술을 향상시키도록 도와주어야 한다.

⑤ 자율성 형성의 조력자

2세가 되면 영아는 자신을 돌보아 주는 성인에게 완전히 의존하는 상태에서 벗어나기 시작한다. 운동능력의 발달과 언어능력의 발달로 영아는 독립적으로 주위 환경을 탐색하고 사회적 상호작용을 시도하게 된다. 독립심이 나타나기 시작하면서 영아는 매우 자기주장적이며 지시적이게 된다. 이때 부모는 영아의 요구를 인정하고 지나치게 행동에 제한을 두지 않으며, 주위 환경에 대한 탐색을 격려하여 영아의 자율성이 발달할 수 있도록 해야 한다. 그러나 부모가 영아의 탐색을 막고 지나치게 행동을 제한하는 경우 수치심이 생기고 자신의 능력에 회의를 느끼게 된다.

따라서 영아가 자신의 생각에 따라 행동할 수 있도록 스스로 과제를 선택하고 성취하도록 장려할 필요가 있다. 자율적으로 선택한 과제에서 성공적인 경험을 할 때 영아는 이 과정에서 느끼는 성취감을 통해 긍정적인 자아개념을 형성하게 된다(양옥승 외, 2011). 또한 부모는 영아의 행동을 바르게 이해하고, 허용해 줄 것은 허용하되 해서는 안 되는 행동에 대해 제한과 경계를 둠으로써 행동의 규칙을 알려줄 필요가 있다. 중요한 점은 항상 일관성 있게 대해줌으로써 영아의 자율성 발달을 도모하는 것이다.

(3) 유아기 자녀를 위한 부모의 역할

유아기는 신체적인 성장과 함께 지적 능력과 사회적 능력이 크게 발달하는 시기이다. 유아기 부모는 자녀의 호기심에 관심을 가지고 일관성 있는 규칙을 제시하여야 한다. 유아기 부모는 유아의 주도성을 격려하고 훈육자로서의 역할을 하며 언어적 상호작용을 통해 자녀의 언어발달에 도움을 주어야 한다. 또한 유아가 긍정적인 자아개념을 형성하도록 하고 다양한 학습 경험을 위한 환경을 제공해야 한다.

① 유아의 주도성 격려

에릭슨(Erikson, 1968)에 의하면, 유아기는 주도성을 발달시키는 단계이다. 즉, 유아기는 어떤 일에 대해 계획을 세우고 목표를 설정하여 달성하고자 하는 주도성이 발달하게 된다. 유아기에는 많은 호기심을 갖는데, 이러한 호기심에 대해 부모로부터 강력한 제재를 받게 되면 죄의식을 느끼게 된다. 지나친 죄의식은 유아의 주도성을 위축되게 하여 다양한 시도를 불가능하게 한다. 따라서 부모는 적절한 통제하에 유아가 다양하고 유용한 것을 추구하고 흥미 있고 관심을 가지는 활동을 계획하고 참여할 수 있도록 해야 한다. 여기에서 말하는 통제는 일관성이 있어야 하며 유아가 이해할 수 있는 적절한 것이어야 한다.

② 훈육자의 역할

유아기는 식사습관이나 배변훈련 등 생활습관을 형성하는 시기이다. 유아기 부모는 자녀가 바람직한 생활습관을 형성할 수 있도록 훈육자로서 역할을 하여야 한다.

바른 식사습관을 형성하기 위해 즐거운 식사 분위기를 조성하고 정해진 시간에 식사를 할 수 있도록 하며 편식하지 않도록 다양한 음식을 제공해야 한다. 또한 부모가 바른 식사습관의 좋은 모델이 되어줄 필요가 있다.

배변훈련은 조급하게 서두르지 말고 발달적으로 적절한 시기가 되었을 때, 즉 배변훈련의 준비가 되었을 때 시작하는 것이 바람직하다. 지나치게 엄격하거나 일찍 강요하게 되면 야뇨증이나 공격성이 나타날 수 있다. 배변에 성공하면 칭찬으로 강화해 주고 실패한 경우에 유아가 수치심을 느끼지 않도록 주의해야 한다.

③ 언어적 상호작용

유아기는 어휘 수가 급격히 증가하고 문법이 발달되는 시기이다. 따라서 유아기 부모는 자녀에게 충분한 언어적 상호작용을 해주어 언어발달에 도움을 주어야 한다. 자녀의 이야기를 잘 들어주고 풍부한 언어 표현의 기회를 제공해야 한다. 유아는 "왜"라는 질문을 많이 하는데, 이러한 질문을 무시하거나 귀찮아하지 않고 성의껏 대답해 주어야 한다.

④ 긍정적인 자아개념 형성

유아기의 중요한 과업 중 하나는 자아개념 형성이다. 자녀가 긍정적인 자아개념을 형성할 수 있도록 성공의 경험과 사회적 지지를 제공해야 한다. 부모가 온정적이고 수용적인 양육행동을 보일수록 자녀의 자아존중감이 높은 반면, 거부나 위협적인 행동을 보일 경우 낮은 자아존중감을 가질 가능성이 높다. 칭찬을 자주 해주고 무조건 안 된다고 통제하기보다는 왜 그러한 행동을 하면 안 되는지 논리적으로 설명하여 자녀를 이해시킬 때 자녀의 자아존중감이 향상될 수 있다.

⑤ 다양한 학습경험의 제공

환경과의 상호작용, 또래와의 관계 등을 통한 다양한 학습경험이 유아발달에 도움을 준다. 놀이를 통해 자연스럽게 지적 능력을 향상시키는 것이 중요하므로 부모는 유아가 놀이를 잘 할 수 있는 적합한 환경을 제공할 필요가 있다. 유아기의 과도한 학습경험은 오히려 유아의 뇌 발달을 저해하는 것으로 보고되고 있다. 전두엽이 발달하는 유아기에는 과도한 지적 교육보다는 놀이를 통한 인성교육이 필요하다.

읽을거리 유아 주입식 교육, 뇌 균형 발달 저해

[영유아부터 사교육 굴레]
교육 전문가들 부작용 경고
"놀이 대신 암기 문제풀이 집중… 잦은 분노 등 정서불안 불러"

지나치게 긴 학습 시간과 압박감은 아이의 정신 건강을 해친다. 잘 견디는 듯 보이는 아이들 중에서도 눈 깜박임과 같은 틱 증상, 손톱 물어뜯기, 잦은 분노 표현 등을 보이는 경우가 적지 않다. 한 아동심리상담센터 관계자는 "6세 여자아이가 스스로 머리카락을 가위로 자르는 이상행동을 보여 상담을 받은 적도 있다"며 "'반드시 이겨야 한다'는 강박에 친구를 멀리하는 등 정상적인 교우관계를 만들지 못하는 유아들도 있다"고 말했다.

전문가들은 '영유 성공담'에 가려져 아이들이 잃고 있는 것에 주목해야 한다고 강조한다. 천근아 세브란스병원 소아정신과 교수는 "정서적 안정감이 중요한 유아기에 주입식 교육을 하게 되면 커서도 감정 조절이나 스트레스 관리에 어려움을 겪을 수 있다"며 "뇌 발달의 균형이 무너져 조그마한 좌절도 견디지 못하게 된다"고 말했다.

출처 : 동아일보(2023. 7. 6)의 일부.

4) 사회변화와 부모역할

우리 사회는 급격한 변화가 진행되고 있다. 급격한 사회변화는 가족에게 영향을 미치고 부모역할에도 변화를 일으켰다. 가족의 규모는 점차 축소되어 핵가족화되고 있으며 맞벌이 부부의 증가로 여성의 사회참여가 증가되고 아버지의 역할이 강조되고 있다. 또한 결혼의 불안정성으로 이혼가족과 재혼가족이 증가하고 있다. 이러한 사회변화에 따라 부모역할이 어떻게 변화되고 있는지 살펴보고자 한다.

(1) 여성의 경제활동 참여와 부모역할

여성의 경제활동 참가율은 지속적으로 증가하여, 2023년 55%가 넘는 것으로 나타났다(통계청, 2023). 여성의 경제활동 참여는 맞벌이 가정의 증가로 이어졌다. 맞벌이 가정의 어머니는 직업활동과 가사활동을 병행해야 하는 역할 부담으로 많은 스트레스에 직면하고 있다.

이러한 스트레스에 대처하기 위해서는 부부가 서로의 직업을 인정하고 가사노동을 효율적으로 분배하며 자녀양육에 함께 적극적으로 참여하는 것이 필요하다. 어머니의 경제활동 참여와 맞벌이 가족의 증가는 아버지의 양육참여 증대에 결정적인 원동력이 되었으며 질 높은 보육시설의 필요성이 강조되고 있다.

어머니의 취업이 자녀와의 상호작용 시간을 감소시키는 원인이 되는 것은 사실이지만, 부모-자녀 관계는 시간의 양보다는 질적인 교류가 더 중요하기 때문에 어머니의 경제활동 참여 자체가 부모역할에 부정적인 영향을 준다고는 볼 수 없다.

(2) 아버지의 양육참여 증대와 부모역할

오늘날의 아버지는 과거 가부장적이던 아버지의 모습이 아닌 새로운 상(image)의 아버지 모습이 요구되고 있다. 여성의 사회참여 비율이 증대됨에 따라 아버지 역할의 중요성이 부각되고 있는데, 자녀양육에 대한 아버지 역할의 사회적 기대가 높아지고 있다. 아내와 함께 출산교육을 받고 분만과정에 참여하기도 하며 신생아를 돌보는 일을 책임지기도 하는 등 아버지의 양육참여가 보편화되고 있다.

현대사회의 아버지는 단순히 가정의 경제를 담당하는 도구적 역할만을 수행하는 것이 아니라 자녀의 놀이친구로 동료적인 역할을 하고 가족 내 통솔자와 판단자 역할 등을 수행하고 있다.

아버지의 역할이 전통적인 경제적 지원에서 정서적 지원자로 변화되고 있으며, 아버지의 정서적 참여가 자녀의 자아존중감, 문제해결 능력 및 대인관계 형성에 긍정적인 영향을 주며, 아버지가 자녀의 감정에 공감하고 소통할수록 자녀의 발달에 도움을 주는 것으로 나타나고 있다(고영실·박요한, 2020; 김미현·김낙흥, 2022; 김민석, 2020).

| 그림 10-2 | 아버지의 양육참여

아버지가 자녀 양육에 적극적으로 참여할수록 자녀의 정서적 안정감이 향상되었으며, 아버지와 자녀 간의 정서적 유대감이 높을수록 자녀의 스트레스 수준이 낮아지는 것으로 나타났다(고영실·박요한, 2020; 김미현·김낙흥, 2022; 김민석, 2020). 아버지가 적극적으로 부모역할을 실천하고 양육 참여

를 높이기 위해서는 정책적 지원 및 제도적 보완이 이루어져야 할 것이다.

그러나 아직까지 경제적 부양은 아버지의 몫이라는 인식이 만연하고 아버지의 자녀 양육을 위한 제도적 마련이 미비하다. 또한 아버지 역할 수행에 대한 교육이 부족하여 아버지가 제대로 역할을 수행하는 데 어려움을 야기한다. 따라서 아버지가 부모역할을 적극적으로 실천하기 위해서는 인식의 변화와 함께 제도적인 보완이 이루어져야 할 것이다.

읽을거리 용감한 아빠에서 당당한 아빠로, 100인의 아빠단 출동

용감한 아빠에서 당당한 아빠가 많아지고 있다. 약 10년 전만 하더라도 회사에서 육아휴직을 사용하는 아빠들을 향해 용감한 아빠라고 이야기했다. 경력, 승진, 경제 상황 등 당사자보다 더 많은 걱정 보따리를 꺼내어 아빠들을 더욱 불안하게 만들었다. 하지만 당당한 요즘 아빠들은 일만큼이나 가족을 더 소중히 생각하는 워라밸(Work and Life Balance) 가정을 목표로 점점 더 성장해 나가고 있다.

고용노동부의 고용행정통계에 따르면 2024년 1~6월까지 육아휴직급여를 받기 시작한 초회 수급자는 총 6만 6,931명으로 집계됐다. 성별로 나누어 보면 여성은 작년보다 1.8% 줄어든 4만 7,171명인 반면 남성 육아휴직자는 15.7% 오른 2만 2,460명으로 높아졌다. 2016년 남성이 차지했던 육아휴직급여 수급자 비율 8.7%에 비하면 올해 상반기 초회 수급자 남성 비율 32.3%는 남성들의 육아휴직 문화를 바꾸어 나가는 점진적인 수치라고 볼 수 있다.

2011년부터 시작한 '100인의 아빠단'은 올해로 14기 아빠단 1,700명을 배출하며 맘카페만 즐비한 온라인에서 전국 각 지자체 17개 도시에서 활동하는 2만 명의 아버님들이 공동육아를 이끌어 가고 있다.

아빠들의 공동육아 효과는 가정뿐만이 아니라 사회적으로도 큰 영향을 끼친다. 대기업에서 근무하는 한 남성의 경우, 회사 부서 내 남성 최초로 육아휴직을 사용해 남성 후배 사원들에게 "선배님 덕분에 저희도 육아휴직을 사용할 수 있게 되었다"라며 큰 호응을 얻었다고 한다.

지금의 저출생 위기 사회에서 "아빠의 공동육아는 필요가 아닌 필수"인 시대이다. 정부는 아빠들이 양육하기 좋은 환경을, 기업은 현재와 미래의 중요한 인재이자 고객을 동시에 놓치지 않도록 정부와 기업이 좋은 파트너십(partnership)을 맺어 저출생 극복을 이겨내길 바라본다.

출처 : 대한민국 정책브리핑(2024. 9. 19)의 일부.

(3) 결혼의 불안정성과 부모역할

가족보다는 개인의 자아실현이 중요시되면서 현대 가족은 더 이상 안정적이지만은 않다. 인구 1,000명당 이혼건수를 조사한 결과, 1980년에는 0.6건, 1990년에는 1.1건, 2010년도 이후에는 10년 이상 2.0건 이상을 유지하고 있다(통계청, 2021). 즉, 1980년 이후 현재 3배 이상 증가하였다고 볼 수 있다.

결혼의 불안정성으로 인해 이혼가족과 재혼가족이 점차 증가하게 되었으며 이는 부모역할에도 큰 영향을 주고 있다. 부모의 이혼은 자녀에게 두려움과 불안을 느끼게 한다. 특히 연령이 어린 유아는 이혼에 대한 책임이 자신에게 있다고 생각하여 죄책감을 느끼기도 한다. 함께 사는 부모뿐만 아니라 헤어져 사는 부모 모두 자녀에게 정서적 지지를 제공하여 부모의 이혼에 대해 잘 적응할 수 있도록 도와주어야 한다.

한편 부모가 재혼을 하게 되면 새로운 부모와 형제를 만나는 극적인 변화를 경험하게 된다. 새로운 부모와 형제와의 적응이 원활하지 못하면 문제를 야기하기도 한다.

새로운 부모나 형제와의 관계에서 갈등을 경험하면 자신의 친부모와도 갈등이 생길 가능성이 있다. 재혼가족의 부모는 급격한 변화에 어려움을 겪고 있는 자녀의 감정을 이해하고 시간적 여유를 가지고 변화된 가족환경에 적응할 수 있도록 기다려 주어야 한다. 재혼가족이 잘 적응하고 기능하기 위해서는 가족 구성원들이 자신의 역할을 명확히 이해하고 소통해야 한다.

2. 형제와의 관계

최근 출산율 저하로 외동아로 성장하는 경우도 있지만 여전히 형제관계를 경험하면서 자라는 경우도 많다.

형제관계는 인간이 경험하는 대인관계 가운데 가장 오래 지속되는 영향력 있는 관계이다. 영유아의 사회성발달에 있어 형제관계는 부모와는 다른 역할을 담당한다. 형제와의 관계에서 다양한 사회적 기술을 습득하게 되는데, 부모와의 관계가 수직적인 관계라면 형제관계는 수직적 상호작용과 수평적 상호작용을 동시에 경험하는 관계이다(공인숙 외, 2019).

형제관계는 다양한 측면에서 긍정적인 영향을 미친다. 손위 형제는 부모가 없을 때 동생을 위로하고 보살펴 줌으로써 안전기지의 역할을 한다. 또한 동생에게 본보기를 보여주거나 가르쳐 줌으로써 교사역할을 수행하기도 한다.

또한 형제간에 상호작용을 통해 사회성과 인지능력이 발달한다. 놀이를 통해 사회적 지식과 기술을 습득하게 되고 조망수용 능력, 도덕적 추론 능력 등 다양한 인지적 능력이 향상된다.

| 그림 10-3 | 형제관계

한편 형제관계는 성별, 형제자매 수, 출생순위, 터울 등에 따라 차이가 나타나는데, 형제자매의 성별이 같을 때 더 긍정적으로 행동하며 친밀하게 느낀다(김영애 외, 2018).

형제자매가 있는 영유아가 외동아보다 또래 유능성이 높고 갈등 상황에서 좀 더 유능하게 대처할 수 있는 데 비해, 외동아는 다양한 사회관계를 경험할 기회가 제한되며 일상생활에서 다른 사람을 배려하고 양보하는 기회가 상대적으로 부족할 가능성이 있다(공인숙 외, 2019; 이기숙 외, 2023).

형제간의 터울 차이 또한 관계에 영향을 주는데, 일반적으로 터울이 가까우면 빈번한 상호작용으로 친밀하지만 다툼이 자주 일어난다. 반면 터울이 크면 손위 형제가 친구보다는 부모나 교사와 같은 역할을 수행하게 된다.

그러나 긍정적인 형제관계를 형성하는가 혹은 부정적인 형제관계를 형성하는가는 성별이나 터울보다는 부모의 양육방식에 의해 결정된다. 동생이 태어나기 전부터 손위 형제에게 충분한 관심을 보이고 동생이 태어남을 미리 준비할 수 있도록 도와주어야 한다. 또한 태어난 동생의 감정을 이해시키고 양육 의사결정에 함께 참여하도록 하여 긍정적인 형제관계를 형성하도록 한다.

따라서 긍정적인 형제관계를 유지하기 위해서는 부모역할이 매우 중요하다. 부모는 자녀들에게 애정과 관심을 가지고 적절하게 대처하여 원만한 형제관계를 형성할 수 있도록 노력하여야 한다.

3. 조부모와의 관계

여성의 경제활동 참여는 취업모의 육아 부담으로 이어져, 자녀를 믿고 맡길 수 있는 보육시설을 찾거나 조부모에게 도움의 손길을 요청하는 경우가 있다. 조부모는 손자녀의 삶에 직·간접적인 영향을 준다. 부모의 양육방식이 원 부모, 즉 영유아의 조부모로부터 영향을 받기 때문에 조부모는 간접적으로 부모를 통해 손자녀에게 영향을 미치게 되고 손자녀의 양육에 직접 참여하면서 영향을 주기도 한다(이기숙 외, 2023).

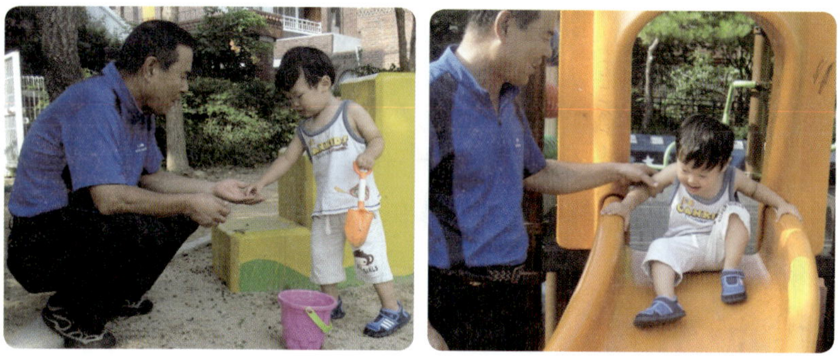

| 그림 10-4 | 조부모와 손자녀 관계

조부모의 역할은 손자녀 양육에 중요하게 작용하고 있으며 손자녀 발달에도 많은 영향을 준다. 조부모는 손자녀에게 양육자 역할, 교육자 역할, 보호자 역할, 위안자 역할을 수행하는데, 양육자 역할은 일상생활에서 손자녀를 돌보아 주는 역할로, 업어주거나 씻겨주는 것, 함께 놀아주는 것 등의 활동이며, 교육자 역할은 손자녀에게 교육적인 내용의 활동을 제공해 주는 것으로, 글씨를 가르쳐 주거나 동화책 읽어주기 등의 활동이 포함된다.

보호자 역할은 손자녀를 안전하게 보호해 주는 것으로, 귀가나 등원 시 맞아주기, 밖에서 놀이하는 것 지켜보기 등의 활동이 포함되며, 위안자 역할은 손자녀의 어려움을 덜어주고 지지해 주는 것으로, 울음을 달래주거나 형제 다툼 화해시켜 주기 등의 활동을 말한다.

조부모에게 손자녀 양육은 자신의 존재 가치를 확인하고 상실감을 극복할 수 있는 계기가 되기도 하지만, 손자녀 양육을 책임져야 한다는 부담감이 크고 자유를 포기하는 것에 대한 불만도 야기될 수 있다.

따라서 조부모와 부모, 손자녀가 모두 행복한 관계를 유지하기 위해 충분한 협의를 통해 가장 효율적인 양육 기준을 설정하는 것이 필요하다.

4. 또래와의 관계

또래
동등한 지위에서 유사한 행동 수준으로 상호작용하는 사람

영유아가 성장하면서 가족집단과는 다른 또래집단과 관계를 형성하게 된다. 과거에 비해 오늘날의 영유아에게 또래는 사회성발달에 더욱 중요한 의미를 가지게 되었다.

또래란 유사한 행동 수준에서 상호작용하는 사람으로, 단순히 동일한 연령이 아닌 사회적으로 동등한 지위에서 상호작용하는 사람을 의미한다.

또래관계는 다른 관계와는 달리 동등한 지위의 평등한 관계이다. 평등한 관계에서 서로 협력하고 경쟁하면서 세상을 이해하고 다양한 사회적 기술들을 습득하게 된다.

어린 시기에 경험하는 또래관계는 청소년이나 성인기 대인관계의 초석이 되기 때문에 영유아가 경험하는 또래관계는 매우 중요하다고 볼 수 있다.

1) 또래의 중요성

과거 많은 가족과 형제들 사이에서 자란 영유아는 자연스럽게 사회화를 경험하면서 성장할 수 있었다. 그러나 현대사회의 핵가족 내에서 영유아는 더 이상 다양한 사회화를 경험하기 힘들어졌다.

이러한 사회적 변화로 오늘날의 영유아에게 또래는 매우 중요한 인적자원이 되었다. 또래가 영유아발달에 중요한 환경 맥락으로 관심이 높아진 데에는 다음과 같은 이유가 있다.

첫째, 여성의 사회적 진출이 증가하면서 이른 시기에 사회기관에서 또래 관계를 경험하게 되었다. 맞벌이 가족의 증가로 어린 나이에 어린이집이나 유치원에 다니게 되면서 또래들과의 상호작용 빈도가 높아지게 되었고 또래로부터 받는 영향은 그만큼 더 증대되었다.

둘째, 형제 수가 줄면서 가족 내의 사회화보다는 가족 외의 또래를 통한 사회화가 더욱 중요시되었다. 영유아가 형제와 상호작용할 기회가 줄면서 형제를 통해 사회적 기술을 습득하기에는 한계가 있다. 영유아에게 형제의 영향은 감소한 반면 또래로부터의 영향은 증가하게 되면서 또래는 영유아에게 중요한 의미를 가지게 되었다.

2) 또래의 기능

영유아가 성장하면서 또래는 발달에 중요한 역할을 한다. 외동아가 많아지고 어린 연령부터 집단활동의 참여가 일반화되고 있다는 점에서 영유아 발달에 있어 또래의 영향은 더 중요해지고 있다(이기숙 외, 2023). 원만한 또래관계를 형성할 경우 또래는 영유아에게 긍정적인 기능으로 작용할 가능성이 높다. 또래가 영유아발달에 미치는 기능을 정리하면 다음과 같다(이영 외, 2012; 정옥분, 2005).

(1) 강화자로서의 기능

또래는 영유아의 행동에 대해 보상을 하거나 벌을 주면서 특정 행동에 대한 강화자로서의 역할을 한다. 영유아는 또래로부터 인정받기를 원하는데, 또래로부터 관심이나 미소, 칭찬 등 긍정적인 보상을 받게 되면 그 행동은 증가하게 된다. 반대로 또래로부터 부정적인 피드백을 받게 되면 그 행동은 감소하게 된다. 또래의 긍정적 또는 부정적 피드백이 영유아의 행동을 증가시키거나 감소시키는 중요한 기제로 작용하게 된다.

(2) 모델로서의 기능

또래는 사회적 모델로서 기능한다. 영유아는 또래의 행동을 유심히 관찰하고 모방하는 경향이 있다. 자연스럽게 또래의 말투나 행동을 관찰하고 무의식적으로 따라하면서 또래로부터 많은 영향을 받게 된다(Laninga-Wijnen, & Veenstra, 2021).

그러나 또래가 항상 긍정적인 모델로서 작용하는 것은 아니다. 또래의 바람직한 행동뿐만 아니라 바람직하지 못한 부정적인 행동을 모방하기도 한다. 따라서 바람직하지 못한 또래의 행동을 모방하는 경우 부모나 교사의 적절한 지도가 필요하다.

(3) 행동의 준거로서의 기능

또래는 자신의 행동을 객관적으로 평가하는 행동의 준거로서 작용한다. 자신이 속한 또래집단에 비추어 자신의 성격이나 능력, 태도 등을 평가하게 된다(위영희 외, 2019). 예를 들어, 또래보다 퍼즐을 빨리 맞추고 글씨를 잘 쓰면 자신을 똑똑하다고 여기지만, 달리기 시합에서 늘 또래에게 지는 모습을 보면서 자신을 느림보라고 생각하게 된다(이 영 외, 2012).

자신과 유사한 또래를 비교 대상으로 선정하고 평가하여 행동을 결정하거나 규제하는 행동의 준거로 또래가 기능하게 된다.

(4) 정서적 안정감 제공

인간은 특정 집단에 소속되고자 하는 욕구를 가진다. 원만한 또래관계는 집단에 소속감을 느끼고자 하는 인간의 욕구를 충족시켜 준다.

또래집단에 대한 소속감이 생기면서 정서적 안정감을 느끼게 되는데, 이때 느끼는 정서적 안정감은 부모와의 관계에서 얻는 정서적 안정감과는 다르다. 소속감을 통한 정서적 안정감은 우정 발달의 기초가 된다. 그러나 또래관계가 원만하지 못하고 또래로부터의 거부를 경험하게 된다면 정서적 불안과 다양한 적응상의 문제를 야기하기도 한다.

(5) 인지발달 촉진

또래와의 상호작용은 인지발달과 학업성취에 중요한 역할을 하게 된다(Lin, Chen, & Cheung, 2019). 이러한 수평적 관계에서의 전달은 성인이 제공하는 것보다 훨씬 더 효율적일 수 있다.

또래 간에 발생하는 문제를 해결하는 과정에서 목표를 세우고 효율적인 문제해결 전략을 생각하게 된다. 즉, 또래와의 상호작용을 통해 갈등을 해결하는 방법, 주변 사람들과 잘 지낼 수 있는 방법, 가장 효과적인 전략을 사용하는 방법 등 다양한 인지적 기술을 습득하게 된다.

비고츠키(Vygotsky, 1962)도 자신보다 유능한 또래의 도움이 스스로 문제를 해결하는 데 도움을 준다고 밝힘으로써, 인지발달에 있어서 또래의 긍정적인 영향을 설명하였다.

3) 또래수용도

또래와 상호작용하는 빈도와 시간이 증가하면서 또래관계가 발달에 미치는 영향이 중요시된다. 사회적 적응을 예측하는 중요한 지표 중 하나로 또래수용도가 언급되면서 이에 대한 관심이 증대되고 있다.

또래수용도(peer acceptance)란 또래집단 내에서의 수용과 거부 정도를 의미하는 것으로, 한 아이에 대한 또래집단의 선호성을 말한다. 또래수용도는 교우관계 측정도(sociogram)를 그려보는 방법이 가장 일반적인데, '생일에 초대하고 싶은 친구', '생일에 초대하기 싫은 친구', '반에서 좋아하는 친구', '반에서 싫어하는 친구' 등의 질문에 대한 답으로 측정한다.

또래수용도
한 아이에 대한 또래들 간의 수용과 거부 정도

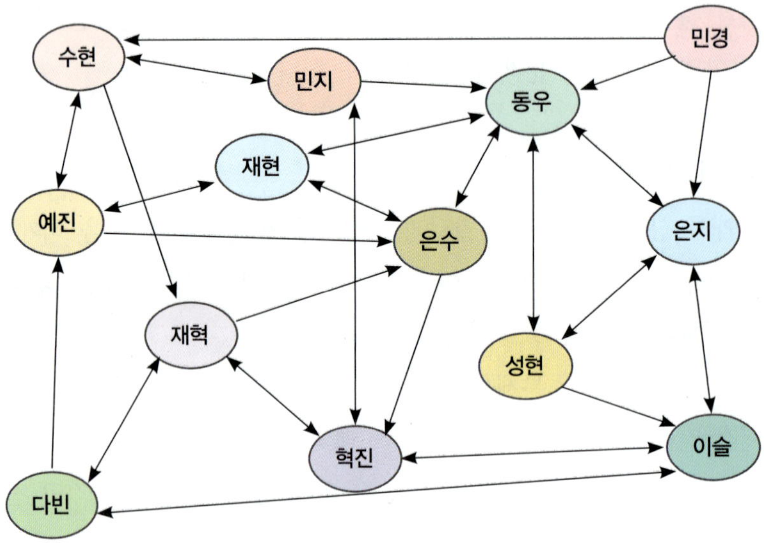

| 그림 10-5 | 교우관계 측정도

원만한 또래관계는 사회성 발달에 긍정적인 영향을 주지만 또래로부터 거부될 때에는 우울증과 공격성을 유발하고 낮은 자존감을 형성시키는 심리적인 문제를 야기하기도 한다(Juvonen & Galván, 2008).

인기아
또래로부터 좋아하는 지명을 많이 받은 또래수용도가 높은 인기 있는 아이

거부아
또래로부터 싫어하는 지명을 많이 받은 또래수용도가 낮은 거부된 아이

또래집단에서 수용되는 인기아(popular children)는 또래와의 관계가 원만하고 사회적 적응을 잘 하는 반면, 또래집단에서 거부되는 거부아(rejected children)는 또래와의 관계가 원만하지 못하고 부적응 행동을 보이는 편이다.

인기아는 또래와의 상호작용 속에서 배려심과 책임감이 높고 풍부한 유머 감각을 보이는 등 긍정적인 행동 특성을 보이는 것으로 나타났다(손수민·김진아, 2018). 이에 비해 거부아는 공격적이며 충동적인 행동 특성을 보이는 등 문제 행동을 보일 가능성이 높다고 설명한다(Miller-Johnson, Coie, Maumary-Gremaud & Bierman, 2002).

읽을거리 유아기의 따돌림 어떻게 대처해야 할까?

유아기의 따돌림은 유아의 정서발달에도 해로우며 이후 학교생활에서 학교폭력으로 이어지기 쉽고 성인기에도 좋지 못한 기억으로 남게 된다. 그렇기에 아이가 남을 배려하는 사람으로 자랄 수 있도록 부모가 잘 지도해야 한다.

아이가 크면서 부모의 주도로 친구를 사귀게 되면 아이는 스스로 친구를 만들 기회를 얻지 못한다. 그렇기 때문에 초등학교나 중고등학교에 가서도 대인관계의 어려움을 느끼거나 따돌림을 당할 수 있다. 부모의 지나친 관심이 아이의 사회생활을 방해하는 것이기에 아이가 친구들과 어울리며 지낼 때 스스로 상대방과 어울리며 친구를 사귀는 방법을 익히도록 해줘야 한다.

만약 아이가 친구를 따돌린 가해자라면 무조건 안 된다고 훈육을 하기보다 왜 그랬는지 원인을 찾고 상대방의 처지에서 생각해 볼 수 있도록 교육해야 한다. 아이가 잘못된 점을 알게 된다면 본인의 의지로 피해를 준 아이에게 직접 사과하도록 하는 것이 좋다.

반대로 아이가 따돌림의 피해자라면 스스로 해결할 수 있도록 먼저 지켜본다. 아이가 친구와 친해지기 위해 어떻게 해야 할지 생각할 시간을 주는 것이다. 내성적인 아이라면 친구에게 다가가기가 쉽지 않아 선생님이나 부모가 중간 역할이 되어 도와줘야 한다. 이때는 친구에게 다 맞춰주기보다는 거부 의사도 표현할 줄 알도록 알려주는 것이 좋다.

아이들의 인격 형성에 있어서 가장 중요한 것은 양육환경으로 아이들의 따돌림을 예방하기 위해서 부모가 아이를 존중해야 한다. 행복한 부모가 행복한 아이를 만들기에 자신감 있는 아이로 만들기 위해서 존중하는 자세로 아이를 대해야 한다.

그리고 아이와 올바른 애착을 형성하기 위해 부모가 안정적인 관계를 맺을 수 있도록 노력해야 한다. 특히 애착은 유아기에 형성되어 평생 가기 때문에 중요하다.

아이는 아직 인지적으로나 감정적으로도 미성숙하고 발달 중이어서 자신의 감정이 어떠한 상태인지 정확히 모를 수 있다. 그래서 실제 생각과 다른 행동으로 표현을 할 수 있는데, 부모는 그런 행동에 화를 내기보다 표현할 수 있도록 도와주고 기다려 줘야 한다. 이후 아이의 마음이 풀어질 수 있도록 아이의 감정을 공감해 주도록 한다.

따돌림은 옆에 있는 친구들이 도와주는 것만으로도 피해를 줄이고 가해 아이의 부정적인 행동을 멈추게 만들 수 있다.

유아기는 도덕적 가치와 행동이 학습되는 민감한 시기이다. 지금 아이의 모습이 전부가 아니기에 바르고 올바른 행동습관을 가질 수 있도록 부모가 반복해서 지도해 아이가 좋은 방향으로 친구들과 어울릴 수 있도록 해야 할 것이다.

출처 : 시선뉴스(2020. 2. 10).

4) 우 정

우정
또래 간의 긍정적 감정을 지속적으로 유지하는 정서적 유대

우정(friendship)은 또래 간의 정서적 유대로, 친밀과 애정과 같은 긍정적인 감정을 지속적으로 유지하는 관계를 의미한다.

연령이 증가하면서 우정도 발달하게 되는데, 유아기는 우정이 형성되는 초기 단계라고 볼 수 있다. 다몬(Damon, 1977)은 우정의 3단계를 설명하고 있는데, 유아기인 5~7세를 우정이 형성되는 첫 번째 단계로 보았다. 우정의 첫 단계인 보상비용 단계에서 우정은 쉽게 형성되고 사라지는 일시적인 관계로 설명되고 있다(표 10-1 참고).

유아에게 우정은 놀이를 통해 형성된다. 놀이친구와 우정을 경험하게 되므로 놀이가 끝나면 우정관계도 쉽게 끝난다. 유아기의 우정이 일시적이고 표면적이기 때문에 우정이 유지되기 위해서는 놀이를 지속적으로 할 수 있는 여건이 조성되어야 한다.

유아기 우정이 지속되기 위해서는 동일한 또래 친구와의 지속적인 놀이 경험이 필요하다. 가까이 살고 있는 친구나 같은 기관에 함께 다니는 친구와 주기적으로 놀이할 수 있는 기회를 제공하여 유아가 우정을 경험할 수 있도록 도움을 주어야 한다.

일시적이던 우정은 아동기가 되면서 신뢰를 바탕으로 한 정서적 관계로 발달하게 된다. 비록 유아기의 우정이 초보단계이긴 하지만 발달에 있어 놀이가 가지는 중요성을 고려해 볼 때, 유아기의 우정도 상당한 의미를 가진다고 볼 수 있다.

〈표 10-1〉 다몬(1977)의 우정의 발달단계

단 계	정 의
1단계(5~7세) 보상비용 단계	• 친구란 나에게 잘해주며 같이 놀면 재미있는 아이 • 우정은 일시적 관계로 쉽게 형성되고 쉽게 깨짐

2단계(8~10세) 규범 단계	• 친구란 서로 도와주는 사람 • 친구는 단순히 자주 만나서가 아니라 어떤 특성을 가졌기 때문에 좋아하게 됨
3단계(11세 이후) 감정이입 단계	• 친구란 서로 이해할 수 있고 생각과 감정을 공유할 수 있는 사람 • 우정은 지속적으로 이루어지는 것

5) 또래와 놀이

영유아에게 놀이는 세상을 이해하는 매개체가 된다. 놀이를 통해 사회적 기술과 규칙을 이해하고 문제해결 능력을 향상시킨다. 놀이는 발달에 결정적인 역할을 하는 중요한 활동으로 이해해야 한다.

놀이를 통해 영유아는 전인적 발달이 이루어진다. 또래와의 놀이는 다양한 영역의 발달을 모두 촉진시킨다. 예를 들어, 한 아이가 또래들과 함께 햄버거 가게 놀이를 한다고 가정해 보자. 햄버거 가게 놀이를 준비하기 위해 점토로 햄버거를 만드는 과정에서 소근육을 사용하게 됨으로써 신체발달을 촉진한다. 또한 놀이상황에서 주문을 받고 계산하는 과정을 통해 수 개념을 익힘으로써 인지발달을 촉진한다. 각자의 역할에 적합한 언어를 구사하는 것은 언어발달에 도움이 되며, 다양한 사회적 역할이 있음을 이해하고 그들의 감정을 표현하면서 사회성발달과 정서발달을 촉진한다.

놀이에 있어서 또래는 매우 중요한 의미를 가진다. 놀이를 통해 또래와 상호작용하면서 놀이가 확장되고 교육적 효과가 증대된다. 놀이를 통한 또래와의 상호작용 기술은 연령이 증가하면서 점차 정교해진다.

연령이 증가함에 따라 또래 간 상호작용이 빈번해지고 사교의 범위가 넓어지면서 또래로부터 인정받기 위해 노력하는 모습을 보인다. 파튼(Parten, 1932)은 영유아의 사회성이 발달되면서 놀이도 발달한다고 보고, 영유아기 놀이를 비참여 행동, 방관자적 행동, 단독놀이, 병행놀이, 연합놀이, 협동놀이로 구분하고 있다.

(1) 비참여 행동(0~1.5세)

비참여 행동
순간적인 관심으로 잠시 바라볼 뿐 놀이를 하지는 않는 행동

비참여 행동은 순간적인 관심으로 목적 없이 어떤 것을 잠시 바라보는 것이다. 잠시 바라볼 뿐 놀이를 하는 것은 아니기 때문에 엄밀한 의미에서는 놀이라고 보기 힘들다.

(2) 방관자적 행동(1.5~2세)

방관자적 행동
다른 영아가 놀이하는 것을 지켜보고 놀이에 참여하지는 않는 행동

다른 영아가 놀이하는 것을 지켜보면서 시간을 보내는 것이다. 놀이하는 친구에게 말을 걸거나 제안도 하지만 놀이에 참여하지는 않는다.

(3) 단독놀이(2~2.5세)

단독놀이
자신의 놀이에만 몰입하여 독자적으로 놀이하는 행동

혼자서 놀이하는 것이다. 자신의 놀이에만 몰입할 뿐 다른 유아와 함께 놀이하려고 시도하지 않는 독자적으로 놀이하는 형태이다.

(4) 병행놀이(2.5~3.5세)

병행놀이
다른 유아와 상호작용 없이 곁에서 놀이하는 행동

다른 유아와 상호작용을 하지 않고 옆에서 노는 것이다. 옆에서 같거나 비슷한 놀잇감을 가지고 놀지만 서로 간에 교류가 없고 가까워지려는 시도도 이루어지지 않는다.

(5) 연합놀이(3.5~4.5세)

연합놀이
다른 유아와 상호작용은 하지만 조직적인 상호작용은 이루어지지 않는 놀이 행동

다른 유아와 상호작용이 이루어지지만 조직적으로 전개되지는 못한다. 놀이를 하면서 다른 유아와 놀잇감을 나누고 대화도 하지만 놀이 리더를 정하거나 놀이의 목표를 세우는 것이나 역할분담은 이루어지지 못한다.

(6) 협동놀이(4.5세 이후)

협동놀이
다른 유아와 조직적인 상호작용이 이루어지는 놀이 행동

조직적인 상호작용이 이루어지는 단계로, 놀이상황에서 리더를 정하고 공동의 놀이 목표를 세우고 역할분담이 이루어진다.

| 그림 10-6 | 파튼의 사회적 놀이 발달단계

6) 또래와의 놀이가 영유아발달에 미치는 영향

또래와의 놀이는 영유아에게 즐거움을 제공하고 내적으로 동기화되어, 자발적이며 몰입도가 높은 활동이다. 놀이는 다양한 교육적 가치를 가지고 있으며 전인적 발달을 돕는다. 또래와의 놀이가 발달에 미치는 긍정적인 영향을 살펴보면 다음과 같다.

(1) 신체성장과 기본운동 능력 향상

또래와의 대근육·소근육 운동놀이를 통해 신체성장이 촉진되고 신체조절 능력이 향상된다. 또한 생리기능이 증진되고 다양한 감각적 자극을 통해 감각지각 능력이 향상된다. 던지기, 뛰기, 오르내리기 등을 통해 기본운동 능력이 향상된다.

또래와의 놀이를 통해 이루어지는 다양한 신체활동은 영유아의 신체성장과 기본운동 능력을 발달시킴으로써 신체발달에 긍정적인 영향을 준다.

(2) 의사소통 능력 향상

또래와 놀이를 하면서 다양한 의사소통을 한다. 놀이 상황을 설정하고 의견을 조율하는 과정에서 서로의 생각을 듣고 표현하게 된다. 놀이과정에서 끊임없이 또래와 대화하고 역할과 상황에 맞는 적절한 어휘를 구사함으로써 말하기와 듣기 능력이 향상된다.

또래와의 역할놀이는 읽기와 쓰기 능력을 촉진시키는데, 예를 들어 음식점 놀이에서 메뉴를 선택하면서 읽기능력이, 약국놀이에서 처방전을 쓰는 과정을 통해 쓰기능력이 향상된다.

또래와의 놀이를 통해 이루어지는 다양한 의사소통은 말하기, 듣기, 읽기, 쓰기 능력을 발달시킴으로써 언어발달에 긍정적인 영향을 준다.

(3) 창의성 및 지적 능력 향상

또래와 자유롭게 주제를 선정하고 놀잇감을 선택하여 독창적인 방법으로 놀이를 진행하면서 상상력과 창의성이 발달하게 된다. 또한 놀이를 통해 사물의 속성과 인과관계를 이해하게 되며 분류와 범주화 능력이 향상되고 수학적·과학적 개념도 습득하게 된다. 놀이에 몰입하는 과정에서 주의집중력을 기르게 되면서 지적 능력이 향상된다.

또래와의 놀이를 통해 창의성이 발달하고 다양한 지적 능력이 향상됨으로써 인지발달에 긍정적인 영향을 준다.

(4) 정서 및 사회적 능력 발달 촉진

놀이는 불안이나 갈등과 같은 부정적인 감정을 해소하는 기능을 한다. 놀이를 통해 영유아는 자신감, 성취감, 즐거움과 같은 긍정적인 감정을 느낄 수 있다. 또한 또래와 놀이를 하면서 다양한 감정을 이해하고 표현할 수 있으며 자신의 감정을 적절히 조절하고 인내하는 방법도 배우게 된다.

영유아는 또래와 놀이를 하면서 타협하기, 협동하기, 도움주기, 배려하기 등 다양한 사회적 기술을 습득하게 된다. 놀이를 통해 사회적 규칙을 이해하게 되며 자기중심적이던 사고에서 벗어나 다른 사람의 입장을 생각해 볼 수 있는 기회를 가지게 된다.

또래와의 놀이를 통해 감정을 이해, 조절, 표현하는 방법을 배우고 사회적 기술과 규칙을 습득하게 되면서 정서발달과 사회성발달에 긍정적인 영향을 받는다.

토론하기 또래 놀이행동을 측정해 보자.

아동 또래 놀이행동 척도(PIPPS : Penn Interactive Peer Play Scale)

또래 놀이 상황에서 나타나는 취학 전 아동 행동을 교사가 관찰하여 측정

하위요인	문 항	측 정
놀이 방해 (13문항)	• 친구의 놀잇감을 빼앗는다. • 친구와 놀잇감을 나누지 않는다. • 친구에게 언어적 비난을 한다. • 친구의 물건이나 놀잇감을 부순다. • 차례를 지키지 않는다. • 친구의 놀이를 방해한다. • 친구와의 상호작용에서 신체적 공격성을 보인다. • 친구들이 제안한 놀이생각을 거부한다. • 몸싸움이나 말씨름을 시작한다. • 친구들에게 반대하거나 따르지 않는다. • 놀이를 초대받았을 때 거절한다. • 친구와의 상호작용에서 울거나, 징징거리거나, 화를 낸다. • 고자질을 한다.	전혀 그렇지 않다. (0점) (1점) (2점) (3점) 항상 그렇다.
놀이 상호 작용 (9문항)	• 친구의 행동을 예의 바르게 지시해 준다. • 친구와 놀이하면서 이야기를 만들어 가며 말한다. • 친구와 창의적인 생각을 첨가하면서 놀이를 지속한다. • 친구를 돕는다. • 친구에게 함께 놀자고 한다. • 친구 사이의 갈등을 도와준다. • 친구와의 놀이에서 긍정적 감정을 표현한다. • 다치거나 슬퍼하는 친구를 위로한다. • 놀이에서 순조롭고 융통성이 있다.	전혀 그렇지 않다. (0점) (1점) (2점) (3점) 항상 그렇다.

놀이 단절 (8문항)	• 놀이집단 밖에서 주위를 배회한다. • 목적 없이 어슬렁거린다. • 놀이에서 혼란스러워한다. • 놀이를 시작할 때 도움이 필요하다. • 위축되어 있다. • 다른 친구에게 무시를 당한다. • 다른 친구에게 거부당한다. • 행복해 보이지 않는다.	전혀 그렇지 않다. (0점) (1점) (2점) 항상 그렇다. (3점)

◆ 놀이 방해 : 또래와의 놀이를 지속하기보다는 갈등 상황이 유발되는 부정적 놀이행동

◆ 놀이 상호작용 : 지속적으로 또래와 상호작용할 수 있는 또래 간의 긍정적 놀이행동

◆ 놀이 단절 : 놀이를 시작하기 어렵거나 시작하더라도 또래 간 상호작용으로 연결되지 못하고 중단되는 행동

출처 : 최혜영·신혜영(2008). 아동 또래 놀이행동 척도(PIPPS)의 국내적용을 위한 타당화 연구. 아동학회지, 29(3), 303-318.

정리 활동 영유아 가족 및 또래 환경에서 배운 내용을 기억하며 다음의 낱말을 풀어보자.

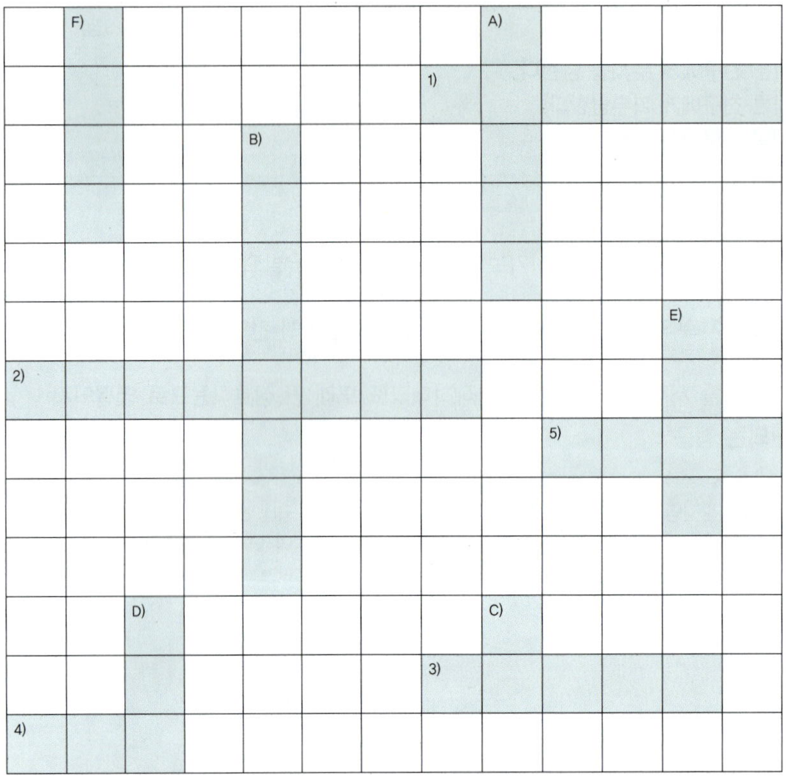

〈가로〉

1) 부모역할 수행에서 경험하는 스트레스
2) 애정과 통제가 모두 낮은 가장 바람직하지 못한 양육행동
3) 한 아이에 대한 또래들 간의 수용과 거부 정도
4) 또래로부터 좋아하는 지명을 많이 받은 아이
5) 자신의 놀이에만 몰입하여 독자적으로 놀이하는 행동

〈세로〉

A) 부모역할 수행 능력에 대한 부모 자신의 믿음

B) 애정과 통제가 모두 높은 가장 바람직한 양육행동

C) 동등한 지위에서 유사한 행동 수준으로 상호작용하는 사람

D) 또래로부터 싫어하는 지명을 많이 받은 아이

E) 다른 유아와 상호작용 없이 곁에서 놀이하는 행동

F) 부모로서 수행해야 할 도리와 의무

[정답]

	부							양				
	모						양	육	스	트	레	스
	역			권				효				
	할			위				능				
				있				감				
				는							병	
무	관	심	한	양	육	행	동				행	
				육					단	독	놀	이
				행							이	
				동								
		거						또				
		부					또	래	수	용	도	
인	기	아										

Chapter

11

영유아발달과 물리적 환경

Chapter 11

영유아발달과 물리적 환경

영유아를 둘러싼 물리적 환경은 협의적으로 시설·설비를 포함하여 자연환경과 인공환경이 포함된다. 광의적으로는 물리적 환경의 조성과 사용 등을 결정하는 사회문화역사 및 정책, 거대담론 모두를 포함한다. 예컨대, 놀이중심 교육과정을 지향하는 개정 누리과정 이후 유아교육기관에서는 흥미영역, 교실과 복도, 실외공간과 실내공간의 경계를 허물며 유아의 자유로운 놀이를 지원하기 위해 노력하고 있다. 개정 누리과정과 같은 국가정책과 교육철학이 유아가 어떤 공간을 어떻게 사용할 수 있는가와 연관된 것이다.

이 장에서는 디지털 기기와 유아교육기관을 중심으로 협의적 관점에서의 물리적 환경을 살펴보고자 한다. 태블릿이나 증강현실 기반 그림책이 기존 그림책 인쇄물을 대체하고 있으며 유아의 삶에서 디지털 기기 사용이 차지하는 비중이 커지고 있으므로 디지털 기기 사용과 관련된 영유아 발달적 특징을 이해하고 지원할 필요가 있다. 2021년 교육부는 디지털 환경에서 유아 스스로 놀이하며 배우는 디지털 기반 놀이 경험의 중요성을 강조하고 있으므로 디지털 매체 활용에서의 영유아기 발달 특성에 대한 이해와 지도 방안 마련은 필요해 보인다. 또한 맞벌이 가구 증가로 인하여 유아교육기관에 등록하는 영유아 수가 증가하고 있으며 영유아가 하루의 많은 시간을 보내는 곳이 유아교육기관인 점을 고려할 때 영유아발달에 적합한 환경은 무엇인지를 살펴볼 필요가 있다. 이에 따라, 이 장에서는 디지털 매체 활용에서의 영유아발달 특성, 텔레비전·컴퓨터와 인터넷·태블릿의 지도방안, 유아교육기관을 선택할 때 살펴봐야 할 물리적 특성을 살펴보고자 한다.

1. 영유아발달과 디지털 매체

많은 영유아가 일상생활에서 디지털 매체에 노출되어 있다. 오주현과 박용완(2019)에 의하면, 12개월 영아부터 6세 유아까지의 자녀를 둔 부모에게 설문 조사를 한 결과, 응답자 중 59.3%는 취학전 자녀가 터치스크린 기기를 이용한다고 응답했으며, 응답자 중 45.1%는 자녀가 2세 되기 전에 처음으로 터치스크린 기기를 사용했다고 응답했다. 영유아가 스마트폰이나 태블릿과 같은 터치스크린 기기를 이용하여 영상통화를 하고, 궁금한 것이 있을 때 AI에게 질문하며, 동요를 찾아 듣는 등 다양한 활동을 하므로 영유아의 디지털 매체 사용을 지원하는 방안을 고민할 필요가 있다. 성인이 '디지털 이주민(digital immigrant)'으로 비유되는 반면, 자라나는 세대들은 '디지털 원주민(digital native)'에 비유된다. 이 비유는 지식정보 사회에 적응하는 것이 영유아들의 삶 그 자체임을 단적으로 표현한 것이다. 이에 교육의 방향이 영유아를 매체로부터 보호하겠다는 시각에서 벗어나 영유아가 능동적으로 매체에 적응하고 매체가 전하는 메시지를 비판적으로 이해하며 매체를 제작하는 능력을 함양하는 것을 강조하는 방향으로 변화될 필요가 생겼다.

영유아의 삶에서 디지털 매체의 영향이 커짐에 따라, 미국소아과협회에서는 미디어 사용과 관련하여 새로운 권고안을 제시했다. 2011년 미국소아과협회에서 2세 미만의 영아에게 미디어 사용을 금지해야 한다고 권고했으나, 2016년에는 부모가 교육의 질이 담보된 프로그램이나 앱을 선택할 경우에는 18~24개월 유아가 부모와 함께 이를 사용하는 것이 가능하며 유아

단독으로 미디어를 사용하지 말 것을 권고했다. 또한 교육적으로 잘 개발된 텔레비전 프로그램은 수와 언어, 사회 등 다양한 영역에서의 학습에 도움이 되므로 신중히 사용할 수 있으나 하루에 한 시간 이내로만 사용할 것으로 권고했다(American Academy of Pediatrics, 2016). 영유아의 현재뿐만 아니라 미래도 디지털 테크놀로지의 영향이 크므로 바람직한 디지털 매체 사용 환경을 미국소아과협회에서 제안한 것이다.

물론 영유아의 발달 특성상 영유아에게 현대 매체의 활용 적합성 여부에는 논란의 여지가 있다. 영유아 발달이론과 최근 연구를 중심으로 현대 매체가 영유아에게 발달적으로 적합한지 여부를 검토해 본 후, 매체의 특성과 지도방안에 대해 살펴보고자 한다. 발달적 적합성 여부는 인지발달, 언어발달, 도덕성발달, 사회성발달을 중심으로 살펴보겠다.

1) 인지 발달과 매체

피아제(Piaget, 1926)에 의하면, 전조작기에 해당하는 2세에서 6세 유아는 언어, 심상, 그림과 같은 표상기술을 습득하고 자기중심적인 관점으로 세상을 이해한다. 또한 전조작기의 유아들은 추상적인 개념을 이해하거나 논리적으로 추론하는 것이 불가능하며 매체 속에서 일어난 허구와 실재를 완전히 구별하기 어렵다. 피아제의 이론대로라면, 전조작기의 발달 특성상 어린 시기 유아들이 매체를 비판적으로 분석하고 이해하는 것은 불가능하다. 뿐만 아니라 텔레비전이나 라디오, 인쇄매체가 비교적 완벽한 자료를 제시하므로, 영유아가 현대 매체를 다루는 동안 정신적인 노력을 덜 들이면서 정보를 처리하게 되고 그 결과 상상력이나 창의성, 적극적 사고에는 그리 유익하지 않다는 의견도 과거에는 지배적이었다.

최근 여러 연구결과(Wright, Huston, Reitz, & Piemyat, 1994; 한승희, 2003)에서 3세 유아는 텔레비전이나 비디오가 현실을 표상함을 불완전하게 이해하지만 4세에 이르면 텔레비전 속의 허구와 실재를 구별하는 것으로 나타났다. 5세에 접어들면서 뉴스 및 다큐멘터리 프로그램이 실제 상황을 묘사하는 것을 이해하고 이를 가상의 스토리와 구분하기 시작한다. 텔레비전의 경우, 유아들이 다양한 정보를 얻으며 개념획득을 하는 데 도움이 되는 것으로 여겨진다. 예컨대 'Sesame Street'와 같은 유아용 교육 프로그램을 즐겨 보는 3~5세 유아는 알파벳, 수, 신체 부분, 모양, 어휘 능력에서 우수한 성과를 보이는 것으로 나타났다.

2) 언어 발달과 매체

인쇄술의 혁명으로 의사소통을 위한 언어가 구두에서 문자로 변화했으며, 이후 다양한 디지털 매체의 발달로 인해 의사소통은 이제 문자에 국한되지 않고, 그림이나 이모티콘(emoticon)과 같은 각종 시각적 이미지, 음악이나 효과음 같은 소리, 몸짓과 표정과 같은 비언어적 표현이 조합된 복합양식의 언어로까지 확대되어 이루어지고 있다. 특히 컴퓨터를 활용한 전자그림책은, 문자와 함께 소리가 제공되므로, 영유아들이 소리와 상징문자를 연결할 수 있고, 읽기 방향을 이해할 수 있으며, 이미지를 통해 이야기의 맥락이나 상황단서가 제공되므로 영유아의 그림책 이해에 도움이 된다. 컴퓨터로 읽기·쓰기를 할 경우, 수정과 편집이 쉽고, 결과물을 즉시 인쇄하여 볼 수 있어서 영유아의 성취감을 높일 수 있다. 실제 5세를 대상으로 읽기·쓰기 활동을 진행한 결과 전자매체를 활용한 문해활동에 참여한 영유아들이 통제집단의 영유아들보다 읽기능력과 쓰기능력이 향상되었다(김영란, 2004).

이모티콘
emotion과 icon의 합성어로 우리말로는 그림말이라고도 함. 문자나 각종 기호로 감정을 표현하는 기호를 포괄

복합양식의 언어
문자, 이미지, 소리, 동작 등 다양한 양식의 조합으로 의미를 표현하고 의사소통하는 수단

한편 영유아의 쓰기발달과 유사하게 컴퓨터 쓰기에도 단계적 발달이 있음이 보고되고 있다. 발달에 적합한 소프트웨어를 활용할 때 철자를 익히기 전의 영유아들도 쓰기가 가능하다. 컴퓨터 쓰기는 연필로 쓰기에 비해 획을 긋기 위한 소근육의 힘을 덜 필요로 하므로 영유아가 부담 없이 쓰기 활동

을 할 수 있다. 자판으로 글쓰기를 할 때 왼쪽에서 오른쪽으로 위에서부터 아래로 타이핑되는 것도 영유아가 연필로 쓸 때 해결해야 할 과제를 덜어준다는 점에서 영유아가 부담 없이 더 길게, 더 자주 쓰기를 기대할 수 있다.

3) 도덕성 발달과 매체

영유아들이 유능한 매체 사용자가 되기 위해서 매체에 대해 비판적으로 사고할 수 있어야 한다. 비판적 사고력이란 "해석, 분석, 평가, 추론을 산출하려는 의도적이고 자기규제적인 판단으로, 그 판단의 근거가 제대로 되어 있는지, 또한 증거, 개념, 방법론, 준거, 맥락 측면을 제대로 고려하고 있는지에 대한 설명을 산출하려는 의도적이고 자기규제적인 판단(Facione, 1990)"으로 정의된다.

그렇다면 영유아가 비판적으로 사고할 수 있을까? 전통적으로 영유아는 논리적인 사고를 할 수 없으므로 비판적으로 사고하기가 어려울 것으로 여겨졌다. 예컨대 콜버그는 영유아들이 도덕 판단의 근거를 외부에 두고 있으며 피아제 역시 영유아들이 타인의 인정을 받기 위해 도덕 판단을 하는 것으로 보았다. 하지만 최근 연구에서 영유아들이 자발적으로 매체를 평가하고 비판하는 모습을 보여주고 있다. 예컨대 정봄마지와 이승연(2013)의 연구에서는 만 5세 유아들이 UCC 제작활동에 참여했을 때 UCC 제작과정 중 겪는 정보윤리 갈등 상황을 경험하고 이를 해결해 봄으로써 윤리의식이 향상된 것으로 나타났다. 어린 연령의 영유아가 매체 사용과 관련된 도덕 판단을 할 수 없을 것이라는 전통적인 심리학 이론과는 달리 매체를 다루기 위해 필요한 도덕성을 일찍 훈련받을 수 있음을 의미한다. 영유아들의 연령이 높아질수록 정보윤리에 대한 거부가 높아지며 정보윤리의식이 낮아진다는 여러 연구결과는 편견이 형성되거나 매체를 다루는 태도나 습관이 형성되기 전부터 이른 시기에 정보윤리교육이 이루어져야 함을 시사한다.

4) 사회성 발달과 매체

텔레비전이나 컴퓨터, 게임 등이 영유아의 사회적 태도, 행동과 어떤 연관이 있는가에 대해 논란이 많다. 일반적으로 영유아는 폭력장면을 시청하면 폭력이 현실세계에서도 빈번히 일어나는 것으로 받아들이며 폭력적 수단이 용인되는 것으로 믿게 된다(강문희 외, 2011). 텔레비전이나 컴퓨터 등에서 폭력적인 내용을 경험한 영유아가 그렇지 않은 영유아에 비해 더 공격적인 경향을 보인다. 또한 폭력물 시청으로 인해 영유아는 폭력에 점점 둔감해지고 실제 생활 속에서도 공격성에 민감한 반응을 보이지 않게 된다. 매체에서 반사회적 내용과 친사회적 내용을 모두 보여준다 하더라도 영유아는 이 두 가지 내용을 분리하여 판단할 수 없고 공격적인 행동에 더 주의를 기울여 이를 모방한다.

반면 영유아는 텔레비전 시청이나 컴퓨터 활용을 통해 친사회적 행동을 배우기도 한다. 영유아는 친사회적 텔레비전 프로그램을 통해 서로 돕고 함께 사는 법을 배우며 타인과 협동하고자 하는 의지를 얻어 바람직한 사회적 태도와 행동을 보이게 된다. 그러나 영유아에게 매체의 친사회적 내용의 영향력은 단기적이다. 영유아가 공격적인 행동을 더 모방하는 것이 현실이다.

한편 텔레비전이나 게임 등을 통해 성역할 개념을 학습하게 되는데 이때 학습한 성역할 개념은 고정관념을 강화하기도 한다. 대체로 텔레비전은 남녀의 전통적인 성역할을 보여주어 영유아에게 고정된 성역할 개념을 심어준다. 텔레비전에서 남자는 주로 전문직이나 지도자 역할을 하며 용감하고 이성적인 데 반해 여성은 의존적이고 수동적이며 어머니의 역할이나 자녀양육의 역할이 강조된다. 이를 지속적으로 본 영유아는 남녀에 대한 태도나 가치관을 형성할 때 성역할 고정관념을 지닐 확률이 높다.

매체의 부정적인 영향에 대한 우려와는 달리, 텔레비전이나 컴퓨터는 사회적 관계 형성에 자극제가 될 수 있다. 영유아는 함께 컴퓨터 게임을 하기 위해 친구들을 자주 만나거나 텔레비전이나 컴퓨터에 대한 정보를 친구들과 공유하여 우정을 형성할 수 있다. 교육기관에서 영유아가 공동의 컴퓨터 프로젝트에 참여하여 서로의 아이디어를 공유하는 협동학습에 참여했을 때 협동심과 사회적 문제해결 능력이 발달하는 것으로 나타났다. 따라서 사회성을 발달시키기 위해 매체를 영유아의 삶에서 배제하기보다는 협력적인 문제해결을 위한 프로젝트를 고안하고 사회적 관계를 발달시키는 데 매체를 적극 활용해야 한다.

2. 영유아 매체 활용과 지도

1) 텔레비전

환경과의 상호작용을 통해 자신의 가치나 태도를 인식해 가는 유아기에 텔레비전은 가정이나 학교 못지않게 영유아의 중요한 사회화 환경이다. 텔레비전 시청은 가족 간의 대화 단절이나 독서 및 놀이시간의 단축, 언어 유창성 저해, 창의성 저하, 공격성 증가 등의 부정적인 효과가 있다고 생각되어 왔다. 더 나아가 텔레비전은 영유아의 수면장애와 잘못된 식습관, 비만과도 연관이 있는 것으로 나타났다. 텔레비전의 부정적인 영향 중 가장 논란이 큰 것은 공격성의 증가이다. 영유아는 텔레비전으로부터 사회적 행동보다 반사회적 행동을 쉽게 배우며 폭력적인 내용의 텔레비전 시청 시간이 많을수록 영유아가 성장하여 폭력을 행사할 확률은 높아진다. 영유아를 위한 TV 교육 프로그램이 남녀평등이나 다문화 등의 이슈에 민감하게 제작되고 방영된다 하더라도 대부분의 상업적인 오락물은 여전히 인종과 성역할에 대한 편견을 내포하고 있다. 권력을 가진 남성 이미지에 비해 젊거나 신체적인 매력을 가진 여성 이미지는 남성과 여성의 전통적인 성역할 고정관념을 내포한 영화나 드라마에서 흔히 볼 수 있다.

반면 텔레비전의 긍정적인 효과도 보고되고 있다. 영유아가 좋은 프로그램 시청을 통해 직접 경험하기 힘든 다양한 정보를 획득할 수 있으며, 사회 역할을 배우고, 프로그램 내용을 친구들과 공유함으로써 친구 간의 결속을 가져올 수 있다. 특히 영유아에게 있어 프로그램 시청은 대중매체를 통한 비형식적인 교육일 수 있으며, 영유아에게 실생활의 권태를 벗어나는 즐거움을 주고 대화 소재를 제공하여 또래와의 의사소통에 기여하기도 한다. 눈높이에 맞춘 교육방송의 경우 영유아가 이해할 수 있는 말로 구성되어 있고, 같은 내용이 재미있게 반복되는 특징이 있어 흥미를 끌 수 있다.

텔레비전 활용을 위한 지도방안은 다음과 같다.

첫째, 가족의 텔레비전 시청 시간을 계획한다. 영유아가 이 계획에 참여하여 민주적으로 의사결정에 이르는 것이 바람직하다. 영유아가 의사결정에 기여하고 이를 수행해 낼 수 있다면 영유아는 자신감과 책임감을 가질 수 있다. 가족 구성원과 영유아가 텔레비전 시청 규칙에 관해 이야기하고 동의하여 준수하도록 지도한다.

둘째, 영유아에게 유익한 텔레비전 프로그램을 선정하여 세계의 다른 지역, 문화, 새로운 경험을 시청하게 하고 영유아가 시청한 것에 대해 함께 이야기나누어 영유아의 시야를 확장시켜 주도록 한다. 영유아가 단독으로 텔레비전을 시청하기보다는 부모와 함께 시청하며 시청한 후에 이야기나누기, 미술, 역할극 놀이 등 시청한 내용과 관련된 확장활동을 해볼 수 있도록 지도한다.

셋째, 텔레비전 시청보다 놀이에 더 흥미를 가질 수 있도록 부모가 책을 읽어주거나 놀잇감을 풍부히 제공하고 다른 영유아들과 함께 놀이할 수 있는 기회를 제공한다. 특히 국가수준 교육과정인 개정 누리과정에서도 유아교육기관에 권고한 바대로 하루 한 시간 이상 실외에서 대근육 활동을 한다.

넷째, 영유아가 텔레비전을 시청할 때 부모가 함께 보면서 적절한 질문과 피드백을 통해 프로그램 내용에 대한 이해도를 높인다. 영유아와 함께 시청할 때 부모는 실제와 환상을 구분하여 지적해 주고 그 차이에 관해 토론한다. 또한 분쟁이나 폭력 없이 문제를 해결하는 방법을 토론하고 영유아가 본받아야 할 친사회적 행동을 지적해 준다.

다섯째, 광고의 과장성이나 허위성을 영유아가 함께 찾아보고 문제점이 무엇인지 영유아와 함께 생각해 본다. "광고에서 본 햄버거와 실제 햄버거가 어떻게 다르니? 광고와 다르다는 것을 알았을 때 기분이 어땠어? 왜 다르게 광고할까?"라고 질문하여 영유아가 텔레비전을 시청하는 동안 노출되는 광고에 대해 생각해 볼 기회를 제공한다.

읽을거리 바람직한 텔레비전 시청 습관을 위한 지침

- 가족의 텔레비전 시청 시간을 계획하고 영유아는 일정한 원칙에 따라 프로그램을 시청하도록 지도한다. 가족 구성원과 텔레비전 시청 규칙에 관해 이야기하고 동의하여 잘 준수하도록 지도한다.
- 영유아에게 유익한 텔레비전 프로그램을 선정하여 세계의 다른 지역, 문화, 새로운 경험을 시청하게 하고 영유아가 시청한 것에 대해 함께 이야기나누어 영유아의 시야를 확장시켜 주도록 한다.
- 책을 읽어주거나 놀이 기회나 놀잇감을 풍부히 제공하고 다른 영유아들과 함께 활동할 수 있는 기회를 제공한다.
- 영유아가 텔레비전을 시청할 때 부모가 함께 보면서 적절한 질문과 피드백을 통해 프로그램 내용에 대한 이해도를 높인다. 영유아와 함께 시청할 때 부모는 실제와 환상을 구분하여 지적해 주고 그 차이에 관해 토론한다. 또한 분쟁이나 폭력 없이 문제를 해결하는 방법을 토론하고 영유아가 본받아야 할 친사회적 행동을 지적해 준다.
- 광고의 과장성이나 허위성을 영유아가 함께 찾아보고 문제점이 무엇인지 영유아와 함께 생각해 본다.

출처 : 강문희 외(2011). 현대사회와 아동 : 심리학적 이해.

2) 컴퓨터와 인터넷

컴퓨터 게임은 디지털 매체에 대한 친숙한 경험을 제공하고, 문제해결력을 키워주며, 눈과 손의 협응을 발달시켜 주는 유용한 도구가 된다. 영유아는 게임을 통해 사이버 세계에서 가상인물이 되어 현실세계에서 경험하지 못하는 역할을 경험할 수 있게 된다. 컴퓨터 게임은 영유아가 가상의 세계를 넘나들 수 있는 상상력을 제공하여 영유아에게 모험과 오락의 기회를 제공한다. 또한 컴퓨터 게임은 영유아가 디지털 매체를 다루는 데 자신감을 얻고 이를 바탕으로 자기존중감을 가질 기회를 제공한다. 이 외에도 컴퓨터 게임은 영유아가 또래와 함께 참여하여 나름의 또래 문화를 형성하고 더 나아가 사회성발달의 기회를 얻는 계기가 될 수 있다. 영유아는 컴퓨터 사용 기술을 다른 또래에게 가르쳐 주거나 교대로 사용하기, 협력하여 사용하기, 이야기하기 등을 통해 서로에게 정보를 구하며 인지적 협상능력을 기를 기회를 갖기도 한다.

반면 컴퓨터 게임의 역기능 역시 보고되고 있다. 컴퓨터 게임은 학업성적 부진이나 가출, 현실세계와 가상세계 혼동으로 인한 일상생활의 기능 장애, 컴퓨터 게임 중독으로 인한 일탈행동이 증가하는 원인으로 꼽히고 있다. 또한 컴퓨터 게임은 공격적인 행동이나 폭력적 언어, 대인관계의 기피 등의 원인이 되는 것으로 나타났다. 컴퓨터나 모니터 등에서 발생되는 전자파, 시력 저하, 신체활동의 감소로 인해 생기는 신체발달의 저하, 부적합한 자세나 손목 등 특정 부위의 혹사 등 신체손상이 있을 수 있다.

컴퓨터와 인터넷 중독을 예방하는 지도방안은 다음과 같다.

첫째, 컴퓨터 대신 자연과 가깝게 지낼 수 있는 환경을 조성한다. 자연 속에서 영유아에게 배움이 기회는 무궁무진하게 많다. 계절의 변화, 다양한 종류의 식물, 식물과 곤충의 성장 등을 체험하고 자연물로 놀잇감을 만들며 땅에 떨어진 낙엽이나 꽃잎으로 미술활동이 가능하다. 컴퓨터보다 더 좋은 놀이가 있음을 영유아가 알게 된다면 중독은 예방될 수 있다.

둘째, 부모는 영유아에게 평소 꾸준한 관심을 가지고, 대화를 나눈다. 가족 단위 외식이나 여행, 산책이나 공놀이 등 컴퓨터를 대신할 놀이를 제공한다. 축구, 배드민턴, 자전거, 그림 그리기 등도 대안이 될 수 있다. 가정의 인터넷 환경은 영유아가 건전하게 인터넷을 사용하는 데 중요한 환경요인이다. 부모가 자녀에게 관심이 많고, 자녀와 의사소통 수준이 높을수록 영유아가 인터넷 게임에 과몰입할 가능성은 낮으며, 부모가 자녀의 인터넷 사용에 관심을 기울이지 않거나 의사소통 수준이 낮을 때 유아가 인터넷 게임에 과몰입하는 것으로 나타났다(윤용순·이원지·문건필, 2012). 따라서 매체 중독을 예방하고 또 극복하는 지름길은 부모의 관심과 수용, 대화라고 볼 수 있다.

셋째, 시간표를 정해서 지정된 시간에만 컴퓨터를 한다. 공개된 장소에서는 컴퓨터 사용시간이나 횟수를 절제하기 쉬우므로 컴퓨터와 텔레비전 등을 가족들이 모이는 장소에 둔다.

넷째, 게시판이나 대화방 등 온라인상에서 지켜야 할 예절에 대해 교육한다. 윤리와 도덕에 대한 교육의 장으로 컴퓨터를 활용한다.

다섯째, 유해 사이트 접속 차단 소프트웨어를 설치한다. 바람직하지 못한 사이트가 왜 차단되어야 하는지 자녀를 이해시키는 것도 필요하다. 비폭력·반편견 오락게임이나 자녀교육용 소프트웨어 프로그램을 사용한다.

3) 태블릿

터치스크린을 특징으로 하는 태블릿의 경우 2010년부터 보급되었으며 태블릿은 마우스와 키보드에 비해 상대적으로 쉽게 사용할 수 있는 매체이므로 교육적 활용이 보다 가능해졌다. 터치스크린을 지닌 태블릿은 직관적으로 사용 가능하며, 즉각적인 피드백을 받을 수 있고, 휴대가 용이하며, 카메라나 음악, 티비 등이 집약되어 있는 특징이 있다(Henkel, 2018; Merchant, 2007).

터치스크린 같은 매체는 어린 연령의 영유아가 쉽게 사용할 수 있는 디지털 기기임에도 불구하고 교육현장에서 고려해야 할 영유아의 발달 특성이 있다. 머천트(Merchant, 2015; 2017)에 의하면 유아의 태블릿 사용을 관찰한 결과 태블릿을 사용하는 행동을 세 가지로 분류했는데, 이 세 가지 행동에는 안정화 움직임(stablizing movements), 통제 움직임(control movements), 지시 움직임(deictic movements)이 있다. 안정화 움직임은 두 손으로 태블릿을 안정되게 잡거나 무릎 위에 떠받치는 움직임이며, 통제 움직임은 손가락으로 밀어 페이지를 넘기고 누르는 등 인터페이스 환경을 조작하거나 통제하는 움직임이고, 지시 움직임은 대상을 가리키거나 고개를 끄덕이는 등 주의 집중 대상과 관련된 움직임을 의미한다. 머천트(Merchant, 2015; 2017)에 의하면, 터치스크린은 손가락으로 작동하므로 마우스보다 사용하기 용이하지만 다양한 앱을 사용하려면 정교한 손기술이 필요하다고 보았다. 즉, 높은 터치 정확도가 요구되는 앱의 경우 영유아가 좌절할 수 있고 영아는 태블릿을 안정적으로 붙잡기 위해 주의가 필요한 것이다.

이 밖에도 태블릿은 어린 연령의 영유아가 쉽게 사용할 수 있는 디지털 기기임에도 불구하고 교육현장에서 고려해야 할 영유아의 디지털 발달 특성이 있다. 뉴먼과 머천트(Nueman & Merchant, 2022)는 영유아가 스크린상에서 등장인물이나 사물을 손가락으로 밀거나 눌러서 움직일 수 있으므로 이러한 특성이 영유아의 흥미를 유도할 수 있는 반면, 여러 조작 기능으로 인하여 영유아의 주의가 분산되고 인지적 부담이 증가된다는 한계를 지적했다. 리처와 코리지(Richter & Courage, 2017)도 터치나 조작 행동, 음향이나 애니메이션이 영유아의 주의를 분산하게 하며, 특히 터치스크린상의 이미지가 이야기 내용과 관련있지 않을 때 영유아의 이해를 방해한다고 지적했다. 유아의 실행기능이 아직 미숙하므로 터치스크린 조작에 주의가 분산되면 터치스크린상의 화면전환을 따라가는 데에 제한된 인지능력을 사용해야 하는 문제가 생긴다.

영유아의 태블릿 사용을 돕기 위해, 교사나 부모는 영유아발달에 적합한 디지털 매체를 선택하고 영유아에게 디지털 매체를 탐색할 시간을 주거나 교사나 부모가 직접 시연하는 등 성인의 지원이 중요하다(이재은·김준수, 2020). 사무엘슨, 프라이스와 주이트(Samuelsson, Price & Jewitt, 2022)는 전통적인 책을 읽을 때와는 달리 태블릿으로 그림책을 읽을 때 "그것(인터페이스상에서 보이는 버튼)으로 무엇을 할 수 있니?", "그것을 눌러 볼래?" 등 영유아가 기기를 탐색하도록 지원하는 교사의 질문 빈도가 증가하는 것을 관찰했다. 즉, 이들 연구에 의하면, 유아 주도적인 태블릿 사용을 가능하도록 하는 것은 유아의 태블릿 인터페이스 탐색을 지원하는 교사의 발문 때문인 것으로 나타났다. 뉴먼과 머천트(Neumann & Merchant, 2022)는 교사와 영아가 디지털 책을 읽는 상황에서 교사의 스캐폴딩을 크게 세 가지로 분류했는데, 사실이나 회상, 예측을 질문하는 인지적 스캐폴딩, 긍정적인 피드백과 격려를 하는 정서적인 스캐폴딩, 그리고 기기를 탐색하도록 격려하며 기기 사용의 단서를 제공하는 기술적 스캐폴딩이 있다. 이러한 결과는 정확하게 버튼을 누르거나 오디오를 조절하는 것이 쉽지 않은 영유아에게 교사나 부모의 지원 역할이 필요함을 시사한다.

〈표 11-1〉 디지털 책 읽기에서 교사의 스캐폴딩 종류

교사의 스캐폴딩 종류	내용	예시
인지적 스캐폴딩	사실이나 회상, 예측을 질문하여 지원하기	"다음에는 무슨 일이 벌어질까?"
정서적 스캐폴딩	긍정적인 피드백과 격려를 제공하기	"잘 기억하고 있구나."
기술적 스캐폴딩	기기 탐색을 격려하거나 기기 사용 단서를 제공하기	"무슨 이야기인지 단어를 눌러보자."

영유아들의 놀이와 게임, 학습이 다양한 앱을 통해 이루어지고 있으며 영유아는 디지털 미디어로 텍스트를 읽을 기회가 늘고 있어서 디지털 리터러시 역량이 중요해졌다. 디지털 리터러시는 디지털 미디어상에서 텍스트를 비판적으로 읽고 생산하며 유통하는 능력을 의미한다. 전통적으로 문자 중심의 리터러시 환경에서 텍스트의 생산자와 소비자는 구분되어 있으나 디지털 매체의 발전으로 누구나 온라인상에 사진과 글, 영상을 올려서 공유하거나 타인의 게시물을 볼 수 있게 되면서 생산자와 소비자 간의 구분이 모호해졌다. 태블릿이나 모바일 스크린에서는 문자에만 국한되지 않고 다양한 이미지, 움직임, 음향 등이 복합적으로 구성되어 의미가 만들어지므로 문자 중심의 텍스트의 위계와 권위가 약화되었다. 종이책을 읽는 방식과는 달리 디지털 텍스트는 여러 페이지가 거미줄처럼 연결되어 있어서 독자가 원하는 정보를 선택하여 얻으므로 디지털 리터러시에서 문자 중심의 텍스트에서의 독자 역할과는 다른 역할이 요구된다고 볼 수 있다. 텍스트가 문자에 국한되지 않고 시각 텍스트, 영상 텍스트 등 텍스트 종류가 다양해졌으므로 영유아의 텍스트 이해와 활용에서의 지속적인 연구가 필요하다.

3. 영유아발달과 영유아교육기관

어린 영유아는 가정 내 여건이나 여러 국가적 지원정책에 따라 기관 생활을 한다. 영유아교육기관은 영유아가 부모의 품을 벗어나 처음으로 사회생활을 하는 곳이다. 영유아는 이곳에서 손 씻기, 양보하기, 인사하기, 바르게 식사하기 등 기본생활 습관을 배워나가며 또래 친구들과 교류하고 갈등 상황을 해결해 봄으로써 사회성을 획득한다. 사회구조의 변화와 함께 기혼 여성의 사회참여가 확대됨에 따라 영유아교육기관의 필요성이 증가되고 있다. 영유아의 입장에서도 발달을 촉진할 다양한 경험을 얻기 위해 질 높은 영유아교육기관을 선정해야 한다.

교육기관에 의한 육아와 영유아발달의 관계에 대한 여러 연구에서 보육시설을 이용한 영아도 가정에서 양육되는 영아와 별 차이 없이 엄마와 안정적인 애착을 형성했고, 기관에서 또래들과 생활하면서 일찍부터 사회기술을 터득하는 것으로 나타났다. 또한 영유아교육기관에 다닌 영유아의 IQ 점수가 높고 탐구적인 놀이에 임하며, 수 세기 능력도 우수한 것으로 나타났다. 가정에서 풍부한 자극을 받는 중산층 영유아의 경우 영유아교육기관에 다닌다고 해서 특별히 다른 효과가 있는 것은 아니지만 가정에서 지적 자극을 충분히 받지 못하는 저소득층 영유아의 경우 교육기관에서의 경험이 지적·정서적·신체적·사회성 발달 전반에 긍정적인 영향을 미치는 것으로 나타났다(황희숙 외, 2008). 한편 24개월 영아의 언어발달은 보육시설의 질에 따라 차이를 보이는데, 질이 낮거나 평균인 기관의 영아보다 질이 높은 기관의 영아가 어휘 표현 능력과 문장 복잡성이 더 뛰어난 것으로 나타났다. 영유아교육기관의 질에 따라 영유아발달에 서로 다른 영향을 미칠 수 있으므로 영유아교육기관을 선택할 때, 교육의 질에 지표가 되는 교사 대 영유아 비율, 교사의 교육 경험, 물리적 환경 등을 살펴보아야 하는데,

구체적으로 살펴보면 다음과 같다.

첫째, 영유아교육기관이 물리적으로 가까운 거리에 위치해 있을 뿐만 아니라 부모가 기관으로부터 자녀의 하루 생활에 대한 정보를 매일 전달받을 수 있고 부모가 원할 때 언제든지 방문하거나 유치원 일과나 행사에 참여할 수 있어야 하는 등 영유아교육기관의 개방성을 확인한다.

둘째, 영유아교육기관에서 하루에 한 시간 이상 바깥놀이를 포함하여 대근육 활동을 제공하는지 여부와 함께 영유아의 놀이에 가치를 두고 자기주도적이며 다양한 놀이 기회와 놀잇감을 제공하는가 등 교육과정을 확인한다. 영유아는 심신의 건강을 바탕으로 인지, 사회, 정서적 발달을 도모할 수 있으므로 바깥놀이는 교육적으로 중요한 가치를 지니며, 영유아 자신의 흥미에 따라 주도하는 놀이를 통해 영유아는 나름의 방식으로 세상을 배우므로 놀이 중심 교육과정 운영 여부를 확인하도록 한다.

셋째, 교사가 국가에서 인정하는 교사자격증을 소유하고 있으며 장기 근속하는 교사가 있는가(혹은 교사가 자주 그만 두는가?), 교사는 아이를 존중하고 사랑하는가, 교사 대 영유아의 비율이 어떠한가, 보조교사 등 지원 인력이 충분한가, 교사가 영유아와 1 : 1 상호작용을 얼마나 자주 하는가 등을 현장에서 관찰하여 확인하도록 한다.

넷째, 공간이 청결하고 밝으며 안전한가, 어린 연령의 영유아를 위해 낮잠시간을 운영하는가, 조용한 공간이 있는가, 기관과 가까운 곳에 응급기관이 있거나 기관 내 응급상황을 대비한 시설이 있는가 등 영유아가 건강하게 생활할 수 있는 환경인지를 현장에서 확인하도록 한다.

정리 활동

1 영유아용 교육 프로그램 하나를 선정하여 인지, 언어, 도덕성, 사회성 발달 측면에서 어떤 영향이 있는지 비판적으로 검토해 보자.

2 영유아 교육용 앱을 하나 선정하여 다음 기준으로 평가해 보자.

〈표 11-2〉 앱 평가 준거

앱 평가 준거 \ 수준	높은 수준	중간 수준	낮은 수준
참여자 수	세 명 이상이 참여 가능하다.	두 명이 참여 가능하다.	혼자서만 할 수 있다.
창의적인 활동 여부	창의적인 활동이 가능하다.	창의적인 활동이 일부 이루어진다. 미리 세팅된 이미지나 텍스트 중 선택이 가능하다(예 아바타 옷 입히기, 동화 듣기).	창의적인 활동이 제한되어 있고 사전에 설계된 개인 맞춤용 요소가 있다(예 이름이나 아바타 선택 등 개인 맞춤용 정보를 하나 정도 선택 가능).
복합양식	음향, 이미지, 애니메이션, 음악 등 4가지 이상의 양식 조합으로 의미를 만들 수 있으며 실제 세계에서의 놀이를 촉진한다.	이미지, 색칠하기, 움직임, 소리, 음악 등 다양한 양식을 조합할 수 있다.	스탬프나 기본 색칠하기 도구가 제공되나 기본적으로 문자 중심으로 활동이 이루어진다.
개방성	하이퍼텍스트나 포털과 연결되어 있으며 열린 결말의 스토리텔링이 가능하다.	과제를 수행하기 위한 다양한 경로가 있거나 결말을 대체할 수 있으며 새로운 사건을 보태어 내용을 수정할 수 있다.	처음부터 끝까지 과제 순서가 정해져 있으며 하나의 이야기로만 구성되어 있다.
즐거움	참여자들이 앱을 자발적으로 선택하며, 앱을 사용하나 이후에도 다시 앱을 선택하고, 앱 수행 전후로 앱에 관해 이야기를 한다.	앱을 사용할 때 참여자들이 즐거워 보인다.	과제로 배당되거나 학업 목표를 달성하기 위해 참여자들이 앱을 사용한다.
연결성	앱 활동을 저장할 수 있으며 영상 공유 사이트(예 유튜브)에서 공유가 가능하다.	저장 및 전자메일 전송이나 포스팅 등 앱 결과물을 내보내기(export)할 수 있다.	웹사이트에 게재하여 공유하려면 지적소유권 양식을 지켜야 하거나 오직 내부적인 네트워크를 통해서만 공유가 가능하다.

출처 : Rowsell, J., & Wohlwend, K.(2016). Free play or tight spaces? Mapping participatory literacies in apps. The Reading Teachers, 70(2), 197–205.

Chapter

12

영유아 발달장애 및 지도

Chapter 12

영유아 발달장애 및 지도

영유아기 발달장애는 생득적 원인과 환경적 원인 등으로 인해 연령에 따른 발달이 이루어지지 않거나 지연되는 것을 말한다. 이 장에서는 발달장애의 개념과 발달장애의 진단과 예방, 발달장애의 종류 및 특성을 통해 교사로서 영유아의 발달장애에 대한 기본적인 지식을 폭넓게 하고, 발달장애 영유아의 지도방법을 소개함으로써 교육현장에서 발달장애 영유아의 지도에 도움을 주는 데 중점을 두고자 하였다.

1. 발달장애의 개념

1) 발달장애의 정의

발달장애(developmental disorder)는 '발달지체'라고도 하는데, '특수교육법(2007)'에서는 발달지체를 "신체, 인지, 의사소통, 사회정서, 적응행동 중 하나 이상의 발달이 또래에 비하여 현저하게 지체되어 특별한 교육적 조치가 필요한 영아 및 만 9세 미만의 아동"으로 규정하고 있다(정대영, 2020). 발달장애는 연령에 따라 이루어지는 발달이 성취되지 않은 상태로, 발달선별검사에서 해당 연령의 정상 수치보다 25% 정도 뒤처져 있는 경우를 의미한

발달장애
신체적·지적·정서적·사회적인 측면의 발달이 회복 곤란한 상태로 손상됨으로써, 정상적인 일상생활이나 사회적응이 힘든 상태를 말함

다. 최근에는 지적장애나 자폐스펙트럼 장애, 뇌손상, 지각의 손상, 만성적인 뇌질환, 미성숙, 발달의 불균형, 언어장애, 뇌전증(간질), 뇌성마비 등과 같은 학습장애와 신경학적 장애를 폭넓게 발달장애에 포함시키고 있다(대한특수교육학회, 2000).

발달장애를 '발달지연(developmental delay)'이라고도 하는데(임경옥·이병인, 2012), 발달지연은 영유아기의 발달장애에 특별히 사용되는 용어이다. 미국의 장애인교육향상법(IDEIA : Individuals with Disabilities Education Improvement Act, 2004)에서는 영유아에 대한 '발달장애'라는 용어보다 '발달지연'이라는 용어의 사용을 권장하고 있다.

발달장애는 지적장애와 자폐성 장애로 크게 나눌 수 있는데, 지적장애의 경우 웩슬러 지능검사 등 개인용 지능검사를 실시하여 얻은 지능지수(IQ)와 사회성숙도 검사 등을 종합하여 판단하며, 자폐성 장애는 자폐성 장애의 진단명, 자폐성 장애의 상태, 자폐성 장애로 인한 정신적 능력 장애의 상태 확인 등을 통해 판정한다.

〈표 12-1〉 영유아 발달장애의 유형 및 빈도

발달장애	빈도(1,000명당)
뇌성마비(cerebral palsy)	2~3
시력장애(visual impairment)	0.3~0.6
청력장애(hearing impairment)	0.8~2
지적장애(Intellectual disorder)	25
학습장애(learning disorder)	75
주의력결핍 과잉행동장애(ADHD)	150
행동장애(behavior disorder)	6~13

2) 발달장애의 원인

발달장애의 원인은 선천적 원인과 환경적 원인으로 구분할 수 있다(임지영 외, 2014). 선천적 원인은 유전적 원인과 생물학적 원인으로 나누어지는데, 유전적 원인으로는 염색체 이상이나 유전자의 대사 이상 등이 있고, 생물학적 원인은 뇌성마비나 말초신경 및 신경근 질환, 지적장애, 근육질환 등이 있다.

발달장애의 원인
선천적 원인
- 유전적 원인
- 생물학적 원인

환경적 원인
- 부모의 양육태도
- 가정환경
- 사회문화적 전통
- 교육 경험

〈표 12-2〉 발달장애의 원인

선천적 원인	유전적 원인	염색체 이상, 유전자 대사 이상
	생물학적 원인	뇌성마비, 말초신경 및 신경근 질환, 지적장애, 근육질환
환경적 원인	부모의 양육태도, 가정환경, 사회문화적 전통, 교육 경험	

3) 발달장애 영유아의 특징

발달장애 영유아들은 생후 6~18개월경까지 정상발달을 하다가 그 이후 발달이 지연되거나 퇴행을 보이는데, 만성변비와 설사, 구토, 알레르기, 천식이나 아토피 등의 증상이 나타나기도 한다. 잘 기지 못하고 걷거나 설 때의 자세가 불안정하며 까치발로 걷기도 한다.

또 새로운 사람이나 장소에 적응을 잘 못하여 주변 환경이 바뀌면 이상한 행동이나 말을 하기도 한다. 대인관계에 필요한 기본적인 언어능력이 부족하며 주의가 산만하고 감정조절을 잘 하지 못하여 화가 날 때는 상황에 맞지 않는 말과 행동을 하거나 공격적 행동을 보이기도 한다. 한 가지 사물이나 활동을 반복하여 계속하면서 대상에 지나치게 집착한다.

〈발달장애 영유아의 전반적 특징〉

- 새로운 것을 싫어하고 반복되는 활동을 좋아한다.
- 한 가지 사물이나 활동에 집착한다.
- 떼를 쓰거나 울음으로 자신의 욕구를 표현한다.
- 새로운 사람이나 장소, 사물에 적응하지 못한다.
- 간지럼을 심하게 탄다.
- 산만하고 감정조절이 어렵다.
- 눈을 맞추지 못하고 눈의 위치가 수평이 되지 않는다.
- 사진을 찍어보면 고개가 한쪽으로 기울어져 있는 경우가 많다.
- 소화장애가 있거나 멀미를 자주 한다.
- 공 던지기와 같은 운동신경이 부족하다.
- 표현언어와 수용언어 모두 부족하다.
- 사회성이 부족하다.

〈표 12-3〉 신체영역별 발달장애의 특징

영 역	기 준
대근육 운동발달 (gross motor development)	• 3개월 : 목을 가누지 못한다. • 6개월 : 뒤집지 못한다. • 8개월 : 혼자 앉지 못한다. • 10개월 : 잡고 서지 못한다. • 15개월 : 걷지 못한다. • 24개월 : 계단을 오르거나 내려가지 못한다.
소근육 운동발달 (fine motor development)	• 3개월 : 주먹을 꽉 잡고 펴지 못한다. • 6개월 : 장난감을 움켜잡지 못한다. • 8개월 : 물건을 한 손에 잡지 못한다. • 12개월 : 엄지와 검지로 작은 물건을 잡지 못한다. • 18개월 : 양말이나 장갑을 혼자 벗지 못한다. • 24개월 : 5개의 블록을 쌓지 못한다.

언어발달 (language development)	• 6개월 : 옹알이를 하지 않는다. • 8개월 : "다", "브" 같은 음절을 말하지 못한다. • 12개월 : 엄마, 아빠를 말하지 못한다. • 18개월 : 의미 있는 한 단어를 말하지 못한다. • 24개월 : 의미 있는 두 단어 이상을 말하지 못한다.
사회심리발달 (socio-psychology development)	• 3개월 : 주위의 자극에 반응하여 미소를 짓지 않는다. • 8개월 : 유쾌한 분위기에서도 웃지 않는다. • 12개월 : 달래기가 어렵고 비협조적이다. • 24개월 : 이유 없이 치고, 물고, 소리를 잘 지른다.

2. 발달장애의 진단과 예방

1) 발달장애의 진단

발달장애의 진단과 조기 발견은 발달장애 영유아의 증상 완화 및 사회적 능력과 학습능력 개선에 도움을 줄 수 있다. 영아기에는 뇌성마비, 중증 시각 또는 청각 장애, 2세경에는 언어장애, 3~5세경에는 미세운동이나 운동 조절장애와 행동장애, 6~8세경에는 학습장애가 나타난다(안효섭, 2012).

발달장애의 평가는 발달선별검사(screening), 추적관찰(surveillance), 진단(diagnosis)의 과정을 거쳐야 한다. 발달선별검사로 진단을 할 수는 없으며, 검사결과 이상이 있으면 전문가의 진단을 받아야 한다. 발달장애를 평가하는 기준으로는 미국정신의학협회의 '정신장애의 진단 및 통계 편람(DSM-5)'과 미국과 유럽 등지의 영유아발달 연구자들에 의해 개발된 '영유아기 정신건강 및 발달장애 진단분류(Zero to Three)' 등이 있다.

발달장애의 평가
- 발달선별검사
- 감시
- 진단

발달장애의 진단
- 발달선별검사 후 전문가의 진단
- 영유아 건강검진 시 발달평가

우리나라는 보건복지부에서 실시하는 '영유아 건강검진'에 특정 시기(4개월, 9개월, 18개월, 30개월, 만 5세)의 발달평가가 포함되어 있다. 발달평가에는 출생과정과 환경, 가족관계나 가족의 병력, 자세한 진찰, 시력 및 청력 검사를 비롯한 여러 검사가 포함된다. 또 「장애인 등에 대한 특수교육법(2013)」에서 장애유아의 조기발견과 의무교육 등을 명시하고 있다. 장애유아는 유아특수학교, 특수학교 유치부, 유치원 특수학급 및 일반학급, 장애전담 어린이집, 복지관 및 사설교육기관 등에서 교육을 받을 수 있지만 교육적 여건이나 지원체계는 다소 부족한 실정이다.

〈표 12-4〉 유아발달선별검사의 종류

검 사	연 령
한국영·유아발달선별검사(K-DST)	0~5세
한국형 베일리 영유아 발달검사(K-BSID)	1~42개월
덴버 발달선별검사(DDST)	0~6세
유아, 초등용 한국 웩슬러 지능검사(K-WPPSI)	3세~7세 3개월
카우프만 아동종합검사(K-ABC)	2세 6개월~12세 6개월
Parent's Evaluation of Developmental Status	0~8세
Early Screening Inventory	3~6세
Children Development Inventory	0~6세
Clinical Adaptive Test/ Clinical Linguistic and Auditory Milestone Scale(CAT/CLAMS)	0~3세
Peabody Picture Vocabulary Test	2세 6개월~4세
Pediatric Symptom Checklist	3~16세

읽을거리 울음분석을 통한 발달장애 진단

최근 미국의 브라운 대학과 로드 아일랜드 소아여성병원 팀에서 영아들의 건강상태와 발달장애를 조기에 발견할 수 있는 자동울음분석기를 개발해서 화제가 되고 있다. 이 연구에 참여한 배리 레스터 박사는 자동울음분석기의 울음분석을 통해, 임신 중이나 출산 시 뇌손상에 의한 영아들의 신경장애나 발달장애를 조기에 진단하는 것이 가능해졌다고 한다. 영아의 울음을 12.5밀리초 간격으로 끊어서 기록한 다음, 울음의 길이와 울음과 울음 사이의 간격 등을 분석하는데, 분석한 내용을 영아건강과 관련된 80가지의 기준에 따라 재분석한 후 진단을 내리게 된다. 예를 들어, 신경계의 문제로 인해 영아의 성대조절 능력이 손상된 경우라면, 그 손상된 상태가 울음의 높낮이나 음량, 발성, 진동 등의 특징의 차이로 나타나게 된다는 것이다. 컴퓨터와 연결된 자동울음분석기의 개발로 발달장애를 조기에 진단하는 것이 가능해지면서, 발달장애 영아들을 위한 의학적·교육적 지원 또한 확대되고 쉬워질 것으로 기대된다.

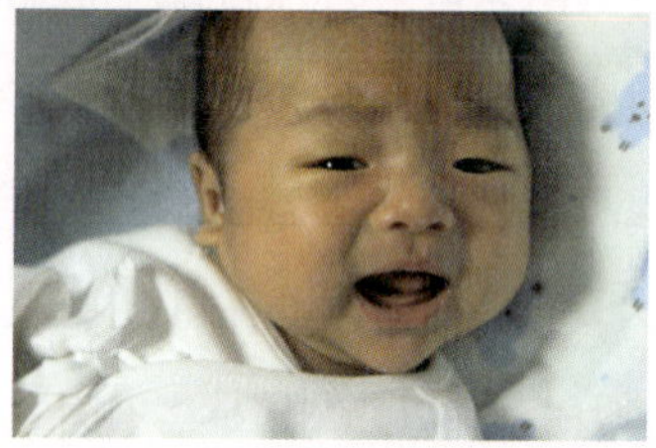
생후 4주경 우는 아기

출처 : http://news.brown.edu/pressreleases/2013/07/crybaby

2) 발달장애의 예방

발달장애의 예방을 위해서는 건전한 가정과 사회적 문화, 임신과 출산에 대한 바람직한 인식 등이 필요하다. 산모는 임신 전에 결핵이나 간염, 성병 같은 전염성 질환과 당뇨병이나 갑상선 질환 같은 내분비 질환, 그 외 고혈압, 심장질환, 혈액의 Rh인자 검사 등을 받고, 음주와 흡연, 약물 등을 중지해야 한다. 특히 먼저 태어난 아기에게서 발달지연이 있거나, 임산부 나이가 35세 이상일 경우, 약물복용이나 기형유발성 물질에 오랜 시간 노출되었을 경우, 조기 신생아 사망, 습관성 유산이나 불임증이 있었던 경우, 가족 중에 발달장애, 선천성 기형이나 유전병이 있는 경우에는 반드시 유전상담을 받아야 한다.

발달장애의 예방
- 산모의 각종 검사 및 유전상담
- 산모의 적절한 나이
- 산모의 음주, 흡연 금지
- 임신, 출산에 대한 인식 변화

3. 발달장애의 종류 및 특성

1) 감각장애

감각장애(sensory impairment)는 청각장애, 시각장애, 촉각장애 등 감각기관의 장애를 말한다.

(1) 청각장애(Hearing Impairment)

청각장애
가벼운 듣기능력 손상에서 중도 청각장애, 농과 난청 포함

청각장애는 가벼운 듣기의 손상부터 심한 청각장애까지로 농과 난청을 포함한다. 청각장애의 원인은 바르덴부르크 증후군(Waardenburg syndrome), 어셔 증후군(Usher syndrome) 등과 같은 유전적인 원인과 태내기간 및 출생 시의 원인, 그리고 후천적인 원인으로 나누어 볼 수 있다. 태내기간과 출생 시의 원인으로는 태아기 동안 산모의 풍진이나 모자혈액의 부적합, 미숙아, 출생 시 뇌손상이나 산소결핍 등이 있다. 후천적 원인으로는 성홍열, 인플루엔자, 뇌막염 등 질병으로 인한 원인을 들 수 있다.

(2) 시각장애(Visual Impairment)

시각장애
교정 가능한 시각상태에서 실명상태까지 포함되며, 맹, 준맹, 약시로 구분

시각장애는 교정 가능한 시각장애에서 실명까지를 포함한다. 시각장애 영아도 생후 4주 정도까지는 미소를 보이다가, 점차 미소가 줄어들면서 양육자와의 상호작용이 힘들어진다. 시각장애의 원인으로는 산모의 전염병, 중독, 종양 등과 같은 산전원인이 가장 많다. 백내장이나 시신경 위축으로 인한 안구, 각막, 수정체, 망막, 시신경 등의 손상도 시각장애를 일으킨다. 당뇨나 매독, 녹내장, 각막염도 시각장애의 원인이 될 수 있다. 환경적 원인으로는 미숙아를 보육기에 두는 경우, 보육기 내의 산소 과다사용과 풍진 등을 들 수 있다.

(3) 촉각장애(Paraphia)

촉각장애는 촉각방어(tactile defensiveness), 혹은 접촉과민증(hypersensitivity to touch)이라고도 한다. 다른 사람이 자신의 몸을 만지지는 것을 싫어하고, 대신 자신이 다른 사람을 만지려고 한다. 머리를 감기거나 자르려고 할 때, 씻기려고 할 때, 옷을 갈아입히려고 할 때, 떨거나 강력히 저항한다. 새로운 옷을 입는 것도 싫어하고 다른 사람과 함께 있는 것을 싫어하며, 다른 사람이 자신의 몸에 부딪치면 신경질적으로 반응한다. 다른 사람에게 일부러 거칠게 보이려고 하기도 하고 가끔은 다른 사람이나 물건에 일부러 부딪치는 경우도 있다. 대체적으로 신체를 통해 정보를 얻는 데 어려움이 있고 운동능력이 많이 뒤처진다(Coleman, 1999).

촉각장애
신체를 통해 정보를 받아들이는 데 어려움이 있고 운동능력이 많이 떨어짐

2) 섭식장애

섭식장애(eating disorder)는 음식물의 섭취와 관계된 장애로, 반추장애, 이식증(pica), 신경성 식욕부진(anorexia nervosa), 폭식증(bulimia nervosa) 등이 있다. 반추장애는 먹은 것을 반복적으로 다시 올리고, 올린 음식을 뱉거나 다시 삼키는 행동을 하는 것으로 대개 3~12개월 사이에 나타난다. 음식을 올릴 때 특이한 자세를 취하기도 하고, 배고픈 것처럼 자주 보채는 경향이 있다. 이식증은 진흙이나 깃털, 재, 페인트, 머리카락 등 먹지 못하는 물체를 반복적으로 먹는 것을 말한다. 영아는 대체로 빠는 행동을 하지만, 2세 이후에도 계속 빠는 행동을 하면 비정상적인 것으로 보아야 한다(안효섭, 2012). 이식증은 부모나 양육자의 관심이 부족하거나 돌보아 주지 않을 때 나타날 수 있고, 영아의 지능이 낮거나 영양상태가 나쁠 때, 가정의 사회경제적 수준이 낮을 때 더 많이 나타나는 경향이 있다.

섭식장애
음식물의 섭취와 관계된 장애로 영아에게는 반추장애와 이식증 정도가 나타날 수 있음

이식증
진흙이나 깃털, 재, 페인트, 머리카락같이 먹지 못하는 물체를 반복적으로 먹음

신경성 식욕부진
자신이 말랐는데도 뚱뚱하다고 생각하고 음식을 지나치게 먹지 않음

폭식증
음식에 집착하여 지나치게 많이 먹고 체중 증가를 피하기 위해 토하거나 설사제, 이뇨제 등을 사용함

3) 반응성 애착장애

영유아기의 애착(attachment)은 인간관계의 가장 기본적인 신뢰감과 안정감 형성에 매우 중요하며 사회적 관계 형성의 기초가 된다. 보울비(Bowlby)가 어머니와 영아 간의 관계에서 애착이라는 용어를 사용하였고, 어머니와 영아의 애착관계를 분류하였다(Ainsworth, 1983). 반응성 애착장애(reactive attachment disorder)는 불충분한 양육환경, 즉 사회적 방임으로 인한 선택적 애착 형성의 장애를 일컫는다.

반응성 애착장애
영아의 애착형성이 잘 이루어지지 않았을 때 자폐 스펙트럼과 비슷한 증상이 나타나는 경우

반응성 애착장애의 원인으로 양육자의 비정상적인 양육태도나 불안정한 애착, 학대, 가정 내 폭력, 부모의 정신건강 상태 등을 들 수 있다. 특히 영아의 기본적인 욕구가 지속적으로 거절당하거나 양육자가 자주 바뀌어서 애착관계 형성이 잘 이루어지지 않은 경우에 많이 나타난다. 반응성 애착장애의 핵심증상은 아동과 양육자 사이에 애착이 없거나 아주 미미하여, 연령대에 기대되는 애착행동을 보이지 않는다는 것이다. 반응성 애착장애 영아는 대개 주변 환경에 대하여 관심을 보이지 않고, 분리불안이나 낯가림 등 정상적인 불안반응도 보이지 않는다. 낯선 사람이나 친숙한 사람에게 똑같은 반응을 보이고, 오히려 낯선 사람에게 과도한 친밀감을 나타내기도 한다(박영아, 2010). 여러 가지 특징으로 보면, 자폐스펙트럼 장애와 구별하기 어려울 수 있으나, 반응성 애착장애의 치료는 우선 아동이 안전하게 양육받을 수 있는 환경을 마련하고 신체 질환과 영양 상태에 대해서 평가하여 적절한 치료를 하여야 한다. 치료자는 양육자들이 부적절한 양육방식을 개선하고, 선택적 애착이 형성될 수있는 양육환경을 조성하도록 교육하여야 한다. 애착관계를 증진시킬 수 있는 적절한 환경을 제공하고 프로그램을 꾸준히 시행했을 때, 증상은 상당한 수준까지 좋아질 수 있다.

4) 중추신경계 장애

약물이나 영양결핍, 모체의 감염, 출산 시 산소결핍 등으로 뇌와 척수에 문제가 생기게 되면 중추신경에 장애가 발생할 수 있다. 또 고열이나 질병, 과도한 상해 등에 의해서도 중추신경계가 손상될 수 있다.

중추신경계 장애
- 뇌성마비
- 이분척추증
- 주의력 장애
- 흔들린 아기 증후군

(1) 뇌성마비(Cerebral Palsy)

뇌성마비는 뇌가 손상되어 운동이나 자세조절에 어려움을 겪는 장애로, 뇌의 손상 부위와 정도에 따라 증상이 다르게 나타난다. 뇌성마비라고 해서 반드시 지능이 낮은 것은 아니지만, 발작증상을 보이는 경우는 종종 있다.

(2) 흔들린 아기 증후군(Shaken Baby Syndrome)

영유아를 격렬하게 흔들어서 생기는 장애로 뇌와 눈 망막에 출혈이 생기고, 인지와 운동능력 손상을 가져오며 심하면 사망에 이르기도 한다(안효섭, 2016). 성인의 머리 무게는 체중의 2%인 데 비해, 영유아들의 머리 무게는 체중의 10% 정도를 차지하기 때문에, 영유아들은 작은 움직임에도 머리에 충격을 받고 뇌손상이 일어나기 쉽다. 영유아가 흔들린 아기 증후군 진단을 받게 되면, 30% 정도는 사망하고 생존하더라도 60% 이상이 실명이나 팔다리 마비, 지적장애, 성장장애, 뇌전증 등의 심각한 증상이 나타난다.

영유아를 위아래, 혹은 앞뒤로 흔들지 않아야 하고, 달리는 차의 진동 같은 사소한 충격에 주의해야 한다. 만약 충격을 받은 후, 영유아의 눈에 핏발이 보이거나 호흡곤란 증상이 나타나면, 반드시 뇌검사를 받는 것이 좋다.

5) 지적장애

지적장애(intelleual disorder)는 정신지체(mental retardation)로 명명하던 장애로, 지적기능 수준에 결함이 있는 상태를 말한다. 표준화된 지능검사의 지능지수(IQ)가 70 이하인 경우로 사회적 적응능력이 부족하고 일상생활을 제대로 수행하기 어려운 상태를 말한다(SBAA, 2005). 2세 이상부터 진단이 가능하며 지능지수에 따라 경도 지적장애, 중등도 지적장애, 중도 지적장애, 최중도 지적장애로 나누어진다.

〈표 12-5〉 지적장애의 특성 및 판단기준

진단전문의	정신건강의학과 전문의 재활의학과 전문의	
검사방법	개인용 지능검사(IQ) 사회성숙도 검사를 참조 GAS 및 비언어적 지능검사도구	
분 류	경도 : IQ 50~70	지적장애 3급
	중등도 : IQ 35~49	지적장애 2급
	중도 : IQ 21~34	지적장애 1급
	최중도 : IQ 20 이하	

더 알아보기 지적장애의 진단기준

- 개인적으로 시행한 지능검사에서 지능지수(IQ) 70 이하이거나 유아의 경우에는 평균 이하의 지적 능력을 보인다고 판단되는 경우
- 다음 중 두 가지 항목 이상에서 개인의 연령이나 문화집단에서 기대되는 기준을 만족시키지 못하거나 장애가 있는 경우
  - 의사소통, 자기돌봄, 가정생활, 사회적 기술과 대인관계 기술, 지역사회 자원의 활용, 자기관리, 기능적 학업기술, 직업, 여가, 건강 및 안전

6) 언어장애

언어장애는 언어기술 습득과 발달이 정상수준에 도달하지 못하여 언어 사용에 이상이 나타나며, 정상적인 언어발달 수준의 2/3 정도 이하인 상태를 말한다. 영유아기의 발달장애 중 가장 흔하며, 영유아의 약 10% 정도가 언어장애를 겪고 있다.

언어장애
발달장애 중 가장 흔한 장애로, 의사소통 과정에서 언어를 이해하고 사용하는 데 문제가 있음

미국 말·언어·청각협회(ASLHA : American Speech–Language and Hearing Association)는 언어장애를 '의사소통 과정에서 말과 글로 된 상징체계나 다른 상징체계들을 이해하고 사용하는 데 문제가 있는 상태'로 규명하면서, 언어의 형태적 요소(음운론, 형태론, 구문론)나 의미적 요소(의미론), 사용적 요소(화용론) 모두를 포함한다고 정의하고 있다(Paul, 2007).

언어장애의 원인으로는 선천적 원인과 환경적 원인이 있다. 선천적 원인에는 농, 만성 중이염, 성대이상, 언청이 등의 선천적 질병과 지적장애, 발달장애, 청각장애, 학습장애, 정서장애, 뇌기능 장애, 자폐증 등의 기질적인 것이 있다. 또 생후 2년 이내에 만성 중이염을 앓을 경우 언어발달에 영향을 미칠 수 있다. 환경적 원인으로는 문화적 언어경험 부족을 들 수 있다. 사회정서적 요소도 언어장애에 영향을 미치지만, 대개 영양결핍이나 중금속 중독, 철분결핍성 빈혈 등의 생물학적 요소와 복합적으로 작용한다.

(1) 단순 언어장애

청력손실이나 신경적 결함이나 정서적 장애가 없으며, 정상의 지적 능력을 가지고 있는 경우로, 단지 의사소통 기술 습득에 어려움을 보이는 언어장애를 말한다.

단순 언어장애
인지·정서적 결함이 없으면서 의사소통에 어려움이 있는 경우

(2) 조음장애

연령에 적합한 말을 하지 못하고 발음을 생략하거나 첨가, 왜곡 또는 대

조음장애
음의 생략, 첨가, 왜곡 등으로 발음이 부정확하고 연령에 적합한 말을 하지 못함

치하는 경우를 말한다(전헌선·윤치연·공나영·김성화·도명애, 2012). 주로 'ㅅ', 'ㅈ', 'ㄹ' 등의 발음이 부정확한 경우가 많은데, 중추신경계 이상이나 유전, 혀가 짧거나 인후가 기형일 때 나타난다. 특히 구강기형이나 뇌성마비 등으로 인한 조음장애는 교정이 매우 어렵다.

(3) 유창성 장애

유창성 장애
자폐증, 뇌성마비, 청력장애, 교육부족, 정서장애 등의 원인으로 2세경이 되어서도 말을 하지 못함

2세경이 되어서도 말을 하지 못하는 경우로 자폐증이나 뇌성마비, 청력장애, 교육부족, 정서장애 등이 원인이 된다.

(4) 말더듬

말더듬
특정 음을 반복 또는 길게 발음함으로써 언어가 자연스럽지 않은 경우

어떤 특정한 음절을 반복하거나 길게 발음함으로써 부자연스럽게 언어를 사용하는 것을 의미한다. 2세경 나타나서 대부분 자연스럽게 좋아지지만, 성인이 될 때까지 남아 있는 경우도 있다. 남아에게서 여아보다 세 배 정도 더 많이 나타나고, 노래하거나 무생물, 동물과 이야기할 때는 나타나지 않는 경향이 있다(윤치연, 2003). 표현욕구가 표현기능보다 앞서기 때문에 나타나는 현상으로, 동생 출생이나 배변훈련과 같이 스트레스가 많을 때, 주변 사람들이 부적절한 언어를 사용할 때, 혹은 신경계의 협응에 문제가 있을 때 나타나기 쉽다. 유아가 자신이 말을 더듬는 것을 인식하게 되면 불안감으로 인해 또 다른 행동 문제가 나타날 수도 있기 때문에(안효섭, 2012), 유아가 말을 더듬을 때 지나치게 관심을 보이지 않는 것이 좋다. 그러나 만약 장기간 지속적으로 더듬는다면 전문가의 치료가 필요하다.

(5) 선택적 함구증

선택적 함구증
지적·언어적 능력에 문제가 없는데, 특정 장소에서나 사람에게 일정 시간 동안 말을 하지 않는 경우

사람이나 장소에 따라 일정 시간 동안 말을 하지 않는 경우로 언어금지 혹은 언어회피라고도 한다. 지능이나 언어능력에 이상이 없는데도 특정한 사람에게 말을 하지 않는 것을 말한다. 5세 이전에 나타나지만, 취학 전에

는 부끄러움을 많이 타는 정도로 생각하기 쉬워서 잘 발견되지 않는다(박영아, 2010). 원인으로는 주의집중과 기억력 부족, 양육자와의 부적절한 상호작용, 낮은 사회경제적 수준 등을 들 수 있다.

〈표 12-6〉 언어검사의 종류

검사종류		대상	내 용
언어발달 검사	영·유아 언어발달 검사 (SELST)	1~3세	영유아의 수용언어 및 표현언어 평가 언어장애 조기 선별 가능
	MCDI-K	1~3세	영유아 이해낱말 및 표현낱말 수 측정
	학령 전 아동의 수용 및 표현언어 검사(PRES)	2~6세	취학 전 아동의 언어발달 평가
	그림어휘력 검사	2~8세	어휘 이해력 평가 명사, 동사, 형용사, 부사에 대한 평가
	언어이해 인지력 검사	3~5세	이해력 및 인지력 측정
	문장이해력 검사	4~6세	문장이해 능력 측정 부정문, 시제 포함 문장, 복문 등을 평가
	언어문제해결력 검사	5~12세	언어를 통한 문제해결 능력 평가 원인 이유 파악, 해결 추론, 추측 등을 평가
조음능력 검사	구강기능 검사 및 조음음운 평가	모든 연령	구강기능 검사 및 조음음운 발달 평가
유창성 검사	말더듬 정도 측정검사(SSI)	모든 연령	상황별 말더듬 정도 평가

| 그림 12-1 | 학령 전 아동의 수용 및 표현언어 검사(PRES)

7) 자폐스펙트럼 장애

자폐스펙트럼 장애
사회적 상호작용과 의사소통이 어렵고, 행동이나 관심사가 매우 제한적임

자폐스펙트럼 장애(ASD : Autistic Spectrum Disorder)는 사회적 상호작용의 질적인 장애, 언어적 및 비언어적 의사소통 장애, 상동적 행동 및 흥미와 관심 범위의 제한을 주요 문제로 나타내는 신경발달성 질환으로, 흔히 '자폐증'이라고 일컫는다. 자폐스펙트럼 장애 유아들은 사회성이나 언어, 인지 등의 발달영역에서 심각한 장애가 있어 일상생활 적응이 어렵고 다른 사람과의 관계 형성도 어렵다. 자폐스펙트럼 장애의 원인으로는 유전적 요인, 환경적 요인, 기질이나 생물학적 요인 등이 있다. 여아보다 남아에게서 3~4배 정도 더 많이 나타나고 지능은 여아가 더 낮은 것으로 알려졌다(Dumas & Nilsen, 2003).

자폐스펙트럼 장애 유아의 특징
- 주로 혼자 논다.
- 상호작용을 하지 않는다.
- 반향어를 사용한다.
- 물건이나 사람에 집착한다.
- 반복행동을 한다.

자폐스펙트럼 장애 유아들은 혼자 놀기를 좋아하고 이름을 불러도 대답하지 않거나 타인과의 상호작용을 거의 하지 않는다. 또 어떤 말을 반복해서 계속 따라 하는 반향어(echolalia)를 사용하며, 발음과 음의 고저가 이상하고, 언어적 이해력과 사고력이 부족하다. 한 가지 물건에 집착하고 한 가지 특이한 행동을 반복하며 변화를 싫어하고 발끝으로 까치발을 해서 걷기도 한다.

더 알아보기

DSM-5에서는 DSM-Ⅳ-R에 제시되었던 하위유형(자폐성 장애, 아스퍼거 장애, 레트장애, 아동기 붕괴성 장애, 비전형 전반적 발달장애) 중 단일 유전자결함 관련 유전장애로 판별된 레트장애를 자폐스펙트럼 장애(ASD)에서 분리하고, '자폐스펙트럼 장애'라는 용어로 통합하였다(강진령, 2017).

더 알아보기 반향어

다른 사람의 말에 적절한 대답을 하지 못하고 상대방의 말을 그대로 따라 하는 것을 말한다.

엄마 : 우유 마실래? 주스 마실래?
유아 : 우유 마실래? 주스 마실래?
엄마 : 우유 줄까?
유아 : 우유 줄까?
엄마 : '우유 주세요' 해야지.
유아 : '우유 주세요' 해야지.

〈표 12-7〉 유아 자폐스펙트럼의 종류와 특성

종 류	특 성
자폐성 장애	• 언어능력이 뒤처짐 • 혼자서 놀고 반복적인 행동을 함 • 상상놀이를 못함
아스퍼거 장애	• 사회성, 의사소통, 인지능력, 적응력이 뒤처짐 • 처음에 ADHD로 진단되는 경우가 많음 • 불안, 기분장애, 우울감을 느낌
아동기 붕괴성 장애	• 증상이 심하고 말을 잘 못함 • 2세 이후 두드러짐 • 여러 영역에서 퇴행
비전형 전반적 발달장애	• 그 외 자폐증상을 가진 심각한 발달장애 • 조금 늦게 증상이 나타남

읽을거리 자폐증, 자폐스펙트럼 장애

1943년 레오 캐너(Leo Kanner)가 특이한 언어와 행동을 하면서 애정적 접촉을 못하고 혼자만의 세계에 빠져 있는 것 같은 아동들의 공통적인 증상에 대해 '조기 영아 자폐증(early infantile autism)'이라고 명명하였다. 자폐증(autism)은 self라는 의미의 라틴어 auto에서 온 말인데, 이는 자폐증의 특성이 혼자만의 세계에 빠져 있다는 것에서 비롯되었다. 1990년대 이후 '자폐스펙트럼 장애'라는 용어에 전반적 발달장애뿐 아니라 비전형 자폐증, 아스퍼거 장애 등을 포함시켜 사용해 오던 것을(임지영 외, 2014) 최근 DSM-5의 기준에 따라 '자폐스펙트럼 장애'로 통합하여 사용하게 되었다.

읽을거리 자폐스펙트럼 영아의 지도

자폐스펙트럼 장애영유아의 언어나 인지기능 및 사회성 발달을 촉진시키고 문제행동을 감소시켜 주기 위해서는 체계화된 교육 프로그램이 필요하다. 긍정적 강화, 타임아웃 등의 전략을 활용한 행동수정(behavior modification)의 방법을 통해 영유아의 정서감을 발달시키는 것이 중요하며, 자신감과 자아감, 성취감 발달을 위해 다양한 것에 흥미를 느끼게 하고 칭찬과 보상을 주는 것이 좋다.

자폐스펙트럼 영유아에 대한 교육은 일반적 장애영유아의 교육에 비해 좀 더 일찍 시작하되 지속적이고 집중적으로 이루어져야 하며, 체계화된 교육 프로그램을 바탕으로 해야 한다. 검증되지 않은 여러 가지 처방이나 지도법이 소개되고 있지만, 어떤 방법을 적용하고자 할 때는 반드시 전문가와 논의를 거쳐야 한다. 자폐스펙트럼 영유아들은 제각기 여러 측면에서 각기 다른 특성을 가지고 있기 때문에, 획일화된 지도보다는 개인적 특성에 알맞은 치료와 지도방법을 적용해 가야 할 것이다.

자폐스펙트럼 장애의 진단이 빠르면 빠를수록 치료와 지도가 빨리 시작될 수 있어 행동지도에 도움이 된다. 뿐만 아니라 자폐스펙트럼 장애의 많은 부분이 영유아기 애착형성의 문제 때문이라는 주장에 대해 부모들이 불필요한 죄의식을 가지지 않도록 적절한 부모교육도 병행하는 것이 좋다.

8) 주의력결핍 과잉행동장애

주의력결핍 과잉행동장애(ADHD : Attention Deficit-Hyperactivity Disorder, 이하 ADHD)인 아동들 중 어떤 아동(특히 남아)은 매우 활동적이고 충동적이며, 어떤 아동(특히 여아)은 주의가 산만하기만 하다(Allen Frances, 2014). 대부분의 아동은 두 가지 모습을 모두 보이는데, 이러한 증상들은 2~12세경 나타난다. ADHD 아동은 질문을 끝까지 듣지 않고 대답하거나 부주의 또는 과잉행동이나 충동적 행동을 하고 시작한 행동을 끝맺지 못하며, 물건을 잘 잃어버리기도 한다(Santrock, 2004).

주의력결핍 과잉행동장애(ADHD)
신체적으로 산만한 행동을 보이며 집중하지 못하고 다른 사람을 방해하여 단체활동이 어려움

ADHD의 원인으로는 유전적 원인, 신경학적 원인, 환경적 요인, 전두엽 기능 저하 등이 있지만 아직까지 명확히 밝혀지지 않았다. ADHD에 대한 평가는 면접검사, 행동평가척도 검사, 종합주의력 검사, 뇌기능 평가, 관련 질환 검사의 순으로 진행된다. ADHD의 전 세계 유병률은 약 5% 정도이며, 성인의 경우 2.5%로 보고되고 있다. 우리나라의 경우 역학조사에 따르면, 초등학생 13%, 중·고등학생 7%였으며, 남아에게서 여아보다 2~9배 더 흔하게 나타났다. 이는 ADHD 진단이 규칙적인 생활을 시작하는 유치원 또는 초등학교 시기에 주로 이루어진다는 것을 보여준다.

ADHD 유아는 학습 부진이나 사회적 부적응으로 이어질 확률이 높기 때문에 적절한 시기의 치료가 중요하다. 그러나 비슷한 증상을 보이는 장애도 있고, 다른 장애와 중복장애를 보이는 경우도 많아서 전문가에 의한 체계적인 진단이 필요하다. 진단 후에는 약물치료, 심리치료와 함께 학습적·사회적 행동을 강화하는 프로그램을 제공하는 것이 좋다. 자극에 민감하게 반응하므로 조용한 환경을 만들어 주고 장난감이나 교재도 한꺼번에 너무 많이 제시하는 것보다 한 번에 한두 개씩 주는 것이 좋다.

더 알아보기 DSM-5에서 제시하는 ADHD 유아의 특징

DSM-5에서 제시하는 ADHD 유아의 특징

- 집중을 못하며 조심성이 없다.
- 지속적으로 한 가지 놀이를 하지 못한다.
- 딴 생각을 할 때가 많다.
- 시킨 일이나 심부름을 끝내지 못하는 경우가 많다.
- 물건을 자주 잃어버리고 실수가 많다.
- 조그만 자극에도 집중이 흐트러진다.
- 두뇌활동이 필요한 놀이에 집중하지 못한다.

과잉행동 충동형 ADHD 유아의 특징

- 손발을 꼼지락거리고 몸을 꿈틀거린다.
- 한 자리에 가만히 앉아 있지 못한다.
- 실내에서 소리 지르거나 뛰어다닌다.
- 계속 움직이고 조용하게 있지 못한다.
- 차례를 지키지 못한다.
- 질문이 끝나기를 참지 못하고 대답하고 지나치게 말을 많이 한다.
- 친구들의 활동을 방해하거나 간섭한다.

출처 : Frances, A.(2014). 정신의학적 진단의 핵심 : DSM-5의 변화와 쟁점에 대한 대응(박원명·민경준·전덕임·윤보현·김문두·우영섭 공역).

9) 틱장애

틱장애
갑작스럽고 반복적인 근육의 움직임이나 소리를 내는 행동

틱장애(tic disorder)는 갑작스럽고 빠르며 반복적이고 상동적인 근육의 움직임 또는 소리를 내는 행동으로, 운동 틱과 음성 틱으로 나눌 수 있다(안효섭, 2012). 운동 틱은 눈 깜빡거리기, 눈동자 움직이기, 얼굴 찡긋하기, 머리 흔들기, 자기 몸을 치거나 갑자기 뛰는 행동 등이고, 음성 틱은 기침 소리, 가래 소리, 코를 킁킁하는 소리, 욕설이나 거친 말을 반복하거나 반향

어의 반복 등이 있다. 틱장애는 억압된 정서나 불안 등의 심리적 요인과 기질적 요인 등에 의해 나타나는 것으로 알려져 있고, 심리적 요인에 의한 경우는 일정 기간 동안 지속되다가 없어지는 경우가 많다.

틱장애는 일과성 장애와 만성 틱장애, 뚜렛장애로 구분할 수 있다. 일과성 장애는 음성 틱 또는 운동 틱이 나타나며 지속 기간이 4주에서 1년 이내인 경우이다. 만성 틱장애는 음성 틱 또는 운동 틱이 나타나며, 지속기간이 1년 이상인 경우이다. 뚜렛장애(Tourette disorder)는 음성 틱과 운동 틱이 함께 나타나며 지속 기간이 1년 이상인 경우를 말한다. 분노나 불안 같은 심리적 원인에 의한 틱 현상은 일정 기간이 지나면 없어지지만, 기질적 요인인 경우는 유전적인 요인과 관련되어 상당한 기간 지속되며 일상생활에 어려움을 겪기도 한다(안효섭, 2012). 틱장애 행동을 할 때에는 지나치게 관심을 보이지 않는 것이 좋으며, 편안하게 안정을 찾을 수 있도록 도와주는 것이 좋다.

읽을거리 뚜렛장애

뚜렛장애는 프랑스의 의사 조르주 질 라 뚜렛(Georges Gilles de la Tourette, 1885)이 처음으로 명명한 장애이다. 음성 틱과 운동 틱, 욕설이나 반향어 사용 등의 행동으로 나타난다. 스트레스가 심한 상황에서 두 손으로 목을 잡고 소리를 지르거나 가쁜 호흡을 하는 증상을 보인다. 스트레스가 원인이라고 단정 지을 수는 없지만 스트레스가 높아지면 악화되는 경향이 있다.

10) 배설장애

배설장애(elimination disorder)는 유뇨증과 유분증이 있다. 유뇨증(enuresis)은 옷이나 이불에 소변을 일주일에 2회 이상 배설하는 행동이 3개월 이상 지속되거나 다른 중요한 기능상의 고통이 동반되는 경우를 말한다. 친구들에게서 놀림을 받게 되면 유아의 자존감에 영향을 미치게 되고 사회적 행동에도 영향을 주게 된다. 양육자나 교사는 유아에게 따뜻한 관심을 가지고 유아가 스트레스 받지 않도록 도움을 주며, 소변경보장치를 이용하거나 소변 참는 훈련방법 등을 통해 지도하는 것이 좋다.

유뇨증
옷이나 이불에 소변을 일주일에 2회 이상 배설하는 행동이 3개월 이상 지속됨

유분증
다른 문제가 없는데도 부적절한 장소에서 반복적으로 대변을 배설함

유분증(encopresis)은 배변훈련이 되었을 충분한 연령임에도 부적절한 장소에서 반복적으로 대변을 배설하는 증상이다. 유분증이 있는 유아는 성격이 소심하고 사람이 많은 곳에서의 활동에서 스트레스를 더 많이 받는 편이기 때문에, 교사는 배변훈련이 완료되는 연령의 폭이 꽤 넓다는 것을 인지하고 유아에게 관심을 가지고 지도해야 한다. 5세 유아의 경우 약 1% 정도에서 유분증이 나타나며, 여아보다 남아에게 많이 나타난다(김영옥 외, 2010). 원인으로는 대변 통제 기능이 적절하지 않거나 심리적 스트레스가 원인인 경우가 많다. 치료방법은 식이요법과 약물의 사용으로 대변을 통제하거나 상담, 놀이 등을 통해 지도할 수 있다.

11) 수면장애

영유아들의 수면시간은 대략 밤 수면시간이 10시간, 낮 수면시간은 2~3시간 정도인데 점차 낮 수면시간이 줄어든다. 영유아가 잠들 때는 편안하게 그림책을 읽어주거나 이야기를 들려주어서 좋은 습관을 가질 수 있도록 한다. 수면습관이 나쁜 경우에는 유아 본인은 물론 양육자까지 매우 힘들기 때문에 원인을 찾아서 조절해야 한다.

수면장애(sleep disorder)의 원인은 조명이나 소음 등 잠들 때의 환경, 운동 부족, 지나치게 예민한 심리 상태 등이 있다. 수면장애와 심리적 적응은 상호 연관성이 높아 수면문제가 영유아의 신체적·정서적·행동적 문제를 일으킬 수도 있고, 심리적 문제로 수면장애가 발생하기도 한다(김영옥 외, 2010).

유아기 수면장애에는 악몽(nightmare), 야경증(night terror), 몽유병(sleepwalking)이 있는데, 악몽은 자다가 주로 자신의 안전이나 생명과 관계있는 무서운 꿈을 꾸고 깨는 것이다. 아침에 일어났을 때 유아는 자신이 꾼 꿈의 내용을 자세하게 기억한다. 야경증은 자다가 깨서 발버둥을 치면서 큰 소리로 울고 심한 공포감이나 공황 상태를 보이는 경우인데, 아침에 일어나서 기억을 하지 못한다. 몽유병은 자다가 일어나 돌아다니는 것으로, 주변 사람들이 가만히 이끌어 주면 다시 잠자리로 돌아가고 깨어났을 때 기억을 하지 못한다. 몽유병과 야경증은 밀접한 관계가 있어 두 가지를 같이 경험하는 유아가 많고, 그중 한 가지에 있어 가족력이 있는 경우가 많다(안효섭, 2012).

악몽

자다가 주로 자신의 안전이나 생명과 관계되는 꿈을 꾸는 것으로, 아침에 일어나서도 자신의 꿈을 기억함

야경증

자다가 깨서 발버둥을 치면서 큰 소리로 울고 심한 공포감이나 공황 상태를 보이는 것

몽유병

자다가 일어나 돌아다니는 현상

12) 학습장애

학습장애(learning disorder)는 지능이 정상범위에 속하는 유아가 연령이나 지능 수준에 비해 읽기, 쓰기, 수학 능력이 뒤처지는 경우를 말한다. 읽기학습장애(reading disorder), 쓰기학습장애(writing disorder), 수학학습장애(mathematics disorder)가 있다. 학습장애 유아의 경우에는 개별적인 교육 프로그램이 필요하며, 학습문제로 인한 정서적·행동적 문제도 함께 다루어 주는 것이 도움이 된다. 읽기학습장애는 읽기능력이 연령에 비해 기대 수준에 미치지 못하여 학업이나 일상생활이 어려운 경우로 소리 내어 읽을 때 글자를 빼고 읽거나 잘못 읽기도 하고, 없는 글자를 넣어서 읽기도 한다. 쓰기학습장애는 철자를 잘못 쓰거나 문법, 띄어쓰기, 구두점의 사용에 어려움이 있는 경우이며, 읽기학습장애에 비해 늦게 발견되는데 주로 학령기가 되어서야 발견된다. 수학학습장애는 반복적으로 가르쳐도 연령에 적합한 연산능력(덧셈, 뺄셈, 곱셈, 나눗셈)과 연산기호(+, −, ×, ÷, =, 〈 등), 숫자의 단위를 학습하지 못하는 경우로 역시 학령기에 발견될 수 있다.

학습장애

연령이나 지능 수준에 비해 읽기, 쓰기, 수학 능력이 2년 정도 뒤처짐

13) 정서장애

정서장애
정서적으로 정상적인 반응을 보이지 못하고 정서 표현의 기복이 심하며, 애착관계 형성에 어려움을 겪는 경우

정서장애(emotional disturbance)는 정서 기복이 심하고, 정서적 자극에 대한 반응을 할 줄 모르며, 다른 사람과의 관계 형성에 어려움을 겪는 경우이다. 열등감이나 지나친 자의식, 사회적인 위축감, 수줍음, 공포, 과민, 우울감 등 일상생활을 힘들게 하는 정서로 인해 감정발달에 문제가 생기는 장애이다(임지영 외, 2014). 부모나 양육자가 유아를 거부하거나 과잉보호하는 경우, 또는 부모에게 정서장애가 있는 경우에 나타나며 손가락이나 손톱을 물어뜯고 잦은 구토와 설사, 피부질환, 발열, 산만함, 과잉활동 등의 특징을 보인다. 가정에서 조기에 발견할 수 있지만, 문제의 원인이 가정 내에 있는 경우에는 가정에서의 지도가 어렵기 때문에, 교육기관이나 전문기관에서의 교육과 지도가 효과적이다.

읽을거리 정서장애의 기준

다음 중 한 가지 이상의 증상이 지속적으로 나타나는 경우 정서장애로 볼 수 있다.

- 인지적·신체적 측면에 특별한 장애가 없고, 학습활동이 매우 부진한 경우
- 다른 사람과의 관계에서 부정적 행동을 보이는 경우
- 상황에 부적절한 행동이나 감정을 표출하는 경우
- 늘 불안하고 우울감을 가지고 있는 경우
- 정서장애로 인해 신체적 통증이나 공포감을 느끼는 경우
- 감각적 자극에 대한 반응이나 언어·인지능력 또는 대인관계에 결함이 있는 경우

행동장애
유아의 자율성과 능력 간의 갈등에서 생기는 좌절감과 분노를 표출하는 행동으로 반항, 분노 발작, 거짓말, 공격적 행동 등이 있음

14) 행동장애

행동장애(behavioral disorder)는 3~4세경에 나타나기 시작하는데, 자신의 자율성과 능력 간의 갈등에서 좌절감과 분노가 생기는 것이 그 원인이다.

유아는 이러한 좌절감과 분노를 표출하기 위해 반항을 하고 거짓말을 하거나 물건을 몰래 가져가기도 하고, 이기적 행동이나 공격적 행동을 하게 된다. 부모는 유아들의 분노 표출 자체보다 유아들의 좌절감과 분노의 원인을 이해하고, 유아의 감정은 이해하지만 방법은 적절하지 않다는 것을 지도해야 한다.

반항(oppositions)이나 분노 발작(temper tantrum)은 유아의 의지와 욕구가 강해지면서 자신의 욕구와 외부의 통제와의 갈등의 결과로 나타나는 행동이다. 이때 부모나 양육자는 유아가 분노를 조절하고 바람직한 방법으로 표현할 수 있도록 지도하고, 특히 분노를 표현하는 방법을 유아들에게 보여줌으로써 모델이 될 수 있도록 해야 한다.

반항이나 분노
분노를 조절하는 분노 표현 방법을 지도

거짓말(lying)도 유아기에 나타나는 문제행동의 하나인데, 유아들에게 있어 거짓말은 환상에 대한 호기심에서 하게 되는 경우가 많다. 대부분의 유아는 거짓말을 했을 때 부모의 반응을 통해 거짓말이 나쁘다는 것을 알게 된다. 또한 부모가 거짓말하는 모습을 보거나 학대와 같은 현실을 회피하고 싶을 때, 부모가 지나치게 엄격한 경우에도 거짓말을 하게 된다. 거짓말을 반복적으로 하는 것은 또 다른 문제행동을 유발할 수 있기 때문에 적절한 지도가 필요하다.

거짓말
부모가 거짓말하는 것을 볼 때, 학대, 부모가 지나치게 엄격한 경우에 나타나기 쉬움

공격적 행동(aggressive behavior)은 다른 사람에게 신체적·언어적으로 공격적인 행동을 해서 신체적·심리적으로 해를 끼치는 행동을 의미한다. 공격적 행동은 학습장애, 언어장애, 정서장애, 뇌손상, 성격장애 등과 연관성이 높다. 공격적 행동은 연령에 따라 그 양상이 다르게 나타나는데, 유아의 경우 소리 지르고 데굴데굴 구르며 울거나 물건을 집어 던지는 파괴적 행동이 많이 나타나고, 연령이 높아지면서 때리거나 싸우기, 물건 빼앗기 같은 행동들이 나타난다. 공격적 행동의 원인으로는 유아의 좌절감과 분노, 경쟁심, 부모의 양육태도 등을 들 수 있으며, 텔레비전이나 실제 생활에서 공

공격적 행동
유아의 좌절감, 경쟁심, 부모 양육태도, 텔레비전 등의 영향 받음

격적 행동을 많이 접하는 경우에 그렇지 않은 경우보다 공격적 행동을 더 많이 하는 것으로 나타났다(안효섭, 2012).

읽을거리 **공격적 행동 지도법**

- 공격적 행동의 원인을 찾아보고, 원인에 따라 적절한 지도방법을 적용해야 한다.
- 유아에 대한 관심과 사랑을 구체적이고 직접적인 언어로 표현한다.
- 유아가 분노를 가라앉힐 수 있는 시간과 공간을 제공해 준다.
  - 여기서 선생님과 함께 조금만 생각할까?
- 분노를 가라앉힐 수 있는 방법을 알려준다.
  - 함께 숨을 크게 쉬어보자.
  - 1부터 10까지 천천히 세어볼까?
- 친구에게 해를 입혔을 때는 말로 사과하거나 사과편지를 쓰도록 한다.
  - ○○야, 때려서 미안해. 많이 아팠지?
- 폭력적 내용이 담긴 매체에 대해 토의해 보는 시간을 가진다.

4. 발달장애 영유아의 지도

발달장애 영유아를 지도하기 위해서는 부모나 교사의 관찰을 통한 비공식적인 평가와 전문가에 의한 검사를 통해 발달상 뒤처짐의 수준을 파악하는 것이 중요하다. 장애의 조기 발견과 진단은 발달장애 영유아에게 적절한 지도와 서비스를 제공할 수 있을 뿐만 아니라 장애가 고착화되는 것을 막을 수 있다. 부모나 교사는 장애를 가진 영유아를 돌봄에 있어서 자신의 기술이나 지식을 충족시키기 위해 노력하여야 하며(임지영 외, 2014), 부모와 가족, 교사, 의료전문가 등이 함께 참여하는 치료방법을 연구해야 한다.

발달장애 영유아에게는 의미 있고 자연스러운 활동을 통해 스스로 학습이 일어날 수 있는 방법이 제공되어야 한다. 즉, 먹기나 이 닦기, 옷 입고 벗기, 대소변 가리기 등의 기본적인 자조기술과 감각과 운동 기능, 언어능력 등에 관한 지도가 병행되어야 한다.

장애영유아와 많은 시간을 보내는 부모나 교사는 영유아의 장애상태를 충분히 알고 기록해 두며, 일정 기간마다 변화된 상황과 영유아에게 제공된 활동이나 프로그램에 대해서도 자세하게 기록해 두는 것이 좋다. 이러한 기록 작업은 발달장애 영유아의 치료에 참여하는 사람들에게 정보를 제공하는 의미도 있지만, 부모나 교사가 장애영유아의 특성과 변화를 이해하는 데에도 많은 도움이 된다.

최근에는 첨단 의학기술의 발달로 유전적 문제로 인한 장애들도 그 증상을 어느 정도 완화시키거나, 외관상 좀 더 정상에 가깝게 보이게 할 수 있는 방법이 점차 많아지고 있다. 따라서 조기에 영유아의 발달장애를 진단하고, 그에 따른 적절한 개입과 지도를 병행하는 것은 증상을 완화시키는 데 매우 중요하다.

〈표 12-8〉 장애영유아를 위한 영역별 활동(0~1세)

영 역	지도방법
인 지	• 시야를 가린 손수건을 얼굴에서 치우기 • 그릇 속에서 물건 꺼내기 • 그릇 속에 물건 넣는 동작 모방하기 • 그릇 안에 물건 세 개를 넣었다 꺼내기 • 줄에 매달려 있는 장난감 흔들기 • 눈 앞에서 치우는 물건 쳐다보기 • 떨어진 장난감 집어 올리기 • 컵 속에 있는 과자 찾기 • 그릇 안에 감추어 놓은 물건 찾기

수용언어	• 이름 부르면 돌아보기 • 보라는 지시에 쳐다보기 • "안 돼"라고 했을 때 70% 정도 행동 멈추기 • 행동으로 하는 지시 따라 하기 • 간단한 동작 따라 하기
표현언어	• 다른 사람의 소리 모방하기 • 같은 음절을 두세 번 반복해서 소리 내기
대근육 운동	• 엎드려서 양팔로 머리와 어깨 지지하기 • 손과 무릎으로 기기 • 기는 자세에서 한 손 뻗치기 • 도움받아 앉기 • 도움 없이 앉기 • 붙잡고 혼자 서기 • 스스로 혼자 서기 • 도움받아 걷기 • 도움 없이 두세 발짝 걷기 • 좋아하는 물건에 손 내밀기 • 물건 잡기 • 물건 던지기 • 양손으로 공 집어 올리기
소근육 운동	• 입에 음식물 넣기 • 한 손으로 물체 집어들기 • 엄지손가락과 집게손가락 사용하기 • 주먹 쥐어 연필 잡기 • 그릇에 담겨 있는 물건 쏟기
신변처리	• 액체 빨고 삼키기 • 도움 없이 우유병 잡고 있기 • 잡아주는 컵으로 음료 마시기 • 숟가락의 음식 빨아 먹기 • 손가락을 사용하여 음식 먹기 • 양손으로 컵 잡기 • 모자 벗기

사회성	• 교사를 모방하여 웃기 • 교사의 얼굴 만지기 • 교사의 머리카락 잡아당기기 • 제시된 물건에 손 내밀기 • 친숙한 사람에게 다가가기 • 장난감을 쥐고 1분 동안 살펴보기 • 장난감을 따라 1분 동안 고개 움직이기 • 장난감을 흔들어 소리 내는 행동 모방하기 • 이름을 부르면 바라보기

출처 : 임경옥 · 이병인(2012). 장애 영유아 발달영역별 지침서 1~5권 인용.

〈표 12-9〉 장애영유아를 위한 영역별 활동(1~2세)

영 역	지도방법
인 지	• 퍼즐판에서 동그라미 도형 꺼내기 • 퍼즐판에서 동그라미 도형 맞추기 • 꽂기판에서 한 개의 둥근 꽂기 꽂기 • 지시에 따라 블록으로 탑 세 개 쌓기 • 그릇에서 여섯 개의 물건 하나씩 꺼내기 • 신체 한 부분 가리키기 • 원하는 물건 찾아오기 • 같은 물건 짝짓기 • 물건과 같은 그림 짝짓기 • 꽂기판에 다섯 개의 둥근 꽂기 꽂기
수용언어	• 물을 때 자신 가리키기 • 네 개의 장난감 가리키기 • 이름을 듣고 친숙한 물건 다섯 개 가리키기 • 요구에 따라 사물을 주거나 보여주기 • 한 가지 지시 따르기 • "멈춰", "가" 지시 따르기 • 친숙한 동물그림 가리키기

표현언어	• 호흡 훈련하기 • 혀 훈련하기 • '더' 요구하기 • 엄마, 아빠 부르기 • 두세 가지 동물소리 내기 • 물어볼 때 자신의 이름 말하기
대근육 운동	• 혼자 걷기 • 계단 기어오르기 • 손을 잡아주면 계단 걸어 올라가기 • 작은 의자에 혼자 앉기 • 웅크리고 앉았다가 일어서기 • 몸을 굽히고 장난감 집어 올리기 • 장난감 밀면서 걷기 • 장난감 잡아당기면서 걷기 • 공을 머리 위까지 들어 올리기 • 의자 밀기
소근육 운동	• 양손으로 두 개의 물건 잡기 • 컵에 물체 넣기 • 연필로 의미 없는 낙서하기 • 책 한 장씩 넘기기 • 병에 있는 것 쏟기 • 말뚝에 한 개의 고리 끼우기 • 말뚝에서 한 개의 고리 빼기 • 말뚝에 네 개의 고리 끼우기 • 말뚝에서 네 개의 고리 빼기 • 크레파스나 연필로 종이에 낙서하기 • 지시에 따라 블록으로 탑 세 개 쌓기 • 두 개의 블록 쌓기 • 종이 찢기

신변처리	• 옷 입혀줄 때 팔 벌리기 • 단추를 풀어주면 겉옷 벗기 • 컵을 가져갔다가 제자리에 갖다 놓기 • 한 손으로 컵 들고 마시기 • 벙어리장갑 벗기 • 모자 쓰고 벗기 • 양말 벗기 • 끈을 풀어주거나 찍찍이를 떼어주면 신발 벗기 • 가리켜 주면 변기에 앉기 • 지퍼를 열어주면 바지 내리기 • 비누를 묻혀주고 물을 틀어주면 손 씻기
사회성	• 까꿍놀이 모방하기 • 짝짜꿍 모방하기 • 빠이빠이 모방하기 • 교사를 모방하여 팔로 동그라미 만들기 • 손을 내밀어 어른에게 장난감 주기 • 다른 영아와 차를 밀면서 놀이에 참여하기 • 인형이나 부드러운 장난감을 품에 안고 나르기 • 어른에게 읽어달라고 책 건네주기 • "안 돼"라고 말하면 손 움츠리기 • 높은 의자에 앉혀졌을 때 3분 동안 기다리기 • 다른 영아에게 장난감 나눠주기 • 시켰을 때 친숙한 사람에게 인사하기 • 다른 영아와 5분 동안 자동차 밀며 놀기 • 물건을 보여주기 위해 사람 끌어당기기 • 다른 영아와 물건 나누기 • 또래 영아들과 놀기 • 다른 사람에게 미소짓기 • 친숙한 사람과 뽀뽀하기 • 시켰을 때 다른 사람과 포옹하기 • 숨겨놓은 물건 찾기 • 지시했을 때 다른 사람과 손 잡기

출처 : 임경옥·이병인(2012). 장애 영유아 발달영역별 지침서 1~5권 인용.

〈표 12-10〉 장애영유아를 위한 영역별 활동(2~3세)

영 역	지도방법
인 지	• 1~3까지 따라 세기 • 세 개의 블록 세기 • 같은 도형 찾기 • 세 가지 색 짝짓기 • 퍼즐판에 세 가지 도형 끼우기 • 수직선 긋기 • 수평선 긋기 • 원 그리기 • 세 개의 같은 촉감 짝짓기 • 십자 긋기 • 큰 것과 작은 것 가리키기 • 차례로 큰 것에 끼워넣게 된 교구 네 가지 크기 맞추기 • 도형과 도형 그림 짝짓기 • 1~5 숫자 가리키기
수용언어	• 복수형으로 말할 때 하나 이상의 물건 주기 • 기능이나 용도에 맞는 물체 가리키기 • 관련된 두 가지 지시 따르기 • 음식 가리키기 • 동작 지시 따르기 • 동사 그림 가리키기 • 화장실에 있는 물건 가리키기 • 가구 가리키기 • 가전제품 가리키기
표현언어	• 호흡 훈련하기 • "예" 또는 "아니요"로 대답하기 • "없다"라고 말하기 • "주세요"라고 말하기 • 명사와 간단한 동사 연결하여 말하기 • 화장실에 있는 물건 이름 말하기 • 소유 말하기

	• "~이(가) 아니야"라고 말하기 • '어디에'를 묻는 질문에 대답하기 • 자신의 성별 알기 • 복수형으로 말하기 • "이게 뭐지?"라고 질문하기 • '이것', '저것'을 사용하여 말하기 • '나', '내 것'을 사용하여 말하기 • '누가'를 묻는 질문에 대답하기 • '열렸다' 또는 '닫혔다'를 사용하여 말하기 • 다섯 가지 신체 부위 말하기
대근육 운동	• 양손으로 공 굴리기 • 한 손으로 공 굴리기 • 난간 잡고 계단 올라가기 • 도움받아 계단 걸어 내려가기 • 양발을 모으고 제자리에서 높이 뛰기 • 땅 짚지 않고 바닥에서 일어서기 • 도움받아 앞으로 구르기
소근육 운동	• 다섯 개의 블록으로 탑 쌓기 • 다른 손으로 종이 잡기 • 색종이 반 접기 • 책 두세 장 넘기기 • 뚜껑 돌리기 • 일곱 개의 블록으로 탑 쌓기 • 작은 물건의 포장 벗기기 • 나사 빼기 • 반죽놀이 하기 • 손가락으로 연필 잡기 • 방문 손잡이 돌리기 • 큰 구슬 세 개 끼우기 • 손도장 찍기 • 가위로 자유롭게 종이 자르기

영역	내용
신변처리	• 지퍼 내리기 • 똑딱단추 열기 • 끈 없는 신발 신기 • 외투 입기 • 옷의 앞부분 찾기 • 지퍼 내리고 바지 벗기 • 행동 모방하여 이 닦기 • 지시에 따라 수건으로 손 닦기 • 지시에 따라 변기에 앉기 • 화장실에서 대소변 보기 • 빨대를 사용하여 음료수 마시기 • 흘리면서 숟가락을 사용하여 음식 먹기 • 포크로 음식 찍어 먹기 • 수도꼭지를 틀고 잠그기
사회성	• 교사가 지시하면 50% 돕기 • 지시에 따라 다른 교실에서 물건 가져오기 • 지시에 따라 다른 교실에서 사람 데려오기 • 동화책을 들려주면 5~10분 동안 듣기 • 시켰을 때 "고맙습니다"라고 말하기 • 물어볼 때 선택하기 • 감정을 드러내기 • 어른에게 물 달라고 요구하기 • 교사의 간단한 동작 모방하기 • 다른 유아 옆에서 블록 쌓기 • 옆 친구에게 컵 건네주기 • 가족사진에서 자신 찾기 • 인형 머리 빗어주기 • "여보세요"라고 말하기

출처 : 임경옥 · 이병인(2012). 장애 영유아 발달영역별 지침서 1~5권 인용.

토론하기 발달장애의 종류에 따라 장애를 가진 영유아에게 교사로서 어떤 도움을 줄 수 있는지 구체적인 중재활동을 제시해 보자.

정리 활동 다음의 설명에 알맞은 단어를 보기에서 찾아보자.

〈보기〉

지적장애	자폐스펙트럼 장애	반향어	언어지연	틱장애
이식증	흔들린 아기 증후군	유분증	학습장애	쓰기장애
주의력결핍 과잉행동장애	유뇨증	시각장애	행동장애	촉각장애
유창성 장애	말더듬	선택적 함묵증	정서장애	수면장애

1 생후 4주 정도까지는 미소를 보이다가 점점 양육자와의 상호작용이 힘들어지며, 교정 가능한 시각 상태에서 실명상태까지 포함하는 장애이다.

2 영유아를 위아래, 혹은 앞뒤로 심하게 흔드는 경우에 나타날 수 있으며 뇌와 눈이 충혈되고 인지, 운동능력의 손상을 가져온다.

3 정신지체라고도 하며 표준화된 지능검사에서 지능지수(IQ)가 70 이하인 경우이다.

4 신체를 많이 움직이고 집중을 하지 못하며 산만하고, 자기 순서를 기다리지 못하고 다른 아이들을 방해하는 행동을 하며, 시작한 행동을 끝맺지 못한다.

5 혼자 놀기를 좋아하고 이름을 불러도 대답하지 않거나 타인과의 상호작용을 거의 하지 않으며, 반향어를 사용하기도 한다.

6 운동적인 것과 음성적인 것으로 나눌 수 있는데, 눈을 깜박이거나 머리를 흔드는 행동, 기침이나 코를 킁킁하는 소리 등을 낸다.

7 2세 이후에도 흙이나 깃털, 재, 페인트, 머리카락같이 먹지 못하는 물체를 반복적으로 먹는다.

8 지능이 정상범위에 속하는 유아가 연령이나 지능 수준에 비해 읽기, 쓰기, 또는 산수 능력에서 대략 2년 정도 뒤처지는 경우이다.

9 다른 사람에게 신체적·언어적으로 공격적인 행동을 해서 신체적·심리적으로 해를 끼친다.

10 다른 문제가 없는데도 부적절한 장소에서 반복적으로 대변을 배설한다.

11 정서표현의 기복이 심하고, 정서적 자극에 대한 반응을 할 줄 모르며, 다른 사람과의 관계 형성에 어려움을 겪는다.

참/고/문/헌

강문희·강차연·김경희·김승경·김융희·손승아·안경숙·윤은수·윤지영·정옥환·정정옥(2011). **현대사회와 아동 : 심리학적 이해**. 서울 : 시그마프레스.

강수경·정미라(2012). 임산부의 스트레스 및 기질과 태아애착의 관계. **한국생활과학회지, 21**(2), 213–223.

강순희·손수민·윤매자·한서연·황현숙(2020). **영유아발달**(제2판). 서울 : 창지사.

강인설·박희경(2013). 지상파 어린이 애니메이션에 나타난 미디어 공격성 분석. **생태유아교육연구, 12**(4), 299–320.

강진령(2017). **학교에서의 DSM-5-R진단**. Renee M. Tobin, Alvin E. House저. 서울 : 시그마프레스

고영실·박요한(2020). 아버지의 양육참여도 어머니의 일 가정 양립과 유아의 성역할 고정관념의 관계. **열린부모교육연구, 12**(2), 1–18.

공인숙·권기남·권혜진·김영주·김혜라·민하영·서주현·이완정·전숙영·정윤주·채진영·최인숙·한미현·황혜신(2019). **영유아발달**. 경기 : 양서원.

과학기술정보통신부(2023). 2022년 스마트폰 과의존 실태조사 보고서.

곽금주·성현란·장유경·심희옥·이지연·김수정·배기조(2005). **한국영아발달연구**. 서울 : 학지사.

곽금주·정윤경·박성혜·송현주 공역(2007). **아동발달심리학**. 서울 : 박학사

곽노의·이병래·김진호·유구종(1999). **생후 1년간의 유아발달과 육아, 교육**. 서울 : 양서원.

구민경·최현주(2023). 학대 및 방임과 아동·청소년기 공격성 메타분석. **청소년학연구, 30**(9), 181–201.

권민균·권희경·문혁준·성미영·신유림·안선희·안효진·이경옥·천희영·한유미·한유진·황혜신(2007). **아동발달**. 서울 : 창지사.

권민균·문혁준·권희경·성미영·신유림(2012). **아동발달**. 서울 : 창지사.

교육과학기술부(2012). 인간발달.

김경화·이주연(2013). **유아발달**. 경기 : 공동체.

김미예·구현영·권윤정·권인수·김미조·김태임·김희영·심미경·유미·윤희옥·이수연·장군

자 · 정승은 · 조갑출(2020). **신생아건강간호**. 파주 : 수문사

김미현 · 김낙흥(2022). 영유아기 자녀를 둔 어머니가 지각한 아버지 역할수행에 대한 중요도-실행도 분석(IPA). **한국유아교육연구**, 24(3), 137-160.

김민석(2020). 영유아기 자녀를 둔 맞벌이 가정의 아버지 교육에 대한 인식과 요구 분석. 중앙대학교 석사학위논문.

김민진(2012). 조기영어교육 경험이 유아의 사회언어학적 능력 발달에 미치는 영향. **유아교육학논집**, 16(5), 459-486.

김민형(2017). 태아 프로그래밍과 성인기 질환. **한국모자보건학회지**, 21(1), 1-13.

김상림 · 김송이 · 양성은 · 이윤선 · 한준아 · 김지현(2014). **유아발달**. 경기 : 양서원.

김상희 · 김지신 · 박응임 · 한세영(2014). **유아발달**. 고양 : 파워북

김수정 · 정익중(2016). 컴퓨터, 전자게임, 스마트폰 사용이 유아의 우울 · 불안과 공격성에 미치는 영향. **아동과 권리**, 20(2), 157-176.

김억환 · 박은혜(1998). **정신의 도구 : 비고츠키 유아교육**. 서울 : 이화여자대학교출판부.

김 연(2010). 유아의 관계적, 외현적 공격성에 영향을 미치는 관련변인들의 탐색. *HER (Human Ecology Research), 48*(1), 55-66.

김연진 · 이상희 · 고영자(2014). **영유아교육기관 운영관리**. 서울 : 태영.

김영란(2004). 전자매체를 활용한 문해활동이 영유아의 문해능력에 미치는 영향. **한국영유아교육연구**, 6(1), 377-398.

김영애 · 선애순 · 정효정(2018). **영유아발달**. 경기 : 양서원.

김영옥 · 백혜리 · 최미숙 · 황윤세(2010). **아동발달론**. 경기 : 공동체.

김영채(1999). **창의적 문제해결-창의력의 이론, 개발과 수업**. 서울 : 교육과학사.

김정미 · 신희선(2006). K-CDI 아동발달검사 표준화연구. **아동학회지**, 27(4), 39-53.

김정원 · 김현주(2007). 아동의 공격성과 관련변인들의 관계성 연구. **아동교육**, 16(2), 85-93.

김진영 · 김정원 · 전선옥(2000). **유아 · 부모 · 교사를 위한 부모교육**. 서울 : 창지사.

김찬형 · 김지웅(1998). 공격성의 신경생물학. **대한정신약물학회지**, 9(1), 3-18.

김태련 · 조혜자 · 이선자 · 방희정 · 조숙자 · 조성원 · 김현정 · 홍주연 · 이계원 · 설인자 · 손원숙 · 홍순정 · 박영신 · 손영숙 · 김명소 · 성은현(2004). **발달심리학**. 서울 : 학지사.

남궁령(2014). 유아 친사회성에 영향을 미치는 어머니 정서표현성, 어머니 의사소통, 유아 자아탄력성 간의 구조모형분석. **유아교육학회지**, 24(2), 127-146.

노희연(2008). 배변훈련을 통해 본 영아의 분리와 전이 경험. **유아교육학회지**, 12(1), 289-317.

대한민국 정책브리핑(2024. 9. 19). 용감한 아빠에서 당당한 아빠로, 100인의 아빠단 출동.

대한특수교육학회(2000). **특수교육용어사전**. 경산 : 대구대학교출판부.

동아일보(2022. 5. 20). 어릴 적 헤어진 일란성 쌍둥이 자매, 韓-美 거리만큼 달랐다.

________(2023. 7. 6). 유아주입식 교육, 뇌 균형 발달 저해.

문혁준(2000). 아동의 기질적 특성과 부모의 훈육방법. **대한가정학회지, 38**(6), 29–41.
문혁준·김경은·서소정·성미영·안선희·임정하·하지영·황혜정(2014). **유아발달**. 서울 : 창지사.
박성연(2008). **아동발달**. 경기 : 교문사.
박영아(2010). **아동발달**. 서울 : 창지사.
박원명·민경준·전덕인·윤보현·김문두·우영섭 공역(2014). **정신의학적 진단의 핵심**. 서울 : 시그마프레스.
박혜선·김형모(2016). 아동의 스마트폰 중독이 공격성에 미치는 영향 : 부모의 양육태도의 조절효과를 중심으로. **한국콘텐츠학회논문지 16**(3), 498–512.
방희정·남 민·이순행(2019). **K-Bayley-III 한국형 베일리 영유아 발달검사 : 3판 기술지침서**. 서울 : 인싸이트 심리검사연구소.
배윤진·임지영(2012). 유아의 친사회적 행동과 인지적 문제해결능력에 대한 영향 요인 : 부모와 유아의 의도적 행동통제와 애정적 양육행동을 중심으로. **아동학회지, 33**(3), 1–22.
________(2015). 부·모의 애정적 양육행동과 유아의 양심 발달 간의 관계에서 의도적 통제의 매개효과. **아동학회지, 36**(1), 47–64.
베이비뉴스(2018. 8. 24). 스마트폰, 아이 뇌 발달 '골든타임' 뺏는다.
보건복지부·질병관리본부(2017). 한국 영유아 발달선별검사(K-DST).
보건복지부·한국영양학회(2021). 2020 한국인 영양소 섭취기준 활용 연구.
서소정(2006). 유아의 친사회적 행동에 관한 연구 : 유아의 요구전략, 언어발달, 어머니의 친사회성에 관련된 양육신념 및 사회화전략을 중심으로. **열린유아교육연구, 11**(4), 287–310.
서울시교육청(2023). 아는 만큼 보이고 보이는 만큼 실행하는 관찰 및 평가.
서유헌(2010). **내 아이의 미래가 달라지는 엄마표 뇌교육**. 서울 : 생각의나무.
성용은(2006). 가정요인과 비행에 관한 연구. **동국대학교 대학원연구논문집, 35**, 627–653.
성현란·이현진·김혜리·박영신·박선미·유연옥·손양숙(2003). **인지발달**. 서울 : 학지사.
손수민·김진아(2018). 만5세 또래 인기아의 행동특성에 대한 사례 연구. **한국보육학회지, 18**(2), 33–48.
송길연·장유경·이지연 공역(2005). **발달심리학**. 서울 : 시그마프레스.
송명자(2008). **발달심리학**. 서울 : 학지사.
시사위크(2024. 7. 24). [놀이에 꽃이 피었습니다③] 아이들 성장·발달엔 '노는 게 제일 좋다'.
시선뉴스(2020. 2. 10). 유아기의 따돌림 어떻게 대처해야 할까?
신의진(2002). 유아기이 부적절한 양육이 두뇌 발달에 미치는 효과 : 애착장애아동의 두뇌 양전자방출단층 촬영 및 자기공명영상 소견을 중심으로. 한국과학재단 연구보고서.

신희선·한경자·오가실·오진주·하미나(2002). DenverⅡ 발달검사를 이용한 한국과 미국의 아동 발달 비교 연구. **지역사회간호학회지**, 13(1), 89-97.

안효섭(2012). **소아과학**. 서울 : 미래엔

_____(2016). **소아과학**. 서울: 미래엔.

양옥승·조유나·나은숙·김호인·손복영(2011). **영아의 발달과 보육**. 서울 : 신정.

여성가족부·한국건강가정진흥원(2023). 유아기 놀이프로그램(만 3세: 37~48개월) 여성건강간호교과연구회(2012). **여성건강간호학Ⅰ/Ⅱ**. 경기 : 수문사.

여성건강간호교과연구회(2020). **제10판 모성간호학 여성건강간호학Ⅱ**. 경기 : 수문사.

염현경(1998). 유아의 일상적 스트레스 척도의 개발을 위한 연구. **한국심리학회지 : 발달**, 11(1), 67-82.

오마이뉴스(2021. 7. 16). 19년 만에 만난 세 쌍둥이... 그 뒤에 숨겨진 위험했던 연구.

오주현·박용완(2019). 영유아의 스마트 미디어 사용 실태 및 부모 인식 분석. **육아정책연구**, 13(3), 3-26.

오택민·김가연·이영기(2021). 산전선별검사를 통한 35세이상 산모 다운증후군 양성률 비교 평가. *Journal of the Korea Academia-Industrial cooperation Society, 22*(6), 314-320.

위영희·윤감정·이유진·이희정·장윤정·차정주·홍희영(2019). **영유아발달**. 파주 : 양서원

유시영·최예지·김상준·정현석·마지영·김영훈·문소현·강일향·정유진·서채원·신경식(2016). 공격성과 신경전달물질. **생물정신의학**, 23(3), 108-115.

유효순(2012). 어머니 자신의 애착표상, 양육행동 및 유아의 기질과 유아애착 간의 구조모형 분석. 한국영유아교원교육학회. **유아교육학논집**, 16(3), 49-79.

유효순·원혜경·김정희(2013). **영아발달**. 서울 : 창지사.

유효순·원혜경·김정희·문명희(2014). **유아발달**. 서울 : 창지사.

윤용순·이원지·문건필(2012). 영유아의 인터넷 사용 현황과 부모변인에 관한 연구. **영유아교육보육행정연구**, 16(3), 55-79.

윤치연(2003). **발달장애의 이해 : 개념, 원인, 예방 및 진단기준**. 서울 : 형설출판사

이기숙·김영주·박해숙·방현주·석영미·이미란·이선순(2023). **가족과 문화**. 서울 : 창지사

이문정.(2004). 한글의 문자 특성에 적합한 유아 읽기, 쓰기교육. **미래유아교육학회지**, 11(1), 169-192.

이문준(1985). 유아 대소변 가리기에 관한 일 연구. 이화여자대학교 교육대학원 석사학위논문.

이보은·홍윤철·박혜숙·이종태·김정연·김영주·김상훈·강중구·김주오·하은희(2003). 임산부 간접흡연과 저체중아 및 조산아 출생에 관한 코호트 연구. **예방의학회지**, 36(2), 117-124.

이선경·하승연(2010). **발달심리**. 서울 : 교육아카데미.

이 영·이미란·홍희영·한성희·민성혜·박신진·유영미·신혜원·민현숙·정지나·문영경(2015). **영아발달**. 서울 : 학지사.

이 영·이정희·김온기·이미란·조성연·이정림·유영미·이재선·신혜원·나종혜·김수연·정지나(2009). **영유아발달**. 서울 : 학지사.

이영자(2013). **유아의 언어발달과 지도**. 파주 : 양서원

이재은·김준수(2020). 북유럽 국가 사례를 중심으로 살펴본 유아 소프트웨어(SW) 교육 고찰. **유아교육연구, 40**(3), 229-251.

이정수·이경옥(2012). 유아 및 교사 변인이 유아의 정서조절 전략에 미치는 영향. **유아교육연구, 32**(2), 287-305.

이지희·문혁준(2007). 아동이 지각한 부부갈등과 아버지의 양육행동 및 아동의 공격성과의 관계. *Family and Environment Research, 45*(6), 77-88.

이화도(2009). **유아인지발달**. 서울 : 창지사.

임경옥·이병인(2012). **장애 영유아 발달영역별 지침서 1~5권**. 서울 : 학지사

임지영·류혜원·문영경·배기조·송혜영(2014). **영아발달**. 고양 : 공동체

장미자(1998). 애착의 세대 간 전이-어머니의 내적 실행모델과 영아의 애착유형-. 경희대학교 대학원 박사학위논문.

장유경·김숙현(2003). 유아의 한글 읽기에 영향을 미치는 요인. **한국심리학회지 : 발달, 16**(3), 87-101.

장효은·김춘경(2017). 어머니가 지각한 양육스트레스가 정서지능과 공감능력을 매개로 유아의 친사회적 행동에 미치는 영향. **정서·행동장애연구, 33**(2), 65-81.

전경원(1999). **유아 종합 창의성 검사(K-CCTYC)**. 서울 : 학지사.

전헌선·윤치연·공나영·김성화·도명애·박순길·서석진·서영란·송호준·양경애·이수진·이정남·최성욱(2012). **특수교육학개론**. 파주 : 양서원

정대영(2020). **특수아동교육**. 서울 : 창지사.

정명숙·박영신·이현진·김경미 공역(2010). **인지발달**. Usha Goswami 저. 서울 : 시그마프레스.

정미라·권정윤·박수경(2011). 영유아 관련 뇌 기반 연구에 대한 고찰. **유아교육연구, 31**(2), 207-231.

정봄마지·이승연(2013). 영유아 주도의 UCC 제작활동 참여 여부에 따른 영유아의 디지털 리터러시와 정보윤리의식 변화 분석. **열린영유아교육연구, 18**(3), 309-332.

정옥분(2002). **아동발달의 이해**. 서울 : 학지사.

______(2004). **발달심리학**. 서울 : 학지사.

______(2005). **아동발달의 이해**. 서울 : 학지사.

정옥분·정순화·임정화(2007). **정서발달과 정서지능**. 서울 : 학지사.

정윤이·황혜정(2017) 언어표현 공격성. 유아의 언어표현능력이 친사회적 행동에 미치는 영향. 한국보육지원학회지, 9(6), 5-23.

조복희(2008). 아동발달. 파주 : 교육과학사

조아라(2017). 임부의 임신스트레스와 사회적 지지가 태아애착에 미치는 영향. 창원대학교 대학원 석사학위논문.

조은영(2009). 부모의 훈육방식과 유아의 양심 간의 관계 : 유아의 두려운 기질의 중재적 역할. 이화여자대학교 대학원 석사학위논문.

질병관리본부·대한소아청소년과학회(2017). 소아 청소년 표준 성장 도표.

질병관리청(2017). 소아청소년 성장도표.

최경숙(2006). 아동발달심리학. 경기 : 교문사.

최명선·김이경(2013). 공격적인 아이 이해하기. 경기 : 이담북스.

최민형·김덕곤·이진용(2012). 소아의 수면이 성장에 미치는 영향. 대한한방소아과학회지, 26(4), 24-31.

최외선·현은민·전귀연·이기숙·김득성·손낙주·구순주·배기조·홍상욱·박혜인·최보가(2008). 결혼과 가족. 대구 : 정림사.

최종희·최미경(2018). 유아의 기질이 어머니의 양육스트레스에 미치는 영향 : 부모역할만족도의 매개효과. 아동학회지, 39(3), 97-112.

최혜영·신혜영(2008). 아동 또래 놀이행동 척도(PIPPS)의 국내적용을 위한 타당화 연구. 아동학회지, 29(3), 303-318.

쿠키뉴스(2012. 10. 18). 인간으로 길러진 님 침스키, 과연 말을 했을까.

통계청(2021). 인구동향조사.

______(2023). 인구동향조사.

______(2023). 2023 경제활동인구연보.

한겨레신문(2024. 8. 10). "그래, 난 왼손잡이야" 차별 맞선 외침.

한국경제(2024.08.23.). 400g 초미숙아 쌍둥이 형제 … "생존 가능성 20% 뚫는 기적 일어나".

한국영양학회(2020). 2020 한국인 영양소 섭취기준 활용. 보건복지부.

한승희(2003). TV 프로그램에 대한 영유아의 현실감지각 연구 : 만 4, 5세 영유아들 중심으로. 중앙대학교 대학원 석사학위논문.

한예슬(2022). 미숙아에서 아프가 점수에 대한 유용성 고찰. 한림대학교 의학대학원 석사학위논문.

한유미·김혜선·권희경·양연숙(2011). 영유아 언어교육의 이해 : 이론과 실제. 서울 : 학지사.

허정아·김정미(2013). 유아의 배려지향적 도덕성 양상에 관한 연구. 미래유아교육학회지, 20(1), 277-298.

홍용희 역(1995). 어린이들의 학습에 비계설정 : 비고츠키와 유아교육. 서울 : 창지사.

황혜신(2007). 유아의 조기영어교육과 이중언어발달에 영향을 주는 요인. **한국생활과학회지, 16**(4), 699–710.

황희숙·이희영·이경화·이정화·신경숙·윤경미·강승희·윤소정·황순영(2008). **아동발달과 교육**. 서울 : 학지사.

Adams(1989). Newborns' discrimination among mid–and long–wavelength stimuli. *Journal of Experimental Child Psychology, 47,* 130–141.

Ainsworth, M. D. S.(1979). Infant–mother attachment. *American Psychologist, 34,* 932–937.

________________(1983). Patterns of infant–mother attachment as related to maternal care. *Human development: An interactional perspective,* 35–55.

Ainsworth, M. D. S., & Witting, B. A.(1969). Attachment and exploratory behavior of one year olds in a strange situation. In B. M. Foss(Ed.), *Determinants of infant behaviour*(Vol. 4). New York : Barnes & Noble.

Alessandri, S. M., Sullivan, M., & Lewis, M.(1990). Violation of expectancy and frustration in early infancy. *Developmental Psychology, 26,* 738–744.

American Academy of Pediatrics(2016). Media and young minds. Pediatrics. https://publications.aap.org/pediatrics/article/138/5/e20162591/60503/Media–and–Young–Minds에서 2024년 5월 2일 인출

Antonucci, T. C., Birditt, K. S., & Ajrouch, K. J.(2011). Convoys of social relations : past, present and future. *Handbook of life span development,* 161–182.

Atkinson, R. C., & Shiffrin, R. M.(1968). Human memory : A proposed system and its control processes. In K. W. Spence & J. T. Spence(Eds.), *The psychology of learning and motivation : Advances in research and theory*(Vol. 2). New York : Academic Press.

Baltes, P. B., Lindenberger, U., & Staudinger, U. M.(2006). *Life span theory in developmental psychology*. New York : Wiley.

Bandura, A.(1977). *Social Learning Theory*. New York : Prentice Hall.

Banks, M. S., & Salapatek, P.(1983). Infant visual perception. In M. M. Haith & J. J. Campos(Eds.), P. H. Mussen(Series ed.), *Handbook of child psychology : Vol. 2. Infancy and developmental psychobiology*. New York : John Wiley.

Barkley, R. A.(1991). The ecological validity of laboratory and analogue assessment methods of ADHD symptoms. *Journal of Abnormal Child Psychology, 19*(2), 149–178.

Baron, R. A., & Byrne, D. E.(1994). *Social psychology : Understanding human interaction*(7th ed.). Boston, MA : Allyn & Bacon.

Batson, C. D., Bolen, M. H., Cross, J. A., & Neuringer–Benefiel, H. E.(1986). Where is the altruism in the altruistic personality?. *Journal of Personality and Social Psychology, 50*, 212–220.

Bauer, P. J.(2006). Constructing a past in infancy : A neuro–developmental account. *Trends in Cognitive Sciences, 10*, 175–181.

Baumrind, D.(1991). Effective parenting during the early adolescent transition. In P. A. Cowan & E. M. Hetherington(Eds.), *Advances in family research*(Vol. 2). Hillsdale, New Jersey : Erlbaum.

Bayley, N.(2006). *Bayley Scales of Infant and Toddler Development-Third Edition : Technical Manual.* San Antonio, TX : Harcourt Assessment.

Bem, D. J.(1985). Exatic becomes erotic : A developmental theory of sexual orientation. *Psychological Review, 103*, 320–335.

Berenbaum, S. A., & Snyder, E.(1995). Early hormonal influences on childhood sex–typed activity and playmate preference : Implications for the development of sexual orientation. *Developmental Psychology, 31*, 31–42.

Berk, L. E.(1992). Children's private speech : An overview of theory and the status of research. In R. M. Diaz, & L. E. Berk(Eds.), *Private speech : From social interaction to self-regulation*(pp. 17–53). Hillsdale, N. J. : Erlbaum.

__________(2000). *Child development.* Allyn & Bacon.

__________(2006). *Child development.* MA : Pearson Education, Inc.

__________(2007). *Development though the lifespan*(4th ed.), Boston, MA : Allyn & Bacon.

__________(2008). *Infants, children, and adolescents*(6th ed.). Boston : Pearson/Allyn and Bacon.

__________(2009). *Child development*(8th ed.). Allyn & Bacon.

__________(2012). *Infants, children, and adolescents*(7th ed.). Boston : Pearson Education.

__________(2013). *Child development*(9th ed.). Boston : Pearson Education.

__________(2014). *Development through the lifespan*(6th ed.). Boston : Pearson Education.

__________(2023). *Infants, children, and adolescents*(9th ed.). CA : SAGE Publications.

Berk, L. E., & Winsler, A.(1995). *Scaffolding children's learning : Vygotsky and early childhood education.* Washington, D. C. : National Association for the Education of Young Children.

Bertenthal, B. I., Campos, J. J., & Barrett, K. C.(1984). Self–produced locomotion : An organizer of emotional, cognitive, and social development in infancy. In R.

Emde & R. Harmon(Eds.), *Continuities and discontinuities in development* (pp. 175–210). New York : Plenum.

Bialystok, E.(2011). Reshaping the mind: the benefits of bilingualism. *Canadian Journal of Experimental Psychology/Revue canadienne de psychologie experimentale, 65*(4), 229.

Binet, A.(1905). *The development of intelligence in children (the Binet–Simon test).* Trans. Elizabeth Kite. Baltimore : Williams and Wilkins.

Blackmore, J. E., O., La Rue, A. A., & Olejnik, A. B.(1979). Sex–appropriate toy preference and the ability to conceptualize toys as sex–role related. *Developmental Psychology, 15*, 339–340.

Boardman, J., & Reynolds, R.(2020). *Stress in pregnancy may influence baby brain development.* eLife. University of Edinburgh. Retrieved from University of Edinburgh.

Bornstein, M. H., Cote, L. R., Maital, S., Painter, K., Park, S. Y., Pascual, L., ... & Vyt, A.(2004). Cross–linguistic analysis of vocabulary in young children : Spanish, Dutch, French, Hebrew, Italian, Korean, and American English. *Child development, 75*(4), 1115–1139.

Boundy, E. O., Dastjerdi, R, Spiegelman, D., Fawzi, W. W., Missmer S. A., Lieberman E., et al.(2016). Kangaroo mother care and neonatal outcomes : a meta–analysis. *Pediatrics, 137*(1), 2015–2238.

Bowlby, J.(1973). *Attachment and loss*(Vol. 2). *Seperation, anxiety, and anger.* New York : Basic Books.

________(1980). *Attachment and loss*(Vol. 3). *Loss : Sadness and depression.* New York : Basic Books.

Bradley, R. H., Caldwell, B. M., & Rock, S. L.(1988). HOME environment and school performance : A ten–year follow–up and examination of three models of environmental action. *Child Development, 59*(4), 852–867.

Brazelton, T. B.(1973). Neonatal behavioural assessment scale. In *Clinics in developmental medicine, 50.* London : Spastics International Medical Publications.

Bridges, K. M. B.(1930). Genetic theory of emotions. *Journal of Genetic Psychology, 37,* 514–527.

Bronfenbrenner, U.(1986). Ecology of the family as a context for human development. *Developmental Psychology, 22*, 723–742.

Brownell, C. A., & Carriger, M. S.(1990). Changes in cooperation and self–other differentiation during the second year. *Child Development, 61*(4), 1164–1174.

Bruer, J. T., & Greenough, W. T.(2001). The subtle science of how experience affects the brain. In D. B. Bailey, Jr., J. T. Bruer, E. J. Symons, & J. W. Linchtman(Eds.), *Critical thinking about critical periods*(pp. 209–232). Baltimore, MD : Paul H. Brookes.

Bruner, J.(1986). *Actual minds, possible worlds*. Cambridge, MA : Harvard University Press.

Burhans, K. K., & Dweck, C. S.(1995). The relation between motivational patterns and achievement cognitions through the elementary school years. *Merrill-Palmer Quarterly, 41,* 25–52.

Buss, C., Davis, E. P., Muftuler, L. T., Head, K., & Sandman, C. A.(2010). High pregnancy anxiety during nid–gestation is associated with decreased gray matter density in 6–9–year–old children. *Psychoneuroendocrinology, 35*(1), 141–153.

Cain, K. M., & Dweck, C. S.(1995). The relation between motivational patterns and achievement cognitions through the elementary school years. *Merrill-Palmer Quarterly, 41*, 25–52.

Campos, J. J., Langer, A., & Krowitz, A.(1970). Cardiac responses on the visual cliff in prelocomotor human infants. *Science, 170,* 196–197.

Caplan, M., Vespo, J., & Hay, D. F.(1991). Conflict and its resolution in small groups of one–and two–years–olds. *Child Development*, *62*, 1513–1524.

Cassidy, J., Woodhouse, S. S., Sherman, L. J., Stupica, B., & Lejuez, C. W. (2011). Enhancing infant attachment security : An examination of treatment efficacy and differential susceptibility. *Development and psychopathology, 23*(1), 131–148.

Caspi, A., & Silva, P. A.(1995). Temperamental qualities at age three predict personality traits in young adulthood: Longitudinal evidence from a birth cohort. *Child development, 66*(2), 486–498.

Cernoch, J. M., & Porter, R. H.(1985). Recognition of maternal auxiliary odors by infants. *Child Development, 56,* 1593–1598.

Chomsky, N.(1957). *Syntactic Structures*. Germany : Mouton.

Clark, E. V.(2009). *First language Acquisition*(2nd edition). Cambridge : Cambridge University Press.

Clutton-Brock, T. H., & Iason, G. R.(1986). Sex ratio variation in mammals. *Quarterly Review of Biology, 61*(3), 339–374.

Collaer, M. L. & Hines, M.(1995). Human behavioral sex differences : A role for gonadal homones during early development?. *Psychological Bulletin, 118,* 55–107.

Coleman, J. C., Hendry, L. B.(1999). *The Nature of Adolescence*. London : Routledge.

Congress, U. S.(2004). *Individuals with disabilities education improvement act of 2004*. Washington, DC : US Congress, Editor.

Corsini, R. J., & Marsella, A. J.(1983). *Personality theories, research & assessment*. F. E. Peacock Publishers(Itasca, Ill.).

Crick, N. R., Grotpeter, J. K.(1995). Relational aggression, gender, and social-psychological adjustment. *Child Development, 66*(3), 710–722.

Crnic, K. A., Gaze, C., & Hoffman, C.(2005). Cumulative parenting stress across the preschool period : Relations to maternal parenting and child behaviour at age 5. *Infant and Child Development, 14*(2), 117-132.

Damon, W.(1977). *The social world of the child*. San Francisco : Jossey–Bass.

Davis, E. P., & Sanderman, C. A.(2010). The timing of prenatal exposure to maternal cortisol and psychosocial stress is associated with human infant cognitive development. *Child Development, 81*(1), 131–148.

DeCasper, A. J., & Fifer, W. P.(1980). Of human bonding : Newborns prefer their mothers' voices. *Science, 208*, 1174–1176.

DeLoache, J. S., Cassidy, D. J., & Brown, A. L.(1985). Precursors of mnemonic strategies in very young children's memory. *Child Development, 56*(1), 125–137.

De Wolff, M. S., & van IJzendoorn, M. H.(1997). Sensitivity and attachment : Amera–analysis on parental antecedents of infant attachment. *Child Development, 67*, 571–591.

Dodge, K. A., Bates, J. E., & Pettit, G. S.(1990). Mechanisms in the cycle of violence. *Science, 250*(4988), 1678–1683.

Dodge, K. A., Coie, J. D., Pettit, G. R., & Price, J. M.(1990). Peer status and aggression in boy's groups : Developmental and contextual analyses. *Child Development, 61*, 1289–1309.

Dumas, J. E., & Nilsen, W. J.(2003). *Abnormal child and adolescent psychology*. New York : Allyn and Bacon

Duncan, G., Yeung, W. J., Brooks–Gunn, J., & Smith, J. R.(1998). How much does childhood poverty affect the life chances of children?. *American Sociological Review, 63*, 406–423.

EBS 다큐멘터리(2014). 퍼펙트 베이비.

Eimas, P. D.(1975). Developmental studies in speech perception. In L. B. Cohen & Salapatek(Eds.), *Infant Perception : From Sensation to Perception*(Vol. 2). New York : Academic Press.

Einsberg, N., Fabes, R. A. Bernzweig, J., Karbon, M., Poulin, R., & Hanish, L.(1993). The relations of emotionality and regulation to preschoolers' social skills and sociometric status. *Child Development, 64,* 1418–1438.

Eisenberg, N., Gershoff, E. T., Fabes, R. A., Shepard, S. A., Cumberland, A. J., & Losoya, S. H, et al.(2001). Mother's emotional expressivity and children's behavior problems and social competence : Mediation through children's regulation. *Developmental Psychology, 37,* 475–490.

Eisenberg, N., & Miller, P.(1987). The relations of empathy to prosocial and related behaviors. *Psychological Bulletin, 101,* 91–119.

Erikson, E. H.(1968). *Identity : Youth and crisis.* New York : W. W. Norton.

Espy, A., Molfese, J., & DiLalla, L. F.(2001). Effects of environmental measures on intelligence in young children : Growth curve modeling of longitudinal data. *Merrill-Palmer Quarterly, 47*(1), Article 3.

Fabes, R. A., Eisenberg, N., Karbon, M., Troyer, D., & Switzer, G.(1994). The relations of children's emotion regulation to their vicarious emotional responses and comforting behaviors. *Child Development, 65,* 1678–1693.

Fabes, R. A., Hanish, L., D., & Martin, C. L.(2007). The next 50 years : Considereing gender as a context for understanding young children's peer relationships. In Ladd(Ed.), *Appraising to human developmental sciences : Essays in honor of Merrill-Palmer Quarterly*(pp. 186–199). Critical thinking : What it is and why it counts. CA : OERI.

Facione, P. A.(1990). *Critical thinking : What it is and why it counts.* CA : OERI.

Fagan, J. F.(1974). Infant recognition memory : The effects of length of familiarization and type of discrimination task. *Child Development, 45,* 351–356.

Fagot, B. I.(1985). Changes in thingking about early sex role development. *Developmental Review, 5,* 83–98.

Fang, Y., Boelens, M., Windhorst, D. A., Raat, H. & Grieken, A.(2021). Factors associated with parenting self-efficacy : A systematic review. *Journal of Advanced Nursing, 77*(6), 2641–2661.

Feldman, R. S.(2018). *Development across the life span*(8th ed.). Boston : Pearson.

Flynn, E., & Siegler, R.(2007). Measuring change : Current trends and future directions in microgenetic research. *Infant and Child Development, 16*(1), 135–149.

Flynn, J. R.(1996). What environmental factors affect intelligence : The relevance of IQ gains over time. In D. K. Detterman (Ed.), *The environment*(pp. 17–29). New

York : Ablex Publishing.

Frankenburg, W. K., & Dodds, J. B.(1967). The Denver Developmental Screening Test. *The Journal of pediatrics, 71*(2), 181–191.

Frantz, R. L.(1961). The origin of form perception. *Scientific American, 204,* 61–72.

Freud, S.(1933). *New introductory lectures on psycho-analysis.* New York : W W Norton & Company, INC.

Friend, M., & Davis, T. L.(1993). Apperance–reality distinction : Children's understanding of the physical and affective domains. *Developmental Psychology, 29* (5), 907–914.

Gardner, H.(1983). *Frames of mind.* New York : Basic Books.

Gazzaniga, M., S., & Heatherton, T. F.(2006). *Psychological science.* New York : W. W. Norton & Company.

Geary, D. C.(2002). Sexual selection and human life history. In R. V. Kail(Ed.), *Advances in child development and behavior*(Vol. 30, pp. 41–102). San Diego, CA : Academic Press.

Gelman, S., Taylor, M., G., & Nguyen, S. P.(2004). Mother–child conversations about gender. *Monographs of the Society for Research in Child Development, 69,* vii–127.

Gergen, K.(2001). *Social construction in context.* London : Sage.

Gilligan, C.(1977). In a different voice : Women's conceptions of self and of morality. *Harvard educational review, 47(4),* 481–517.

__________(1982). *In a different voice : Psychological theory and women's development.* Cambridge, MA : Harvard University Press.

Grolnick, W. S., Bridges, L. J., & Connell, J. P.(1996). Emotion regulation in two–year –old : Strateges and emotional expresesion in four context. *Child Development, 67,* 928–941.

Gross, D.(2010). *Infancy development from birth to age 3.* Allyn & Bacon USA.

Grusec, J. E.(2011). Socialization processes in the family : Social and emotional development. *Annual Review of Psychology, 62*(1), 243–269.

Haith, M. M., Bergman, T., & Moore, M. J.(1977). Eye contact and face scanning in early infancy. *Science, 198*, 853–855.

Harlow, H. F., & Zimmermann, R. R.(1958). The development of affective responsiveness in infant monkeys. *Proceedings of the American Philosophical Society, 102,* 501–509.

Harter, S.(1985). *Manual for the Self-perception Profile for Children.* United States :

University of Denver.

________(1998). The development of self preservations. In W. Damon & N. Eisenberg (Eds.), Handbook of child psychology, Vol. 3. *Social emotional and personality development*(5th ed., pp. 553–618). New York : John Wiley and Sons, Inc.

________(1985). *Manual for the Self-perception Profile for Children.* United States : University of Denver.

Harter, S., & Pike, R.(1984). The pictorial scale of perceived ompetence and social acceptence for young children. *Child Development, 55*, 1969–1982.

Henkel, A. Q.(2018). Exploring the materiality of literacy apps for children. *Children's Literature in Education, 49*, 338–355.

Hoff, E.(2012). Interpreting the Early Language Trajectories of Children From Low-SES and Language Minority Homes : Implications for Closing Achievement Gaps. *Developmental Psychology, 49*(1), 4–14.

Horne, G.(2004). Pathways of the past : the imprint of memory. *Nature Reviews Neuroscience, 5*, 108–120.

Hower. J. T., & Edwards, K. J.(1979). The relationship between moral character and adolescent's perception of parental behavior. *Journal of Genetic Psychology*, *135*(1), 23–32.

Huband, C., & Trigg, E.(2000). *Practices in children's nursing. Guidelines for hospital and community*. Churchill Livingstone, Edinburgh.

Hubel, D., & Weisel, T.(2004). *Brain and visual perception : The story of a 25-year collaboration*. New-York : Oxford University Press.

Huber, R., Ghilardi, M. F., Massimini, M., & Tononi, G.(2004). Local sleep and learning. *Nature, 430*(6995), 78–81.

Huston, A. C., Wright, J. C., Marquis, J., & Green, S. B.(1999). How young children spend their time : Television and other activities. *Developmental Psychology, 35,* 921–925.

Ireton, H.(1992). *Child development inventory manual.* Behavior Science Systems.

Iverson, J. M., Capirci, O., Volterra, V., & Goldin-Meadow, S.(2008). Learning to talk in a gesture-rich world : Early communication in Italian vs. American children. *First language, 28*(2), 164–181.

Izard, C. E.(1991). *The psychology of emotions*. New York : Plenum.

Izard, C. E., & Malatesta, C. Z.(1987). Perspectives on emotional development I : Dirrerential emotions theory of early emotional development. In J. D. Osofsky

(Ed.), *Handbook of infant development*(2nd ed., pp. 494–554). New York : Wiley-Interscience.

Ji, D., & Wilson, M. A.(2007). Coordinated memory replay in the visual cortex and hippocampus during sleep. *Nature Neroscience, 10*(1), 100–107.

Juvonen, J., & Galván, A.(2008). Peer rejection and later psychological adjustment : A meta-analytic study. *Developmental Psychology, 44*(4), 1234–1246.

Kagan, J.(2010). Emotions and temperament. *Handbook of cultural developmental science*(pp. 175–194).

Kail, R. V.(2007). *Children and their development*(4th ed.). Pearson Education, Inc.

________(2008). Speed of processing in childhood and adolescence: Nature, consequences, and implications for understanding atypical development. *Information processing speed in clinical populations,* 101–123.

Keuroghlian, A., Knudsen, E.(2007). Adaptive auditory plasticity in developing and adult animals. *Progress in Neurobiology, 82*, 109–121.

Kitamura, C., Thanavishuth, C., Luksaneeyanawin, S., & Burnham, D.(2002). Universality and specificity in infant-directed speech : Pitch modifications as a function of infant age and sex in a tonal and non-tonal language. *Infant Behavior & Development, 24*(4), 372–392.

Kochanska, G.(1998). Mother-child relationship, child fearfulness, and emerging attachment : A short-term longitudinal study. *Developmental Psychology, 34,* 480–490.

Kohlberg, L.(1966). Cognitive developmental analysis of children's sex-role concepts and attitudes. In E. E. Maccoby(Ed.), *The development of sex differences.* Stanford, California : Stanford University Press.

__________(1976). Moral stages and moralization : The cognitive-developmental approach. *Moral development and behavior : Theory, research, and social issues*(pp. 31–53).

Kopp, C. B.(1989). Regulation of distress and negative emotions : A development view. *Developmental Psychology, 25*, 343–354.

Kopp, C. B., & Newfeld, S. J.(2003). Emotional development during infancy. In R. Davidson, K. Scherer, & H. H. Goldsmith(Eds.), *Handbook of affective sciences* (pp. 347–374). Oxford, UK : Oxford University Press.

Kostelnik, M. J., Whiren, A., Soderman, A., & Gregory, A.(2008). *Guiding children's social development and learning.* Cengage Learning.

Kosakowski, H., Kanwisher, N., & Saxe, R.(2023). Selective responses to faces, scenes, and bodies in the ventral visual pathway of infants. Current Biology. MIT. Retrieved from MIT News.

Kuder, S. J.(2017). Vocabulary instruction for secondary students with reading disabilities : An updated research review. *Learning Disability Quarterly, 40*(3), 155–164.

Kuhl, P., & Meltzoff, A.(2011). Why early learning matters. Paper presented at Education Nation 2011 Summit. September 26, 2011, New York, NY : NBC.

Kuhl, P. K., & Meltzoff, A. N.(1982). The bimodal perception of speech in infancy. *Science, 218*, 1138–1141.

LaFreniere, P.(2000). *Emotional development*. Belmont, CA : Wadsworth.

LaFreniere, P., Strayer, F. F., & Gauthier, R.(1984). The emergence of same–sex affiliative preferences among preschool peers : A developmental/ethnological perspectives. *Child Development, 55*, 1958–1965.

Lamb, M. E., & Campos, J. J.(1982). *Development in infancy : An introduction*. New York : Random. House.

Laninga–Wijnen, L., & Veenstra, R.(2021). Peer similarity in adolescent social networks : Types of selection and influence, and factors contributing to openness to peer influence. In B. Halpern–Felsher(Eds.), *The Encyclopedia of Child and Adolescent Health*. Amsterdam : Elsevier.

Lawrence, J. A., & Valsiner, J.(2003). Making personal sense an account of basic internalization and externalization processes. *Theory & Psychology, 13*(6), 723–752.

Lenneberg, E. H.(1967). *Biological Foundations of Language*. New York : Wiely

Lenneke R A Alink, Judi Mesman, Jantien van Zeijl, Mirjam N Stolk, Femmie Juffer, Hans M Koot, Marian J Bakermans–Kranenburg, Marinus H van Ijzendoorn (2006). The early childhood aggression curve : development of physical aggression in 10–to 50–month–old children. *Child Dev., 77*(4) 954–966.

Leonardi–Bee, J., Britton, J., & Venn, A.(2011). Secondhand smoke and adverse fetal outcomes in nonsmoking pregnant women : A meta–analysis. *Pediatrics, 127*(4), 734–741.

Levine, L. E.(1983). Mine : Self–definition in 2–year–old boys. *Developmental Psychology, 19,* 544–549.

Levine, L. E., & Munsch, J.(2013). *Child development : An active learning approach*. SAGE Publications.

Levine, L. E., & Waite, B. M.(2000). Television viewing and attentional abilities infourth and fifth grade children. *Journal of Applied Developmental Psychology, 21*(6), 667–679.

Levy, G. D., Taylor, M. G., & Gelman, S. A.(1995). Traditional and evaluative aspects of flexibility in gender roles, social conventions, moral rules, and psychological laws. *Child Development, 66*, 515–531.

Lewis, M.(1995). Embarrassment : The emotion of self–exposure and evaluation. In J. P. Tangney & K. W. Fischer(Eds.), *Self-conscious emotions : The psychology of shame, guilt, embarrassment, and pride*(pp. 198–218). New York : Guilford Press.

Lewis, M., Brooks–Gunn, J.(1979). *Social cognition and the acquisition of self.* United Kingdom : Springer US.

Lewis, M., & Ramsay, D.(2002). Cortisol response to embarrassment and shame. *Child Development, 73*(4), 1034–1045.

Leyens, J. P., Camino, L., Parke, R. D., & Berkowitz, L.(1975). Effects of movie violence on aggression in a field setting as a function of group dominance and cohesion. *Journal of Personality and Social Psychology, 32*(2), 346–360.

Lightfoot, C., Cole, M., & Cole, S. R.(2009). *The development of children*(6th ed.). New York : Worth Publishers.

________________________(2013). *The development of children*(7th ed.). New York : Worth Publishers.

________________________(2018). *The development of children*(8th ed.). New York : Worth Publishers.

Lin, T.J., Chen, J., & Cheung, C.(2019). Roles of peers in students' cognitive and academic development. In R. J. Coplan & J. C. Bowker(Eds.), *The Handbook of Solitude : Psychological Perspectives on Social Isolation, Social Withdrawal, and Being Alone.* 2nd ed. New York : Routledge, pp. 405–422.

Lorenz, K.(1935). Der Kumpan in der Umwelt des Vogels. *Journal für Ornithologie, 83*, 137–213.

Ludemann, P. M., & Nelson, C. A.(1988). Categprocal representation of facial expressions by 7–month–old infants. *Developmental Psychology, 24*, 492–501.

Maccoby, E. E.(1998). *The two sexes : Growing up apart, coming together.* Cambridge, MA : Belnap Press.

MacLeod, A. A., & Stoel–Gammon, C.(2005). Are bilinguals different? What VOT tells us about simultaneous bilinguals. *Journal of Multilingual Communication*

Disorders, 3(2), 118–127.

Mandler, J. M., & McDonough, L.(1995). Long–term recall in infancy. *Journal of Experimental Child Psychology, 59*, 457–474.

Malatesta, C. Z.(1985). Developmental course of emotion expression in the human infant. *The development of expressive behavior : Biology-environment interactions,* 183–219.

Martin, C. L., & Fabes, R. A.(2001). The stability and consequences of young children's same–sex peer interactions. *Developmental Psychology, 37,* 431–446.

Markman, E. M.(1989). *Categorization and naming in children : problems of induction.* MIT Press.

Martin, C. L., & Halverson, C. F. Jr.(1987). The role of cognition in sex–role and sex–typing. In D. B. Carter(Ed.), *Conceptions of sex-role and sex-typing : Theory and research.* New York : Praeger.

Marsh, H. W., Ellis, L. A., & Craven, R. G.(2002). How do preschool children feel about themselves? Unraveling measurement and multidimensional self–concept structure. *Developmental psychology, 38*(3), 376.

McMurray, B.(2007). Defusing the childhood vocabulary explosion. *Science, 317*(5838), 631–631.

Meltzoff, A. N.(1985). Immediate and deferred imitation in fourteen–and twenty–four–month–old infants. *Child Development, 56*, 62–72.

Meltzoff, A. N., & Borton, R. W.(1979). Intermodal matching by human neonates. *Nature, 282,* 403–404.

Meltzoff, A. N., & Moore, M. K.(1983). Newborn infants imitate adult facial gestures. *Child Development, 54,* 702–709.

Mennes, M., Stiers, P. Lagae, L., & Van den Bergh, B.(2006). Long term cognitive sequelae of antenatal maternal anxiety : Involvement of the orbitofrontal cortex. *Neuroscience & Behavioral Reviews, 30*, 1078–1086.

Merchant, G.(2007). Writing the future in the digital age. *Literacy, 41*(3), 118–128.

__________(2015). Keep taking the tablets : iPads, story apps and early literacy. *Australian Journal of Language and Literacy, 38*(1), 3–11.

__________(2017). Hands, fingers and iPads(pp. 245–256). In C. Burnett, G. Merchant, A. Simpson, & M. Walsh(Eds.), *The Case of the iPad.* Springer : Singapore.

Miller–Johnson, S., Coie, J. D., Maumary–Gremaud, A. & Bierman, K.(2002). Peer rejection, aggression, and early starter models of conduct disorder. *Journal of*

Abnormal Child Psychology, 30(3), 217–230.

Miller Karen(2005). *Simple transitions for infants and toddlers*. Gryphon House, Inc.

Mueller, C. M., & Dweck, C. S.(1998). Praise for intellegence can undermine children's motivation and performation. *Journal of Personality and social psychology, 75,* 33–52.

Mussen. P. H., Conger. J. J., & Kagan. J.(1990). *Child development*. New York : Harper & Row, Publishers.

Neisser, Ulric(Ed.)(1998). *The rising curve : Long-term gains in IQ and related measures* (pp. 25–66). Washington, DC, US : American Psychological Association, xv, 415.

Nelson, C. A.(2001). The development and neural bases of face recognition. *Infant and Child Development, 10*(1–2), 3–18.

Neumann, M. M., & Merchant, G.(2022). "That's a big bad wolf!" : Learning through teacher–child talk during shared reading of a story book app. *Early Childhood Education Journal, 50*, 515–525.

Orenstein, P.(2006, December 24). What's wrong with Cinderella?. The New York Times.

Overton, W. F.(2010). Life–span development : Concepts and issues. *Cognition, Biology, and Methods across the Lifespan, 1*, 1–29.

Owens, R. E.(2011). *Language Development : An Introduction*(8th ed.). Boston : Pearson.

__________(2013). *Language Development : An Introduction*(8th illustrated ed.). New York : Pearson Education Limited

Parten, M.(1932). Social play among preschool children. *Journal of Abnormal and Social Psychology, 27*, 243–269.

Paul, R.(2007). *Language Disorders from Infancy Through Adolescence : Assessment & Intervention*. Malawi : Mosby.

Peskin, J.(1992). Ruse and representations : On children's ability to conceal information. *Developmental Psychology, 28*(1), 84–89.

Phillips, D. A., & Lowenstein, A. E.(2011). Early care, education, and child development. *Annual Review of Psychology, 62*(1), 483–500.

Piaget, J.(1926). *The language and thought of the child*. New York : Harcourt Brace & Company.

________(1965). *The Moral Judgement of Child*. London : Routledge.

________(1970). *The principles of genetic epistemology*(Translated, 1972). New York : Basic Books.

Piaget, J., & Inhelder, B.(1969). *The psychology of the child.* New York : Basic Books. (original work published 1966)

Pollak, S. D., Nelson, C. A., Schlaak, M. F., Roeber, B. J., Wewerka, S. S., & Wiik, K. L., et al.(2010). Neurodevelopmental effects of early deprivation in postinstitutionalized children. *Child Development, 81*(1), 224–236.

Ramey, C. T., & Ramey, S. L.(1998). Early intervention and early experience. *American Psychologist, 53,* 109–120.

Rasmussen K. M., & Yaktine A. L(2009). Institute of Medicine(US). *Committee to Reexamine IOM Pregnancy Weight Guidelines. Weight gain during pregnancy : reexamining the guidelines.* Washington : The National Academies Press.

Richardson, A. J., & Montgomery, P.(2005). The Oxford–Durham study : A randomized controlled trial of dietary supplementation with fatty acids in children with Developmental Coordination Disorder. *Pediatrics, 115*(5), 1360–1366.

Richter, A., & Courage, M. L.(2017). Comparing electronic and paper storybooks for preschoolers : Attention, engagement, and recall. *Journal of Applied Developmental Psychology, 48*, 92–102.

Rose, S. A., Feldman, J. F., & Jankowski, J. J.(2009). A cognitive approach to the development of early language. *Child development, 80*(1), 134–150.

Rosenstein, D., & Oster, H.(1988). Differential Facial Responses to Four Basic Tastes in Newborns. *Child Development, 59*, 1555–1568.

Rosenzweig, M. R.(1984). Experience, memory, and the brain. *American Psychologist, 39*, 365–376.

Rothbart, M. K., & Bates, J. E.(1998). Temperatment. In N. Eisenberg(Ed.), *Handboook of child psychology : Vol. 3. Social, emotional, and personality development*(5th ed., pp. 105–176). New York : Wiley.

________________(2006). Temperament. In W. Damon, & R. Lerner(Series Eds.), & N. Eisenberg(Vol. Ed.), *Handbook of child psychology*(Vol. 3) *Social, emotional, and personality development*(6th ed., pp. 99–166). New York : Wiley.

Rotten, G. J.(2022). Broca–Wernicke theories : A historical perspective. *Handbook of Clinical Neurology, 185,* 25–34.

Rovee–Collier, C. K.(1993). The capacity for long–term memory in infancy. *Current Directions in Psychological Science, 2*, 130–135.

Rowe, M. L., & Goldin–Meadow, S.(2009). Differences in early gesture explain SES disparities in child vocabulary size at school entry. *Science, 323*(5916), 951–953.

Rowe, M. L., Özçalışkan, Ş., & Goldin–Meadow, S.(2008). Learning words by hand: Gesture's role in predicting vocabulary development. *First language, 28*(2), 182–199.

Ruble, D. N., Marting, C. L., & Berenbaum, S. A.(2006). Gender development. In W. Damon, R. Lerner(Series Eds.). & N. Eisenberg(Vol. Ed.), Handbook of child psychology, Vol. 3. *Social, emotional, and personality development*(6th ed., pp. 858–932). Hoboken, NJ : Wiley.

Rowsell, J., & Wohlwend, K.(2016). Free play or tight spaces? Mapping participatory literacies in apps. *The Reading Teachers, 70*(2), 197–205.

Ruffman, T., Perner, J., Olson, D. R., & Doherty, M.(1993). Reflecting on scientific thinking : Children's understanding of the hypothesis–evidence relation. *Child Development, 64*(4), 1617–1636.

Samuelsson, R., Price, S., & Jewitt, C.(2022). How pedagogical relations in early years settings are reconfigured by interactive touchscreens. *British Journal of Educational Technology, 53*, 58–76.

Santrock, J. W.(1998). *Child development*(8th ed.). New York : McGraw–Hill.

____________(2004). *Child development*(10th ed.). New York : McGraw–Hill.

____________(2006). *Child development : An Introduction*. McGraw–Hill Higher Education.

____________(2011). *Child development*(13th ed.). New York : McGraw–Hill.

____________(2012). Essentials of life–span development, 2/e(IE).

SBS 다큐멘터리(2000). 생명의 신비.

Schaie, K. W., & Willis, S. L.(2012). *Adult development and aging*. Upper Saddle River, NJ : Prentice Hall.

Serbin, L. A., Powlishita, K. K., & Gulko, J.(1993). The development of sex typing in middle schoolhood. *Monographs of the Society for Research in Child Development, 58*(Serial No. 232).

Shaffer, D., & Kipp, K.(2013). *Developmental psychology : Childhood and adolescence*. Cengage Learning.

Shaffer, D. R.(1990). 발달심리학. 송길연 외 공역(2002). 서울 : 시그마프레스.

Shaffer, L. S.(2005). From mirror self–recognition to the looking–glass self : Exploring the Justification Hypothesis. *Journal of clinical psychology, 61*(1), 47–65.

Shettles, L. B.(1960). Differential Male and Female Success Rates in Fertilization. *Fertility and Sterility, 11*(3), 313–316.

Siegler, R. S.(2002). Microgenetic studies of self explanation. In N. Granott, & J. Parziale(Eds.), *Microdevelopment : Transition processes in development and learning*(pp. 31–58). Cambridge, UK : Cambridge University Press.

__________(2006). Microgenetic analyses of learning. In D. Kuhn, R. S. Siegler, W. Damon, & R. M. Lerner(Eds.), *Handbook of child psychology, vol. 2 : Cognition, perception, and language*(sixth ed., pp. 464–510). New York : Wiley

Skinner, B. F.(1957). *Verbal Behavior.* NJ : Prentice–Hall.

Snow, M. E., Jacklin, C. N., & Maccoby, E. E.(1983). Sex of child differences in father–child interaction at one year of age. *Child Development, 54,* 227–232.

Sorce, J. F., Emde, R. N., Campos, J. J., & Klinnert, M. D.(1985). Maternal emotional signaling : Its effect on the visual cliff behavior of 1–year–olds. *Developmental Psychology, 21,* 195–200.

Spelke, E. S.(1976). Infants' intermodal perception of events. *Cognitive Psychology, 8,* 553–560.

Sroufe, L. A.(1979). Socioemotional development. In J. D. Osofsky(Ed.), *Handbook of infant development.* New York : Wiley.

Sroufe, L. A., Coffino, B., & Carlson, E. A.(2010). Conceptualizing the role of early experience : Lessons from the Minnesota Longitudinal Study. *Developmental Review, 30*(1), 36–51.

Sroufe, L. A., & Wunch, J.(1972). The development of laughter in the first yrear of life. *Child Development, 43,* 1326–1344.

Sternberg, R. J.(1985). *Beyond IQ : A triarchic theory of human intelligence.* New York : Cambridge University Press.

Stipek, D., Milburn, S., Clements, D., & Daniels, D. H.(1992). Parents' beliefs about appropriate education for young children. *Journal of Applied Developmental Psychology, 13*(3), 203–310.

Sulzby, E.(1985). Children's emergent reading of favorite storybooks : A developmental study. *Reading research quarterly,* 458–481.

Tangney, J. P., & Dearing, R.(2002). *Shame and guilt.* New York : Guilford.

Tanner, J. M.(1962). *Growth at adolescence.*

Terman, L. M.(1924). The Mental Test as a Psychological Method. *Psychological Review, 31*(2), 93–117.

Thomas, A., & Chess, S.(1977). *Temperament and development.* New York : Brunner/Mazel.

______(2013). The New York longitudinal study : From infancy to early adult life. In R. Plomin & J. Dunn(Eds.), *The study of temperament : Changes, Continuities, and Challenges.* UK : Psychology Press.

Tomasello, M., Carpenter, M., & Liszkowski, U.(2007). A new look at infant pointing. *Child development, 78*(3), 705–722.

Tomkin, S. S.(1993). *Affect, Imagery, Consciousness: Vol 4. Cognition. Duplication ans transformation of information.* New York : Springer.

Treiman, R., Pennington, B. F., Shriberg, L. D., & Boada, R.(2008). Which children benefit from letter names in learning letter sounds?. *Cognition, 106*(3), 1322–1338.

Vygotsky, L. S.(1962). *Thought and language.* Cambridge, MA : MIT Press.

______(1978). *Mind and society : The development of higher psychological processes.* Cambridge, MA : Harvard University Press.

______(1981). The genesis of higher mental functions. In J. W. Wertsch(Ed.), *The concept of activity in Soviet psychology.* New York : Sharp.

Watson, J. B.(1924). *Behaviorism.* New York : Norton.

Webb, S. J., Monk, C. S., & Nelson, C. A.(2001). Mechanisms of postnatal neurobiological development : Implications for human development. *Developmental Neuropsychology, 19*(2), 147–171.

Wechsler, D.(2012). Wechsler Preschool and Primary Scale of Intelligence–Fourth Edition(WPPSI–IV).

Whalen, P. J.(1998). Fear, vigliance, and ambiguity : Initial neuroimaging studies of the human amygdala. *Current Directions in Psychological Science, 7,* 177–188.

Whorf, B. L.(1956). *Language, thought, and reality : Selected writings of Benjamin Lee Whorf.* MA : MIT Press.

Wille, D. E.(1991). Relation of preterm birth with quality of infant–mother attachment at one year. *Infant Behavior and Development, 14,* 227–240.

Wintre, M. G., & Vallance, D. D.(1994). A developmental sequence in the compregension of emotions : Intensity, multiple emotions, and valence. *Developmental Psychology, 30*(4), 509–514.

Woodruff–Pak, D. S., Logan, C. G., & Thompson, R. F.(1990). Neurobiological substrates of classical conditioning across the life–span. *Annals of the New York Academy of Sciences, 608,* 150–178.

World Health Organization(WHO)(2019). Breastfeeding reduces child obesity risk by up to 25%. Obesity Facts, presented at the European Congress on Obesity.

World Hunger Education Service(2012). 2012 World Hunger and Poverty Facts and Statistics(http://bit.ly/d3KoQS).

Wright, J. C., Huston, A. C., Reitz, A. L., & Piemyat, S.(1994). Young children's perceptions of television reality : determinants and developmental differences. *Developmental Psychology*, *30*(2), 229–239.

Zheng, M., Cameron, A. J., Birken, C. S., Keown–Stoneman, C., Laws, R., Wen, L. M., & Campbell, K. J.(2020). Early infant feeding and BMI trajectories in the first 5 years of life. *Obesity, 28*(2), 339–346.

대한소아청소년과학회. http://www.pediatrics.or.kr

대한치과의사협회. http://www.kda.or.kr

식품의약품안전처. http://www.mfds.go.kr

찾/아/보/기

저/자/약/력

- **임지영** 경북대학교 아동학부 교수
- **도금혜** 대구보건대학교 사회복지과 교수
- **류혜원** 경북과학대학교 유아교육과 교수
- **문영경** 대전대학교 아동교육상담학과 교수
- **배기조** 경북대학교 가정교육과 외래교수
- **송혜영** 영진전문대학 유아교육과 교수
- **이수원** 계명대학교 유아교육과 교수

제2판

영유아발달

| **공저자** | 임지영·도금혜·류혜원·문영경·배기조·송혜영·이수원

| **1판 1쇄** | 발행 2017년 5월 25일
| **1판 2쇄** | 발행 2018년 3월 10일
| **1판 3쇄** | 발행 2020년 3월 5일
| **1판 4쇄** | 발행 2023년 1월 30일
| **2판 1쇄** | 발행 2025년 1월 20일

| **발행인** | 김동훈
| **펴낸곳** | 공동체

| **주소** | 경기도 고양시 일산동구 호수로 358-39, 동문타워 1차 905호(백석동)
| **전화** | 031)814-3000(대표)
| **팩스** | 031)814-3100
| **홈페이지** | http://www.compub.co.kr
| **전자우편** | compub@naver.com
| **출판등록** | 2005년 10월 6일
| **등록번호** | 제396-2005-36호

| **ISBN** | 979-11-6725-828-1
정가 30,000원